শ্রীশ্রীরামকৃষ্ণকথামৃত

大聖ラーマクリシュナ

不滅の言葉《コタムリト》

第四巻

マヘンドラ・グプタ著
田中嫺玉訳

表紙・扉の絵：「卵を抱く母鳥」／1882年8月24日（木）参照

サーラダー・デーヴィー（1853 ～ 1920）

大実母カーリー

ラカール・チャンドラ・ゴーシュ
(1863 ～ 1922)
(スワミ　ブラフマーナンダ)

ナレンドラ・ナート・ダッタ
(1863 ～ 1902)
(スワミ　ヴィヴェーカーナンダ)

シャラト・チャンドラ・チャクラバルティ
(1865 ～ 1927)
(スワミ　サーラダーナンダ)

バブラム・ゴーシュ
(1861 ～ 1918)
(スワミ　プレーマーナンダ)

サーラダー・プラサンナ・ミトラ
(1865 ~ 1915)
(スワミ　トリグナティターナンダ)

ターラク・ナート・ゴーシャル
(1854 ~ 1934)
(スワミ　シヴァーナンダ)

シャシー・ブーシャン・チャクラバルティ
(1863 ~ 1911)
(スワミ　ラーマクリシュナーナンダ)

ラクトゥラム／通称ラトゥ
(　~ 1920)
(スワミ　アドブターナンダ)

ハリ・ナート・チョットパッダエ
(1863 ~ 1922)
(スワミ　トゥリヤーナンダ)

ヨーギンドラ・ナート・チョウドリー
(1861 ~ 1899)
(スワミ　ヨーガーナンダ)

ガンガーダル・ガタク
(1864 ~ 1937)
(スワミ　アカンダーナンダ)

ニティヤ・ニランジャン・ゴーシュ
(1862 ~ 1904)
(スワミ　ニランジャナーナンダ)

トゥルシー・チャラン・ダッタ
(1863 ~ 1938)
(スワミ　ニルマラーナンダ)

スボドゥ・チャンドラ・ゴーシュ
(1867 ~ 1932)
(スワミ　スボダーナンダ)

バヴァナート・チョットパッダエ
(1863 ~ 1896)

プールナ・チャンドラ・ゴーシュ
(1871 ~ 1913)

バララム・ボース
（1842 ～ 1890）

マヘンドラ・ナート・グプタ
（1854 ～ 1932）

マノモハン・ミトラ
（1851 ～ 1903）

ラム・チャンドラ・ダッタ
（1851 ～ 1899）

シャンブー・チャラン・マリック
(　～1877)

スレンドラ・ナート・ミトラ
(1850～1890)

ジャドウ・ラール・マリック

アダル・ラール・セン
(1855～1885)

ニティヤゴパール

イシャン・ムコパッダエ

デベンドラ・ナート・マズンダール
(1844 ～ 1911)

ギリシュ・チャンドラ・ゴーシュ
(1844 ～ 1912)

キショリー・モハン・ロイ

ウペンドラ・ナート・ムコパッダエ
(1868 ～ 1919)

ナレンドラ・ナート・ミトラ
(若いナレン)

チュニラル・ボース
(1849 ～ 1936)

ナヴァゴパール・ゴーシュ
(1832 ～ 1909)

アクシャイ・クマール・セン
(1854 ～ 1923)

マヘンドラ・ラール・サルカル
(1833 ～ 1904)

プランクリシュナ・ムコパッダエ
(おデブのバラモン)

アゴルマニー・デーヴィー
(1822 ~ 1906)
(ゴパール・マー)

ゴラープ・スンダリー・デーヴィー
(　~ 1924)

ビノディニ
(1863~ 1941)
(芝居『プラフラーダの生涯』出演女優)

ヨーギンドラ・モヒニ・ビスワス
(1851 ~ 1924)
(ヨーギン・マー／ガヌの母さん)

ラムラル・チョットパッダエ
(1858 ~ 1933)

フリダイ・ムコパッダエ
(1840 ~ 1899)

トータプリ（ナングタ)
(1780 ~ 1866)

マトゥラナート・ビスワス
(1817 ~ 1871)
(シェジョさん・マトゥール氏)

シャシャダル・タルカチーダーマニ
(1850 ~ 1928)

イーシュワラ・ヴィディヤサーガル
(1820 ~ 1891)

アシュヴィニー・クマール・ダッタ
(1856 ~ 1923)

バンキム・チャンドラ・チョットパッダエ
(1835 ~ 1894)

マヒマー・チャラン・チャクラバルティ

ケーシャブ・チャンドラ・セン
(1838 ～ 1884)

プラタプ・チャンドラ・マズンダール
(1840 ～ 1906)

ヴィジャイ・クリシュナ・ゴスワミー
(1841 ～ 1899)

ビィノド

ナラヤン

フトコ・ゴパール
(若いゴパール)

アトゥール

マニラル・マリック

ハリシュ

マヘンドラ・カヴィラジ

トライローキャ・サニヤル

ギリンドラ

ドッキネーショル寺院全景

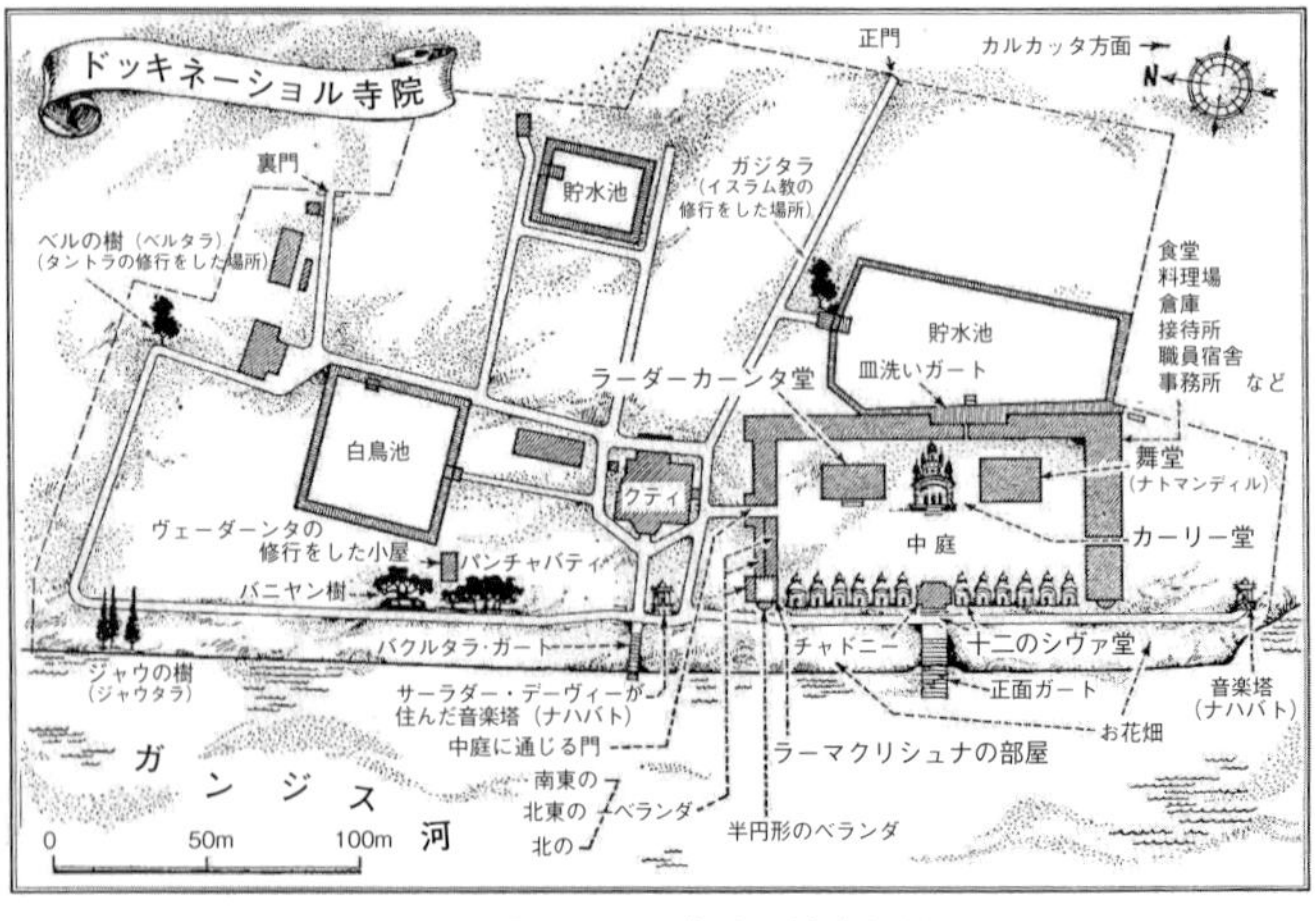

ドッキネーショル寺院・見取り図

カーリー堂

左よりラーダーカーンタ堂、カーリー堂、舞 堂《ナトマンディル》

十二のシヴァ堂

北の音楽塔（ナハバト）

ラーマクリシュナの部屋の西の半円形のベランダ

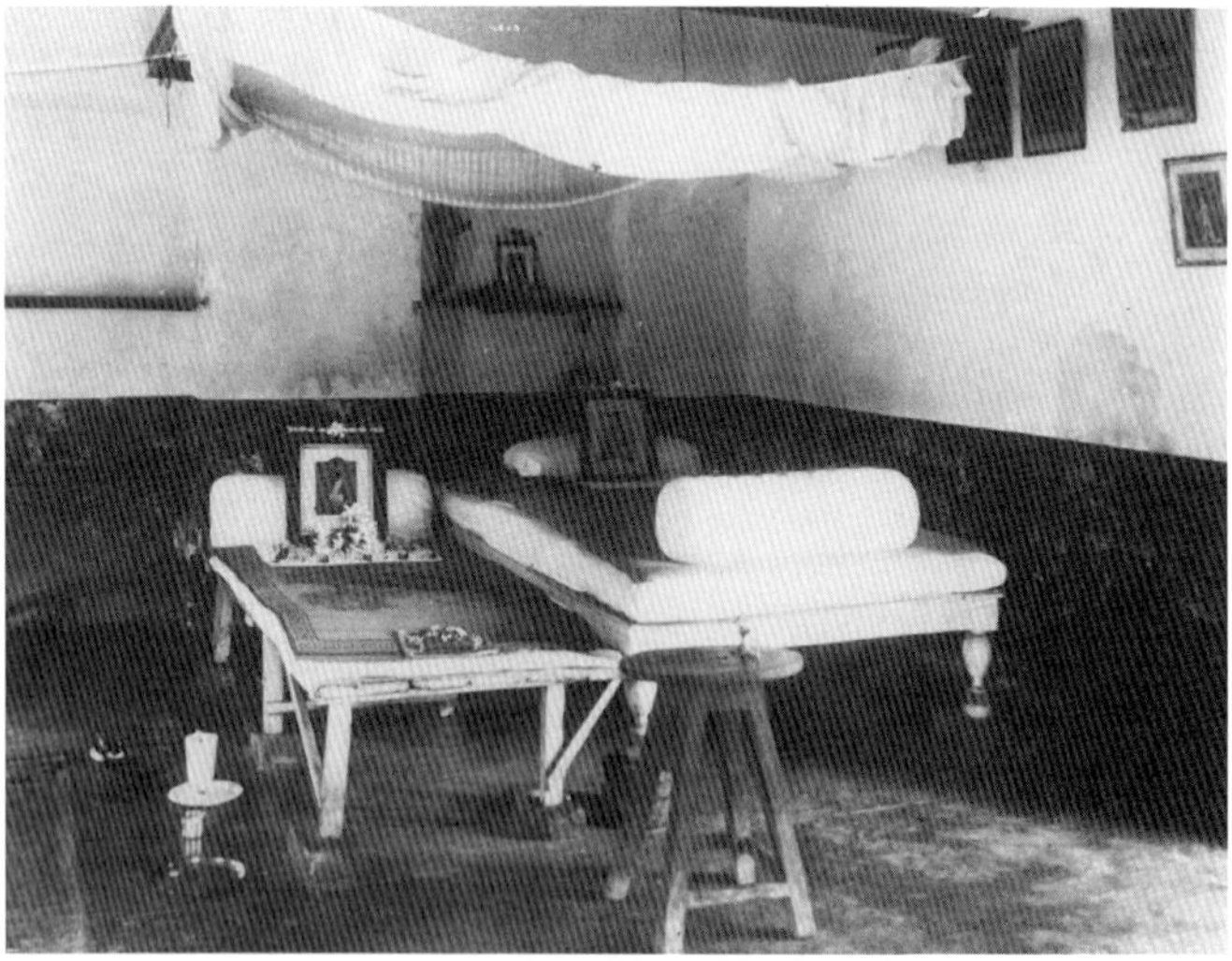

ラーマクリシュナの部屋

五聖樹《パンチャバティ》の杜

ラーダーカーンタ堂の
クリシュナとラーダー

ラームラーラ

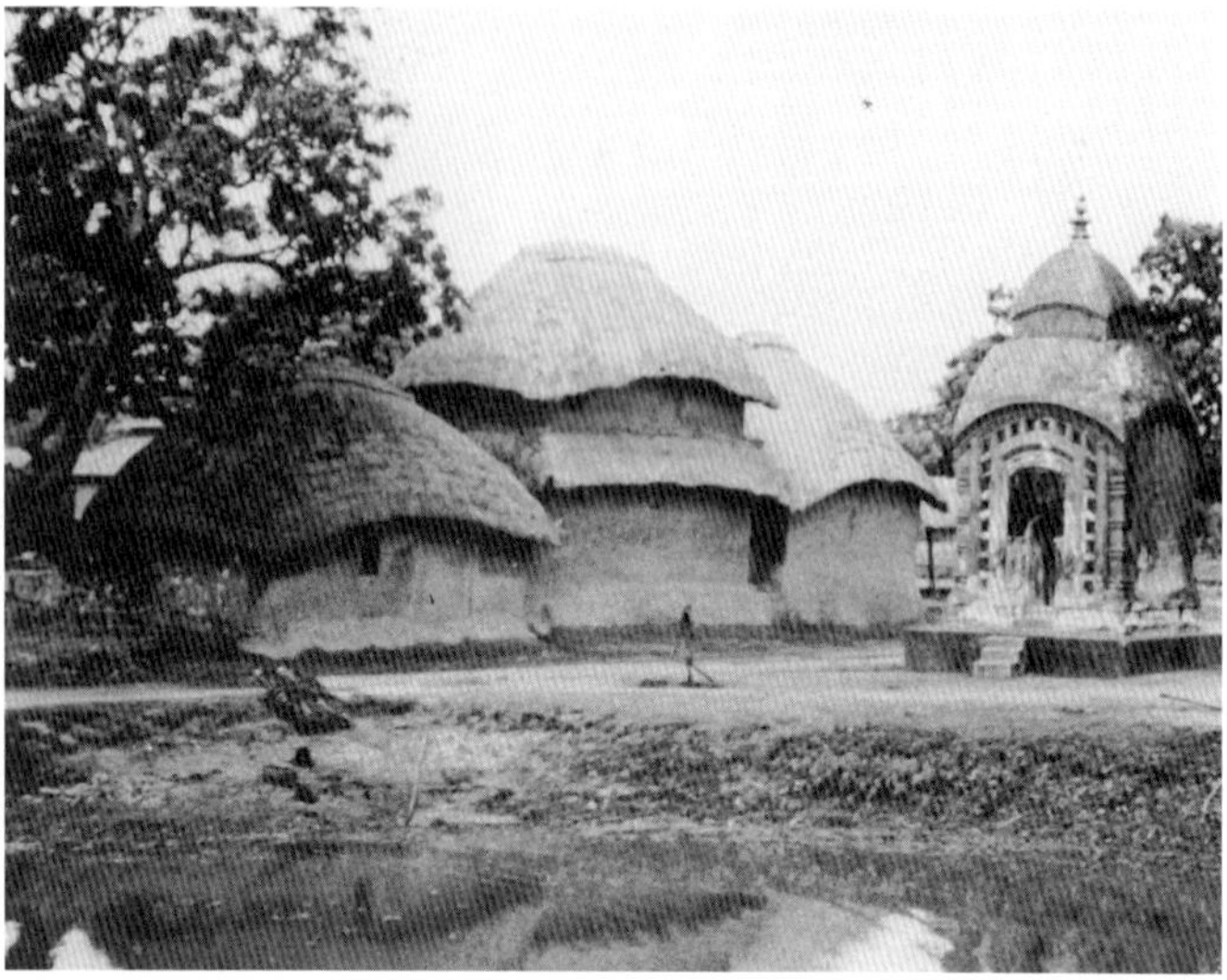

ラーマクリシュナの生家

ハルダル池

チネ・シャーンカーリーの家　1885年3月7日（土）参照

カマールプクル村の入り口

カルカッタ、ボスパラにあるバララム・ボース邸

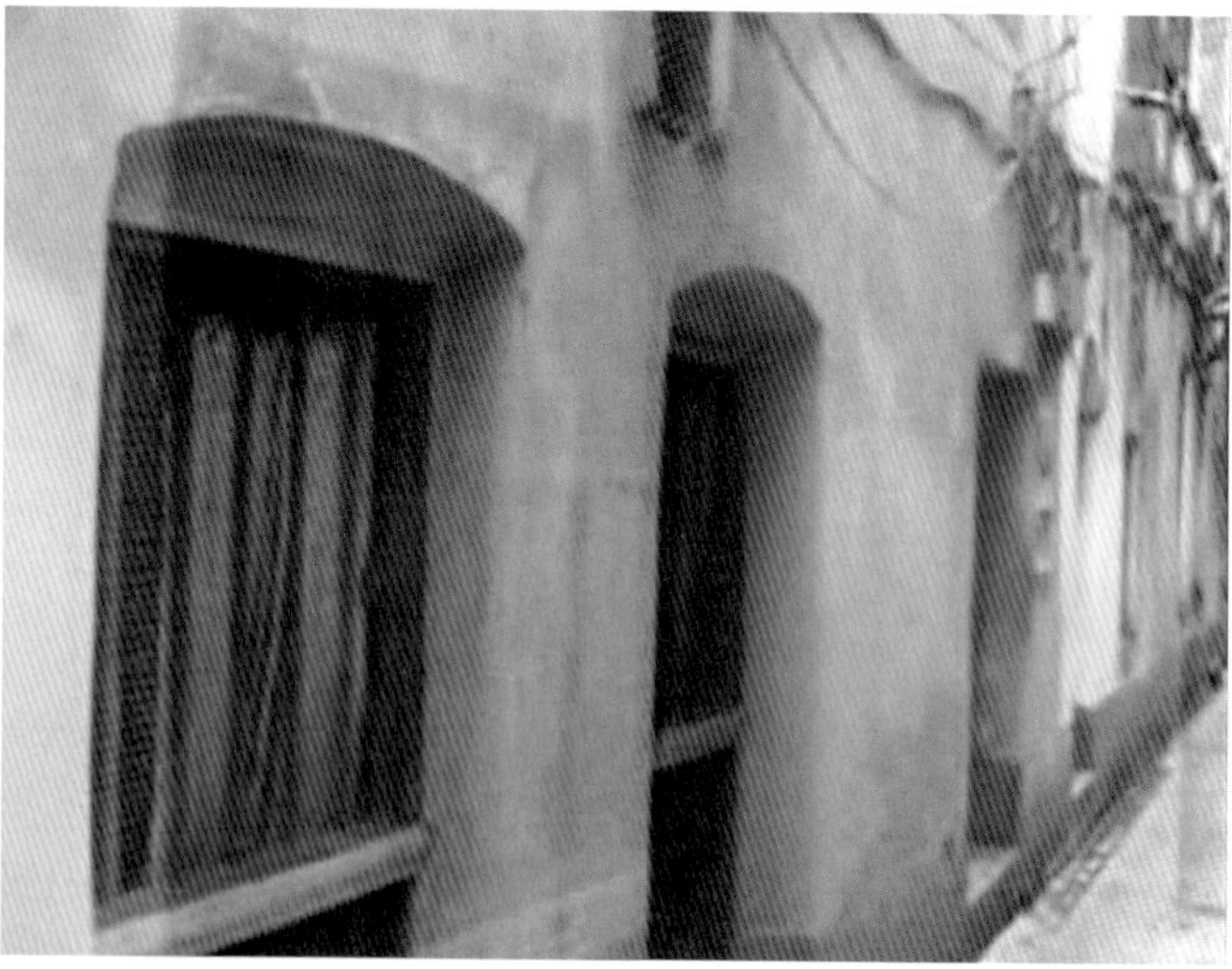

カルカッタにあるマヘンドラ・グプタの家

ガウルとニタイの絵　1885年9月24日(木)参照

マヘンドラ・グプタが校長をしていた
メトロポリタン学校

マヘンドラ・グプタの家の屋上

ギリシュ・ゴーシュの家　1885年4月24日(金)他参照

ドッキネーショル寺院の近くにあるジャドウ・マリックの別荘
1885年7月28日(火)他参照

カマルハティにあるアゴルマニー・デーヴィー(ゴパール・マー)の家

病に伏せるゴパール・マー、左は弟子のクスムクマリ
右はヴィヴェーカーナンダの弟子、シスター・ニヴェディタ（1906 年）

パニハティ　　1885年6月13日(土)参照

カーシー（ベナレス）のマニカルニカ・ガート
1885年7月14日(火)参照

ガヤーのヴィシュヌ寺院

ガヤーのヴィシュヌの足跡　　1885年8月9日(日)参照

マヘンドラ・ナート・グプタ（1854 ～ 1932）

大聖ラーマクリシュナ

不滅の言葉《コタムリト》

第四巻

目次

第一章　南神村《ドッキネーショル》において信者たちと共に
一八八四年十一月九日（日）　40
一八八四年十一月十日（月）　66
第二章　聖ラーマクリシュナとバンキム氏
一八八四年十二月六日（土）　72
第三章　聖ラーマクリシュナの芝居見物
一八八四年十二月十四日（日）　102
第四章　五聖樹《パンチャバティ》の杜で聖ラーマクリシュナと信者たち
一八八四年十二月二十七日（土）　126
第五章　誕生祝いに信者たちと楽しいキールタン
一八八五年二月二十二日（日）　150
第六章　ギリシュ・ゴーシュの邸にて
一八八五年二月二十五日（水）　178

第七章　ドラ・ヤートラ祭の日、南神寺《ドッキネーショル》において
一八八五年三月一日（日）　200
第八章　南神寺《ドッキネーショル》における聖ラーマクリシュナと信者たち
一八八五年三月七日（土）　224
第九章　聖ラーマクリシュナ、信者の家を訪問
一八八五年三月十一日（水）　248
第一〇章　カルカッタの信者の家にて
一八八五年四月六日（月）　292
第一一章　バララム家の礼拝室で信者たちと語らう
一八八五年四月十二日（日）　312
第一二章　ギリシュ・ゴーシュ邸でのお祭り
一八八五年四月二十四日（金）　360
第一三章　カルカッタのバララム・ボース家の礼拝室で
一八八五年五月九日（土）　386
第一四章　信者の家で信者たちにかこまれて
一八八五年五月二十三日（土）　416

第一五章　キャプテン、ナレンドラたち信者と共に
一八八五年六月十三日（土）　428
第一六章　聖なる山車祭《ラタ・ヤートラ》――バララム家の礼拝室にて
一八八五年七月十三日（月）　468
一八八五年七月十四日（火）　480
一八八五年七月十五日（水）　502
第一七章　カルカッタ市内の信者宅にて
一八八五年七月二十八日（火）　520
第一八章　ラカール、校長、マヒマーチャランたちと共に
一八八五年八月九日（日）　554
一八八五年八月十日（月）　572
第一九章　病気の聖ラーマクリシュナ
一八八五年八月十一日（火）　576
一八八五年八月十六日（日）　578
第二〇章　学者《パンディット》シャーマパダ他、信者たちと共に
一八八五年八月二十七日（木）　584
一八八五年八月二十八日（金）　590

第二一章　ジャンマシュタミーの日に南神寺《ドッキネーショル》において
一八八五年八月三十一日（月）　596
一八八五年九月一日（火）　600
一八八五年九月二日（水）　612
第二二章　病気の聖ラーマクリシュナ
一八八五年九月二十日（日）　618
一八八五年九月二十四日（木）　622
解説　二十四の存在原理　624
ベンガル暦について　626
原典出典一覧　627
ラーマクリシュナの家系図　628
ラーニ・ラースマニの家系図　629
参考文献　630
「大聖ラーマクリシュナ　不滅の言葉《コタムリト》」正誤表　634
編集後記　636

第一章

南神村《ドッキネーショル》において信者たちと共に

一八八四年十一月九日（日）

南神村《ドッキネーショル》において、聖ラーマクリシュナ、信者たちと共に

出家は蓄えず――タクール、アートマンの歓喜に酔う

タクール、聖ラーマクリシュナは南神村《ドッキネーショル》のカーリー寺におられる。ご自分の部屋の小寝台の上に東向きに坐っていらっしゃる。信者たちは床に坐っている。今日はカルティク月黒分七日目、英国式にはキリスト暦一八八四年十一月九日。

時間は昼近く。校長が部屋に入ってみると、信者たちが次々とやってくる。ヴィジャイ・クリシュナ・ゴスワミー氏といっしょに数人のブラフマ協会員が来ていた。司祭のラム・チャクラバルティーもいる。すぐ、マヒマーチャラン、ナラヤン、キショリーが来た。少したって又、数人の信者たちが来た。

冬のはじめである。タクールは上着の用意のため、校長に持ってきてくれるようにとおっしゃっておられた。彼は柔らかい布の上着のほかに厚地の上着も持ってきていた。タクールは厚地の上着を持ってこいとはおっしゃらなかったのだが――。

聖ラーマクリシュナ「（校長に向かって）そっちの方は持ってお帰り――。お前が使ったらいい

よ——気にしないでさ。そうだ、お前にどんな上着を持ってきてくれと頼んだっけ？」

校長「はあ、あなた様はごく当たり前の上着を持ってくるようにとおっしゃいました。厚地の上着のことはおっしゃいませんでした」

聖ラーマクリシュナ「じゃあ、厚地の方を持ってお帰り。（ヴィジャイたちに向かって）なあ、ドワリカさんは肩掛けをくれた。それから、コッタ（インド北東部）の商人たちも一枚持ってきた。まあ、受け取らなかったけど……」（タクールはつづけて何か言われるつもりだったらしいが、ヴィジャイが口を出した）

ヴィジャイ「はあ、当然でございますとも！　必要なものは受けなければなりません。誰かがくれる筈でございます。人間を通じて与えられるのでございます」

聖ラーマクリシュナ「与えて下さるのは神様だよ！　姑《しゅうとめ》が言った、『あー、嫁や、誰でもが身のまわりの用事を足してくれる人を持ってるものだよ。お前さんにも誰か、足でもさすってくれる人があればいいのにね』すると嫁が答えた。『そんな！　私の足はハリ（神）がさすって下さいますから、誰も要《い》りません』この嫁は信仰の篤い人だから、こういうことを言ったのさ。

一人のファキール（イスラム教の托鉢僧）が、アクバル皇帝（訳註１）のところへ何がしかの金を乞《こ》いに行った。

（訳註１）アクバル皇帝（1542～1605）——北インド全体を支配したムガル王朝第三代皇帝で、『アクバル』はアラビア語で『偉大』という意味。文字通りムガル王朝を帝国にふさわしい国家にした。宗教についてはとても自由な態度をとり、イスラム教、ヒンドゥー教、さらにはポルトガル人が広めたキリスト教まで関心を寄せていた。

そのとき皇帝は祈り(ナマーズ)をあげている最中だった――『おお、アッラーよ! 私に金を与え給え、富を与え給え』と言って。それを見て僧は帰りかかった。だがアクバルは、〝待て〟という合図をした。祈りが終わってから皇帝は僧にきいた。『お前、どうして帰ろうとしたのか』僧は答えた。『あなた様は、〝金をくれ、富をくれ〟と祈っておられました。だから私は思ったのです。もしお願いするなら、こんな乞食のところにいたって仕様があるまい? 私もアッラーにお願いしよう! と』」
(訳註、ナマーズ――ベンガル語圏では、イスラム教の祈り、礼拝のことをペルシャ語のナマーズと言う)

ヴィジャイ「ガヤーで一人のサードゥに会いましたが、この人は決して自分から何かしようとはしないのです。ある日、信者といっしょに食事したいという気が起こりました。すると何処《どこ》からか小麦粉だの、上等のバターだの、頭にのせた人がやってきました。果物や何かも運んできました」

〔貯蓄とサードゥの三つの等級〕

聖ラーマクリシュナ「(ヴィジャイに)サードゥには三つの等級があるんだよ。高、並、低、とね。高級のサードゥは食べるために何の努力もしない。〝並〟と〝低〟は、あの杖をもって歩いているダンディーやフォンディーのような人たちだ。〝並〟のは、『南無《ナモー》・ナーラーヤナ!』と言って門戸《かど》に立つ。〝低〟になると、施しをくれない人と口げんかをする(一同笑う)。(訳註、ダンディー――杖を持ち歩くサードゥをダンディー・サードゥと言う。フォンディーに意味はなく、ダンディーに引っかけた言葉遊び)

高級に属するサードゥはパイソン(巨大な蛇の一種)みたいに、極めつきの怠け者だ。坐っていればちゃんと食べてゆける。パイソンは自分のいるところから動かないよ。一人の若いサードゥが――子供のころ出家したサードゥだが、托鉢に行ったら一人の娘が出てきて食べ物をくれた。娘の胸のあたりを見て、サードゥは胸に腫れ物ができているのではないかと思って聞いてみた。すると、家のなかから年配の女が出てきて教えてくれた。この娘《こ》が母親になったとき、赤ん坊に乳を飲ませることができるように、神様が前もって乳房を授けて下すったのですよ、と。この話を聞いて、若いサードゥは驚いた。そしてこう言った――『じゃあ、私は托鉢する必要はないんです。神様は私のためにも食べ物を用意して下さった筈です』と」

信者のうちで何人かはこう思った――『では、自分たちも何も努力しなくてもいいというわけだろうか』

聖ラーマクリシュナ「努力が必要だと思っている人たちは、努力しなけりゃだめだよ」

ヴィジャイ「バクタ・マーラー（訳註２）のなかに、そのことについての良い話がございますね」

聖ラーマクリシュナ「お前、話しておくれよ」

ヴィジャイ「あなた様がお話し下さいまし――」

聖ラーマクリシュナ「いや、お前が話してくれ！　わたしはあんまりよく憶えていないから――。

（訳註２）バクタ・マーラー――伝記作家ナーバージー（1573～1643）の作った説話で、多くの信仰者《バクタ》の話が載っている。バクタ・マーラーは、『信仰者の花輪』の意味。

1884年11月9日(日)

最初のころはそういう話を聞かなくてはいけない。だから、ずっとずっと前には全部きいたよ」

〔タクールの境涯――ラーマひとつを思う――完全智と愛の特徴〕

「今はそうした心境ではないんだ。ハヌマーンが言ったね――『私は日や星の吉凶など何も知らない。ただ、ラーマのことだけを思っている』と。

チャタク鳥は、天から降る水晶のような水だけを飲む。渇きで死にそうになっても、くちばしを上に向けて空からくる水を飲もうと待っている。ガンジス河やヤムナー河や、七つの海にあふれるほどの水があるのに、その鳥は地上の水を飲もうとしない。

ラーマとラクシュマナがパンパー湖に行った。ラクシュマナは、一羽の鳥が何度も何度も水を飲みに下りてくるのだが、どうしても水を飲めないでいるのを見た。ラーマに聞いてみると、あの御方はおっしゃった。――『弟よ、この鳥は最高の信者なんだよ。一日中、ラーマの名を称名しているんだよ！一方、のどが渇いたので水を飲みに来るのだが飲めない。飲むとその間だけでも、ラーマの名が途切れると思って！』満月の夜、わたしはハラダリ（タクールの年上のいとこ）にこう聞いた――『兄さん、今日は新月かい？』と。（一同笑う）

ハッハッハッハ、そうさ！　満月と新月の区別がつかなくなったら、完全智を得た証拠だと聞いていた。そんなこと、ハラダリが信じるわけはないだろ？　ハラダリは言ったよ――『ああ、末世だ！こんな人を皆が尊敬するなんて！　満月と新月の区別もつかない人を――』」

タクールがこうおっしゃったちょうどその時、マヒマーチャランが着いて部屋の戸をあけた。
聖ラーマクリシュナ「(丁重に)お入り下さい、お入り下さい！　どうぞお坐り下さい！(ヴィジャイたち信者に)あの境地のときは、何月の何日かまったく憶えていない。この間ベニー・パルの別荘でお祭りがあったが、日を忘れてしまった。何日は月の終わりでめでたい日だからハリ称名をしようとか、そういうことは皆、よく憶えていられないんだ。(少し考えた後)――でも、誰それがここへ訪ねて来る、と言われたことは憶えているよ」(訳註――月の終わりの日に神の名を称えることは、とても吉兆なこととされている)

〔聖ラーマクリシュナの心魂はどこに――神の体得と霊性〕

「神に十六アナ心が行ってしまうと、こんな有様になるんだよ。ラーマがハヌマーンに、『お前はシーターの様子を見てきたのだ。どんなふうだったか、わたしに言って聞かせなさい』と言われてハヌマーンは答えた。『ラーマよ、見ましたら、シーターの体だけが横になっていました。そのなかに心も魂もないのです。シーターは自分の心と魂を、あなたの蓮華の御足に捧げきっていらっしゃるのです！　だから体だけが横になっているのです。それに、死王《ヤマ》がその辺をうろついていました！　でも、どうすることもできないでしょう？　体だけなんですから――。心も魂もそこにはないのですから――。

あるものに心を集中すれば、その性質をわがものにすることができる。一日中神のことを考えていれば、神の性質を体得できる。塩の人形が海を測りに行って、それと一つになってしまった。

1884年11月9日(日)

書物《ほん》やお経の目的は何だ？　神の体得だ。あるサードゥの持っているメモ帳をめくってみたら、どのページにもラーマの名が書いてあった。そのほかは何も書いてない。

神への愛が目覚めたら、ほんのちょっとしたことが刺激になる。そうなると、たった一度ラーマの名を称えても、百万遍の礼拝と同じ効き目が出る。

雲を見ると、孔雀は刺激されて楽しそうに尾を広げて踊り出す。シュリー・マティー（ラーダー）もそんなふうだった。雲を見ただけでクリシュナを思い出したものだよ！

チャイタニヤ様《デーヴァ》がある村を通りなすった。この村の土で長太鼓《コール》が作られるということをお聞きになった。たちまち法悦にうっとりなってしまいなされた。だって、ハリ称名のキールタンを歌うとき長太鼓《コール》を鳴らすから――。

どんな人がこんな具合になると思う？　俗心を捨てた人だ。世俗の汁が乾けば、ほんのちょっとしたことで霊性が刺激される。マッチ棒が湿っていれば、千回こすっても火はつかない。水分が乾けば、ちょっとこすっただけで火がつく」

〔得神の後は苦や死の時も心安らかに――すべてを神に捧げる〕

「肉体《からだ》には苦と楽がつきものだ。神をつかんだ人は、心も、命も、体も、魂も、すべてを神に捧げる。パンパー湖で沐浴した時、ラーマとラクシュマナは湖のそばの地面に弓を差しておきなすった。沐浴を終えて上がってきて、ラクシュマナが弓を引き抜くと、先の方に血が付いていた。ラーマはそれを見て、『弟よ、ほら見なさい。きっと何か生き物を傷つけたにちがいない』とおっしゃった。ラクシュマナが土をほじってみると、大きな牛ガエルが一匹いた。死にかけていた。ラーマが慈悲深い声で、『どうしてまた、鳴かなかったのだ。助けてあげたのに！　蛇につかまったときは大きな声で鳴くのに――』カエルは虫の息のなかからこう答えた――『ラーマ！　蛇につかまったときは――〝ラーマ、助けて！　ラーマ、助けて！〟といって鳴くのです。こんどは、〝私を殺そうとしているのがラーマだ〟ということがわかったのです！　だから黙っていたのです』」

自我の本性に住する方法――智慧のヨーガのむずかしさ

タクールは少しの間黙ったまま、マヒマーたちの方を見ておられる。タクールは、マヒマーチャランが霊的指導者《グル》というものを認めない、といううわさを聞いておられた。やがて又、話をはじめられた。

聖ラーマクリシュナ「グルの言葉を信じることが大切だよ。グルの性質や日常《ひごろ》の行動《おこない》など、とやかく言う必要はない。〝たとえ居酒屋に通っても、私のグルはニティヤーナンダ（常《ニティヤ》に至福《アーナンダ》に満ちている御方）に決まってる〟

チャンディー（聖典『デーヴィー・マハートミヤ』）とバーガヴァタの朗読をしていた人が、ある時こう言った。〝ほうきが汚れていても、地面を掃除してきれいにする〟と」

マヒマーチャランはヴェーダーンタ哲学を研究している。彼の目標は、ブラフマン智を得ることである。智識の道をたどってきている人物で、いつも推理考察に余念がない。

1884年11月9日(日)

聖ラーマクリシュナ「(マヒマーに向かって)――智者《ジュニャーニー》の目的は自我の本性を知ることだ。それを智識といい、それを解脱と呼んでいる。至上《パラ》のブラフマンこそが自分の本性なんだ。自分と至上《パラ》ブラフマンは一つだ。マーヤーのためにそれができないんだよ。

ハリシュに言ってきかせたんだがね――〝何でもないさ。黄金の上にいくらか土がかぶさっているだけなんだから、その土をのければいいんだ〟と。

信仰者は〝私〟を残しているが、智者は残さない。どんなふうにして自我の本性に安住するか、ナングタ(トータプリ)が教えてくれたよ――〝心を知性《ブッディ》のなかに溶かせ。知性《ブッディ》を真我《アートマン》のなかに溶かせ。そうすれば自我の本性に安住することができる〟と。

でも、〝私〟はどうしたって残るよ――無くならない。無限の水――上も下も、前も後も、右も左も水ばっかり! その水のなかに水のいっぱい入った瓶《かめ》がある。中も外も水。それでもやっぱり瓶《かめ》がある。〝私〟という相《すがた》の瓶《かめ》が――」

〔以前の話――カーリー寺院に雷が落ちたこと〕

「智者の肉体は以前通り、〝ある〟。しかし、智識の火で色情や怒りは焼き尽くされている。ずい分前のことだが、大嵐のときカーリー堂に雷が落ちた。わたしらが行ってみたら、扉や何かはどうにもなってない。でも、ネジの頭が壊れていた。扉は肉体のようなもの、色情や怒りはネジだ。

智者は神の話ばかり好んでする。俗っぽい話になると彼は苦痛を感じる。所詮、俗人どもは別な人種なんだ。連中は頭に無明というターバンを巻いている。だから、同じような世間話を飽きもせずくり返す。

ヴェーダに七住地《ブーミ》のことが出ている。智者が第五住地《ブーミ》まで上がると、神に関する話しか耳に入らないし話すこともできない。そうなると、彼の口からはただ智識の教訓《おしえ》しか出てこない」

これら一連の話を通じて、聖ラーマクリシュナはご自分の境地を説明しておられるのだろうか？

タクールは再び話された――「ヴェーダに、サッチダーナンダ・ブラフマンのことが書いてある。ブラフマンは一に非《あら》ず、二に非《あら》ず、一と二の中間なり。〝有〟とも言うべからず、〝無〟とも言うべからず、故に〝有〟と〝無〟の中間なり」

〔聖ラーマクリシュナと信仰のヨーガ――赤熱《ラーガ》の信仰によって神をつかむ〕

「赤熱《ラーガ》の信仰になれば――つまり、神を愛するようになれば、神にふれることができる。形式的《ヴァイディー》信仰は入りやすく離れやすい。称名を何回、瞑想をこれだけして、これこれの犠牲を供えて護摩を焚き、これこれの用具をつかって礼拝し、礼拝をする時にはこれこれの真言を称える。こんなのが形式的《ヴァイディー》信仰というんだよ。こんなのはするのも簡単だが、やめるのも簡単さ！　よく人が言うだろう――『君、ぼくは幾日もハヴィシャだけで過ごしてあれだけ礼拝したのに、何の効能もないんだ』なんてね。（訳註、ハヴィシャ――特別の米を炊いたご飯に、決められた種類の野菜を茹でたものを添えた食事で、神聖な食べ物とされている）

1884年11月9日(日)

しかし、赤熱信仰《ラーガバクティ》は決して退転しないよ！　どういう人たちがラーガ・バクティを持つ？　前生でたくさん善行《カルマ》（修行、奉仕など）をした人たちだ。さもなくば永遠完成者《ニティヤシッダ》だ。荒れた空家を掃除しているうちに、パイプをとりつけてある泉が見つかる！　土やレンガの粉がかぶさっていたのをすっかりとりのけてやると、とたんに水がシューッと噴き上がった！　そんなものさ。

ラーガ信仰《バクティ》の人は、こんなことは決して言わない——『君、私は何日もハヴィシャだけで過ごしてきたが、何の効能もない！』かけだしの百姓は、作物がとれないとすぐ土地を見放してしまう。しかし先祖代々からの百姓は、作物がとれてもとれなくても百姓をつづけるよ。親父《おやじ》も爺《じい》さんも百姓してきたんだから、百姓さえしていれば食べていけることがよくわかっているんだ。

赤熱《ラーガ》バクティの人たちこそ正真《ほんとう》の信仰者だ。神さまが全責任を負って下さる。病院の名簿に登録されれば——病気が治らぬうちは、博士《せんせい》さまが退院させてくれないよ。

神様がつかまえていて下さる人たちは、何の心配もない。田んぼの畦道を歩きながら、子供が父親の手をつかんでいる場合は田んぼに転げ落ちることもある——子供はうっかりして手を放すこともあるからね。でも、父親が子供の手をつかんでいれば決して落ちない」

〔ラーガ信仰《バクティ》になれば神の話ばかりする——世間を捨てることと家庭人〕

「信念で何か出来ないことがあるか？　正しい宗教的信念を持った人たちは、人格神も、無相の実在も、ラーマも、クリシュナも、宇宙の大実母も、みんな信じる。

郷里《くに》に帰る途中、大嵐に出遭った。野原の真ん中で、おまけに強盗が出るといううわさのあるところさ。わたしはあらゆる神の名を称《とな》えたよ——ラーマ、クリシュナ、マー、それからハヌマーン！ほんとに知ってるだけの名前を称えた——どういうことかわかるかい？

　下男か女中が銅貨を持ってバザールに買物に行くとき、こう言いながら数える。これはイモ代の銅貨、これはなすび代の銅貨、あとはみんな魚の分——。使い道が違うんだよ。それぞれ分けて勘定したあとは、みんないっしょにして持っていく。

　神を愛するようになると、神の話ばかりしたがる。誰かが好きになると、その人の話を聞いたりしゃべったりしたくなる。

　世間の人は、自分の息子の話をしながらヨダレを流す。誰かが息子を褒《ほ》めたりすると、早速こう言う——『さあ、ほら、おじさんの足を洗う水を持って来な！』

　鳩の好きな人たちの前で鳩のことを褒めると、とても機嫌がいい。もし、誰かが鳩の悪口でも言おうものなら、声を荒げてこう言うだろうよ。『お前さんの四代前からの血筋の中で、誰か鳩を飼った人間がいるのかい？』」

　タクールはマヒマーチャランに向かって話しかけられた。マヒマーは家庭を持っている。

　聖ラーマクリシュナ「（マヒマーに向かって）家庭や世間のことをぜんぶ捨ててしまう必要があるかい？　執着をなくせばそれでいいんだ。だが、修行はしなけりゃいけない。五官の誘いと戦わなけりゃいけない。

砦《とりで》の中から戦うのはとても有利だ。砦《とりで》のなかではいろんな助けが得られるからね。この世は経験の場だ。一つ一つ経験して、それを捨てていくことだ。いつかわたしは、金のクサリを腰に着《つ》けたいという希望をもったことがある。結局、望みが叶って金のクサリを腰にしめたよ。でも、すぐ外《はず》さなけりゃならなかった。（生理的苦痛を感じたから）

1884年11月9日（日）

玉ネギを食べて、よく心に言いきかせた――〝心よ、これが玉ネギというものだ〟と。そして、口の中で玉ネギをあちこちに動かして、さいごに吐き出した」（訳註――玉ネギは霊的生活には有害な食物とされている）

楽しいキールタン

今日は、或る歌手がグループを率いて来て、キールタンを歌うことになっている。

タクール、聖ラーマクリシュナは信者たちに時々お聞きになる――「キールタンはまだかい？　まだかい？」

マヒマー「（キールタンが来なくたって）こんなに楽しいじゃないですか！」

聖ラーマクリシュナ「いいや、そうじゃないよ。こんなことは毎日あるけど……（キールタンはそう毎日あるわけじゃないよ）」

部屋の外にいた信者が、「キールタンの人たちが来ました」と報告した。

聖ラーマクリシュナは大喜びで、「アーン、来たかい」とおっしゃった。

部屋の南東の長ベランダに敷物が広げられた。聖ラーマクリシュナはおっしゃる――「ガンガーの水を少しふりまけ！　俗人どもが大勢踏んだんだから――」

バリ村の住民、ピヤリ氏の家族が婦人連れでカーリー寺に参詣に来ていて、キールタンが催されることを聞いて、是非聞かせていただきたいと申し入れてきた。一人がタクールのところに来て、「ピヤリ家の人たちが坐らせていただく場所がありましょうか、とうかがっております」と言った。タクールはキールタンを聞きながらおっしゃる――「だめ、だめ、場所がないだろ？」

ちょうどその時、ナラン（ナラヤン）が来てタクールに礼をした。

タクールは「お前、なぜ来たんだい？　ぶたれるのに――お前の家の人に」

ナランが部屋の方に行くのを見て、タクールはバブラムに目くばせと手真似で、「何か食べさせてやれ」と合図をなさった。

ナランは部屋に入った。突然、タクールは立ち上がって部屋にお入りになった。ナランにご自分の手から食べさせておやりになるつもりなのだ。食べさせた後で、又、キールタンの場所に戻って坐られた。

信者たちとキールタンの楽しみ

大勢の信者たちが来ていた。ヴィジャイ・ゴスワミー、マヒマーチャラン、ナラン、校長、若いゴパールなど……。ラカールとバララムはブリンダーヴァンに行っている。

1884年11月9日(日)

時間は三時か四時ごろ。タクール、聖ラーマクリシュナはベランダでキールタンを聞いていらっしゃる。ナランがすぐ横に坐った。ほかの信者たちは囲りを取り巻くようにして坐っている。

その時アダルが到着した。アダルを見て、タクールは興奮して気もそぞろになっておられる。アダルが礼をして席に着こうとすると、タクールはもっと近くに坐るようにと手招《まね》きをなさった。

キールタンは終わった。皆、そこから散っていった。信者たちは、庭の中をあちこち散歩している。大実母カーリーとラーダーカーンタのお堂の献灯《アーラティ》を拝観に行った人もいる。

日がとっぷり暮れてから、タクールの部屋に再び信者たちが集まってきた。

タクールの部屋のなかでは、またキールタンの準備がはじまっている。タクールは熱心に、「ここにもう一つ灯火《あかり》をつけておくれ」とおっしゃる。灯火《あかり》が二つつくと部屋は大そう明るくなった。

タクールはヴィジャイにおっしゃる――「お前、どうしてそんな遠くに坐っているんだ？　こっちの方においでよ」

こんどのキールタンはすばらしい雰囲気になった。タクールは酔ったように踊り出される。信者たちは、この方の周《まわ》りを廻りながら踊っている。ヴィジャイは踊りながら衣服がだんだん落ちて裸になってしまった。殆んど意識がないのである。

キールタンが終わると、ヴィジャイは鍵を探し始めた。どこかへ落としたのである。タクールは、「ハリの名をとなえろ！」と言ってお笑いになった。つづけて、ヴィジャイにこうおっしゃった――「今さら、そんなもの何だ！」(訳註――即ち、〃まだカギなどにかかわっているのか〃との意)

キショリーがお別れのあいさつをした。タクールはやさしく彼の胸に手をふれて、「じゃ、またおいで」とおっしゃった。その口調は愛情に満ちていた。間もなくモニ（校長）とゴパールがそばに行ってあいさつをした——彼らも帰るのである。タクールはまた、やさしい言葉をおかけになる。言葉から蜜が滴《したた》るようだ。「あしたの朝帰ればいいのに——。夜は寒いから、またカゼを引かないかい？」（訳註、モニ——マヘンドラ・グプタが使った仮名の一つ）

〔信者たちと共に〕

というわけで、モニとゴパールはその夜帰らなかった。泊まっていくことにした。彼等のほかに、一、二名の信者が床に坐っている。やがてタクールは、ラム・チャクラバルティー氏におっしゃった。「ラム、ここにも一つドア・マットがあったんだよ。あれ、何処にいった？」

タクールは今日一日中、休む暇がなかった——少し横になる暇さえなかったのだ。信者たちにとり巻かれて身動きもできなかった！　今になって、やっと外に出られた。部屋に戻ってお入りになると、モニがラムラルのそばに坐って歌を書きとっているのをごらんになった——。

救いの女神よ！
怖れおののく息子らを
いざ、すみやかに救いの手を……

1884年11月9日(日)

タクールは、「何を書いているの?」とお尋ねになり、歌のことをきかれると、「これはとても長い歌なんだよ」とおっしゃった。

夜、タクールは、シュジのパヤスとルチを二枚お食べになる。タクールはラムラルに「シュジはあるかい?」と言っておられる。(訳註、シュジ――ふるいに残る小麦の粗粉。パヤス――穀物に牛乳と砂糖を入れて粥《かゆ》にしたもの)

歌を一、二行書いたモニは、それ以上書けなくなった。

タクールは床の座布に坐って、シュジの粥《かゆ》を食べていらっしゃる。

夜食をとられた後、タクールはまた小寝台の上にお坐りになった。モニは寝台のわきにおいてあるマットの上に坐って、タクールと話をしている。タクールはナラヤンのことを話すうちに、興奮を抑《おさ》えきれぬご様子になられた。

聖ラーマクリシュナ「今日はナラヤンに会った」

校長「そうでございましたね。目が潤《うる》んでいました。あの顔を見ると、こちらが泣きたくなりました」

聖ラーマクリシュナ「あの子を見ると、母親みたいな気持ちになる。ここへ来ると家でぶたれるのに――。誰も守ってやる人がいないんだよ。(歌の節回しで)〝ああ、せむし女のクブジャが悪口を言いふらす。なのに、ラーダーをかばってくれる人は誰もいない!〟」

校長「はははは、ハリパダの家に本を置いて、ここへ逃げてきたのでございます」

聖ラーマクリシュナ「それは良くないねえ」
タクールは黙ってしまわれた。しばらくすると又、話し出された。
聖ラーマクリシュナ「ねえ、あの子はすばらしいものをもっているんだよ。そうでなかったら、わたしがキールタンを聞いている最中に、あんなに惹《ひ》きつけられる筈がないもの！　部屋のなかにわたしを入れてしまったものね――キールタンをそっちのけにして。あんなことは今までになかったよ」
タクールは沈黙された。しばらくすると又、話された。
聖ラーマクリシュナ「あの子に前三昧のとき訊《き》いてみたら、たった一言こう言ったよ――『私はしあわせです』と。お前、あの子に時々何か買って食べさせておやり――母親みたいな気持ちになって」
タクール、聖ラーマクリシュナはテージチャンドラの話をなさる――
聖ラーマクリシュナ「（校長に）いちど、彼に聞いてみておくれよ。わたしのことをどう思っているか――智者だと思っているのか、それとも何だと思っているのかな？　テージチャンドラはとても無口なそうだが――。（ゴパールに向かって）テージチャンドラに、木曜と火曜に来るように言ってくれ」
床の座布の上に、タクールは又、お坐りになる。シュジを食べていらっしゃる。横の台の上にはランプが明るく灯っている。タクールのそばに校長は坐っている。タクールは、「何か甘いものがあるかい？」とお聞きになった。校長は出来たてのサンデシュ（ミルク菓子）を持参してきたのだった。ラムラルにきくと、サンデシュは棚の上にあると言う。

1884年11月9日(日)

聖ラーマクリシュナ「どれ、持ってきておくれ」

校長は慌てて棚を探しに行った。見るとサンデシュはない。きっと信者たちに出してしまったのだ。困り切ってタクールのところに戻り坐った。タクールは話をしておられた。

聖ラーマクリシュナ「そうだ、いちどお前の学校に行ってみようかな」

この方は、学校でナラヤンに会いたいと思っておられるのだ、と校長は推察した。そして、こう言った。「私どもの住居《すまい》に来て待っておられるとよろしゅうございます」

聖ラーマクリシュナ「いや、考えがあるんだよ。ほかに見込みのある子がいるかどうか、一度見てみたいんだよ」

校長「ではどうぞ、お越し下さいませ。参観に来る人もおりますから――。あなた様もその人たちのようなつもりでおいでになればよろしゅうございましょう」

タクールはお粥《かゆ》を食べ終わると小寝台に行ってお坐りになった。信者の一人がタバコの用意をして差し上げた。タクールはタバコをお吸いになった。その間、校長とゴパールはベランダに坐ってルティ(チャパティ)や豆などの軽食をとった。彼らは音楽塔で寝ることにきめた。(訳註――小麦粉を練って窯《かま》で焼いたのがルティ〈ロティ〉で、油で揚げたのがルチ。油で揚げる分、ルチの方が上等とされる)

食べた後、校長は寝台のわきにあるマットのところへ行って坐った。

聖ラーマクリシュナ「(校長に)音楽塔には、瓶だの鍋だのいろんなものが置いてあるだろう？ここで寝たら？　この部屋でさ」

校長「では、お言葉に甘えさせていただきます」

弟子と共に

夜の十時か十一時ころになった。タクールは小寝台で枕によりかかって休んでおられる。モニは床に坐っている。タクールとモニは話をしておられる。部屋の壁ぎわにある台の上に、ランプが明るくかがやいている。

タクールは無辺際の大慈悲海である。モニの奉仕を受けるおつもりらしい。（訳註――聖者の身辺に奉仕することは大へんな功徳となる）

聖ラーマクリシュナ「ねえ、足が痛いんだよ。ちょっと手でさすっておくれ」

モニは小寝台の上に坐り、タクールの両足を自分のひざにのせて静かにていねいにさする。タクールは時々、何かおっしゃる。

聖ラーマクリシュナ「（ニコニコしながら）今日の話はどうだったい？」

モニ「はい、大へん良いお話でございました」

聖ラーマクリシュナ「ハハハハハ、アクバル皇帝のどんな話をしたっけね？」

モニ「はあ――」

聖ラーマクリシュナ「話してみられるかい？」

モニ「ファキール（イスラム神秘主義の修行者）が金を喜捨してもらうため、アクバル皇帝に会い

1884年11月9日(日)

に来ました。その時、アクバル皇帝は神に祈りの言葉を捧げておりました。祈りのなかで、〝金と財宝を与え給え〟と懇願しているのを聞いた僧は、やおら部屋から出て行こうとしました。それを引き止めた皇帝は、祈りの後で僧にそのわけを聞くと僧は、『もの乞いをするなら、乞食に乞う法はないでしょう!』と答えました」

聖ラーマクリシュナ「そのほかに、どんな話をしたっけ?」

モニ「貯える、ということについていろいろと――」

聖ラーマクリシュナ「ハッハッハ、何て言った?」

モニ「努力するべきだ、と感じている間は努力しなければならない、と。貯蓄については、シンティで実にすばらしいお話をなさいました!」

聖ラーマクリシュナ「どんな話?」

モニ「あの御方にすべて任せきってしまえば、あの御方はその人の全責任をおとりになる。未成年者の後見人のように――。それから、こういうお話も聞きました。招待された家で、小さい子は自分の席がわからないから、誰かが食卓の前に坐らせてくれる、と」

聖ラーマクリシュナ「いや、それじゃ十分とは言えない。父親が子供の手をつかんで連れていけば、その子はもう転ばないんだ」

モニ「それから今日、あなた様は三種類のサードゥの話をなさいました。高いサードゥは坐っているだけで食べていける、と。それから、あなた様は若いサードゥの話をなさいました。娘の胸を見て、胸に腫れ物ができているのかと聞いた話。それから、とてもとても良いお話をなさいましたよ。みんな、むかしむかしの話――」

聖ラーマクリシュナ「ハハ、どんな話だったかな？」

モニ「あの、パンパー湖のカラスの話。ラーマの名を一日中となえているので、水のそばに行っても飲めないのです。それから、あのサードゥの書付けの話――それにはただ、〝オーム、ラーマ〟という字だけがどのページにも書いてありました。それからハヌマーンがラーマに言ったこと――」

聖ラーマクリシュナ「何て言いなすった？」

モニ「シーターの様子を見てきましたところ、ただ体だけが横になっていて、心も魂もあなたの御足に捧げておられました！

それからチャタク鳥の話――天から降る清澄《きよ》い水だけ飲んで、ほかの水は決して飲まない話。

それから智慧のヨーガと信仰のヨーガのお話」

聖ラーマクリシュナ「何て？」

モニ「〝瓶《かめ》〟を意識している間は、〝私の瓶〟はどうしても無くならない。〝私〟を意識している間は、〝私は信者、あなたは神〟」

聖ラーマクリシュナ「いや、ちがうよ。〝瓶〟は意識していてもいなくても、〝瓶〟はなくならない。〝私〟はなくならない。何千回思い直してみたってなくならない」

モニは数分間沈黙していたが、再び話し出した。

1884年11月9日(日)

モニ「カーリー堂でイシャン・ムクジェーとお話をなさいましたが、あのとき私どもがあそこに居合わせて、お二人の話を聞けたことはまったく幸運でございました」

聖ラーマクリシュナ「ハッハッハ、そうかい。どんな話だったか言ってみてごらん?」

モニ「仕事をするグループはほんの初歩のグループだ、というお話でした。シャンブー・マリックに、『もし、神がお前の目の前においでになったら、〝病院や施療院を沢山こしらえて下さい〟とお願いするつもりか?』とおっしゃった話。

それから、もう一つあります。──『仕事に執着している間は、神は会って下さらぬ』と。ケーシャブ・センにそうおっしゃいました」

聖ラーマクリシュナ「何て?」

モニ「子供がおしゃぶりに夢中になっている間は、母親は料理などしている。おしゃぶりを放り出して泣き出すと、母親は火にかけてある鍋まで下ろして子供のそばに来る、と。

それからあの日、もう一つお話になりました。ラクシュマナがラーマに、『至聖《かみ》は何処で見ることができるのですか?』と聞くと、ラーマはいろいろ説明なすった最後にこう言われました。『弟よ、法悦の信仰《ウルジタ・バクティ》あるところ──笑い、泣き、踊り、歌って──愛に酔いしれているところ──そこにこそわたし(至聖)はいるのだ』と」

聖ラーマクリシュナ「アハー、アハー」

タクールはしばらく黙っておられた。

モニ「ある日、イシャンにニヴリッティ（訳註3）のお話ばかりなさいました。あの日から、私どもの多くは本心にかえりました。一生懸命、義務や仕事を減らそうとしております。〝ラーヴァナがランカーで死んだら、ベフラが泣いて悲しんだ！（訳註4）〟とおっしゃいましたね」（訳註——一八八四年十月十一日参照）

タクール、聖ラーマクリシュナは、この言葉をきいて大声をあげてお笑いになった。

モニ「（非常に恭《うやうや》しい態度で）あのう、義務や仕事——つまり、いろんな関わり合いを減らすのはいいことでございますね？」

聖ラーマクリシュナ「うん。でも目の前で誰かが頼んだりしたら、又話は別だよ。サードゥや気の毒な人に出会ったら、世話をしなければいけないよ」

モニ「それからあの日、イシャンにおべっか使いについて実に適切なことをおっしゃいました。死

（訳註3）ニヴリッティ——田中嫺玉氏は内観心、無執着心、離欲と訳されていますが、外（世間の仕事、行事）に関心のある心を内（神）に向きを変え、欲を捨てて実在するのは神のみであると知ろうとする心のあり方を指すと思われる。以下、ブラフマーナンダ（ラカール）の言葉を参考として記す。「心は外界の形成要素でもある三つのグナによって創られている。だから心は世間のことを考えるのが好きなのだ。これが心の性質であり素質である。人がわが心を外界から内部に引っ込めて神の聖なる御足に集中せしめることができるのは、ひとえに神の恩寵によることである。」（日本ヴェーダーンタ協会刊『永遠の伴侶』より）

（訳註4）ベフラはラーヴァナとは全く関係なく、生きていた時代も全く違っていた。これは、如何《いか》に人間が全然関係のないことに流されてしまうかを示したインドの諺《ことわざ》である。

骸にむらがるハゲタカのようなものだと——。その話はいつか、学者のパドマローチャンにもおっしゃいました」

聖ラーマクリシュナ「いや、ウロのヴァマンダースにだよ」

やがて、モニは小寝台から下りて、寝台わきのマットに坐った。

タクールは眠くなられてモニにおっしゃる。「お前も寝ろ。ゴパールは何処へ行った？　お前、戸を閉めてくれよ」

1884年11月9日（日）

第１章　南神村《ドッキネーショル》において信者たちと共に

一八八四年十一月十日（月）

翌日は月曜日である。聖ラーマクリシュナは、大そう早く寝台を離れて神々の名をとなえておられる。又時々、ガンジス河の方を眺めておられる。一方、大実母カーリーのお堂やラーダーカーンタ堂では早暁の献灯《マンガラ・アーラティ》がはじまっている。モニ（校長）はタクールの部屋の床の上で寝ていた。彼も起きて、朝の行事をあますところなく見たり聞いたりした。

洗面その他をすませた後、彼はタクールの傍に来て坐った。

タクールは今日、沐浴をなさった。沐浴を終えてからカーリー堂においでになる。モニも従《つ》いて行く。タクールは彼に部屋の錠を下ろすようにとおっしゃった。

カーリー堂に入るとタクールは礼拝の座につかれ、花をもって時々ご自分の頭の上にのせたり、大実母カーリーの足もとに置いたりなさる。また、チャマラ（払子《ほっす》）でマーをあおいで差し上げる。そして又、部屋に戻られた。モニに錠をあけろとおっしゃった。部屋に入って小寝台の上にお坐りになった。法悦に恍惚としておられて、神の名をとなえていらっしゃる。モニは床にたった一人で坐っていた。

やがて、タクールは歌をうたいはじめられた。法悦に酔いながらも、歌によせてモニに教えようとなさるのか——カーリーこそブラフマンであり、無性にして一切性、無形にしてまた無限の形姿を持つものであることを。

（歌）

カーリーの性《さが》と相《すがた》を知るは誰ぞ
六派の哲学　はるかに及ばず

一八八二年八月五日に全訳あり

（歌）

これは皆、狂おしき女神の遊戯《あそび》
その創造現象《マーヤー》に三界は我を忘れる
その妖女はかくれたところで勝手気ままに遊び

一八八四年十月十八日に全訳あり

（歌）

カーリーを知るのは誰か、あなたを知るのは誰か
あなたは無限の姿をもつお方！　マーよ
あなたは大いなる知識、始めもなく自ら在《あ》り
輪廻の鎖につながれた者の救い主！
山《ギリ》で生まれた娘（パールヴァティ）、牛飼いの娘（ラーダー）
ゴーヴィンダ（クリシュナ）の心を魅了するお方
智慧を与えるお方、願いを叶えるお方、ヒマラヤ王の娘
願望を成就してくださるお方
ラーダー、ゴーヴィンダ（クリシュナ）の胸をかきたてるお方

1884年11月10日(月)

(歌)

救いの女神よ！　いざ速かに救け給え
この世の闇に怖れおののく息子らを
世界の親として、人々を護り
生みの親として、強く強く引きつけ
ヤショーダーをその胎《はら》より産み
ハリ（クリシュナ）の活動《リーラー》を援《たす》け給う
ブリンダーヴァンでは愛嬌女ラーダーとなって
ブラジャの野を恋人とあそび歩き
輪踊り《ラーサ》のおどけた音頭取りになって
楽しい遊びをくりひろげた
山《ギリ》の娘（パールヴァティ）、牛飼いの娘、ゴーヴィンダ（クリシュナ）の心を魅了するお方
あなたはガンガー、永遠の解放者
楽士ガンダルヴァの住む天界から来た光り輝く姿のお方
シヴァの永遠の妻　すべてなるイシャン（シヴァ）の妻
常楽の女神、あらゆる姿を具《そな》えたお方
一切性にして無性、シヴァの恩寵を受けられたお方

あなたの栄光を理解できるのは誰か
モニは心のなかで思っていた。タクールが次にこの歌をうたって下さればいいのにな、と。
だまそうとしても、もうだまされないよ、マー
赤むらさきの、あなたの足を見てしまったから
何という不思議な！　こう思うか思わぬうちに、タクールはその歌をおうたいになった。
しばらくして、タクールはお聞きになった——「なァ、わたしは今、どんな境地にいると思う?!」
モニ「ははははは、あなた様はサハジャ（単純素直）の境地でいらっしゃいます」
タクールは、歌の文句の一節をくりかえして口ずさんでおられた。
——純で素直な心でなけりゃ、純な御方（神）に会えはせぬ

第二章　聖ラーマクリシュナとバンキム氏

一八八四年十二月六日(土)

聖ラーマクリシュナとバンキム氏

アダル・ラール・セン邸において、聖ラーマクリシュナ、信者たちとのキールタン ――バンキム・チャンドラ・チョットパッダエとの会話

今日、タクールはアダルの邸にいらっしゃった。オグロハヨン月の黒分四日、土曜日。西暦一八八四年十二月六日。星宿プシュヤの日に到着された。

アダルは聖ラーマクリシュナの熱心な信者で副知事である。年令は二十九と三十の間。タクールは彼を大そう愛していらっしゃる。アダルも何という熱情をタクールに捧げていることか! 役所の仕事を終えると顔と手を水で清めてから、ほとんど毎晩タクールにお会いするため寺にやって来るのである。彼の邸はショババザールのベネアトラにある。そこから南神村《ドッキネーショル》のカーリー寺にあるタクールのお住居まで馬車に乗って通うのだ。だから、毎日の馬車賃が二ルピーかかっている。ただ、タクールにお目にかかるのが嬉しくてたまらないのである。タクールのお話を聞く機会など、ほとんどないのだった。お部屋に着くとひれ伏してタクールを拝し、ごきげん伺いをしてからカーリー堂に行ってマー

にごあいさつする。それからタクールの部屋に戻って、床に敷いてあるマットの上に横になって休むのだ。タクールが、休めとおっしゃるのである。アダルは一日中気を張りつめて仕事をしているので体はくたびれ果てて、ほんの短い時間でも正体もなく眠りこんでしまう。夜の九時か十時ころ、頃合いを見て起こしてもらう。するとアダルは起きて、タクールを拝しごあいさつして、馬車に乗り家に帰るのである。

アダルはタクールを、時々ショババザールにある自宅にお連れした。タクールがいらっしゃると、そこはもうお祭りの祝宴のようになってしまう。タクールと信者たちを自宅へ招《よ》ぶことが、アダルにとってはこの上ない喜びだった。彼はいろいろなごちそうをこしらえてお客に振る舞うのだった。

ある日のこと、例によってタクールはアダルの邸にいらっしゃった。するとアダルはこう申し上げた——「しばらくこの家においで下さらなかったので、部屋が汚く陰気になってしまいました。気のせいか、嫌な臭いがいたしましたよ。それがごらん下さい。今日は、部屋がまあどんなに明るく美しいか！　いい香りがたちこめています！　わたしは神様に真剣に祈ったんです。これ、こんなに目から涙がこぼれるくらいです」するとタクールは、「おやおや、そうなのかい！」とおっしゃって、アダルの方をやさしい目つきで眺めながらお笑いになった。

今日も楽しい祝宴になるだろう。タクールも嬉しくてたまらないご様子だし、信者たちの胸も喜びであふれかえっている。タクールがいらっしゃる処では、神さまの話ばかり出て、ほかの話などは出る隙《すき》がない。信者たちはこの機会にタクールに会わせようと思って、新しい人物を次々と連れてくる。

1884年12月6日(土)

アダル自身も副知事という地位なので、自分の仲間である政府高官を何人か招待していた。こういった人々もタクールにお会いして、ほんとにうわさ通りすばらしい聖者《マハープルシャ》かどうか、見極《きわ》めることだろう。

タクールはニコニコしながら信者たちと話をしておられる。そのとき、アダルが数人の友人を連れてタクールのそばにきて坐った。

アダル「(バンキムを指してタクールに向かって)先生、このかたは大へんな学者で本をたくさん書いておられます。今日はあなた様にお会いしたいとおっしゃって来られました。バンキムさんとおっしゃいます」(訳註、バンキム氏——当時の有名な文豪)

聖ラーマクリシュナ「ハッハッハ、バンキム(曲がった)だって! あんた、またどうして曲がっちまったんだね?」

バンキム「はっはっはっ、ははは……。いやあ、先生! イギリス人に使われているからですよ(一同笑う)。イギリス人の言いなりなってこき使われているので、それでつい体が曲がりまして——。アハハ……」

〔バンキムとラーダー・クリシュナ——二人一対になっている神像の意味〕

聖ラーマクリシュナ「いやいや、聖クリシュナは愛のために体が曲がったよ。シュリー・マティー(ラーダー)の愛のために体が三つ(首、腰、足の三ヵ所)に曲がってしまった。クリシュナの姿についていろんな人がいろんな説明をしているが、あれはラーダーの愛が原因で三つに曲がったのさ。

肌の色が黒いのは何故だか知っているかい？　クリシュナの像はとても小さい。たった三ハト半（約1.7ｍ）しかないが――なぜだ？　神から遠くはなれるほど色が濃く見える。ちょうど、海は遠くから見ると濃い青色だが、海のそばに行って水を手ですくってみると色はない。澄みきった無色だ。お日様だって遠いから小さく見えるんだよ。そばへ行けば、どうしてどうして小さいものか。神の本質が正しく理解できたら、黒くもないし小さくもなくなる。だが、これも大へんな話で、三昧に入らなけりゃわかりはしない。〝ワタシ〟と〝アナタ〟があるうちは、いろんな名前も形もあるんだよ。みんな、あの御方のリーラー（遊戯）なんだ。〝ワタシ〟、〝アナタ〟があるうちは、あの御方はいろんな名と姿で現れなさる。

聖クリシュナはプルシャで、聖ラーダーはあの御方のシャクティ――アディヤシャクティ（根元造化力）だ。プルシャ（精神――男性原理）とプラクリティ（物質・自然――女性原理）だよ。二人一対《カップル》になっている神像の意味がわかるかな？　プルシャとプラクリティは不異《おなじ》ものだからだ。この二つは異《ちが》うものではないんだよ。プルシャはプラクリティなしでは存在できない。また、プラクリティもプルシャなしには存在できない。ひとつを言えば、もうひとつの方もどうしてもいっしょに分かってしまう。〝火〟と〝燃える力〟のようなものだ。燃える力をのけて火を思うことはできない。火をのけて燃える力を思うことができない。だから、一対の神像では、聖クリシュナの視線は聖ラーダーに向けられ、聖ラーダーの視線は聖クリシュナに向いている。聖ラーダーは肌が白金色で青い衣装を着ていなさる。それから、青玉《サファイア》で体を飾っていなさる。聖ラーダーの足にチリチリ鳴る足輪があるか

1884年12月6日(土)

ら、聖クリシュナはやはり鈴の足輪をはめていらっしゃる。つまり、プルシャとプラクリティは内と外で一体なんだよ」

このお話が一通り終わると、すぐアダルの友人たち――バンキムはじめ数人が互いに英語で静かに会話をはじめた。

聖ラーマクリシュナ「(笑いながら、バンキムに向かって)何だい。あんたさんたちは、エーゴで何を話しているの?」(一同笑う)

アダル「はあ、これについてちょっと意見がございますので――。その、クリシュナの姿についての説明が――」

聖ラーマクリシュナ「(一同に向かって)はっはっは……。いや、一つ思い出したことがあって、おかしくてね。まあ、聞いてごらん、話すから――。床屋にひげ剃りに行ったら、床屋は一人の立派な紳士の顔をあたっていた。剃っているうちにちょっと引っかけてしまった。するとその紳士は、〝ダム〟と声をあげた。すると床屋は、カミソリや何かをそこへ置いて、やおら腕まくりをして言った。『あんた、私に〝ダム〟と言ったが、それはどういう意味だね? さあ、言っておくれ』紳士はいささか慌てて、『おや、剃りつづけなさいよ。あれはたいした意味のある言葉じゃないんだから――。ただ、もうちょっと気を付けて剃ってもらいたいね』床屋はしつこく言いつづけたよ――『〝ダム〟がもし良いことなら、私はダムだよ。それから私の親父もダム、そして私の十四代先までの祖先も全部ダムだ(皆笑う)。でも、〝ダム〟が悪いことなら、あんたはダム、あんたの親父さんもダム、あんたの十四代先までの先祖も皆、ダムだ（皆笑う）。このダムばかりじゃないさ。ダム、ダム、ダム、ダー、ダム、ダム……」（皆、声をあげて笑う）（訳註、ダム――英語で〝地獄へ堕ちろ〟というほどの罵《ののし》りの言葉。これは、バンキムやアダルの友人たちが英語でタクールに分からないことを話していたのを受けておっしゃった言葉）

聖ラーマクリシュナと宣教

皆の笑いがおさまるとバンキムが話しはじめた。

バンキム「先生、あなたはなぜ、ご自分の教えを多くの人に説こうとはなさらないのですか？」

聖ラーマクリシュナ「アッハッハッハ……。宣教か！　ああいうことはウヌボレ屋のすることだ。人間なんてつまらない生き物だよ。宣教はあの御方がして下さるよ。月や太陽を創って、この世界をお現しになったあの御方がね。宣教なんて、ちょっとやそっとで出来ることかい？　あの御方に直接お会いしてお許しをいただかなければ、宣教など出来やしないよ。神の命令で話すのでなけりゃ、どんなにいろいろ偉そうなことをしゃべったって、二日ほどは人も聞くかもしれないが、すぐ忘れてしまうさ。ただそのへんのうわさ話と変りゃしないよ！　あんたが話している間は、人も相手になって何か話す――『アー、この人は実に上手に話しなさるねえ』でも、あんたが黙ったらもうそれだけのこと、どこにも何も残っちゃいないよ！　牛乳鍋の下に火が燃えている間は、中の牛乳はシーシーいって噴きこぼれる。火を引いてしまえば牛乳も静かになるさ！　かさも少なくなる。

とにかく、修行をして自分の力をふやすことだ。そうしなければ宣教にはならない。こんな諺《ことわざ》があるだろう――〝自分が寝る場所もないくせに、友達に泊まっていけと誘う〟自分一人が横になることも出来ないのに、友だちには、『やあ友よ、家においでよ！　泊まりに来いよ。いっしょに寝よう！』なんて言っている（笑い）。

郷里《くに》で、ハルダル池の端にウンコする奴らがいて、見つけた人はみな大声で怒鳴るんだが、一向にやめない。とうとう池の近くの人が役場に訴えた。役場では注意の立て札を立ててくれた――《ここで大小便するべからず！　禁を破った者は罰せられる》そうしたら、ピタリと止んだ。誰も大声で追い払うこともない。役場の命令だから皆がきくんだよ。

これと同じように、もし神様が直接《じかに》会って下すって命令をうけたのなら、そうした場合なら宣教ができる――人を導くことができる。さもなければ、誰もあんたの話を聞きはしないよ」

皆、深刻な顔をしてこの話を静かにきいていた。

〔バンキムとあの世――死後の生活《ライフ》――推論による主張〕

聖ラーマクリシュナ「（バンキムに）えーと、あんたさんは大へんな学者で、本をたくさん書いていなさるそうだが……。どう考えている？　人間の義務は何かね？　死んだ後、何を持っていけるか。それから、死後の生活はあるかどうか、そういうことについての考えを聞きたいね」

バンキム「あの世ですか？　うーん、それは何ですか？」

聖ラーマクリシュナ「うん、智識を完全に体得した後は、もういろんな世界へ行くことはない――

つまり再生はしない。でも、智識が不完全だったり、神をまだつかんでいない間はこの世に戻ってこなけりゃならないんだよ。ぜったいに逃げられないよ。死後の生活（あの世）だってあるんだよ。智識を完全にわがものにしたり、見神して解脱自由を得たなら、もうそういうことはない。煮た米を植えても根は生えてこない。もし、誰かが完全な智識を体得したら、その人を使って創造の遊びはできない。世間の生活をすることができないんだよ。もう女と金にちっとも関心がないんだから――。煮えた米を土に埋めたらどうなる？」

バンキム「あっはっはっは、あはは……。先生、そりゃもう役に立たないタネなんですから、木にはなりませんね」

聖ラーマクリシュナ「智者《ジュニャーニー》は、あんたの言うような〝役に立たないタネ〟なんかじゃない。神を見た人は不死の果実を手に入れた人だ。ヘチマやカボチャの実とは話がちがうよ！　もう再生なんかしない。地球とか、太陽の世界、月の世界とか――どんな場所にも行かなくていいんだ。

推理・推察は側面的なものだ。あんたは学者《パンディット》だろう。論理学や何かの本をたくさん読んだんじゃないのかい？　もし、人が、『あの人はトラのように恐ろしい』と言ったとしたら、それはその人に恐ろしいシッポがついていたり、トラのような顔付きをしているという意味かい？　そうじゃないだろう？（皆笑う）

わたしはケーシャブ・センともこの話をしたよ。ケーシャブが、『先生、死後の世界というものはほんとにあるのでしょうか？』と質問するから、わたしは、『あるとも言えない。無いとも言えない』

と言ったよ！　陶工が台所用のツボだのナベだの作って庭にならべて日に乾してある。よく乾いてしまったのもあるし、まだ生乾きのもある。そこへ牛か何かがやってきて皆踏みつぶしてしまった。乾いたツボが壊れたのは、職人は皆捨ててしまう。だが、湿り気のあるツボが壊れても、捨てないでまた小屋の中に持っていってもう少し水をくれてこね直す。そして新しくツボをつくる。捨てないんだよ。だから――と、ケーシャブに言ったんだよ。水気のあるうちは解放されないとね。つまり、智識を完全に体得したか、神に対面したか、そうしない間は何度でも新しくツボに作り直される。くり返し、くり返し、この物質世界に戻ってこなくてはならない。これはもう逃れようのないことなんだ。あの御方をつかめば、自由解脱してツボ焼き職人に捨てられて、二度とマーヤーの創造に巻き込まれなくともよくなるんだ。真理を体得した智者は、創造現象《マーヤー》の彼岸に渡ってしまっている人だからね。マーヤーの世界にもう用事はない。

　でも、あの御方はそういう真理を体得した智者を何人かマーヤーの世界に置いておきなさる。人びとを導くためにね。人びとを霊的に向上させるためだけにね。智者は明知《ヴィディヤー》のマーヤーを隠れ家にしてこの世に住んでいる。あの御方が、ご自分の仕事のために、そうしておきなさるんだ。シュカデーヴァやシャンカラチャリヤのように――。

（バンキムに向かって）ところであんたさんは、人間は何をするために生きていると思う？」

バンキム「はっはっ……。そうおっしゃられると――。そうですね、食うこと、眠ること、女を抱くこと――」

聖ラーマクリシュナ「（怒って）──エーッ！　あんたは下卑な人間だね！　一日中思ったり、したりしていることが口から出てくるんだ。人は食べたもののゲップをする。大根を食べると大根のゲップが出るし、ココナッツを食べるとココナッツのゲップが出る。女と金のなかに一日中どっぷり浸かっているから、そういう言葉が口から出てくるんだよ。世間のことばかり考えていると、だんだん勘定高くなって人はずるくなる。神さまのことを考えていると、だんだん素直に正直になってくる。神を感得した人は、誰がそんなこと口にするものか」

〔単なる学識と〝金〟と〝女〟〕

「（バンキムに）神を想うこともなく、ただ学問だけあったってどうなる？　識別心も離欲の気持ちもなくて、ただ学識だけ高くても何になる？　女と金だけにひかれている学者なんて、何の価値がある？

トビやハゲタカは、なるほど高い処を飛んでいるが、目はいつも動物の死骸を探している。学者は沢山の書物や経文を勉強して、いい文句をすらすら暗誦できるし本も書くかもしれん。だが、女の人に執着して、金と名声が一番大事なものだと思っている──そんなやつが学者だなんて言っても、何の値打ちがある？　神を想いもしないやつが学者だって？　いったい何を学んだというんだい？

神、神、と言っている人たちを、〝気狂い〟なんて言う連中がいる──〝頭がおかしくなったんだ〟と。おれたちは利口だ、こんなに世の中を楽しんでいるのに──金儲け、名誉、官能の歓び！　カラスも自分は利口な鳥だと思っている。朝に晩に舞い上がって汚い腐ったものを見つけては食べている！ごらん、せわしなく動いている。全く利口な鳥さ！（一同沈黙）

でも、神を想っている人たちは、〝世間のことに対する執着や、女と金を好きになる心が消えていきますように〟と朝晩祈っている。その人たちは俗世の楽しみを避けて、ただ、ハリ（クリシュナ）の御足の蓮華にやどる甘露だけが好きなんだ。ちょうど、白鳥に似ているよ。白鳥に水と牛乳を混ぜてやると、水を上手にのけて牛乳だけ飲む。それに白鳥の動き方を見ているかい？　一方に真っ直ぐ進んでいくだろう。清い信仰者の行動もその通りだ。ただ真っ直ぐ神の方にだけ進んでいく。あちこちよそ見をしないよ。神のほかのものをあれこれ好きになったりしない。

（バンキムをやさしく見て）わたしの言ったこと、気にしないでおくれよ」

バンキム「私は、楽しいお話だけを聞きに来たわけではありませんから――」

聖ラーマクリシュナと慈善

聖ラーマクリシュナ「（バンキムに）――この世の問題は女と金だよ。これがマーヤーなんだ。これが神に会うこと、神を思うことの障害なんだよ。一人か二人子供ができたら、妻とは兄妹のように暮らして、いつも二人で神に関する話をしていることだ。そうすれば、二人の心はあの御方に真っ直ぐ進んで行って、妻はまたとない法の友となる。動物的な本能が無くならないと神の喜びは味わえないよ。だから、神さまに一生懸命に祈るんだよ。あの御方は内なる導き手なんだから、必ず聞いて下さるとも――。心の底からの祈りならね。

それから金《かね》のことだが、わたしは五聖樹《パンチャバティ》の杜《もり》（原典註1）のところのガンガーの川べりに坐りこんで、『金は土くれ、金は土くれ、土くれが金』と言いながら、持ってた金を水の中に放り投げたものだよ！」

バンキム「カネは土くれですか！　先生、四パイサもあれば貧しい人に施して喜ばれますよ。カネが土くれなら、慈善行為をすることもできないと思いますが？」

〔バンキム、人類への奉仕とカルマ・ヨーガ〕

聖ラーマクリシュナ「（バンキムに）慈善！　人類への奉仕！　あんた、よその人のために奉仕してあげる程の力を持っているのかい？　人は大そう威張って歩きまわっているが、もし眠っている間に、誰かが口のなかに小便をしてあふれるばかりになっていても、気付きもしないだろう。そんなときのその人の誇り、ウヌボレ、自尊心なんてどこにあるというのだ。

出家は女と金を捨てなければいけない。一旦捨てたものを二度と拾ってはいけない。ツバを吐いたら、それを又口の中に入れるもんじゃないよ。出家はね、もし誰かに何かあげたとしても、自分があ

（原典註1）ラーニ・ラースマニのカーリー寺院の庭園に聖ラーマクリシュナがご自身で植えられた五本の聖なる樹の杜《もり》。そこはタクールが多くの修行に励まれたところである。五聖樹《パンチャバティ》の杜は人目につかず無理なく神聖な霊感《インスピレーション》を呼び起こすことが出来る場所である。

げたとは思わないんだ。慈悲、慈善というものは神様がなさるもの。人間なんかができるものではないよ。与えられるものはすべて、ラーマの思召しさ。本当の出家は心の中でも捨てるし、外でも捨てる。(病気などで)糖蜜を食べられない人のそばには糖蜜を置いておくのも良くない。自分で糖蜜をすぐわきに置いておいて、(医者が)これは食べてはいけない、などと言っても人は聞かないよ。

世間で生活してる人には金も必要だろう——女房や子供がいるんだからね。金を蓄めておくことも必要だろう。妻子を食べさせていかなけりゃならないんだから——。蓄えていけないのは鳥と出家だけだ。でも、鳥もヒナを育てているときは、くちばしで餌を運ぶし蓄えもしなくてはならない。世間の人は金がいるさ。何しろ家族を養って支えていかなけりゃならんのだからね。

世間で暮らしている人も、純粋な信仰を持つようになると無執着で仕事をする。仕事の結果は——損も得も、喜びも悲しみも、みな神様に捧げる。そして、日夜あの御方に清らかな信仰のためにだけ祈って、ほかのものを要求しない。こういうのを無私の仕事《ニシュカーマ・カルマ》というんだよ。無執着になって仕事をするんだ。出家もすべて、無私で仕事をしなければいけない。ただし、仕事といっても出家は世間の人たちがするような仕事(勤めとか商売とか)をしてはいけない。

もし、世間の人が無私の気持ちで誰かに布施《ほどこし》をしたとすれば、それは自分のためになることだ。〝他人への奉仕〟なんかではない。あらゆる処にハリ(ヴィシュヌ神＝クリシュナ)がいなさる。その御方に奉仕したことになるんだよ！　ハリに仕えたら、それは自分のためになることで、〝他人のためになること〟ではないよ。ありとあらゆるもののなかに在《おわ》すハリに奉仕する——人間に対してだけではなく、生き物すべての中に在《おわ》すハリに奉仕すること――偉ぶった気持ちもなく、名誉も求めず、死んでから天国に行くためでもなくそういう行いをする。そして、相手から何のお返しも求めない。これが真実の〝無私の行為〟、または〝無執着の行為〟になるんだ。この行為はまことに自分自身のためになることでね、カルマ・ヨーガというんだよ。カルマ・ヨーガは神をつかむための道の一つだ。でも、とても難しい道だから、末世《カリユガ》には適当じゃない。

こういうわけだから、無執着の気持《こころ》ちでこういう行いをすること――慈善や寄付をすることは、誰のためでもない、自分自身の幸福になるんだ、とわたしは言うのさ。他人の利益や他人の幸福のことについては神様が心配して下さる。――太陽や月や、父さん母さん、花や果物、作物、生き物を創って下すったあの御方がね！　父さん母さんのやさしさは、あの御方のやさしさなんだよ。生き物を護《まも》って育てるためにあの御方が下すったものなんだ。慈善をする人のなかの慈悲心は、身寄り、頼りのない生き物を護ってやるためにあの御方が下すったものなんだ。あんたが慈善をしようとしまいと、あの御方は誰かを通じて必ずご自分のお望みの仕事をなさるんだよ。あの御方が仕事をなさるのに障害になるものは何も無いんだ。

じゃ、人間のするべきことは何だ？　あの御方に全てを託《たく》すこと（シャラナーガタ）だ！　あの御方に護っていただいて、少しでもあの御方の方に近づいていって、会ってつかまえる。そのために一生懸命になること――。そうなれるようにいつも祈ることだよ」

1884年12月6日(土)

〔神だけが真実で他はすべて虚仮〕

「いつかシャンブーがこう言った――『私の望みは、施療所や病院を建てることです。困っている人たちを助けるために――』

わたしは、こう返事した――『うん、そうかい。無執着の心でそういうことしなさいよ！　それなら大そう良いことだ。だが、心の底から神を信じていなければ、無執着になることはとてつもなく難しい。多くの仕事に巻き込まれていると、知らず知らずのうちにどこからともなく執着心がでてくる。心では〝無私の仕事〟をしているつもりでも、いつの間にか有名になりたい気持ちがでてくる。あんまり沢山の仕事にかかずらっていると、仕事が忙しいあまり神様のことをとかく忘れてしまう。それから、シャンブー！　ひとつ聞くがね、もし、神様がお前の目の前に現れて会って下すったら、〝施療所と病院を建てさせて下さい〟とお願いするつもりかい？　あの御方を手に入れたら、ほかのどんなものにも興味がなくなる。氷砂糖のシロップを飲んだら、粗糖を溶かした水なんて飲む気がしなくなるよ』

病院や施療所を作ろうと一生懸命になっている人や、それで喜んでいる人たちも善い人たちだよ。だけど、それは又、別の段階の人たちだ。純粋な信仰者は神の方だけ向いていて、よそ見をしない。神だけを求めてほかのものを求めない。あんまり仕事が多すぎるような状態になると、その人は夢中になって神さまに祈るんだ――『神さま！　お慈悲ですから、私の仕事を減らして下さい。そうして下さらないと、一日中あなたを思っていたい心がほかのことに占領されそうです。俗用に気がとられてしまいそうです。お願いですから、仕事を減らして下さい』と言って――。純粋な信仰者のクラスは、また別な段階なんだ。神が本質《ヴァストゥ》で、ほかのものはすべて本質ではない一時的な仮の現《あらわ》れだとほんとにわかった人でなくては、純粋な信者になれない。この世界は一時的なもので、二日ばかりしか続きはしない。そして、この世界の主である御方、その御方こそが真実で永遠の存在なんだよ。これがホントにわからないうちは、純粋な信仰は生まれない。

ジャナカ王や彼のような賢者たちは、あの御方のご命令でこの世で働きなすった」

サイエンスが先か、それとも神が先か？

聖ラーマクリシュナ「（バンキムに向かって）聖典や経文を勉強したり、沢山の本を読んだりしなければ神を理解することはできない、と思っている人たちがいる。彼らは、先ずはじめに世の中のことや、生き物のことについて学ぶのが必要だ。つまり、先ず第一にサイエンスだ、と思っている（皆笑う）。彼らは、神の創造物をみんな理解しなければ神を知ることができない、と言う。で、あんたはどう思う？　神が先ではなくて、サイエンスが先かい？」

バンキム「そうです。先にいろんなことを知らなければなりません――この世界のことを。こういう方法をとらなければ、いったいどうやって神を知り得ますか？　先ず学問することとです」

聖ラーマクリシュナ「ハァ、お前たちはみんないっしょだ。先ず神、そのあとが神の創造物なんだよ。あの御方をつかんだら、必要なことは何でもわかるんだ。

ジャドウ・マリックに直接会って話ができるようになれば、もしあんたが彼の持ち物について知りたいと希望したら、ジャドウ・マリック自身がそれを教えてくれる——邸が何軒、別荘がいくつ、会社の株券がどれだけあるかをね。だがもし彼と知り合っていないうちは、邸に入ろうとしても門番が入れてくれないよ。別荘が何軒あるか、株券がどれだけあるか、正確なことは知りようがないだろう? あの御方がわかれば、ほかのことは何でもわかってしまうんだ。(原典註2) ところがそうなると、つまらないことを知りたい欲望がなくなる。ヴェーダにもこのことは書いてある。その人に会わないうちは、その人のいろんなことについての話をしている。だが、本人が目の前に現れると、そういった話はピッタリ止む。その人との話に夢中になって、もうほかの話なんかできないよ。

先ず第一に神をつかむことだ。(原典註3) そのあとで神の創造物や他のことだ。ヴァールミーキはラーマ・マントラを授かったが、〝マーラ〟〝マーラ〟と唱えるように言われた。〝マ〟は神のことで、〝ラ〟は世界の意味だ。先ず神、そのあとで世界だ。一を知ればすべてがわかってくる。一のあとにゼロを五十個つけると、とても大きな桁の数になる。だが、ゼロの後に一をいくつ書いてもどうにもならない。一があればこそ多になる。一が先、そのあとが多——。(原典註4) 先に神、そのあとで生物世界。

あんたにとっても一番必要なことは、神をつかむことなんだよ! やれ世界だ、やれ創造だ、サイエンスだ、ハイエンスだなんてばかり、何故騒いでいるんだい? マンゴーの実を食べることだよ。庭にマンゴーの木が何本あるか、その枝が何千本あるか、葉っぱが何万枚あるか勘定するのがあんたの仕事かい? マンゴーの実を食べに来たんだから、マンゴーを食べりゃいいじゃないか。この世に人間として生まれてきたのは、神をつかむためだよ。その肝心な目的を忘れて、ほかのつまらんことにかかずらっているのはよくないね。マンゴーの実を食べに来たんだから、マンゴーを食べなよ」

バンキム「どうすればマンゴーが得られるんですか？」

聖ラーマクリシュナ「一生懸命になってあの御方に祈るんだよ。心の底から真剣になれば、あの御方は必ず聞きとどけて下さるとも。たとえば、信仰者たちの集まり（サット・サンガ）があって、そこへ行くことになって、うまく事が運ぶとか――。誰かが、これこれのことを実行すれば神にふれることができますよ、と教えてくれるとか――」

バンキム「誰ですか、それは？　グルのことですね！　あの御方は、あなたには上等のおいしいマンゴーを食べさせて、この私にはひどいマンゴーを下さったとしたら――」（一同笑う）

聖ラーマクリシュナ「そんなことないよ！　みんな胃袋の出来がちがうからね。誰でもどんなものを食べても消化できるわけじゃないだろう？　魚が手に入ったら、母さんはどの子にも天プラにして

（原典註２）タスミン・ヴィギャーテ・サルヴァミダム・ヴィギャータム・バヴァーティ（サンスクリット）
『あなたを知れば、すべてを知ることが出来る』
（原典註３）人間の目的は神を得ること。（End of life）神のさとり
（原典註４）Seek ye first the Kingdom of Heaven and all other things shall be added unto you.—Jesus.
『まず神の国と神の義とを第一に求めなさい。そうすれば、これらのものは、すべて添えて、与えられるであろう』
――マタイによる福音書　６章33節――

食べさせるわけじゃない。胃の弱い子にはあっさりした魚のスープをこしらえてやる。だからといって、その子を少ししか可愛がっていないと言えるかい?」

〔神をつかむ方法——熱心になること、子供のように素直に信じること〕

「グルの教えを信じることが大切。グルこそサッチダーナンダ。サッチダーナンダこそグルになっている。そのかたの言葉を信じれば——子供のように信じていれば——神をつかむことができる。何という〝子供の信じ方〟だ。母さんが、『あの人はお前の兄ちゃんだよ』と言えば、すぐその場で、『あの人はボクの兄ちゃん』と認める。百二十五パーセント信じてしまう! その子供がバラモンの子で、〝兄ちゃん〟なるものが大工や鍛冶屋の子でも——。母さんが、『あの家にはオバケが出るよ』と言えば何の疑いもなく、〝あの家はオバケの家〟と思っている。これが子供の信じ方だ。グルの言葉をこんなふうに信じることだよ。ずるがしこい気持ち、勘定高い気持ち、理屈っぽい気持ち、こういう気持ちの人は神をつかむことはできない。信念と素直さが一番大切なことだ。ずるがしこい気持ちではダメだよ。神さまは素直な人のすぐ近くにいなさるが、ずるがしこい人からは遠く遠く離れていなさる。

子供は母親の姿が見当らないとそわそわして、サンデシュなどの甘いお菓子を手に持たせてやろうとしても欲しがらない。何かほかのものをやって気を紛《まぎ》らそうとしても、どうしてもだめだ。そして、『母ちゃん! ボク、母ちゃんとこ行く!』と言ってきかない。あんなふうに、神様に会いたくて気もソゾロにならなくちゃ。アハー! あの境地! 子供みたいに、マー、マー、と言って気狂いみたいになるんだよ。もう他のどんなものにも気をとられないんだ！　世間で〝楽しい〟、〝うれしい〟ことが、まるで味気なくなってしまって、もう二度と見向こうとしない――金、名声、飲み食い、服装のこと、感覚の歓び、そういったものに何の興味もなくなって、心の底から、マー、マー、と言って、ただ神だけを恋い慕うようになる。そういう人のために、マーは他の用事をみんな放り出して、走って来てくれるんだ。

この熱情だ。どの道を行ったって――ヒンドゥー教、イスラム教、キリスト教、シャクティ派、ブラフマン智を求める人たち――どの道を行ってもいい、この情熱さえあればね。あの御方は内導者《アンタルヤーミン》だからすべてお見透《みとお》し、たとえ知らずに間違った道に足を踏みこんでも心配ない――もし、その情熱を持っていればね。あの御方がちゃんと正しい道に連れてきて下さる。（訳註、アンタルヤーミン――一切の内部にあって内部から一切をコントロールするもの、あるいは個我を解脱へと導くもの。内在者、内制者、支配者とも訳す）

そりゃ、どの宗教にだって間違いはあるよ――どの人も自分の時計だけが正しいと思っているが、どの人のも完全に正しくは動いていない。といっても、さして仕事の差し障りにもならないさ。真理《かみ》に対する情熱を持っていれば、サードゥたちとの交わりも出来てくる。そうすれば自分の時計もだんだん正確に直っていくよ」

聖ラーマクリシュナ、歓びのキールタン

ブラフマ協会のトライローキャ氏が歌い始めた。タクールは、この讃歌《キールタン》を少し聞かれると、突然立

ち上がられた。そして意識を神の国に移された。完全な三昧に入られたのである。立ち姿の入三昧だ。タクールを囲んで全員が立っている。バンキムは慌ててかけより、周りの人を押しのけてタクールのそばに行って、ジーッとお姿を穴のあくほど観察していた。彼は今まで、〝三昧《サマーディ》〟を見たことがなかったからである。

しばらくして少し意識が外に戻ると、タクールは神の愛に泥酔して踊りはじめられた。まるで、聖チャイタニヤがシュリー・ヴァースの聖所で信者たちといっしょに踊られたように——何という霊妙な踊り！　バンキムはじめ英国流の教養をもつ紳士たちは、ただもう感嘆のあまり声も出ない。何と素晴らしい光景だろうか！　これこそ、神の愛の喜び《プレーマーナンダ》と名付けるものか？　神を愛して、人間がこれ程に酔えるものなのだろうか？　聖チャイタニヤがナヴァドウィープでなさったことは、まさにこのようなことだったのか？　このようにして、あのかたはナヴァドウィープやシュリー・クシェートラ（プリー）で愛の市《まつり》をおひらきになったのか？　誰も演技でこんなことができるわけはないのだ。このかた（タクール）は全く世捨人で、金も名声も誇りも、少しも必要のない人なのだ。とはいっても、これが人生の目的だろうか？　どこにも何にも心を向けず、ただ神を愛するだけ——これが人生の目的なのだろうか？　では、こうなるための方法は？　このかたはおっしゃった——マーを慕って気もソゾロになって、無我夢中になること——。熱中、情熱、これこそがその方法だと——。神を恋い慕うこと——これが目的だ。その愛がホンモノならあの御方に会えるのだ。（訳註、ナヴァドウィープ——聖チャイタニヤの生誕地。プリー——聖チャイタニヤと信者たちがジャガンナート（クリシュナ）を祀った山車《だし》に付き従って讃歌を歌いながら踊った聖地。シュリー・ヴァース――聖チャイタニヤのごく親しい学者《パンディット》で、この人の家で聖チャイタニヤは神の愛に酔って踊り狂った）

一同はこんなふうに考えていた。この世には稀な神々しい踊りを拝見していた。みな立ったままで――タクール、聖ラーマクリシュナの周りに――そして一様にタクールを凝視していた。キールタンの終わりに、タクールは地にぬかずいて礼拝なさった。〝バーガヴァタ（聖典）、バクタ（信者）、バガヴァン（至聖《かみ》）〟ということばを大きな声で口にされ、ジュニャーニー、ヨーギー、バクタのすべての人々を礼拝なさった。

一同は、またタクールを囲むようにして席についた。

バンキム氏とバクティ・ヨーガ――神の愛

バンキム「（タクールに向かって）先生、どのようにすれば信仰《バクティ》を得ることができるのですか？」

聖ラーマクリシュナ「居ても立ってもいられなくなることだよ。子供が母親を探している時、母親の姿が見えないと、何もかも放り出してじだんだ踏んで泣き出す――あんな具合に無我夢中になって神を求めて泣けば、神をつかむところまでゆける。

夜明けになると、東の空が赤っぽい色になってくる。そうなると、間もなく太陽が上がるな、とわかる。それと同じで、誰でも神のために命がけになっているのを見たら、間違いなくこの人は間もなく神をつかむだろう、ということがわかるんだ。

ある人がグルに聞いた——『先生、神をつかむ方法を教えて下さい』と。グルは、『いっしょについてきなさい。教えてあげるから——』と答えて弟子を池のそばに連れていった。二人は水の際《きわ》まで来た。すると突然、グルは弟子の首根っこをつかまえて水の中に顔を突っ込んだ。しばらくそのままにしておいてから、師は手を放した。弟子は水から顔をあげて立ち上がった。そのとき師は、弟子に聞いたよ。——『どんな具合だった?』弟子は、『今にも死ぬかと思いました。ただもう、アップアップして死に物狂いでした』と答えた。そこで、師はこう教えたよ。『神を求めて、今のように命がアップアップするようになれば、あの御方に会えるのもそう遠くはないと思え!』

言っておくがね、水の上の方でバシャバシャしていたって何になる? もっと潜らなくちゃ。深い水底に宝玉《たから》があるんだよ。それなのに、表面《うえ》で手足をバタつかせていたって何になる? 全くのところ、宝玉《たから》は深い処に行かなければ手に入らないんだ。水の上の方を流れているわけじゃないんだよ——水の底にあるんだ。宝玉を手に入れたかったら、水の深いところに潜っていかなくてはダメなんだ」

バンキム「先生、でも、背中にウキが結びついているものですから——(皆笑う)。深い処に潜っていけません」

聖ラーマクリシュナ「あの御方を思い出せば、どんな罪だって消える。あの御方の名で、死の縄だって切れる。潜らなけりゃ——沈まなけりゃ、宝玉はどうしても手に入らないよ。

一つ歌をお聞き——

沈め　沈め　沈め
美しき海に　わが心よ
深き底に　行きて探せば
聖愛《あい》の宝玉《たま》　汝《な》が手に入らん

探せ　探せ　探せ
汝《な》が胸に　神のふるさと《ブリンダーヴァン》
ともせ　ともせ　ともせ
智慧の灯《ひ》を　常に明るく

ドスン　ドスン　ドスン
誰が舵をとるのか　この固い大地で
きけ　きけ　きけ　とカビールは言う
師の御足を求めよと　慕えよと」

タクールは、神々も聞き惚れるばかりの甘美なお声でこの歌をおうたいになった。その場にいた人々は魅せられたようになって、この歌を聞いていた。歌が終わると、再び話が始まった。

聖ラーマクリシュナ「(バンキムに向かって)深く潜ろうとしない人たちはね、こう言うんだよ――『神、神と夢中になっていたら、しまいに気が変になるにちがいない』と。神の愛に酔っている人たちを見ると、『一種の気狂いになったのだ』と言う。だが、そんなことを言う連中は、このことを理解していないいんだよ――サッチダーナンダ(梵――悟りの本質)が、不死の、甘露の海だということを。

わたしはいつか、ナレンドラにこう質問したことがある。『お前、ここに甘いシロップの入った茶碗があって、お前が蠅《はえ》だったとする。お前はどこに坐ってそのシロップを飲むかい?』ナレンドラは答えた。『茶碗の縁《フチ》に止まってクチバシを伸ばして飲みます』と。『どうして? なぜシロップの中に飛び込んで思いきり飲まないいんだね?』と、わたしが言ったらナレンドラは、『そんなことしたら溺れて死んでしまいますから――』そこで、わたしは話して聞かせた。『息子《ババ》や、サッチダーナンダの甘露はそういうものじゃないいんだよ。それは不死の甘露なんだから、そこに沈んでも人は決して死ない。それどころか、不死になるんだよ』と。

だから言うのさ、〝潜れ、沈め〟と。何も怖いことはない。潜れば不死になるんだよ」

やがてバンキムは、タクールにお別れのあいさつをした。

バンキム「先生、私のことをずい分愚かな奴だとお思いでしょうが、そこまで愚かではありません。ひとつお願いがあります。一度、拙宅へお運びいただけますと誠に有難いのですが……」

聖ラーマクリシュナ「いいですとも、神さまの思召しで——」

バンキム「そこでも神の信者にお会いなさいましょう——」

聖ラーマクリシュナ「はっはっはっ……。どうだか！　そちらにどんな信者がいるんだい？　ゴパール、ゴパール、ケーシャブ、ケーシャブ、と年中言ってるような人たちじゃないのかい？」（一同笑う）

一信者「先生、そのゴパール、ゴパールというのはどういうお話でございますか？」

聖ラーマクリシュナ「ハッハッハ………。それじゃ、その話を聞かせようか——。

或る土地に一軒の金細工店がある。その店にいる連中は最高のヴィシュヌの信者でね。首には数珠をかけ、額には赤い印をつけ、手にはいつも数珠《マーラー》の入ったハリの名をかいた小袋をさげ、口では年中ハリの名を称えている。サードゥといってもいいようなもんだが、食べるためにやむなく金細工をしているんだ。妻や子も養わなくちゃならんし——。まことに立派なヴィシュヌ信者だということを聞いて、大勢のお客さんが安心してこの店にくる。そうだろう、篤い信仰を持っている人なら決して金銀の目方をごまかしたりはしない、と皆は思うからね。客が店に入ってくると、ハリ、ハリと称名して仕事をしている。客がそばへ来て坐ると、一人がちょっと大きな声で、ケーシャブ！　ケーシャブ！　ケーシャブ！　と言う。しばらくするともう一人が、ゴパール！　ゴパール！　ゴパール！　と言う。そして、客と少し話をするかしないかうちに、もう一人が、ハリ！　ハリ！　ハリ！　と声をあげる。いよいよ金細工を作ることに話が決まると、またもう一人が大声で、ハラ！　ハラ！　ハラ！　ハラ！　と言う。それだから、客はすっかり安心して職人たちのところに安心して金《かね》を置いていく。こんなに

1884年12月6日（土）

信心深いんだから、ごまかすなんてことは決してない、と信じてね。

だが、ホントはどういうことかわかるかい？　客が来たとき、ケーシャブ！　ケーシャブ！　と言ったのは、『こいつはどういう人間だろう？』ということなんだ。ゴパール！　ゴパール！　と次に言ったのは、『見たところ、牛のような奴ら（能無し）だ』という意味。ハリ、ハリ、と言ったのは、『牛のような奴らなら、盗んでしまおうか（ハルン＝盗む）』それから最後に、ハラ！　ハラ！　と言ったのは、『盗んでしまえ！　盗んでしまえ！』これが信心深いサードゥたちのホントの姿だった」（一同笑う）

バンキムは別れのあいさつをして出ていく。しかし、何かあることを思いつめているような様子だった。部屋のドアに行く途中で肩衣《チャドル》を置き忘れて行った。体には上着《ジャマ》をつけただけである。一人の紳士がその肩衣《チャドル》を拾いあげ、走り寄ってバンキムに手渡した。バンキムはいったい何を考えていたのだろうか？

ラカールが入ってきた。彼はバララムといっしょにブリンダーヴァンに行っていて、数日前に帰ってきたのである。タクールからラカールのことを聞いていたシャラト（後のサーラダーナンダ）やデベンドラは、是非彼に紹介してもらおうと思ってやって来たのである。

シャラトとサニヤルはバラモンであり、アダルはシュボロノボニック（金商人階級）だ。この家の主人であるアダルが食事を供応しようとする前に、いち早く逃げ出してしまった。（訳註──バラモンは低カーストの家で食事をするのを嫌う）この二人は新しい信者なので、タクールがどれ程アダルを愛していらっしゃるか、まだ知らなかったのである。タクールは言っておられる――「信者は一つの別な階級だ。信者になったらカーストの上下などない。一つの同じカーストだ」と。

　アダルは、タクール、聖ラーマクリシュナと信者一同を心を込めてつくった様々の御馳走でもてなした。それが終わると一同は、タクールの楽しいお話を思い出しながら、あの愛に満ちたお姿を胸にやきつけて、それぞれの家に戻っていった。

　アダルの邸を訪問した日に、バンキム氏は聖ラーマクリシュナに自宅に来て下さることをお願いしたが、タクールは数日後、ギリシュ氏と校長をシャンキーバンガにあるバンキムの住居に行かせた。彼らと、聖ラーマクリシュナのことに関して様々な話をした。タクールに再びお会いしたい希望をバンキムは強調したのだったが、仕事の都合でとうとう実現されなかった。


〔南神村《ドッキネーショル》の五聖樹《パンチャバティ》の杜で〝デーヴィー・チョウダラニ〟を読むこと〕

　一八八四年十二月六日にアダル氏邸にタクール聖ラーマクリシュナは訪問され、そこでバンキム氏と話をなさった。

　このことがあってから何日か後――十二月二十七日（土）に、タクール、聖ラーマクリシュナは南神村《ドッキネーショル》のカーリー寺内、五聖樹《パンチャバティ》の杜の木かげで信者たちといっしょにバンキムの書いた〝デーヴィー・チョウダラニ〟の朗読をお聞きになった。そして、ギーターに書かれてある無私の仕事について多くを語られた。五聖樹《パンチャバティ》の杜にはタクールを囲んで多くの信者が坐っていた。校長が朗読し、ケダル、ラム、ニティヤゴパール、タークラク（後のシヴァーナンダ）、プラサンナ（後のトリグナティターナンダ）、スレンドラ、その他大勢の信者たちが聞いていた。

第三章　聖ラーマクリシュナの芝居見物

一八八四年十二月十四日（日）

タクール、聖ラーマクリシュナ、〝プラフラーダの生涯〟の芝居を見物

聖ラーマクリシュナの三昧境

聖ラーマクリシュナは今日、スター劇場《シアター》に来ておられる。〝プラフラーダの生涯〟という芝居を見物なさるためである。お供は校長、バブラム、ナラヤンの三人。スター劇場《シアター》はカルカッタ市内ビードン街にあり、後にこの劇場はエメラルド劇場《シアター》やクラシック劇場《シアター》と名を変えて芝居が上演された。

今日は日曜日。オグロハヨン月三十日、黒分十二日目。西暦一八八四年十二月十四日。

タクール、聖ラーマクリシュナは、さじき席に北向きになって坐っておられる。場内は明るく照明されている。そばに校長とバブラムとナラヤンが坐っている。ギリシュ・ゴーシュが来た。芝居はまだ始まっていない。タクールはギリシュと話をしていらっしゃる。

聖ラーマクリシュナ「（ニコニコして）――ワァー！　お前はホントにいい芝居を書くねえ！」

ギリシュ「先生、本当のところは何もわかっておりませんのです。ただ、夢中で書いているだけでございまして――」

聖ラーマクリシュナ「いやいや、お前はちゃんとわかってるよ。この間もお前に言ったはずだが、ちゃんとした信仰を持っていなければ、神像の下絵は描《か》けないからね。とにかく、深く理解することが必要だよ。

以前《まえ》にケーシャブの邸へ、〝新しきブリンダーヴァン〟という劇を見物に行ったことがある。長官代理が来ていてね――八百タカも月給をとっているそうで、しかも大へんな学者だということだ。ところが、その人は小さい息子をつれてきていて、まァ大騒動《おおそうどう》なんだよ！　自分の息子をどこに坐らせようか、どこに坐らせたら芝居がよく見えるだろうかというわけで、セカセカ、そわそわしてばかりいるんだ！　こっちで神様の話をしているというのに、耳に入るどころじゃない。また、その子供が、『パパ、これはナニ？　パパ、あれはナニ？』なんて聞いてばかりいるし――。閣下は子供にかかりっきり、というわけさ。

ああいう人はね、本をたくさん読んだだけで、本当は何もわかっちゃいないんだよ」

ギリシュ「私もつくづく思うんですが、どうしてこんなにも劇場の仕事に追いまくられているんだろうかと――」

聖ラーマクリシュナ「いや、お前はそれでいい。お前の仕事は多くの人のためになるからね」

芝居が始まった。プラフラーダが学校に勉強しに来た。その姿を見て、タクールはやさしい声で、「プラフラーダ、プラフラーダ」とおっしゃったまま、深い三昧に入られた。

プラフラーダが象に踏まれる場面と、火に投げこまれる場面で、タクールは声をあげてお泣きになった。

ゴーローカの神殿で、ナーラーヤナ大神（ヴィシュヌ神の一名）と、妃神ラクシュミー（ナーラーヤナの妃神、富の神）が鎮座しておられる。大神はプラフラーダのことをさかんに心配していらっしゃる——その場景《シーン》で、タクールは再び三昧にお入りになった。

（訳註、プラフラーダ——悪魔ヒラニヤカシプの息子であるが、ヴィシュヌ神を熱心に崇拝し修行を重ねた結果、ついには解脱に達したとされる。インドでは信仰者の鑑《かがみ》とされている）

信者たちと神の話

〔見神の特徴《しるし》とその方法——信仰者の三つの等級〕

芝居が終わると、ギリシュは自分の部屋にタクールをご案内した。

ギリシュ「次に、〝結婚したらてんやわんや〟という芝居が始まりますが、ごらんになりますか？」

聖ラーマクリシュナ「いやだよ、見ないよ。〝プラフラーダの生涯〟を見たあとで、そんなもの見られるかい？

わたしはいつか、オリッサから来たゴパール一座の座長にこう言ってきかせた——『芝居の終わりには、何か神についての言葉を話すようにしろ』とな。神様の言葉をずーっと聞いたあとで、〝結婚したらてんやわんや〟だなんて——。そりゃ、俗世間の話じゃないか。逆戻りだよ。前の気分に戻ってしまうよ」

タクールはギリシュと神についてのお話をなさった。

ギリシュ「ところで先生、今日の〝プラフラーダの生涯〟は如何《いかが》でございましたか？」

聖ラーマクリシュナ「全部、あの御方が演《や》っていなすった。女の役をした人たちはみんな、宇宙の大実母だった！　ゴーローカの牛飼いになった人たちは、ナーラーヤナご自身だった。あの御方が全部の役者になっていなすったよ。

だが、本当に神を見たかどうか、見分ける特徴《しるし》があるんだよ。第一の特徴《しるし》は、いつも朗らかで楽しそうだ。物怖《ものお》じや遠慮をしない。海のようで――表面は波立ったり音をたてたりするが、下の方は底知れぬ水だ。神を見た人は気狂いみたいに見えることもあるし、食屍鬼《ピシャーチャ》のように見えることもある。浄、不浄の区別がつかなくなるからね。時によると、知覚のないバカみたいに見えることもある。何故って？　内にも外にも神ばかりだから口がきけなくなるんだ。小さい子供のようにもなる。無邪気で、何も気にかけず、着物を脇にかかえて裸でブラついている。それから少年のようにイキイキして挑戦的だ。いつまでも青年のように若々しくて、仕事をしたり人に何か教えるときはライオンのようだ。

人間には我執があるから神が見えない。雲がかかっているから太陽が見えない。だが、見えないからって太陽がないわけじゃない。太陽はちゃんとあるんだ。

でも、〝子供の私〟には害がない、むしろ役に立つ。菜っ葉(シャーク)を食べるとお腹《なか》がゆるくなるが、沼菊菜《ヌマキクナ》（ヒンチャ・シャーク）なら胃のためにいい。沼菊菜《ヌマキクナ》（ヒンチャ・シャーク）は菜っ葉（シャーク）の仲間じゃないからね。氷砂糖は菓子の仲間じゃない。ほかの甘い菓子は体に悪いが、氷砂糖はセキに効《き》く。(訳註、シャーク――葉物野菜全般を指す。ヒンチャ・シャーク――湿地に生える多年草で和名はヌマキクナ。どこにでもあっておいしく、身体にもよい)

だから、いつかケーシャブ・センに、『これ以上のことを話したら、あんたは団体を維持していけなくなるよ!』と言ったとき、ケーシャブがギョッとしたので、〝子供の私〟か〝召使いの私〟ならあってもかまわない、と言ったのさ。

神を見たお人は、神ご自身が生物と世界になっていなさることがよくわかる。あらゆるものは、あの御方なんだ。こういう人を高級の信者というんだよ」

ギリシュ「ははは……。すべてがあの御方――。しかし、ホンの少し〝私〟が残っていて……セキに効《き》くというわけでございますか」

聖ラーマクリシュナ「アッハッハ………。そうなのさ。それには害がないのさ。その〝私〟で神様と楽しむんだよ。〝私〟と〝あんた〟が別になっていてこそ、二人で楽しむことができるというものさ。――主人と召使い、師と弟子、というぐあいにね。

それから、中級の信者というのもある。その人はね、神はあらゆる生物の中に内なる導き手として宿っていなさる、と思っているんだ。低級の信者は――神は在《いま》す、あちらの方に――大空の彼方に、と言う(一同笑う)。

ゴーローカの牛飼《カルター》いを見て、あの御方が演《や》っていなさることがはっきりわかったよ。神を見たお人は、神ひとりが行動者で、あの御方だけがすべてのことを為《し》ていなさるのだということが、はっきりわかる」

ギリシュ「先生、私も近ごろ、あの御方だけがすべてのことをなさるのだということが、よくわかってまいりました」

聖ラーマクリシュナ「だからわたしは、いつもこう言っている──『大実母《マー》よ、わたしは道具、あんたが使い手。わたしは動かざる存在《もの》、あんたが意識を通わせている。あんたのさせる通りにわたしはする。言わせる通りに言う』と。

無智な人たちはこんな言い方をする。『これこれは私がした。あとのこれこれは神様がした』」

〔カルマ・ヨーガで心《チッタ》を清める──なぜ、罪、罪と繰り返す──無条件《アヘイトキー》の信仰《バクティ》〕

ギリシュ「先生、私は、さして何もしていません。なのにどうしてまだ、こんなに仕事《カルマ》をしなければならないのでしょうか?」

聖ラーマクリシュナ「仕事をするのはいいことさ。土地が耕してあれば、どんな種を蒔《ま》いてもよく育つ。だが、仕事は結果を期待しないですることだ。

覚者《パラマハンサ》には二通りある。智の覚者と愛の覚者だ。智の覚者は自分に集中する。自分が悟ればそれでいいんだ。シュカデーヴァのような愛の覚者は、神を覚《さと》った後で多くの人を導いて下さる。

自分だけマンゴーを食べて、口を拭いて知らん顔をしている人もあるし、みんなに分けて食べさせてやる人もある。井戸を掘る時、モッコやシャベルを持ってくるが、井戸が掘り上がったらそんな道

1884年12月14日（日）

具を井戸の中に捨ててしまう人もいるし、近所の誰かが後《あと》で使うかも知れぬと、片付けてとっておく人もある。シュカデーヴァのような方々は、後の人のためにモッコやシャベルをとっておいて下すったんだよ。お前さんもそうしたらどうだい？」

ギリシュ「はい。どうぞ私を祝福してくださいませ！」

聖ラーマクリシュナ「お前、大実母《マー》の名を信じろ。すべてがうまくいくよ」

ギリシュ「でも、私は罪びとでございます！」

聖ラーマクリシュナ「罪だ、罪だと年中言っている間抜《バカ》けが、ほんものの罪人になってしまうんだよ！」

ギリシュ「先生、私の坐った場所《ところ》は不浄な場所でございます」

聖ラーマクリシュナ「何を言うんだか！　千年の間、真っ暗闇だった部屋にランプが入れば、少しずつ明るくなると思うかい？　ちがう。いっぺんにパーッと明るくなるんだよ」

ギリシュ「あなた様は祝福をおさずけくださいました！」

聖ラーマクリシュナ「お前さんが心からそう思うなら、もう何も言うことはない。わたしは食べて、飲んで、あの御方の名をとなえているだけのことだ」

ギリシュ「真実の信仰がまだ持てておりませんので、それを授けていただきたいのでございます」

聖ラーマクリシュナ「わたしがかい？　ナーラダやシュカデーヴァのような賢者たちならできるかも知れないが——」

ギリシュ「ナーラダたちには、会うことが出来ないではありませんか。あなた様は目の前にいらっしゃいます」

聖ラーマクリシュナ「アッハッハッハ。よしよし、信じていろ！」

しばらくの間、一同は沈黙していた。やがてまた、会話がはじまった。

ギリシュ「私のたった一つの希《ねが》いは、無条件《アヘイトキー》の信仰《バクティ》を持つことでございます」

聖ラーマクリシュナ「無条件の信仰を持っているのは、神の化身《アヴァターラ》だ。ふつうの人間は持てない」

皆、黙ってしまった。タクールは恍惚《うっとり》とした表情で歌をうたい始められた。上方の一点に視線を釘づけにして――

大実母《マー》の財宝《たから》を得《う》る難《むずか》しさ
おろかな心にわかりゃせぬ
シヴァの神さえ　苦行の末に
やっと御足を抱くものを

天界《てん》の財宝《たから》も　楽しみも
大実母《マー》を想えば　とるにも足らず
大実母の恵みのまなざしで

1884年12月14日（日）

歓喜《かんき》の海にひたりきる
すぐれたヨーギーや　尊いムニの
禅定さえもとどかぬ御足
徳なき　おろかな一人の男
ぜひ抱きたいと憧《あこが》れる

ヨーギー——ヨーガの行者、ムニ——悟りを開いた聖人

ギリシュ「徳なきおろかな一人の男が、マーの御足にあこがれる！　あァ」

見神の方法——夢中になること

聖ラーマクリシュナ「（ギリシュに向かって）強い離欲ができれば、あの御方をつかむことができるよ。命がけにならなきゃだめだ。

弟子が師に、『どうすれば至聖《かみ》にふれることができますか？』と聞いた。師は、『私についておいで——』と言って池につれて行った。そして、弟子の頭を水の中に突っこんで押さえつけた。しばらくたってから、水から頭を出してやって、こう聞いた——『お前、水の中でどんなぐあいだったね？』弟子は答えた。『どうもこうもありませんでした。ただもう、必死になってもがいていました』師は言ってきかせた。『ホラ、そんなぐあいにお前が至聖《かみ》を求めて必死になれば、必ずあの御方を

つかむことができるよ』と。

だから、いつも言うことだがね、三つの引力を一つにまとめて集中すれば神をつかめる、と。つまり、実業家が自分の事業に惹かれる気持ち、妻が夫に惹かれる気持ち、母親が子供に惹かれる気持ち、この三つの愛情《(訳註1)》の力を一つにまとめて至聖《かみ》に捧げることができたら、そうすりゃ、たちまちあの御方に会えるさ。

心をこめて呼んでごらん
シャーマはきっと来てくれる！

無我夢中になって呼べば、あの御方は会って下さるにきまってるんだよ」

〔智慧のヨーガと信仰のヨーガの調和――現代《いま》はナーラダのような信仰〕

「いつかお前に、信仰とはどういうものか話してきかせたね。体と心と口であの御方を崇めることだ。体で――つまり、手を合わせて拝んだり、お仕えしたり、足であの御方を祀ってあるところに行っ

（訳註１）三つの愛情のうち『実業家が自分の事業に惹かれる気持ち』は、原典を再確認すると、『世俗の人が金や財産に惹かれる気持ち』となっている。

たり、耳でお経や称名の声や讃歌《キールタン》を聞いたり、目で聖像を拝んだりすることだ。心では――常日頃、あの御方を瞑想したり、あの御方の活動《リーラー》について深く考えたりすること。口では――つまり、称名したり、讃歌《キールタン》を歌ったりすること。

現代《いま》のような末世では、ナーラダのような信仰が一番いいと思うよ。いつも称名したり讃歌を歌うことだ。そんなヒマのない人たちは、せめて朝夕二回、心をこめて手を拍《う》ちながら、ハリ、ハリ、ととなえることだ。

神の信者としての〝私〟は、我執高慢にならない。無智にならない。それどころか、むしろ神をつかむのに役に立つ。この〝私〟は、私の中に入らない。沼菊菜《ヌマキクナ》（ヒンチャ・シャーク）が菜っ葉（シャーク）のうちに入らないようにね。ほかの菜っ葉《シャーク》は食べるとお腹をこわすが、沼菊菜《ヒンチャ・シャーク》を食べると余計な胆汁が出なくなって体のためになる。氷砂糖は菓子の仲間に入らない。ほかの甘いものは体によくないが、氷砂糖は胃酸を中和する。

堅信《ニシュタ》のあとが信愛《バクティ》だ。信愛《バクティ》が熟してくるとバーヴァになる。バーヴァがかたまってくるとマハーバーヴァになる。最後が恋慕《プレーマ》だ。プレーマは紐のようなものだ。プレーマによって神は信者にしばりつけられて、もう逃げ出せない。

普通の人はせいぜいバーヴァまで――。神の化身《アヴァターラ》でなくてはマハーバーヴァやプレーマの状態にはならない。チャイタニヤ様《デーヴァ》はそこまで達しなすった。

それから、智識のヨーガというのはどういうものか知っているかい？　あれは自我の本性を知る道《さと》だ。ブラフマンこそ自分の本性だと知ることだ。

プラフラーダは自我の本性に安住している時もあったし、神と私は別のものと見ていた時もあった。その時は信仰者《バクタ》になっていたわけだよ。

それから、ハヌマンはこう言っていたね――『ラーマよ！　あなたが全体で私はその一部分、と私は見る時もあります。また、あなたが主人、私は召使いと見る時もあります。そしてラーマよ、第一原理に住した時は――その時は、あなたは私、私はあなたになります』」

ギリシュ「ああ！　でも、世間で暮らしていて、神をつかむ希《のぞ》みが持てるものでしょうか？」

〔世間にいて神がつかめるか？〕

聖ラーマクリシュナ「世間にいてできないということはないよ。だが、識別《ヴィヴェーカ》と離欲《ヴァイラーギャ》がどうしても必要だ。

神だけが実在、ほかのものは皆、一時的なもの――二日ばかりのもの。これをしっかり実感できないといけない。浅い所に浮いていてバシャバシャやっていてはダメ、深く潜りこむことが大切なんだよ！」

こうおっしゃって、タクールは歌って下さった――

沈め　沈め　沈め

1884年12月14日(日)

美しき海に　わが心よ
深き底に　ゆきて探せば
聖愛《あい》の宝玉《たま》　汝《な》が手に入らん

探せ　探せ　探せ
神の故郷《さと》を　汝《な》が胸に
ともせ　ともせ　ともせ
智慧の灯《ひ》を　常に明るく

聖ラーマクリシュナ「それからもう一つ注意しなければいけないのは、ワニにくいつかれないようにすること」
ギリシュ「私は、死ぬことは少しも恐ろしくございません」
聖ラーマクリシュナ「いや、色欲というワニの危険があると言っているのさ。だから、ウコンの汁を体にぬって海にもぐることだ。識別と離欲がウコンの汁なんだよ！
世間にいて、智慧を得る人もいくらかいるよ。だから、ヨーギーには二通りあるんだ。かくれたヨーギーと顕《あらわ》れたヨーギーだ。世間の生活を捨てた人たちは顕れたヨーギーで、誰でも一目でわかる。かくれたヨーギーは外から見てもわからない。女中が一生懸命に家の仕事をしていても、心はいつも郷里《くに》にいる子供たちのことを思っているようなものでね。それから、いつかお前にも言ったように、不貞な女が家事に励んでいても、心はいつも情人のことを思っているようなものだ。識別と離欲を実行するのはとても難しい。〝私が為《し》ているんだ〟〝これは皆私のものだ〟――この感じはなかなかならない。いつか、八〇〇タカも月給をとっている長官代理を見たが、神さまの話が出ているのに、それには全く関心がないんだよ。小さい息子をつれてきていて、坐らせるのにここがいいとか、あそこがいいとか大忙しなんだ。それから、もう一人知っているよ――名前は言わないがね。熱心に称名をつづけている人なんだが、一万タカの金のために裁判所でウソの証言をした。だから言うんだよ。識別と離欲ができれば、世間にいても神を覚《さと》れる、とね」

〔罪びと、悩める者、聖ラーマクリシュナ〕

ギリシュ「この罪深い人間はどうなるのでしょうか？」

タクールは目を上方に固定して、大そう慈悲深い声音で歌をおうたいになった――

想え、聖なる美しき愛人《こいびと》を
人の姿をしたあの御方
死も恐怖も滅し給うハリを
深く　ふかく　深く　瞑想せよ

1884年12月14日(日)

それを想えば　この世の悲苦から解放《はな》たれ
直に生死の大海を渡《わた》らん

想え、この世に生まれ来し理由《わけ》を
よこしまな思い、悪しき行為を
いたずらにつづけて何の益がある
そは行くべき道に非ず、今ざんげして
この永遠の真理《みち》を、永遠の愛人《こいびと》を
深く　ふかく　深く　瞑想せよ

（ギリシュに）――〝直に生死の大海を渡《わた》らん〟――。

〔アディヤシャクティ、マハーマーヤーの礼拝と代理権〕
「マハーマーヤーが戸口から退《の》いてくれるとあの御方に会える。それにはマハーマーヤーのお慈悲が要《い》る。だから、シャクティを拝むんだよ。そうだろう、すぐそばに至聖《かみ》さまがいなさるのにそれがわからないのは、間にマハーマーヤーがいなさるからだ。ラーマとシーターとラクシュマナが歩いていた。先頭がラーマ、中がシーター、一番後ろにラクシュマナ。ラーマから二、五ハト（約1メートル）

しかはなれていなかったのに、ラクシュマナにはラーマが見えなかった。

あの御方を拝むのには、一つのきまった態度をとらなけりゃいけない。わたしは今まで三つの態度をとってきたがね──子供の態度、女召使いの態度、それから女友達の態度と──。召使いと女友達の態度をずい分長い間とってきた。その当時は、装飾品を着けて女と同じ服装をしていたものさ。子供の態度をとるのはとてもいいことだ。

勇者の態度はよくない。ネダとネディ（剃髪したヴィシュヌ派の男女）やバイラヴァ（シャクティ派の男性行者）、バイラヴィー（女性行者）なんかは勇者の態度を用いている。つまり彼らは、プラクリティを女とみなして、性交によってこれをなだめて喜ばそうとするが、これは大ていの場合堕落する」

ギリシュ「私も一時期、その方法をとったことがあります」

聖ラーマクリシュナは、心配そうにギリシュをごらんになった。

ギリシュ「私には、どうもそういう傾向があるのですが……。これから先、どんな方法をとればよいかお教え下さい」

聖ラーマクリシュナ「（少し考えた後で）──あの御方に代理権を差し上げてしまえ。あの御方のしたいようにしていただくんだ」

サットヴァ性が出てくれば神がつかめる──サッチダーナンダかカーラナーナンダか

聖ラーマクリシュナは青年信者たちの話を始められた。

1884年12月14日(日)

聖ラーマクリシュナ「(ギリシュに向かって)深い瞑想に入っていると、あれたちの性格がよく見えるんだよ。〝家庭を持つ〟という気持ちは、あれたちにはない。女と楽しもうという望みも持っていない。妻を持っている者もいっしょに寝ないでいる。――わかるかい? ラジャス性がなくなって純粋なサットヴァ性が出てこなければ、あの御方にじっと心を向けることはできないし、あの御方を恋い慕う気持ちもわいてこない。だから、あの御方をつかむことなんて出来やしない」

ギリシュ「あなた様は、私を祝福して下さいました!」

聖ラーマクリシュナ「そうかい! 心から真剣になれば成功するだろう、と言っただけだよ」

話しておられるうちに急に、「アーナンダ・マイー! アーナンダ・マイー!」と言っているうちに、そのまま三昧に入られた。(訳註、アーナンダ・マイー――〝歓喜の女神〟の意、大実母の別名)

かなり長い間三昧状態でおられたが、少し平常に戻られて、「あいつらはどこだ?」とおっしゃる。校長はバブラムを呼んできた。

タクールは、バブラムはじめ信者たちの方をいつくしむように眺めながら、恍惚としておっしゃる――「サッチダーナンダはいいね! カーラナーナンダは?」(訳註――サッチダーナンダは、「真実在・智慧・歓喜」よりなる宇宙の本質、ブラフマンの実体。カーラナーナンダは、〝根元の喜び〟の意)

そして、歌をおうたいになった――

こんどこそ私ははっきり理解《わか》った

よく知っている人から〝この世の秘密〟を教えてもらった
夜のないあの国から一人の男がきて
それから私にはもう昼も夜もなく
日毎の勤行《つとめ》にも用はなくなった

眠りは破られ、もう二度と眠りはしない
ヨーガに入って、常に目ざめている
マーよ、私はヨーガ三昧に入り
眠りを眠らせてしまったのだ

硼砂《ほうしゃ》と硫黄をとりまぜて
私は永遠に彩《いろど》られた
両の目は、我が心の寺院の床に釘付け

プラサードは言う、私は信仰《バクティ》と解脱の
両方に頭を下げる、と
カーリーはブラフマンに不異《おなじ》と知って

硼砂《ほうしゃ》と硫黄——塗料を定着させるのに用いる
プラサード——インドの詩人、ラームプラサード

1884年12月14日(日)

正《ダルマ》と不正《アダルマ》のすべてを捨てる、と

次の歌

ガヤー、ガンガー、プラバースや
カーシー、カーンチーに行かずとも
カーリー　カーリー　カーリーと呼んで
わたしゃ最期の息をひく

この五つはいずれもヒンドゥー教の聖地

朝、昼、晩にカーリーを呼べば
祈祷《いのり》も勤行《つとめ》も要《い》りはせぬ
勤行《つとめ》はあなたのそばまで行くが
決して一体《いっしょ》になりはせぬ

あなた＝神

カーリーの御名の不思議
それは誰にもわからない
神のなかの大神シヴァさえも

御名の光栄《さかえ》をほめ讃えます
慈善、誓願、賜《おく》りもの
そんなものには目もくれず
この世の愛をひとまとめ
大実母《かみ》の御足に捧げよう

音楽の神も裸足《はだし》で逃げだすのではないかと思われるほど、タクールの声調《のど》は絶妙でいらっしゃる。一同は魂までもしびれて聞きほれていた。

聖ラーマクリシュナ「わたしはマーにお祈りするとき、こう言ったよ——『マー、ほかにわたしは何もいらない、純粋な信仰心だけをおくれ』とね」

ギリシュの静かな落ち着いた態度を見て、タクールは大そう満足なさった。

聖ラーマクリシュナ「お前のその態度はいいよ。素直な態度（サハジャ）は最上の境涯だ」

タクールは劇場の支配人の部屋に坐っておられる。一人の職員が入ってきた。

劇場の職員「〝結婚したらてんやわんや〟をごらんになりませんか？　今、演《や》っておりますが——」

タクールはギリシュにおっしゃる。

聖ラーマクリシュナ「何てことをしたんだ？　〝プラフラーダの生涯〟のあとに〝結婚したらてん

やわんや〟だって？　先においしいパヤス（乳粥）を出しておいて、その後に苦《にが》い料理だなんて！」
（訳註――ベンガル地方では料理を出す順番が決まっていて、最初に前菜などの苦い料理を出して、最後にデザートとして甘いものを出す）

1884年12月14日(日)

〔聖ラーマクリシュナ、慈悲の海と売春婦〕

芝居が終わると、ギリシュの指示で女優たちがタクールにごあいさつをするためにやって来た。彼女たちは一様に床にぬかずいてタクールを拝した。信者たちは、ある者は立ったまま、ある者は坐ってそれを見ていた。女優たちのうち何人かがタクールの足に手をふれて拝んでいるのを見て、信者たちは驚いた。(訳註2)タクールはそれに対して、「お母さん、もういい、もういいよ。お母さん、もういいよ」と、やさしい声でお止めになった。

彼女たちがあいさつをすませて出て行くと、タクールは信者たちにおっしゃった――「ひとり、ひとり、みんなあの御方だ――いろんなお姿のね」

やがて、タクールは馬車にお乗りになった。ギリシュはじめ劇場の人たちは馬車のところまで行き、お見送りした。

馬車に乗るとすぐ、タクール、聖ラーマクリシュナは深い三昧に入られた！

校長やナラヤンたちも、お伴をして馬車に乗った。

タクールと弟子たちを乗せた馬車は、冬の夜道を南神村《ドッキネーショル》に向けて出発した。

（訳註２）その当時のインドでは、身分の卑しい女性（売春婦なども）が芝居などの演技をしていた。ギリシュの芝居を演じていた女優も例外ではないと推測される。だから、タクールがそんな女性たちに足をふれさせたことを信者たちは驚いたものと思われる。一八八四年に演じられた〝チャイタニヤ・リーラー〟で六才の時にデビューした女優、ターラースンダリー（ターラー）の手記が参考となるので一読されたい。（日本ヴェーダーンタ協会刊『永遠の伴侶／スワミ・ブラマーナンダの生涯と教え』〝追憶、ターラー〟）

第四章　五聖樹の杜《パンチャバティ》で聖ラーマクリシュナと信者たち

一八八四年十二月二十七日（土）

南神寺《ドッキネーショル》の五聖樹《パンチャバティ》の杜で聖ラーマクリシュナと信者たち

南神寺《ドッキネーショル》の聖ラーマクリシュナとデーヴィー・チョウダラニの朗読

今日は土曜日。キリスト暦一八八四年十二月二十七日、ポウシュ白分七日目。イエス・キリストの誕生祭のため、信者たちは休日であった。それで大勢が、タクール、聖ラーマクリシュナにお会いするため南神寺《ドッキネーショル》に来ていた。朝早くからもう、皆来ているのである。校長とプラサンナが到着したとき、タクールは部屋の南側ベランダに立っていらっしゃった。彼等は入ってタクールの御足を拝した。サーラダー・プラサンナ（後のトリグナティターナンダ、このとき19才）は、今日はじめて聖ラーマクリシュナにお目にかかるのである。

タクールは校長に、「おや、バンキムは連れて来なかったのかい?」とおっしゃった。バンキムは校長の学校に来ている生徒である。タクールはバグバザールで彼にお会いになったのだ。遠くの方からこの子を一目見ただけで、「あれは、いい子だ」とおっしゃった。

信者たちはおおかた来ていた。ケダル、ラム、ニティヤゴパール、ターラク、スレシュ・（ミトラ）

はじめ、若い信者たちも大勢きている。

間もなくタクールは、信者たちと五聖樹《パンチャバティ》の杜に行ってお坐りになった。信者たちはタクールの周りを囲むようにして――或《あ》るものは坐り、或《あ》る者は立っている。タクールは煉瓦でできた根台に南西を向いて坐っておられる。ニコニコ顔で校長におっしゃった。

聖ラーマクリシュナ「あの本、持ってきたかい？」

校長「はい、持参いたしました」

聖ラーマクリシュナ「わたしに少しずつ読んできかせてくれ」

〔聖ラーマクリシュナと王様の責務〕

信者たちは、何という本か熱心に知りたがった。本の名は『デーヴィー・チョウダラニ』（訳註1）――。タクールは、『デーヴィー・チョウダラニ』には無私の行為《ニシュカマ・カルマ》についての話が書いてあるということ、そして、その著者バンキム氏の評判も聞いておられた。本の内容で、書いた人の心境を測ろうとお思いになったらしい。校長は申し上げた――

「ある少女が盗賊に捕まりました。少女の名はプラフッラといいますが、これが後のデーヴィー・チョウダラニです。捕まえた盗賊の名はバーヴァニー・パータクです。この盗賊はなかなか立派な人物でして、そのプラフッラに霊的な修行をたくさんさせました。そして、どうすれば無私の行為《ニシュカマ・カルマ》ができるか、と言うことを教え込んだのです。

1884年12月27日(土)

この盗賊は悪い人たちから金品をとりあげてきて、貧しい人や気の毒な人に恵んでやっておりました。プラフッラに向かって、『おれは悪人を懲《こ》らしめて、おとなしい善人を護《まも》っているのだ』と言っています」

聖ラーマクリシュナ「そりゃ、王様のすることだよ」

校長「それから、信仰のことについて書いてあるところがございますよ――

バーヴァニー親方は、プラフッラの友だちにさせようと思って、一人の少女を連れてきてくれました。ニシという名で、大へんな信心家でした。彼女はいつも、『私の夫は聖クリシュナです』と言っておりました。プラフッラの方は既に結婚していたのです。父親は亡く、母親だけでした。近所の人たちがありもせぬ悪いうわさをたてて、そのため舅《しゅうと》は彼女を自分の家に入れないのです。それで、息子の方には二人の妻を持たせました。でもプラフッラは夫を非常に愛しつづけていました。このところをお聞きになれば、大体おわかりいただけるでございましょう――

ニシ――私はあの方（バーヴァニー親方）の娘、あのかたは私の父上です。あの方は私にある意味での結婚をさせて下さいましたわ。

プラフッラ――ある意味とは、どんな？

ニシ――すべてをクリシュナに捧げることです。

プラフッラ――どういうふうに？

ニシ――美しさも、若さも、命までも――。

プラフッラ――あの御方が、あなたの夫なんですか？

ニシ――ええ。だって、私を完全に所有するお方が、私の夫と言えるのですから――。

プラフッラは深いため息をついて言った――「私には何とも言えないわ。あなたは夫を持ったこと

（訳註1）『デーヴィー・チョウダラニ』のあらすじ

主人公のプラフッラは幼少の時に大金持ちの家に嫁がされたが嫁ぎ先に受け入れてもらえず、両親と過ごしていた。両親が亡くなって、近所の人に売られそうになったところをなんとか嫁ぎ先に逃げてきた。プラフッラは美しく成長していたが、夫はもう二人の嫁をもらっていたし、義父も彼女を受け入れなかったので彼女はジャングルに身を隠した。そこで偶然に死にかけた老人を助け、彼の富を受け継ぐことになる。そのジャングルでバーヴァニー親分と出会い、様々な教えを受ける。彼女のお付きとして、ディバとニシがいてくれるようになる。彼女は教養と力を身に付けて、富を有効に使いながら英国に立ち向かう女盗賊、デーヴィー・チョウダラニという名で知られるようになる。

その間、嫁ぎ先の経済状態が悪化、お金が急用であるとうわさが耳に入りデーヴィーが金を貸すということを人づてに伝える。デーヴィーの正体を知らない夫と義父は何としてでもお金がいるのでそれを受け入れるが、そのお金を返す前の日に、義父が英国の軍隊にデーヴィーの居場所を告げて裏切る。そこで、デーヴィーの率いる軍と英国の軍隊の戦いになるが、彼女の賢明な作戦で、血をほとんど流すことなくデーヴィーの軍が勝つ。

最後は彼女の正体を明かし、自分を嫁として受け入れてくれるように義父に頼み、恐れる義父は彼女を嫁として受けいれる。

がないから、そういうことが言えるのよ。夫を持っていたら、クリシュナのことなんか考えもしないと思うわ」

愚かなブラジェーシュワル（プラフッラの夫）は、妻がこんなに自分を愛していることを知らなかった！

ニシは言った――「すべての女性は、クリシュナで満足することができるのよ。だってあの御方は、無限の美しさと、無限の若さと、無限の富と力と、無限の美徳を持っていらっしゃるのですもの――」

この若い女性（ニシ）はバーヴァニー親分の弟子で、いろいろな勉強をしていたが、プラフッラの方は全くの無学だったので、この言葉に答えることができなかった。ヒンドゥー教の指導者たちは答えを知っている。神が無限なのはわかっている。しかし、〝無限〟を小さな胸の檻《オリ》に入れておくことはできない。しかし、有限なものはできる。故に、無限の宇宙神《ジャガディーシュワラ》はヒンドゥーの人たちのハートを通して有限のクリシュナとして顕《あらわ》される。夫というものは、更にさらに明確に限定されている。その故に、愛が浄化されれば、夫というものは神に向かう最初の一歩となる。だから、ヒンドゥーの女性にとって夫は神格《デーヴァター》なのである。ほかの諸社会は、ヒンドゥー社会のこの部分において劣っている。

プラフッラは無学な少女だったので何もわからなかった。そして、「私には、そんなことはとてもわからないわ、お友達。あなたの名前は何というの？　まだ聞いていないけど――」と言った。

友達は言った――「バーヴァニー親分が、ニシ（夜）という名をつけて下さいました。私はディバ（昼）の姉妹のニシです。いつかディバを連れてきて紹介するわ。でもちょっと、いま話していたことを聞いてちょうだい。最上最高の夫は神様《イーシュワラ》なのよ。女の人にとって夫は神格《デーヴァター》です。聖クリシュナは全ての神格《デーヴァター》です。どうして二つの神格《デーヴァター》を持たなけりゃならないの？　二つの神様？　この小さな命の、小さな胸の信仰を二つに分けてしまったら、どんなに僅かなものになってしまうかしら？」

プラフッラ――そんな馬鹿な！　女性の信仰には際限がないと思うわ？

ニシ――女性の愛情は際限《きり》がないでしょう。でも、信仰と愛情は別ものよ」

〔先ず神を求める修行か？　それとも学問か？〕

校長「バーヴァニー親分はプラフッラに修行をはじめさせました。

第一年目はプラフッラの家に男は一切入れず、家の外で男と話をするのも禁じました。第二年目は外で話すことは許されていましたが、家には入れません。第三年目になってプラフッラが髪を剃ってからは、バーヴァニー親分は自分の選《よ》り抜きの弟子を連れてプラフッラのところへ行きました。プラフッラは剃髪した頭をうつむけて、男の弟子たちとお経に関する話をしました。

それからプラフッラの知識教育がはじめられました。文法を学んでから、ラグ・ヴァンシャ（ラグの系譜）、クマーラ（・サンバヴァ）、ナイシャダ、シャクンタラーを――(訳註２)。それから、サーンキャ、ヴェーダーンタ、ニヤーヤの哲学を少々――」

聖ラーマクリシュナ「そこのところは、どういう意味だかわかるかい？　読み書きができないと智識は得られぬ、とこの本を書いたような人たちは皆、そう思っているのさ。こういう人たちは、先ず読み書き、その後で神さまのこと——。神を知るためには学問が必要だと思っているのさ。だがね、ジャドゥ・マリックと話をしたいと思ったら、彼の持家の数や現金や株券をいくら持っているか、わたしならそんなことを知る必要はないよ。それよりも——門番をほめちぎって機嫌をとってもいい、門番に邪険に扱われてもいい。とにかく家のなかに入ってジャドゥ・マリックと話をするね。それでもし、財産のことを知りたければ、ジャドゥ・マリックその人に聞きさえすりゃ確かなものだ！ 実に簡単だよ。先ずラーマ、それからラーマの財産——世界だ。だからヴァールミーキは〝マラ〟というマントラをとなえたんだよ。〝マー〟、つまり神、それから〝ラー〟、つまり世界——マーの財産だ！」

信者たちは驚いて、タクールの不滅の言葉に聴き入っている。

無私の行為と聖ラーマクリシュナ——果実を神に捧げることと信仰

校長「勉強を終えて、また長い日数の修行の後、バーヴァニー親分はプラフッラにまた会いに行きました。こんどは無私《ニシュカマ・カルマ》の行為について教えようと思ったのです。ギーターから引用してきかせました。

タスマード　アサクタハ　サタタン　カーリヤン　カルマ　サマーチャラ
アサクトー　ヒ　アーチャラン　カルマ　パラム　アープノーティ　プールシャハ
『故に汝は与えられた仕事に執着することなくこれを行え
執着なき行いによって、人間は至高者に達すべし』

――ギーター３-19――

無執着の三つの特徴《しるし》について説明し――
（一）感覚器官を制御できること。
（二）自己中心性（エゴ）がないこと。
（三）行動の果実を聖クリシュナに捧げること。
自己中心的な人間は正法に従ってゆくことができない。ギーターには又、こう書いてある――。

プラクリテーヘ　クリヤマーナーニ　グナイヒ　カルマーニ　サルヴァシャハ
アハンカーラ・ヴィムーダートマー　カルターハム　イティ　マンニャテー
『大自然《プラクリティ》の三性《グナ》が全《すべ》ての行動をなす（にもかかわらず）

（訳註２）『ラグ・ヴァンシャ』『クマーラ・サンバヴァ』『シャクンタラー』は四世紀の劇作家、カーリダーサの作品。『ラグ・ヴァンシャ』は「ラグ王家（ラグ＝ラーマの祖父）の系譜」の意でラーマ王子の活躍を中心にラーマの先祖から子孫までの物語。『クマーラ・サンバヴァ』はシヴァ神と妃パールヴァティーの恋愛を描いた叙情詩。『シャクンタラー』はシャクンタラーとドゥフシャンタ王の数奇な恋物語。
『ナイシャダ（ナイシャダ・チャリタ）』は十二世紀の詩人、シュリー・ハルシャの作品で、『マハーバーラタ・第三巻・森林の巻』の〝ナラ王物語〟を元に、ナイシャダの王ナラの生涯を描いた物語。

我執のため盲目となりし知性の故に、人は自らが行為者なりと錯覚す』

——ギーター3・27——

その次に、すべての行為の結果を聖クリシュナに捧げることについて、ギーターを引用し——。

ヤト　カローシ　ヤド　アシュナーシ　ヤッジュホーシ　ダダーシ　ヤト
ヤッ　タパッシヤシ　カウンテーヤ　タット　クルッシュヴァ　マド・アルパナム
『何を為《な》すも、何を食すも、何の犠牲を捧《ささ》ぐるも　何を捨つるも、如何《いか》なる苦行も
おお　クンティの子（アルジュナ）よ　それをすべて、我（神）への供物とせよ』

——ギーター9・27——

というふうに、無私の行為《ニシュカマ・カルマ》の三つの特性を教えました」

聖ラーマクリシュナ「これはとてもいい！　ギーターの言葉だ。文句のつけようがない。でも、一つ言うことがあるよ。聖クリシュナに行為の果実を捧げよ、とは言っているが、聖クリシュナへの信仰について何も言ってないね」

校長「ここでは、そのことは特に言及してありません」

〔計算する心ではだめ――全身全霊でジャンプせよ〕
「次に、富をどう扱うかについて出ております。プラフッラは、『自分の富はすべて聖クリシュナに捧げる』と言いました。

プラフッラ――すべての行為を聖クリシュナに捧げるといっしょに、私の富はすべて聖クリシュナに捧げます。
バーヴァニー親分――全部《みんな》かい？
プラフッラ――はい、全部《みんな》。
バーヴァニー親分――実際にそんなことをしたら、無執着で仕事をすることができないよ。自分の食べるもののために働かなければならなくなったら、どうしてもそれに執着がでてくる。だから、お前のとるべき道は二つ――乞食生活か、または自分の財産で身を保ってゆくかだ。乞食をしても執着がでる。だから、自分の財産で自分の体を保たせることだ」

校長（タクールに向かって）「ハハハハハハ、これが世間の知恵というものでございましょう」
聖ラーマクリシュナ「うん、それが世間の知恵というやつ――勘定高い奴の考えだ。至聖《かみ》を求める人は全身全霊でジャンプする。身を保たせるためにこれだけとっておこう、なんていう計算は一切できない」

校長「その後があるのです。バーヴァニーは、『どんなふうにして、財産を聖クリシュナに捧げるつもりかね？』と聞きました。プラフッラは、『聖クリシュナはすべての生物に宿っていらっしゃいます。ですから、みんなに財産を分けてあげましょう』と答えました。バーヴァニーは、『よし、よし』とうなずいて、又ギーターを引用しました。

ヨー　マーン　パッシャティ　サルヴァットラ　サルヴァン　チャ　マイ　パッシャティ
タッシャーハン　ナ　プラナッシヤーミ　サ　チャ　メー　ナ　プラナッシャティ
『あらゆる時と処に　我を見　あらゆる存在を我が内に見る者は
決して我より離れることなく　我また彼より離れることなし』

サルヴァ・ブータ・スティタン　ヨー　マーン　バジャティ　エーカットヴァム　アースティタハ
サルヴァター　ヴァルタマーノーピサ　ヨーギー　マイ　ヴァルタテー
『衆生とブラフマンの不異を覚《さと》り　生きとし生けるもののなかに我を拝むヨーギーは
いかなる境遇にあるとも　常に我（至高者《かみ》）と一体なり』

アートマウパンミェーナ　サルヴァットラ　サマン　パッシャティ　ヨールジュナ
スカン　ヴァー　ヤディ　ヴァー　ドゥフカン　サ　ヨーギー　パラモー　マタハ

『おおアルジュナよ、楽にてあれ、苦にてあれ　衆生の受けるものを、自ら受けるが如く共に楽しみ、共に苦しむヨーギーは　あらゆるもののうちの最上最高者なり』」
――ギーター６‐30～32――

聖ラーマクリシュナ「ここのところは、最高の信仰者の特徴《しるし》だ」

〔俗人と俗人の言葉――内なるものに惹かれる〕

校長はまた読みはじめた。

「全ての生き物に慈善をするためには、非常な働きと努力が必要である。ある程度の装いと贅沢はやむを得ない。バーヴァニーは、だからこう言ってきかせた。『時には、いくらか商才も必要だ』」

聖ラーマクリシュナ「（ムッとして）――〝商才が要《い》る〟か。心にあることは口から出るものだ！終日《ひねもす》俗事に気をつかって、人とだまし合いばかりしているからこんなことしか言えなくなるんだ。大根を食べると大根のゲップがでる。商才のことなぞ言わずに、こう言えばいいのに――『自分はただの道具なのだとよく心得た上で、表面は自分がしているように仕事をしろ』と。いつかある人が歌っていた。その歌の文句に〝得《とく》〟とか〝損《そん》〟とかいう言葉がやたらに入っている。歌っている最中にわたしは止めさせた。夜昼となく考えてることが口から出てくるんだ！」

見神の方法——自ら語られるタクールの生涯

朗読は先へ進んだ。こんどは見神についての話である。

「プラフッラは既にデーヴィー・チョウダラニと呼ばれるようになっていた。ボイシャク月の白分七日目のこと、デーヴィーは屋形船に乗ってディバと話をしている。月が昇った。舟はガンジス河に錨《いかり》を下ろしている。屋形船の屋根にデーヴィーと友人は坐っている。神に直接会うことができるか、という話題であった。デーヴィーはこう言った。『花の香りが直接鼻に感じられるように、神は心に直接触れて下さいます。神は心で感じとれるものです』」

聖ラーマクリシュナ「〝心で直接感じとれるもの〟か。それは、この普通の心ではない。純粋清浄な心だ。そのときは、この普通の心はなくなっている。世間に対する執着が少しでも残っていれば、それは出来ない。心が完全に清まったとき、それを清浄心(純粋心)とも呼ぶし、純粋真我《シュッダートマ》とも呼ぶんだよ」

〔ヨーガは望遠鏡——〝夫に献身する道〟と聖ラーマクリシュナ〕

校長「心を通じて神を感じとるのは容易にできることではない、ということを、も少し後の方で述べております。直接見るためには望遠鏡が必要だ、と言っております。その望遠鏡をヨーガと名付けているのです。その後でギーターにあるように、ヨーガには三種類あって——智識のヨーガ、行為のヨーガ、信仰のヨーガ――このヨーガという望遠鏡を通して神が見える、と言うのでございます」

聖ラーマクリシュナ「とてもいい説明だ。ギーターの言葉だよ」

校長「さいごに、デーヴィー・チョウダラニは夫に会いました。夫に対して非常に献身的でありました。夫に向かって、『あなたは私の神さま《デーヴァター》です。私はほかの神さまを敬うことを学びきれませんでした。あなたはすべての神さまの場所を占領してしまった』」

聖ラーマクリシュナ「ハッハッハッハ。〝学びきれませんでした！〟。これが、〝夫に献身する道〟と呼ばれているものだ。そういう道もあるさ」

本読みは終わった。タクールは笑っていらっしゃる。信者たちは、タクールが次に何をおっしゃるかとお顔を見つめている。

聖ラーマクリシュナ「（笑いながら、ケダルやその他の信者たちに）――まあ、悪くはないね。夫に献身する道か――。影像を通して神を拝めるなら、生きている人間を通して拝めぬ法はあるまい？人間になって活動《リーラー》していなさるのは、ほかならぬあの御方なんだからね」

〔以前の話――タクールのブラフマン智境と全存在に神を見ること〕

「わたしは、実に大へんな境地を通ってきたよ！　あるときは、何日も何日もハラ、ガウリーの気分に浸っていた。それから、ラーダー、クリシュナの気分にどれだけ浸っていたことか！　時にはシーター、ラーマの気分になりきっていた！　ラーダーの気分になって、クリシュナ、クリシュナと言って慕い、シーターの気分で、ラーマ、ラーマと恋しがった。（訳註、ハラ――〝万物を破壊するもの〟の意でシヴァのこと。ガウリー――シヴァの妃パールヴァティーの別名）

だが、活動《リーラー》が究極《さいご》ではない。こういったいろんな気分を経験したあとで、わたしは大実母《マー》にこう言ったよ――『マー、こういうのはみんな〝分離《わかれた》〟の感じがある。分離のない境地にしておくれ』そうしたら、何日間か不可分のサッチダーナンダに浸りきった。神々の絵像は一切、部屋からとり払ってしまった。

あの御方を、すべてのもののなかに見るようになったんだよ！　形通りの礼拝なんか、全くする気がなくなったさ！　このベルの樹だって！　いつもベルの葉を摘んでいたのに！　ある日、葉をとったら幹の皮が少し剥《む》けた。見ると樹にちゃんと意識があるんだよ！　心が痛くなった。ドゥールバー草を摘みに行って見たら、ベルの木のときと同じような気持ちになってなかなか摘めなかった。やっとの思いで無理して摘んできた。（訳註――ドゥールバー草は芝のような草で、ベルの葉やトゥルシーと共に儀礼《プージャ》に用いられる）

わたしはレモンを切ることができないんだ。いつかやっとのことで、ジャイ・カーリー、ととなえながら、神前に犠牲を捧げるような気持ちでひとつ切った。いつかは花を摘みに行って、見たら樹に花がビッシリ咲いているのが、そのままヴィラート（宇宙普遍霊）に見えて――〝形通りの礼拝はもう終わった〟と悟ったよ。――ヴィラートの頭に飾った盛花だ！　もう二度と花を摘めないんだよ！

あの御方は人間になっても活動《リーラー》なさる。わたしは、人間はナーラーヤナの化身だと思っている。木をこすりつづけると火が出るように、信仰の力があれば人間のなかにだって神を見ることができる。

適当なエサがあれば大きな魚がそれを呑みこむだろう。

愛に酔った状態になると、すべてのもののなかに神がありありと見える。牛飼い乙女《ゴーピー》たちはあらゆるところにクリシュナを見ていた。世界中がクリシュナだった。『私もクリシュナだわ！』と言っていた。愛に狂ったようなものだね！　木を見ては、『これは隠者だ。クリシュナを瞑想しているんだ』と言った。草を見るとこう言った。『まあごらん、クリシュナに触《さ》わられて、大地が喜びのあまり毛を逆立てている』と。

〝夫に献身する道《ダルマ》〟――この場合は夫が神《デーヴァター》さまだ。かまわないだろう？　神像が拝めるくらいなら、生きた人間が拝めない筈はないだろう？」

〔神像に顕れている神――人間に神を見るのはいつか？――永遠完成者《ニティヤ・シッディ》と世俗《サンサーラ》〕

「神像を神の顕れ《アヴィル・バーヴァ》と見なすためには、三つのことが必要だ。――第一に聖職者《プージャリー》の信仰。第二に神像が美しいこと。第三に家の主人の信仰。

バイシュナヴァ・チャランが言っていたが、最後には人間として活動している神に心が傾いてゆくものだ、と。

だが一つ――あの御方を直接見た人でなければ、人間としての神の活動を見分けることはできないよ。本当に神を見た人の特徴《しるし》を知っているかい？　子供みたいになるんだ。どうして子供みたいになるかわかるかい？

神さま自身が子供みたいだからなんだよ！　だから、あの御方を見た人は子供みたいになってしまうのさ」

1884年12月27日（土）

〔見神の方法――強い離欲とあの御方を自分の〝父さん〟と思うこと〕

「とにかく、見なけりゃだめだよ。じゃ、どうすればあの御方に直接会えるか？　強い離欲だ。こう言えるようになることだよ。『なんだ！　世界の父？　私は世界の外にいるのか？　あんたは私に親切にするのが当然の義務だろう？　この、ボンクラ！』

いつも心に思っていれば、それの実質を自分のものにすることが出来る。シヴァを常に拝んでいると、シヴァの性質が自分にのりうつる。或るラーマの信者が夜昼となくハヌマーンのことを考えていた！　ハヌマーンになったと、いつも思い込んでいた。とうとう彼の固い信念が実現してシッポが生《は》えたとさ！

シヴァを敬う人は智識を得られるし、ヴィシュヌを敬う人は信愛が得られる。シヴァ系の人は智者的な性格になり、ヴィシュヌ系の人は信仰者の性格になる」

〔チャイタニヤ様《デーヴァ》はアヴァターラ――普通の人間《ジーヴァ》には力がない〕

校長「チャイタニヤ様《デーヴァ》は？　智識と信愛の両方を具えていた、とあなた様がおっしゃいましたが――」

聖ラーマクリシュナ「（ムッとして）――あのかたは別だよ。あのかたは神の化身《アヴァターラ》なんだ。あのかたと普通の人間とは、はるかな距離《へだたり》がある。あのかたの離欲の強さといったら、サルヴァバーウマが舌の上に砂糖をのせても、溶けずに風で飛んで行ってしまった程だ。いつも三昧に入っていなすったんだよ！　なんと偉大な欲望の征服者だったことか！　それを普通の人間と較べるだなんて！　ライオンは十二年に一度しかつがわないが肉を食べる。スズメは穀物しか食べないが夜昼かまわずつがっている。アヴァターラと普通の人間とは較べることはできないんだよ。人間は、色欲を捨てたといっても、いつか又、女と寝てしまうこともある。自分を抑えられないんだ。（校長に）――〝恥ずかしさ〟はどうしてだ？　ほんとに覚ったら、人間は虫みたいに見えるよ！　〝恥ずかしい、腹立たしい、恐ろしい、この三つ、あるべからず〟だ。これは皆、足枷《あしかせ》だ。〝八つの足枷〟（訳註3）というのがあるの、知ってるね？（訳註、サルヴァバーウマ――チャイタニヤの時代の学者《パンディット》で、チャイタニヤが神の化身《アヴァターラ》であるか確かめようとした）

永遠完成者《ニティヤ・シッディ》が、今さら世間を恐れることがあると思うかい？　神様によって事前に計画された遊技だ。転《こ》けたって、どうってことはない。神様《タクール》の遊技に恐怖なぞはない。

永遠完成者は、気が向けば世間の生活もする。よく二本の刀をひねくって見せる人がいるだろう。熟練しているから、石を投げつけても刀ではね返してしまう！」

（訳註3）八つの足枷――（1）憎しみ　（2）恥ずかしいと思う気持ち　（3）恐れ　（4）階級《カースト》の誇り
（5）家柄の誇り　（6）品の良さの誇り　（7）悲しみを引きずること　（8）他人のあら探し

1884年12月27日(土)

〔悟りの方法としてのヨーガ——ヨーギーの特徴〕

信者「先生、どんな状態であれば神を見ることができるのですか?」

聖ラーマクリシュナ「全心を集中しなければできるわけはないさ。バーガヴァタにシュカデーヴァのことが書いてあるが——道を歩くとき、剣をかまえた武士のように見えたという。どこも他所見《よそみ》をしない。一つの標的——ただ、神の方だけに視線を向けている。これをヨーガというんだよ。

チャタク鳥は雲間から落ちる水しか飲まない。ガンガー、ヤムナー、ゴーダーヴァリー、そのほかのたくさんの河や七つの海に水がふちまで溢れていても、決してその水は飲まない。雲間から水が落ちてくると、それを飲むんだ。

こんなふうにヨーガができたら神を見ることができる。劇場に行って幕が開かないうちは、みんな坐りながらいろいろ世間話——家庭の話、会社の話、学校の話——なんかをしているが、幕が上がったとたんに話は止まる。芝居が始まると、一心になって目をそらさずそれを見ている。しばらくたって、何かちょっと話が出るとしたら、それはその芝居についての話だ。

酒飲みが酒を飲むと、酒の楽しさについてばかりくどくどしゃべる」

五聖樹《パンチャヴァティ》の杜での聖ラーマクリシュナ——アヴァターラに欠点はない

ニティヤゴパールはタクールの正面に坐っていた。彼はいつも霊的恍惚状態にあり、ろくに口もきかない。

聖ラーマクリシュナ「（笑いながら）ゴパール！　お前、黙ってばかりいて！」

ニティヤゴパール「（子供っぽい様子で）――ボク――わから――ない」

聖ラーマクリシュナ「どうしてしゃべらないか、知ってるよ！　過ちを犯したくないんだろう？　よしよし、ジャヤとヴィジャヤは大神ナーラーヤナの門番だったが、サナカやサナータナやそのほかの聖仙《リシ》たちが中に入ろうとするのを拒んだ。その過ちのため、この世に三度、生まれなければならなかった。

シュリー・ダーマ（クリシュナの信者で友達）はゴーローカ（ヴィシュヌ神の住居）で、ヴィラジャ（クリシュナの女友達）の住居の門番をしていた。シュリー・マティー（ラーダー）がクリシュナをつかまえようと思ってヴィラジャの住居にきたとき、入れてあげなかった。それでラーダーは、『お前なんか、地上へ堕ちて悪魔になれ』と言って呪った！　シュリー・ダーマもラーダーを呪った！（一同、少し笑う）

けれど、こういうこともあるよ。子供が父親の手をにぎっていた場合は溝に落っこちることもあるが、父親が子供の手をしっかりつかまえている場合は、何の心配もない！

シュリー・ダーマの話は、ブラフマヴァイヴァルタ・プラーナのなかに出ているよ」

政府の役員であるケダル・チャトジは、いまダッカに住んでいる。以前はカルカッタにいたのだが、ダッカに転勤になったのである。彼はタクールの熱心な信者だ。ダッカでは、彼のところへおおぜいの信奉者が集まって教えを請《こ》うていた。手ぶらで聖人に会いに行ってはならない習慣《ならわし》なので、その人

1884年12月27日(土)

たちが来るときは、いつも菓子その他の食べ物をもってきて献ずるのである。

〔あらゆる人たちのため――タクールのいろんな種類の態度《バーヴァ》〕

ケダル「(非常に恭々《うやうや》しい態度で)――彼らの持ってきたものを食べてもよろしいものでありましょうか?」

聖ラーマクリシュナ「神を信仰する気持ちから賜《おく》られたものなら差支えないよ。何か下心があって持ってきたものはよくない」

ケダル「私は彼らに、みな説明してありますので、気が楽でございます。『私にお恵みを授けて下すった御方が、何もかもご存じなのだ』と私は皆にいつも申しております」

聖ラーマクリシュナ「ハッハッハッハ。そりゃほんとだ。ここにはいろんな種類の人が来るから、いろんな種類の態度《バーヴァ》が出てくるんだよ」

ケダル「私は、いろいろなことを知る必要はないと思っております」

聖ラーマクリシュナ「ハッハッハッハ。そんなことないよ。何でも少しずつは知っていなけりゃ――。食料品の店をしていれば、いろんな種類のものを置いておかなけりゃならん。レンズ豆も少々、タマリンドも少々、みんな揃えておかなけりゃ――。音楽の専門家はいろんな楽器を、たいてい少しずつは弾けるものだよ」

タクールは松林《ジャウタラ》に用を足しにいらっしゃった。信者の一人が水つぼを持って従《つ》いて行った。

　信者たちはあちこち歩きまわっている。タクールのお部屋に行くものもあったが、何人かは五聖樹《パンチャバティ》の杜に戻ってきた。タクールは杜で皆におっしゃった——「今日はもう、二度か三度便が出た。マリックの家でものを食べて——あの連中は俗物だからなあ。そいで、消化不良を起こしたんだ」

〔入三昧の魂（聖ラーマクリシュナ）の持つ噛みタバコ《パーン》の小箱〕

　タクールの噛みタバコ《パーン》の箱が杜の煉瓦台の上にまだ置いてあった。ほかに、一、二の品物もそのままになっている。

　聖ラーマクリシュナは校長に、「あの箱と、それからほかのものもあるから、部屋に持っていってくれ」とおっしゃった。そして、ご自分の部屋の方に南をさして歩きはじめられた。信者たちもいっしょに後からついて行った。

　誰かが噛みタバコ《パーン》の入った小箱を持ち、誰かは水つぼを手に持って——。

　タクールは昼食後、すこしお休みになった。三、四人の信者が部屋に入ってきて坐った。タクールは小寝台の上で小さい方の枕によりかかって坐っておられる。ある信者が質問した——

〔智者と信仰者の態度を同時に持つことができるか？——修行が必要〕

　信者「先生、智識によって、神のアトリビューツ（属性）を知り得るものでございましょうか？」

　聖ラーマクリシュナ「ふつうの智識じゃないがね。そんなに簡単にあの御方がわかるものじゃないさ。修行が必要なんだ。それも何か一つ、（神に対して）きまった態度をとることだ。たとえば、神が主人で自分は召使い、というふうに。聖仙《リシ》たちは、〝平安な態度《シャーンタ・バーヴァ》〟をとったよ！　智者はどんな態度をとるか知ってるかい？〝自我の本性〟を瞑想するんだ。（一人の信者に向かって、笑いながら）――お前はどんな態度だね？」

その信者は黙っていた。

聖ラーマクリシュナ「ははははは。お前は二つの態度だ――お前はたしかに自我の本性を瞑想しているし、も一つ、主人と召使いの態度をとっているのも確かだ。どうだい、図星だろう？」

信者「（笑いながらためらいがちに）――は、はあ、おっしゃる通りでございます」

聖ラーマクリシュナ「ハッハッハッハ。だからハズラーが言うんだよ。あなたは人の心を読むことができる、と。そんな状態になるのは、よほど進歩してからのことだ。プラフラーダがそうだった。でも、その態度《バーヴァ》になるまでには、よくよく修行を積まなければならないんだよ。

ある人がクル（イヌナツメ）の木のトゲだらけの枝を握っていて――手からはダラダラと血が流れているが、それでも、『私は何ともない、何も感じない！』と言っていて人に聞かれると、『元気です。いい気分です』と答える。こんなことを言うだけで、何のタシになる？　状況に応じて修行しなければいけない」

信者たちは、一心にタクールの不滅の甘露の言葉を飲んでいる。

第五章　誕生祝いに信者たちと楽しいキールタン

一八八五年二月二十二日(日)

南神寺《ドッキネーショル》で聖ラーマクリシュナの誕生祝いにナレンドラはじめ信者たちと楽しいキールタン

タクール、聖ラーマクリシュナは、南神寺《ドッキネーショル》にある自室の北東の長ベランダでキールタンを聞いておられる。ナロッタムが歌っている。今日は日曜日、キリスト暦一八八五年二月二十二日。ベンガル暦一二九一年ファルグン月十二日、白分八日目。信者たちがタクールの誕生祝いをしているのである。先週月曜日、白分二日目がお誕生日(訳註1)であった。ナレンドラ、ラカール、バブラム、バヴァナート、スレンドラ、ギリンドラ、ビノド、ハズラー、ラムラル、ラム、ニティヤゴパール、マニ・マリック、ギリシュ、シンティのマヘンドラ医師《カヴィラージ》はじめ、大勢の信者たちが集まってきている。キールタンは夜明けごろから既に始まっていて、今は八時頃であろう。校長が入ってきてあいさつをした。タクールは手招きをしてそばに坐るようにおっしゃった。

キールタンを聞きながら、タクールは恍惚としておられる。

牧場に来ることになっている聖クリシュナがまだ来ない。牛飼いの一人が待ちかねて、『きっと、お母さんのヤショーダーが来させてくれないんだ』と言うと、バライ（クリシュナの兄）が怒ったような口調で、『よし、ぼくが角笛を吹いてカナイ（クリシュナの愛称）を引きよせよう』と言う。バライの、弟カナイに対する愛は計り知れなかった。

キールタン歌手はまた歌いはじめる——聖クリシュナの吹く竹笛の調べがきこえてくる。牛飼い乙女《ゴーピー》たち、牛飼いたちは竹笛のひびきをきいて、いろんな気分《ムード》に浸っている。

タクールは坐って信者たちとキールタンをきいておられたが、突然、そばのナレンドラをごらんになってすっと立ち上がり、そのまま三昧に入られた。ナレンドラのひざに片足をつけて立っていらっしゃる。

やがて、タクールは平常に戻って再びお坐りになった。ナレンドラは立ち上がって、みんなからはなれて出て行った。キールタンはつづく。

聖ラーマクリシュナはバブラムにゆっくりとおっしゃる——部屋にキール（ミルクと米を煮つめたデザート）があるから、ナレンドラにやってくれ。

（訳註１）聖ラーマクリシュナの誕生日、西暦一八三六年二月十八日は、ベンガル暦一二四二年ファルグン月、白分二日目にあたる。ベンガルでは誕生日はベンガル暦で計算されるので西暦とは若干のズレが生じ、この年のファルグン月、白分二日目である二月十六日（月）がお誕生日とされた。

タクールは、ナレンドラのなかに大神ナーラーヤナご自身を見られたのであろうか？キールタンが終わると聖ラーマクリシュナは部屋に戻られ、ナレンドラを愛撫しながら菓子などを食べさせておやりになった。

ギリシュの信念によると、宇宙唯一神《イーシュワラ》が聖ラーマクリシュナとなって、この世に化身されたのである。

ギリシュ「（聖ラーマクリシュナに向かって）――あなた様のなさり方は、聖クリシュナそっくりでございます。聖クリシュナも、養母ヤショーダーのところでいろんな振りをしてみせました」

聖ラーマクリシュナ「うん、聖クリシュナは神の化身《アヴァターラ》だからね。神が人間として活動《リーラー》する場合は、ああいうふうにするんだよ。ゴーヴァルダナの山を手で持ち上げなすったほどの力があるのに、養父ナンダの前では、足台を持ち運ぶのもやっとだ！　というように思わせていなすった」

ギリシュ「わかります。今、あなた様のことがわかってきました」

1885年2月22日（日）

〔誕生日の新しい衣装――信者たちの奉仕、および三昧〕

タクールは小寝台の上に坐っていらっしゃる。時間は十一時。ラムたちがタクールに新しい衣装をお着せしようとする。タクールは、「いいよ、いらないよ」とおっしゃって、イギリス式教育を受けたある人の方を見ながら、「あの人が何て言うだろう！」と言われた。信者たちが、「ぜひ、ぜひ」とお願いすると、「お前たちがそれほど言うなら、着るさ」とおっしゃった。

信者たちは、部屋でタクールに差し上げるお祝膳の用意をしている。

タクールがナレンドラに、「何か歌っておくれ」とおっしゃるのでナレンドラは歌った――

大実母《おんはは》よ　御身《おんみ》の形なき美は
　深き闇にこそ　きらめきわたる
故にヨーギーたちは高山の洞穴に
　行きて深き禅定に入るなり

限りなき闇のふところ
　大涅槃《ニルヴァーナ》の波うねりに
永き平安の甘やかな香りは
　絶ゆることなく流れゆく

終わりなき時は形をとり
　長き闇の衣をまとい て
おお大実母《はは》よ　三昧の聖所に
　御身《おんみ》は　独り座し給うかな

1885年2月22日(日)

無畏なる御足の蓮華に
愛の電光《いなずま》ひらめきて
霊顔うるわしき輝き
大いなる笑い　とどろきたり

ナレンドラが「おお大実母《おんはは》よ、三昧の聖所に、御身《おんみ》は、独り座し給うかな」と歌ったとき、タクールは肉体意識がすーっと引いて、三昧にお入りになった。（タクールはこの日の夜、この歌にはものすごく深い意味があるとおっしゃった）かなり経ってから三昧は解け、信者たちはタクールを誕生祝いのお膳におつけした。まだ恍惚としておられる。ご飯を召し上がるのに、二本の手をつかっておられる。（訳註――インドではふつうは食事の時には絶対に左手は使わない）バヴァナートに、「お前、食べさせてくれ」とおっしゃった。法悦に浸りきっておられるため、自分で食べることがお出来にならないのである。バヴァナートがお口に運んで差し上げた。

タクールはほんの少し召し上がった。終わるとラムが、「ニティヤゴパールがお皿のものを食べるでしょう」と言った。

聖ラーマクリシュナ「皿の？　どうしてこの皿の？」

ラム「また、どうしてそんなことをおっしゃるのですか？　あなた様のお皿で食べてもよろしいのでしょう？」

ニティヤゴパールが半三昧状態なのを見て、タクールは彼に、一口、二口食べさせておやりになった。

コンナガルの信者たちが舟に乗って到着した。彼等はキールタンを歌いながら、タクールの部屋に入ってきた。キールタンを歌い終えると、彼等は飲み物をとるために出て行った。キールタン歌手のナロッタムが部屋に坐っている。タクールはナロッタムとほかの信者たちにおっしゃる――「あの人たちのは、まるで舟漕ぎ歌みたいだ。キールタンをうたうときは、聞く人が踊り出したくなるように歌わなけりゃ！　こういう具合にね――。

河《ナディア》がゆらゆら揺れるのは
ガウルの愛の波のため

河《ナディア》とチャイタニヤの住んでいた地名ナディアをかけている

（ナロッタムに向かって）――それからこの歌はこういうふうに――。

ハリの名呼んで涙を流す
あの二人の兄弟が来たよ
殴られた代りに愛を返す
あの二人の兄弟が来たよ
自分で泣いて世界を泣かす

二人の兄弟――ガウランガ（チャイタニヤ）とニティヤーナンダ

あの二人の兄弟が来たよ
自分で酔っては世界を酔わす
あの二人の兄弟が来たよ
賤民たちを胸に抱きしめる
あの二人の兄弟が来たよ

それからこれも歌わなくちゃ――

ガウルとニタイ　君たち二人の兄弟は
こよなく慈悲深い人ときく　おお主よ！
私はそれを聞いて此処へ来た　おお主よ！
君たちは賤民を胸に抱きしめ
ハリの名を唱えよと　勧めるそうだね

ハリ――クリシュナ

1885年2月22日(日)

誕生祝いにおける信者との会話

こんどは信者たちがお下がりをいただく番だ。チレ（油で揚げた米）、甘いもの、いろんな種類の食べ物を一同は満ち足りた思いで食べた。タクールは校長に、「ムクジェーたちは招《よ》ばなかったのかい？　歌手たちにも食べさせるように、スレンドラに言ってくれ」

ビピン・サルカル氏が来た。信者たちが、「この方はビピン・サルカルとおっしゃいます」と紹介すると、タクールは立ち上がって、「このかたに敷物をあげておくれ。そして、噛み夕バコ《パーン》を差し上げるように――」とおっしゃった。氏に対して丁重におっしゃる――「あなたさまとゆっくりお話ができなくて――今日は大勢来ているので！」

ギリンドラを見て、タクールはバブラムにおっしゃった――「このかたに敷物をおあげ」ニティヤゴパールが床に坐っているのを見て、又、「あれにも敷物をやっておくれ」

シンティのマヘンドラ医師《カヴィラージ》が来ていた。タクールはニコニコしながらラカールに合図をして、「脈を診てもらえ」

ラムラルさんにおっしゃる――「ギリシュ・ゴーシュと仲良くしろ。そうすりゃ、芝居がタダで見られるよ」（笑声）

ナレンドラはハズラー先生と外のベランダで長いこと話をしていた。ナレンドラの父親が他界してから、彼の家は大そう困っていた。やがて、ナレンドラは部屋に入って来て坐った。

〔ナレンドラに対するタクールのいろいろな教訓〕

聖ラーマクリシュナ「（ナレンドラに）――お前、ハズラーのところにいたのかい？　お前は故郷《くに》から出てきた女で、あれは夫と別れた女だ！　ハズラーも千五百タカほど必要なんだ。あははははは。（訳註——二人ともお金がいる仲間だ、という例え）

ハズラーが言っていたよ。ナレンドラは十六アナ（百％）サットヴァ性になっているが、ちょっとばかりラジャス性の赤みがかかっているッて！　だが、自分のサットヴァ性は純粋無垢の十七アナだって！（一同大笑）

わたしがハズラーに、『お前は頭で考えてばかりいるから、人間が干涸《ひから》びてカサカサなんだよ』と言うと、彼はこう答える——『いや、私は太陽の甘露を飲んでいるから、どうしても干涸《ひから》びるのです』

わたしが純粋な信仰のことを話していて、純粋な信仰者はゼニ金や権力を願って祈るようなことはしない、と言ったら彼はこう口答えするんだ——『あの御方の恵みの洪水が押しよせると、河は溢《あふ》れて、おまけにその辺の溝やため池まで水でいっぱいになります。純粋な信仰も得られますが、その上に六神通力も得られます。ゼニ金も得られます』

タクールの部屋の床にはナレンドラはじめ大勢の信者が坐っている。ギリシュも来て坐っていた。

聖ラーマクリシュナ「（ギリシュに）——わたしは、ナレンドラを真我《アートマン》そのものだと直感《おも》っている。だから、わたしはあれを信用しているんだ」

ギリシュ「あなた様が信用しない人など、あるのでしょうか！」

〔ナレンドラの住むところは高く無辺際〕

聖ラーマクリシュナ「ハッハッハッハ。あれはとても男性的だし、それに、わたしの方は女性的でね——プラクリティの態度《バーヴァ》だよ。ナレンドラは高い、高いところ、無辺際のところに住んでいる魂なのさ」

ギリシュはタバコを吸うため、部屋の外に出た。

ナレンドラ「（タクールに）——ギリシュ・ゴーシュと話をしましたが、非常に立派な人物ですね。あなたのことを話しましたよ」

聖ラーマクリシュナ「どんな話だい？」

ナレンドラ「タクールは無学だ。我々は皆学者だ、というような話をしたのです。ハハハハハ」

〔聖ラーマクリシュナとナレンドラ——学者《パンディット》と聖典《シャーストラ》〕

マニ・マリック「（タクールに）——あなた様は本を読まない学者でございます」

聖ラーマクリシュナ「（ナレンドラに）——ほんとに、わたしはヴェーダーンタやその他の聖典を読まなかったことをちっとも後悔していないよ。わたしは知っているんだ。ヴェーダーンタの精髄は、ブラフマン即真実、世界は虚仮ということ。

それから、ギーターの精髄は何だ？　ギーターを十回発音してみるとわかる。ターギー、ターギー！（捨離の意）」

1885年2月22日(日)

聖典の肝心かなめのところをグルに教わることだ。それから、修行と祈り。ある人が手紙を受けとった。読まないうちに失《な》くしてしまった。さあ大変とみんなで探した。やっと見つかって読んでみると、五シアのサンデシュと着衣《カポル》を一枚送ってくれ、と書いてある。そこで、手紙を放りだして、サンデシュ五シアと注文の着衣《カポル》を集めはじめる。それと同じように、聖典の大切なところがよくわかったら、それ以上本を読む必要はないだろう？　こんどは修行と祈りだ。(原典註1)

やがて、ギリシュが部屋に入ってきた。

聖ラーマクリシュナ「(ギリシュに)――やれやれ、お前たちはいったい、わたしのことを何て言ってるのかねえ？　わたしゃただ、食べたり、飲んだりして暮らしてるだけさ」

ギリシュ「あなた様について、今さら何を話すことがありましょうか。わたしはホントに、自分がサードゥだなんて思っていないよ」

聖ラーマクリシュナ「サードゥでもタードゥでもないよ。あなた様はサードゥでいらっしゃいましょう？」

ギリシュ「ふざけ方においてさえも、あなた様にはとてもかないませんです」

聖ラーマクリシュナ「わたしはいつか赤い縁取りの下衣《カポル》をきて、ジャイゴパール・センの別荘に行った。ケーシャブ・センが来ていてね、赤い縁の下衣を見て、『今日はまた、一段と派手でございますね、赤い縁取りの下衣《カポル》をご開帳とは――』と言った。わたしは、『ケーシャブの心をたぶらかそうと思って、見せにきたのさ』と言った」

再びナレンドラが歌おうとしている。聖ラーマクリシュナは校長に、タンプーラを壁から下ろせとおっしゃった。ナレンドラはそのタンプーラを長いこと調律している。タクールも信者たちも待ちくたびれてしまった。ビィノドが、「今日タンプーラを調律して、歌はまた、別の日に歌ってくれるのかな」（一同笑う）

聖ラーマクリシュナは大笑いしたあとでこうおっしゃった。――「タンプーラめをブチ壊したくなるよ。あんなものなんだ、トントン、そいから、タナ、ナナ、ネレ、ヌムって、鳴るだけじゃないか」

バヴァナート「芝居が開演する前は、たいていみんなイライラします」

ナレンドラ「（調律しながら）――わかっていない人たちはね」

聖ラーマクリシュナ「アッハッハッハッハァ、あれだ。みんな軽くいなされてしまった」

〔ナレンドラの歌と聖ラーマクリシュナの法悦境――内に向かう性質と外に向かう性質――静かな水面と波打つ水面〕

ナレンドラは歌っている。タクールは小寝台に坐って聞いていらっしゃる。ニティヤゴパールはじ

（原典註1）まさに、それを認識して、賢明なバラモンは決心すべきである。彼は多くの言語について熟慮すべきではない。なぜなら、言語を疲労させるからである。

――ブリハッド・アーラニヤカ・ウパニシャッド 4章・4・21――

1885年2月22日（日）

め信者たちは床に坐って聞いている。

わが胸に目覚めています大実母《おんはは》は
われらが内奥《うち》なる導き手
昼《ひ》も夜《よ》もひざに抱きあげ
愚かなる子らをやさしく教え……

次の歌

いざ歌え　歓喜《よろこび》の御名《おんな》を
いざ歌え　わが一絃琴《エクタール》よ
命のよろこび　魂の安らぎを

次の歌

大実母《おんはは》よ　御身《おんみ》の形なき美は
深き闇にこそ　きらめきわたる

故にヨーギーたちは高山の洞穴に
行きて深き禅定に入るなり

タクールは前三昧状態になって寝台から下りてこられ、ナレンドラのそばにお坐りになった。前三昧境でお話になる。

聖ラーマクリシュナ「歌をうたおうか？　チッ、チッ！　（ニティヤゴパールに）——お前、どう思う。（内部の霊性に）刺激を与えるために、歌を聞かなけりゃならない。あとのことはかまわない。火をつけてくれてよかった！　それから黙ってる。いいとも、わたしも黙ってるよ。お前も黙ってろ。喜びの甘水《あま》に浸っていることだ。

歌おうか？　そうだ、歌ってもいいんだ。水は静かでも水だし、波立っても音がしても水だ」

〔ナレンドラへの教訓——智と無智を超えろ〕
ナレンドラがすぐ横に坐っている。彼の家は経済的に困窮していて、そのため彼は、四六時中、気の休まる暇がないのだった。以前はサーダーラン・ブラフマ協会によく行っていた。そのせいか、いまだに智識偏重の傾向があり、ヴェーダーンタ哲学のたぐいをさかんに研究している。年令は二十三才になったところである。タクールはナレンドラを一心にみつめておられる。
聖ラーマクリシュナ「（ナレンドラに笑顔で）——お前は〝空《カー》〟だよ。なのに税金がかかるとはね（つまり家のことが心配）（一同笑う）。

クリシュナキショルはいつも、『私は〝空《カー》〟だ』と言っていたっけ。ある日、彼の家に行ってみたら、ユーウツそうな顔して坐っていた。ロクに口もきかない。わたしが、『いったい、何事が起こってそんな顔しているんだね？』と聞くと、『税務署の役人が来たのです。税金を納めないと、鍋、釜に至るまで持っていってしまうぞ、と言うのです。だから困っているのです』

わしゃ、大笑いしながら言ってきかせたよ——『それがどうしたい。お前は〝空《カー》〟で、アーカーシャみたいなものだ。間抜けどもに、鍋や釜を勝手に持っていかせたらいいじゃないか。お前にとっちゃ、痛くもかゆくもない筈だろう？』（訳註、アーカーシャ——エーテルとも言う。ブラフマンから展開する五要素の一つ、物質のなかの最も精妙な形）

それで、お前に言うんだよ。お前は〝カー〟なのに——なぜそんなに悩むのかねえ？　聖クリシュナがアルジュナに、『八神通力の一つでも持っていればいくらか力は増すかもしれないが、わたし（神）に達することはできない』と言いなすったのを知ってるだろう？　霊能力のようなもので力や金を手に入れることはできるが、神はけっしてつかめないんだよ。

それからもう一つある——智と無智を超えてしまえ。多くの人は、これこれの人は偉大な智者だと言うが、実際はそうじゃない。ヴァシシュタはあれほどの大智者だが、息子たちが死んだとき動揺した。それを見たラクシュマナが、『ラーマ、奇妙なことです！　この人にしてこれほど悲しむとは！』と言うと、ラーマはおっしゃった。『弟よ、智ある人には無智もある。光を感じる人は闇をも感じる。

善を見る人は悪をも見る。幸を感ずる人は不幸をも感ずる。弟よ、汝は二つのものを超えよ。幸と不幸を超えよ。智と無智を超えよ』だからお前にも、智識と無智を越えろ、と言うんだよ」

聖ラーマクリシュナと信者たち――スレンドラへの教訓――家住者と慈善――マノー・ヨーガとカルマ・ヨーガ

タクール、聖ラーマクリシュナは再び小寝台に行ってお坐りになった。信者たちはまだ床に坐っている。スレンドラがタクールのそば近くに坐っている。タクールは彼の方をやさしい目つきで眺めていらっしゃる。そして、彼に向かっていろいろな教訓をお与えになるのだった。

聖ラーマクリシュナ「(スレンドラに)――時々おいでよ。ナングタが言っていたが、壺は毎日磨《みが》かなけりゃいけない。そうしないと錆《さ》びてしまう。絶えずサードゥとふれあっていることが必要なんだよ。

出家は女と金を捨てる。でも、お前たちの場合はちがうよ。お前たちは時々ひとりになって、静かなところで一心にあの御方を呼ぶことだ。お前たちは、女と金を心のなかで放下すればいい。

英雄型の信仰者でなくては、二つの方向に心を向けることはできない。ジャナカ王は修行と祈りによって完成してから、世間で暮らしていた。彼は二つの剣を振り回して身を護《まも》った。智慧の剣と行為の剣だ」

こうおっしゃって、タクールはお歌いになった――

1885年2月22日(日)

この世は楽しい遊び小屋
私は飲んだり食べたりしながら
愉快に遊んで暮らして行くよ
ほんに、あの医者わかっちゃいない
表《うわ》っ面《つら》しか見ていない
それに較《くら》べりゃジャナカ王は
たぐい稀《まれ》なる賢い御方
不足のものとて何一つなく
こちらもあちらも両方つかみ
コップにあふれるミルクを飲んだ

医者――ベンガルの詩人、ラームプラサードのこと
ジャナカ王――ヴィデーハ国の王でラーマの妻となるシーターの父
こちらもあちらも――現実的にも霊的にも

「お前たちの場合はチャイタニヤ様《デーヴァ》が言いなすったように、衆生に対して慈悲深くして、神の信者に奉仕をし、それから称名讃歌をいつも忘れないことだ。

どうしてお前たちにこういうことを言うか、わかるかい？　お前は商館《ハウス》の仕事をしていて、いろんな種類の仕事を沢山しなけりゃならん。だから言うんだよ。

お前たちは会社でウソも言うだろう。だがわたしはお前のもってきてくれたものを食べる。何故だ

かわかるかい？　お前が慈善と瞑想をしているからだよ。お前は収入《みいり》に較べて多すぎるほどの慈善をする。瓜《うり》より瓜《うり》の種の方が大きい、というわけだね！

けちん坊の持ってきたものは、わたしは食べられない。ケチで欲深な連中の財産はこういう順序で消えて行く──第一番目に訴訟もめごと。二番目に盗み、詐欺《サギ》の類《たぐい》。三番目に医者代。四番目にロクでもない子供たちの無駄使い──こんなものさ。

お前が慈善行為をするのは大そういいことだよ。金を持っている人たちは寄付しなけりゃいけない。けちん坊の貯《た》めた富は全く無駄になってしまうが、慈善家の富はほんとうに自分の徳となって貯《た》まり、正しく使われるよ。わたしの郷里《くに》では、農夫が溝をつくって畑に水を引く。ときどき水が勢いよく入りすぎて畑のうねを壊《こわ》して作物をダメにする。だから農夫はうねのあちこちに穴を掘って水の抜け口にする。こうしておけば、勢いよく流れ込んだときでもうねは壊れない。おまけに穴にたまった水はだんだんと畑全体に浸《し》みて土をやわらかくしてくれ、作物の実《みの》りは増すばかりだ。慈善をする人はたくさんの果実《み》がとれるよ。そう、生命の四つの実（正義《ダルマ》、富《アルタ》、愛情《カーマ》、解脱《モクシャ》）だ」

信者たちはみな、タクールの聖なるお口から出る布施の原理のお話を一心に聞いている。

スレンドラ「私はどうも瞑想がうまくいきません。時々、マー、マーと称《とな》えるのです。夜、寝るときにも、マー、マーと言いながら眠ります」

聖ラーマクリシュナ「それでいいんだよ。くりかえし思い出しているうちに、だんだん近づいていくんだ。

マノー・ヨーガとカルマ・ヨーガがある。礼拝、巡礼、生き物に奉仕することなどをグルの教えに従って実行するのがカルマ・ヨーガ。ジャナカ王がしたようなこともカルマ・ヨーガだ。ヨーギーたちは瞑想や自観をするが、あれがマノー・ヨーガだ。

それから、（わたしは）ときどきカーリー堂に行って、『マー、この心もあんただ！』と思う。だから、純粋な心と、純粋な知性と、純粋なアートマンは、一つのものなんだよ」

日が傾きかけた。信者たちの多くはタクールにごあいさつをして家路につく。タクールは西のベランダに出られた。バヴァナートと校長が従《つ》いて出た。

聖ラーマクリシュナ「（バヴァナートへ）――お前、どうしてこんなにタマにしか来ないんだね？」

バヴァナート「ははははは、私は二週間に一度、お目にかかりに参ります。先日は街でお会いしましたので、ここへは来なかったのです」

聖ラーマクリシュナ「ナニ言ってる？　会っただけじゃどうにもなるまい？　さわったり話をしたりするのが大事なんだよ」

1885年2月22日（日）

お誕生祝いの夜、ギリシュたちと愛深き語らい

日はとっぷり暮れた。諸堂から献灯《アーラティ》の鈴の音がきこえてくる。今日はファルグン月の白分八日目、六、七日後は満月のホーリー祭である。

夕べの勤行は終わった。諸堂塔の屋根も、中庭、境内、樹立もすべて月の光のなかに美しく光って

いる。ガンジス河はいま北に流れ、月光をあびながら寺のそばでは嬉しそうな音をたてている。タクール、聖ラーマクリシュナは自室の小寝台の上にお坐りになって、静かに宇宙の大実母を瞑想しておられる。

お誕生祝いが終わっても、まだ一、二の信者が残っていた。ナレンドラは先ほど帰ってしまった。献灯は終わった。タクールは深い境地に入られた様子で、南東の長ベランダを行ったり来たりしておられる。校長もその近くに立っていて、タクールの姿を見つめている。と、突然、タクールは校長に向き直っておっしゃった――「アハー、あのナレンドラの歌！」

〔タントラのマハーカーリー瞑想――深い意味〕

校長「ほんとに、あの〝深き闇〟の、あの歌でございましょう？」

聖ラーマクリシュナ「うん。あの歌にはものすごく深い意味があるんだよ。わたしの心はまだあれに惹きつけられているようだよ」

校長「はあ、さようでございますか」

聖ラーマクリシュナ「暗闇《くらやみ》で瞑想するのは密教《タントラ》の方式だ。そのとき、太陽の光はどこだ？」

ギリシュ・ゴーシュが入ってきて立っていた。タクールは歌をおうたいになる――

私の母さん黒いのか！

1885年2月22日(日)

黒い肌した裸の女
胸の蓮座に灯をともす

タクールは酔ったようになって、立っているギリシュの体に手をおいて歌をつづけられる——

ガヤー　ガンガー　プラバースや
カーシー　カーンチーに行かずとも
カーリー　カーリー　カーリーと呼んで
わたしゃ最期の息をひく

朝　昼　晩にカーリーを呼べば
祈祷《いのり》も勤行《つとめ》も要《い》りはせぬ
勤行《つとめ》はあのかたのそばまで行くが
決して一体《いっしょ》になりはせぬ

慈善　誓願　賜《おく》りもの
そんなものには目もくれず

この世の愛をひとまとめ
大実母《かみ》のみ足に捧げよう

カーリーの御名の不思議な力
それは誰にもわからない
神のなかの大神シヴァさえも
御名の光栄《さかえ》をほめ讃えます

次の歌――

こんどこそ私はよく理解《わか》った
よく知っている人から〝この世の秘密〟を教えてもらった
夜のないあの国から一人の男がきて
それから私にはもう昼も夜もなく
日毎の勤行《つとめ》にも用はなくなった

眠りは破られ　もう二度と眠りはしない

1885年2月22日(日)

ヨーガに入って常に目ざめている
マーよ、私はヨーガ三昧に入り
眠りを眠らせてしまったのだ

プラサードは言う——
享楽《ブクティ》と解脱《ムクティ》の両方を
私は頭に載せた
カーリーとブラフマンの不異を知って
正と不正の両方を捨てる、と

ギリシュを見ているうちに、タクールの法悦はいよいよ深まるご様子である。タクールは立ったまま再びお歌いになる——

無畏《むい》の足元に命を託し
われすでに死王《ヤマ》も恐れず
大いなる真言《マントラ》カーリーの名を
わが髪束の頂きに結び

この世の市場《いち》に肉体《み》を売りて
聖《きよ》きドゥルガーの名をば買い来ぬ

カーリーの名の万願結実《カルパタル》の木を
私は胸の野原に植えたよ
死王《ヤマ》が来たら胸をひらいて
この木が育っているのを見せよう
体のなかの六つの敵は
はるか彼方に追い散らして
ドゥルガーの名を讃えながら
安らかに旅立とうとプラサードは言う

タクールは恍惚のあまり狂ったような調子で、くりかえし次の句をおうたいになった——

この世の市場《いち》に肉体《み》を売りて
聖きドゥルガーの名をば買い来ぬ——

六つの敵——色欲、怒り、貪欲、高慢、嫉妬、愛着そして、ギリシュたちの方を向いて――「〝法悦、身心に満ちて、我より意識を遠ざける〟――この場合の意識は外面界の意識のことだよ。実在意識、ブラフマンの智識はそっくりいただかなけりゃ」

〔聖ラーマクリシュナはアヴァタールか――大覚者《パラマハンサ》の境地〕

「信仰こそ一番大事だ。欲をもった信仰もあるし、無欲無私の信仰、純粋な信仰、無条件の信仰というのもある。ケーシャブ・センの一党は無条件の信仰というものを知らなかった。何の欲もない、ただ神の御足に対する清らかな信仰、これを知らなかったね。

それから法悦の信仰(ウルジタ・バクティ)というのもある。洪水がみなぎり溢《あふ》れるような信仰だ。〝法悦に笑い、泣き、踊り、歌う〟チャイタニヤ様《デーヴァ》のような――。ラーマがラクシュマナに言った――『弟よ、法悦の信仰《ウルジタ・バクティ》のあるところ、わたし(神)はそこに必ず在《い》ると知れ(原典註2)』」

タクールはご自分の境涯を暗示なすったのだろうか? タクールはチャイタニヤ様《デーヴァ》のようなアヴァターラだろうか? 衆生に信仰のありかたを教えるため、化身なすったにちがいない。

ギリシュ「あなた様がお恵み下されば、あらゆることが成就いたします。以前の私は、まあ、どんな人間だったでしょう。それが、ここまでになったのですから――」

聖ラーマクリシュナ「おやおや、お前さんは前世から持ってきたものがあるからそうなったのさ。時期が来なけりゃ何ごとも成就しない。病気が治りかけたとき医者は、〝この木の葉に黒コショウをくるんで飲め〟とか何とか処方をする。飲んだ後で病気がよくなる。黒コショウの葉が効いたのか、自然によくなったのか、誰にわかる？

ラクシュマナはラヴァとクシャにこう言った――『お前たちはほんの子供だ。ラーマのことが理解できない。あのかたの足が一触れしただけで、石になっていたアハーリャは生身の人間に戻ったのだ』ラヴァとクシャは言った――『叔父さま、みんな知っています。みんな聞きました。石はあの牟尼《ムニ》の言葉でアハーリャになったのです。ゴータマ牟尼《ムニ》がおっしゃったのです。〝トレタ時代《ユガ》（宇宙存続の四期のうち二番目の時期、今は四番目のカリ時代）にラーマチャンドラが、あの僧堂《アーシュラマ》のそばをお通りになるだろう。そのかたの足がさわって、お前は再び生きた人間に戻るだろう〟と』さあ、その奇跡が起こったのはラーマの徳のせいか、牟尼《ムニ》の言葉のせいか、誰か言えるかい？

あらゆることは、神の思召しで起こる。もしお前が此処へきて霊意識に目覚めたとしても、わたしはただの道具にすぎないんだよ。〝月の叔父さん、皆の叔父さん〟だ。神の思召しで、すべてのことが起こるんだ」（訳註、月の叔父さん――ベンガル地方では母親の兄弟は甥や姪をとても可愛がり優しくて甘えられる存在で甥や姪に対して影響力が強い。月も人に対して優しくて影響力も強いので、母親方の叔父さんは月に譬《たと》えられる）

ギリシュ「ははははは、神の思召しだとおっしゃいますか。私も、まさにそのことを申し上げて

（原典註２）心の底からの深い信仰を持つ者、そして、崇高なる法悦の信仰《ウルジタ・バクティ》を有する者
その者のハートに、私ははっきりと顕現する
――アディヤートマ・ラーマーヤナ　最終巻《ウッタラ・カンダ》５‐58――

いるのですよ！」（一同笑う）

聖ラーマクリシュナ「（ギリシュに）――素直になれば、たちまち神さまをつかめるよ。こういうような人は神の智識は得られない。先ず第一にひねくれた人、ズルイ人。二番目に潔癖過ぎる人、病的にきれい好きな人。三番目に疑い深い人」

タクールはニティヤゴパールの霊的恍惚状態を大そうお褒《ほ》めになった。

まだ、三、四人の信者が南東の長ベランダでタクールのそばに立ち、お言葉に聞き入っている。大覚者《パラマハンサ》の境地について、タクールはいろいろと説明なさった。大覚者《パラマハンサ》はいつもこう感じている――神のみ真実在で、ほかのものは皆、一時的ではかないもの。白鳥だけが水に混じったミルクを水からより分ける力を持っている。ミルクに水が混じっていると、白鳥の舌は一種の酸液を分泌するので、その酸のために水とミルクは別々になってしまうんだ。大覚者の口にもそんなような酸液がある。――愛の信仰《プレーマ・バクティ》だ。この愛の信仰があるから、永遠なものと一時的なものとを識別できる。神を体験し、神を見ることができる」

第六章　ギリシュ・ゴーシュの邸にて

一八八五年二月二十五日（水）

ギリシュ・ゴーシュの邸における聖ラーマクリシュナ
――智慧と信仰の調和についてのお話

タクール、聖ラーマクリシュナはカルカッタ市ボスパラ街にあるギリシュ・ゴーシュ邸で信者たちと神さまの話をしていらっしゃる。時間は午後三時になったところ。校長が入ってきて床にぬかずいてごあいさつした。今日は水曜日、ファルグン月十五日白分十一日目。キリスト暦一八八五年二月二十五日。去る日曜日には南神寺《ドッキネーショル》で聖ラーマクリシュナの誕生祝いがあった。今日、タクールはギリシュの家からスター劇場《シアター》においでになって、ヴリシャケートゥの芝居を見物なさることになっている。

タクールは少し前においでになったばかりだった。用事を片付けるのが手間取って、校長は少し遅れて到着したのである。彼が着いてみると、タクールはブラフマン智と信仰の調和について熱心に話しておられるところだった。（訳註、ヴリシャケートゥ――マハーバーラタに出てくるカルナの息子。カルナはある誓いを守るためにこの子を犠牲に捧げた）

聖ラーマクリシュナ「（ギリシュはじめ信者たちに）――目覚めているとき、夢を見ているとき、熟睡しているとき――人間にはこの三つの意識状態がある。

智識を勉強している人たちは、この三つをあっさり片付ける。彼らは、ブラフマンはこの三境を超越していると言っている。それから、粗大《ストゥーラ》、精妙《スークシュマ》、原因《カーラナ》――この三体を超越していると。サットヴァ、ラジャス、タマスの三性を超越していると。こういうものは皆マーヤーであって、鏡に映った映像《かげ》のようなものだと言う。映像《かげ》は決して本物ではない。ブラフマンこそが実体で、あとはみな非実在、虚像だ。（原典註1）ブラフマン智を学んでいる人たちは、またこんなことも言っている。肉体我知覚《デーハアートマブッディ》（肉体が自分だと思っている）があるために、二つのもの（相対）が見える。映像を本物だと勘違いする。その知覚がなくなれば、ソーハム、つまり、〝我こそ、かのブラフマンなり〟の真理を体得する、と」

（原典註1）マーンドゥーキャ・ウパニシャッド

原典註には「マーンドゥーキャ・ウパニシャッド」と表記されているだけなので、以下に解説を記述する。マーンドゥーキャ・ウパニシャッドは、目覚めている状態から第四の状態と呼ばれる最高の状態までの人間の意識をテーマとして十二の散文で構成されたきわめて短いウパニシャッドである。全世界はオーム（OM）によって表現され、オームの三つの音素（AUM）はそれぞれ、（A）――目覚めている状態、（U）――夢を見ている〔眠っている〕状態、（M）――熟睡の状態と同一であると見なされる。そして三つの音素を有していない第四の音素とも言えるものは、第四の状態と見なされる。以下、マーンドゥーキャ・ウパニシャッド12を記すので参照願う。

『第四のものは音素を有していないものであり、日常言語を超えている。それは現象界を止滅させ、幸先が良く二元性を有していない。このように、まさに自己はオームの音声である。このように知っている人は、自己自身（atman）によって自己（atman）の中に入る』――（大東出版社刊「ウパニシャッド　湯田豊著」より）

一人の信者「では、私どももみな、そのように分別するべきでしょうか？」

〔二つの道とギリシュ――分別と信仰――智慧《ジュニャーナ》のヨーガと信仰《バクティ》のヨーガ〕

聖ラーマクリシュナ「分別の道もあるさ――ヴェーダーンタ派の道だ。でも、信仰の道というのがある。信者がブラフマン智を得たいと夢中になって泣きすがれば、ちゃんとそれを手にいれることができる。智慧のヨーガに信仰のヨーガだ。

二つのうち、どちらを通ってもブラフマン智を獲ることができる。ブラフマン智を得た後でも、信仰を持ち続けて人々を導く場合もある。神の化身《アヴァターラ》がそうだ。

肉体我知覚《デーハアートマブッディ》――〝私〟の知覚は、だがそう簡単には無くならないよ。あの御方のお恵みで、三昧に入ればなくなる。――ニルヴィカルパ・サマーディ、ジャダ・サマーディになればね。

三昧に入った後で、アヴァターラたちの〝私〟はまた戻ってくる――〝明智の私〟、〝信者の私〟が。この〝明智の私〟で人々を教導するんだ。シャンカラ大師《アーチャーリヤ》は〝明知の私〟を残しておきなすった。

チャイタニヤ様《デーヴァ》は、この〝私〟を通して信仰を味わい、信者たちとの交わりを楽しんでいなすった。神の話をしたり、称名讃歌をお称えなすった。

〝私〟は簡単には無くならないから、信仰者は覚醒時、夢みる時などの境地をそう簡単には片付けてしまわない。信仰者は、すべての状態を素直に受けとる。サットヴァ、ラジャス、タマスの三性も認める。信仰者は神そのものが二十四の宇宙原理になっていなさる、動物や人間、この世界になっていなさるのだ、と見ている。それから直《じか》に見える形をとって霊姿を見せて下さる、と信じている。
信仰者は明知のマーヤーに守ってもらう。サードゥたちと交わったり、聖地巡礼をしたり、智識や信仰や識別に護ってもらうんだ。そしてこう言う――『〃私〃はなかなか出ていかないから、いいさ、置いとけ。このロクでなしを神さまの召使いにして、信者にして置いといてやろう』
信仰者たちにも、ついには不二の智慧が生まれる。神を除けては何ものも存在しない、と覚《さと》るときがくる。だが、〃夢まぼろし〃だとは言わない。あの御方があらゆるものに成っていなさるのだ、と言うんだ。蝋細工の庭では何もかも蝋でできている。だが、いろんな形のものがある。
信仰が熟すとこんなふうになるんだよ。胆汁がたまりすぎると黄疸《おうだん》にかかる。すると、何もかも黄色く見える。シュリー・マティー（ラーダー）はシャーマ（クリシュナ）を想うあまり、何もかもシャーマのように見えた。自分さえもシャーマになった気がした。鉛を水銀の溜《た》まりの中に長いこと入れておくと、水銀になってしまう。蛾のことを思いつづけている油虫《ゴキブリ》は、やがて動かなくなる。動けなくなるんだ。終《しま》いには蛾になってしまう。信仰者もあの御方を想いつづけているうちに〃我〃が空になる。そして、〃あの御方こそ私〃、〃私こそあの御方〃と覚《さと》る。
油虫《ゴキブリ》が蛾になるとすべてのことが成就する。解脱して自由自在になる」
〔様々な態度の礼拝とギリシュ――すべての女性を母親として見る〕
「あの御方が〃私〃をのこしておいて下さる間は、一つの定まった態度であの御方に対さなくてはいけない――平安《シャーンタ》、主人、親、友人といったような。

わたしは一年間、侍女の態度でいた。大実母《ブラフママイー》の侍女だ。女の着物をきて、鼻輪までぶら下げていたよ！　女の気持ちでいると、色欲に克《か》つことができる。

あのアディヤシャクティを拝まなくてはいけないよ。あの御方と仲よくならなけりゃいけない。女性の相《すがた》となって現れているのは、ほかでもないあの御方なんだから――。だからわたしは、すべての女性を母親だと思って眺めている。

〝女性を母親とみる態度〟――これは実に清浄《きれい》な態度だ。タントラにヴァマチャラ法（字義は〝左側の道〟、衝動を満足させることによって情欲を支配しようとする方法）というのがあるが、あれはよくない。堕落する。快楽の対象を身近におくことを恐れるべきだ。

女性を母とみる態度は水断《だ》ちエーカーダシ（断食修行）のようなものだ。快楽を追う気持ちのカケラもない。果物などを食べてもいいエーカーダシもある。それからルチやカレーを食べてもいいエーカーダシもある。わたしのは水も飲まないエーカーダシだ。わたしは十六の娘を母とみて礼拝していた。胸乳を見ても母の乳房だと思ったし、お尻も母親のお尻だと思っていた。

この女性を母とみる態度――これは修行の最後の段階だ。――あなたは母さん、私はあんたの息子。これがシャクティに対しての究極《さいご》なんだ」

〔出家《サンニャーシン》のきびしい戒律――在家の戒律とギリシュ〕

「出家《サンニャーシン》の場合は水も飲まないエーカーダシだ。出家《サンニャーシン》がもしこの世の経験に惹かれるようなことがあったら恐ろしいことだ。女と金の経験――これはもう、一度吐き捨てた唾をまた飲みこむようなものだよ。金、富、名声、肉欲のたのしみ――これがみな、この世の快楽だ。出家は、たとえ相手が信心深い婦人でも、いっしょに坐ったり話したりしてはよくない。自分のためにも害になるし、他の人のためにも悪い。他の人たちが教えを信用しなくなるから、人々を導くことが出来なくなる。出家が肉体を養っているのは、人々の模範になるためなんだからね。

女といっしょに長いこと坐りこんだり話をしたりするのは、あれも一種の性交なんだよ！　性交には八種類ある。(原典註2) 女の話をきいていい気分になる、これも一種の性交。女についての話をあれこれするのも一種の性交。誰もいないところで女とヒソヒソ話をする、これも一種の性交。女の持ち物を自分のそばにおいて嬉しがっているのも一種のそれ。女に触るのもそれ。だから、師匠《グル》の幼な妻の足に触れてあいさつをしてもいけない。出家の戒律とはこれほどきびしいものなんだよ。

世俗の人の場合は話が別だ。一人か二人子供ができたら兄弟のようにして暮らせばいい。ほかの七種類の性交は大して害にはならない。

家庭人には借りがあるんだ。家の祭神（先祖からの宗派の本尊）に対する借り、父母に対する借り。

(原典註2)（一）女性のことを聞く　（二）女性と話す　（三）女性と遊ぶ　（四）女性を見る　（五）女性との内緒話　（六）行為を想像する　（七）行為をしようと決める　（八）実際の行為

1885年2月25日(水)

聖者《リシ》に対する借り。それから、妻に対する借りもある。貞節な女であれば、一人か二人子を産ませて、一生養ってやらなくてはいけない。

世間の男たちは、わからないんだよ。どれが良い妻で、どれが悪い妻かということが――。どういう女が明知《ヴィディヤー》のシャクティで、どういう女が無明《アヴィディヤー》のシャクティかということがね。良妻は明知《ヴィディヤー》のシャクティだ。色欲も怒りっ気も少なくて、あまり多く眠らない。夫の頭をそっと押しのける。やさしく、慈悲心に富み、信心深く、つつしみ深い。誰にでも我が子に対するようによく世話をし、夫が至聖《かみ》に信仰をもつように手助けをする。なるたけ金を使わないようにする。何故かといえば、夫が神について考えるヒマがないほど稼がせたくないからだ。

それから女の特徴もいろいろあるが、悪い方のとしてはやぶにらみ(斜視)、くぼみ目、猫のような目、鹿のようにほっぺたがしぼんで長いあご、鳩胸――」

〔三昧の原理とギリシュ――神をつかむ方法――ギリシュの質問〕

ギリシュ「では、我々はどのような方法をとればよろしいのでございますか?」

聖ラーマクリシュナ「信仰が一番肝心。それから、信仰にもサットヴァ性、ラジャス性、タマス性があるということ。

信仰のサットヴァはつつしみ深く謙遜な態度になる。信仰のタマスは神さまに対して強盗みたいな態度をとる。私はあの御方の名前をとなえているんだ、今さら私に罪なんて何の関係もない筈でしょう？　あんたは私の生みの母親だ、会ってくれるのが当然だ！」

ギリシュ「あっはっはっは、あなた様のお教え下さる信仰が、そのタマス的信仰でございますね」

聖ラーマクリシュナ「ハハハハハハ。──あの御方を見るときはある徴候《しるし》が現れるものでね。つまり、三昧に入るんだよ。三昧には五種類あって、第一──蟻が這《は》い上がるような感じ、大霊気《マハーヴァーユ》の昇ってくるのが蟻が這い上がるように感じる。第二──それが、魚が泳いで上がってくるように感じる。第三──蛇がうねり上がるような感じ。第四──鳥が飛ぶような感じ、鳥がこっちの枝からあっちの枝に飛び移るように上がってくる。第五──猿がひとっ跳びするように、大霊気《マハーヴァーユ》がひとっ跳びに頭に上がってきて三昧に入る。

それから、また二種類ある。第一──スティタ・サマーディ。完全に外界の意識がなくなって、長い間──時によると何日もの間その状態をつづける。第二──ウンマナ・サマーディ。突然、心が周囲の対象から引いて攝《あつま》り、神に合一する」

〔ウンマナ・サマーディと校長〕

「（校長に向かって）──お前、これがわかるかな？」

校長「はい、わかります」

ギリシュ「修行をすれば、あの御方を得ることができるものでしょうか？」

聖ラーマクリシュナ「人はいろんな方法で、あの御方をつかむんだよ。山ほど苦行や礼拝瞑想をす

1885年2月25日(水)

る人もある。これは修行完成者《サーダナ・シッダ》だ。生まれながらの完成者もあるよ。ナーラダやシュカデーヴァたちのようなね。こういうのは永遠完成者《ニティヤ・シッダ》と呼ぶんだ。それから突然完成者《ハタート・シッダ》というのもある。突然、真理《かみ》をつかむんだよ。ナンダ・ボースが、全く期待もしないのに財産を相続したように……」

ギリシュの〝平安な態度〟——末世《カリユガ》ではシュードラが信仰と解脱を得る

聖ラーマクリシュナ「それから、夢によって覚った人《スヴァプナ・シッダ》、恩恵の完成者《クリパ・シッダ》というのもある」

こうおっしゃると、タクールは法悦に恍惚となって歌をおうたいになった——

シャーマの宝は誰でも得られるか
鈍愚な心でどうして得られよう
シヴァさえ厳しい苦行の果てに
色うつくしいみ足をやっと抱く

宇宙の女帝マーを想えば
インドラの極楽も貧しく見える
シャーマ・マーの恵みのまなざし一つで
永遠無窮の歓喜海に入る

すぐれたヨーギーや尊いムニの
禅定さえもとどかぬ御足を
不徳のおろかなカマラカーンタが
ぜひ抱きたいと憧れ恋《こ》うる

カマラカーンタ——十八世紀の西ベンガルの
詩人

タクールはしばらくの間、前三昧でおられた。ギリシュはじめ信者たちは、タクールの正面に坐っている。数日前、ギリシュはスター劇場《シアター》で、タクールに対してべらべらとしゃべっていたのだが、今日は至って静かに落ち着いている。

聖ラーマクリシュナ「(ギリシュに)——お前の今の態度はとてもいいよ。平安な態度だ。マーにおねがいしたんだよ。〝マー、あの人を静めてやっておくれ。わたしにあんまりツベコベ言わないように——〟ってさ」

ギリシュ「(校長に向かって)——誰かが、私の舌を抑えているようなんですよ。わたしにしゃべらさないように——」

聖ラーマクリシュナはまだ恍惚として、心を内奥《うち》に向けておられる。外界の人物や物の存在がだんだん薄れていくようだ。やや平常に戻られて、心を下げてこられたらしい。信者たちをまた見わたしていらっしゃる。校長の方を見て、——「この人たちはみんなあそこ(南神寺《ドッキネーショル》)に行く。行け、行け。マー

1885年2月25日(水)

がみんな知ってる」

〈近所に住んでいる青年に向かって〉――「どうだい！　君はどう思うね？　人間の義務は何だい？」

一同、沈黙している。タクールは、「神をつかむことこそ人生の目的だ」とおっしゃるつもりだろうか？

聖ラーマクリシュナ「〈ナラヤンに向かって〉――お前、パスしたいと思わないか？　足枷《あしかせ》を解いたのがシヴァ、足枷《あしかせ》につながれているのがジーヴァ〈衆生〉。〈訳註――英語のパス〈合格〉とベンガル語のパシュ〈足枷〉をかけた言葉遊び〉

タクールはまだ半三昧状態でおられる。そばにあったグラスの水をお飲みになった。そして、独り言をおっしゃる。――「ホイ、こんな気分のとき、水を飲んじまった！」

〈聖ラーマクリシュナとアトゥール氏――一心不乱に求めよ〉

まだ日は暮れていない。タクールはギリシュの弟、アトゥール氏と話をしていらっしゃる。アトゥール氏はタクールの正面に坐っている。近所に住むバラモンが一人、そばに坐っていた。アトゥールは高等裁判所の弁護士である。

聖ラーマクリシュナ「〈アトゥールに〉――あなた方に言うことは一つ。あなた方は二つをすること――。世間の仕事もし、信仰を養うこと。両方ともすることだ」

近所のバラモン「バラモン以外の人でも、神を覚《さと》ることができるのですか？」

聖ラーマクリシュナ「どうして？　末世《カリユガ》ではシュードラ（労働者）が信仰を得ると言われている。シャヴァリー、ルヒダス、それから賤民のグハカの例もあるよ」

ナラヤン「ははははは、バラモン、シュードラ、すべて平等《ひとつ》ですよ」

バラモン「一回の生でさとれるのですか？」

聖ラーマクリシュナ「あの御方のお恵みがあれば不可能なことはない。千年の間、暗闇だった部屋に灯りを入れたら、だんだん少しずつ明るくなるかい？　いっぺんに明るくなるよ！

（アトゥールに向かって）強い離欲の精神《こころ》が必要なんだよ――抜身の剣のようにな！　離欲の精神をもった人は、身内の人がコブラのように思えるし、家庭が深い井戸のように見える。

それから、心の底から一心不乱になって、あの御方を求めなけりゃいけない。真剣な祈りをあの御方がお聞きにならぬ筈はないんだからね」

皆、沈黙している。タクールのおっしゃった言葉について、じっと考えている。

聖ラーマクリシュナ「（アトゥールに）――どうした？　それほどの気持ちがおきないというのかい？」

アトゥール「心が定まることなく、うろついてしまうのですが――」

聖ラーマクリシュナ「訓練《アビヤーサ》のヨーガだよ！　毎日、あの御方を呼ぶ練習をすることだ。一朝一夕にはできないよ。毎日呼びつづけているうちに、何ごとも情熱が湧いてくるんだ」

夜も昼も、世間のことに紛《まぎ》れていたら、神に対する情熱なんて湧きっこないだろう？　ジャドウ・

1885年2月25日（水）

マリックは以前は霊的な話をよく聞いたし、自分でもよく話したものだが、最近はそれほどでもなくなった。太鼓持《たいこも》ちみたいな連中にいつも取り巻かれて、くだらん世俗の話ばかりしている！」

をなさる。

〔夕暮れのタクールの祈り――テージチャンドラ〕

日が暮れた。部屋に灯りがついた。聖ラーマクリシュナは神々の名を称え、讃歌をうたい、お祈り

――「ハリボロ、ハリボロ、ハリボロ」と称えていらっしゃる。それから、「ラーマ、ラーマ、ラーマ」

そして「ニティヤリーラマイー（いつもリーラーをなさる御方）、おお、マー、方法《ウパエ》を教えておくれ、

マー！」「シャラナーガタ（すべてを委《ゆだ》ねます）、シャラナーガタ、シャラナーガタ！」

ギリシュがソワソワしているのをごらんになって、タクールはちょっと沈黙なさった。そしてテー

ジチャンドラに、「お前、ちょっとそばにきて坐れ」とおっしゃった。

テージチャンドラ少年がおそばに坐った。少したつと彼は、校長に小声でささやいた。――「僕は、

もう帰らなければなりません」

聖ラーマクリシュナ「（校長に向かって）――何て言ったんだい？」

校長「家に帰らなければならない、と申しましたので――」

聖ラーマクリシュナ「わたしは何故《なぜ》、こういう少年たちに惹《ひ》かれるのだろうな？　純粋《きれい》な容器《いれもの》だか

ら――世俗の知恵に汚れていないからだよ。世知俗心があると教えを消化することができない。新し

い深鍋に入れておけば牛乳はよく保《も》つが、まえに凝乳をつくった古鍋に入れると、牛乳はすぐ酸っぱくなる。ニンニクをつぶすのに使った茶わんは、千度洗ってもニンニクの匂いが消えないよ」

聖ラーマクリシュナ、ナレンドラたちとスター劇場《シアター》でヴリシャケートゥの芝居見物

タクール、聖ラーマクリシュナはスター劇場《シアター》へ〝ヴリシャケートゥ(訳註)〟の芝居を見にいらっしゃった。

ビードン通りにあるスター劇場《シアター》は、後にマノモハン劇場《シアター》となる。

劇場に着くと、さじき席に南を向いてお坐りになった。校長はじめ信者たちがすぐそばに坐っている。

聖ラーマクリシュナ「(校長に向かって)――ナレンドラは来ているのか?」

校長「はあ、来ております」

(訳註)カルナは、ある定められた時間帯にやって来た客には、頼まれたものは何でも与えてあげる誓いを立てていたので、客の望みを絶対に叶えてあげることで有名だった。そこで、それを試すために聖《シュリー》クリシュナはバラモンの姿になり、カルナの子供、ヴリシャケートゥを殺して、その肉を食べさせてくれと頼む。カルナは自分のたてた誓いを果たすために、自分の子供を殺してその肉を料理してバラモンに捧げる。そしてバラモンはカルナに、自分が殺したはずのヴリシャケートゥの隣の席にカルナも一緒に坐ってその肉を食べようと誘う。カルナはヴリシャケートゥが生き返っているのを見て、実は聖《シュリー》クリシュナがカルナを試すために難題を出したことを理解する。そして、聖《シュリー》クリシュナは、カルナのその誓いの忠実さを褒《ほ》めて願いをかなえてくださる。

1885年2月25日(水)

芝居がはじまった。カルナと妻パドマーヴァティーは鋸《のこぎり》の両端を二人で持って、ヴリシャケートゥを犠牲に捧げた。パドマーヴァティーは泣き泣き肉を料理した。老いたバラモンの客は大そう満足げにカルナに向かって、「ここへ来て、わしといっしょに料理した肉を食べよう」と言う。カルナは、「そんなことは出来ません。私は息子の肉を食べることはできません」と答える。

一人の信者が同情のあまり、あたりに聞こえるような大きなタメ息をついた。タクールもそれに合わせたように、悲しげな表情をなさった。

芝居が終わると、タクールは休憩室にいらっしゃった。ギリシュやナレンドラたちも来て坐っている。聖ラーマクリシュナは部屋に入るとナレンドラのそばに行ってお立ちになり、「来たよ」とおっしゃった。

〔縦笛《シャーナイ》の音色を聞いて前三昧となる〕

タクールは席にお着きになった。まだ縦笛《シャーナイ》の調べが舞台の方からきこえてくる。

聖ラーマクリシュナ「(信者たちに) この音色をきいていると、わたしは嬉しくなる。あちら(南神寺《ドッキネーショル》)で縦笛《シャーナイ》を吹いたものだが、わたしはそのたんびに前三昧になってしまったっけ――。あるサードゥがわたしの様子を見て、『あれはブラフマン智の特徴《しるし》だ』と言ったっけ――」

〔ギリシュと〝私と私のもの〟〕

コンサートの音が止むと、タクールは再び話しつづけられる――。
聖ラーマクリシュナ「（ギリシュに）――この劇場はお前のものか、それともお前たちのものかい？」
ギリシュ「はい、私たちのものでございます」
聖ラーマクリシュナ「私たちのもの、という言葉はいいね。私のもの、というのはよくない！　私の、私自身の、などと言う人があるが、ああいうのは知性の低い我執の強い人の言い草だ」
〔聖ラーマクリシュナとナレンドラと信者たち〕
ナレンドラ「この世はすべて劇場です」
聖ラーマクリシュナ「そうだ、そうだ、その通りだ。だが、明知の芝居をしているところもあり、無明無知の芝居をしているところもある」
ナレンドラ「すべて明知です」
聖ラーマクリシュナ「うん、うん。でもそれは、ブラフマン智に達したときにわかることだ。信心深い神の信者にとっては、両方ともがある。明知のマーヤー（現象）も、無明無知のマーヤーも。
お前、何か歌をうたえよ」
ナレンドラは歌った――。
超越意識《チダーナンダ》の海に愛の波おこり

1885年2月25日(水)

大いなる喜び　豊饒《ゆたか》なる遊戯《あそび》の
美しさ極まるところなし

さまざまの楽しき想いは次つぎに
新しく生まれて新しき波は
あたらしき相《すがた》とりて顕《あらわ》れつ　また砕けつ

おお、ハリよ、ハリ、ハリ、ハリ！

大いなるヨーガ《霊交》にすべてはひとつとなり
空間と時間の隔壁《へだたり》溶けさりて
(わが希望《のぞみ》ことごとく満たされたり)

今　ここに喜び勇みて　両の手を高くあげて
いざ　うたえよ　わが心よ
いざ　となえよ　ハリ　ハリ　ハリ　と

ナレンドラが、〝大いなるヨーガにすべてはひとつとなり〟と歌ったとき、聖ラーマクリシュナはおっしゃった――「それがブラフマン智だ。お前がさっき言った、すべてが明知ということ」

ナレンドラが、〝今、ここに喜び勇みて、両の手を高くあげて、いざ、となえよ、ハリ、ハリ、と〟のくだりを歌ったとき、聖ラーマクリシュナはナレンドラに「そこは、二度くりかえして歌え」とおっしゃった。

歌が終わると、再び信者たちと会話をなさった。

ギリシュ「デベンドラは来ておりません。彼は自尊心が傷ついてこう言うのです。『我々の内容《なかみ》は濃いミルクじゃない。安っぽい豆しか入っていないのだ。あそこへ行ったってダメだよ』と」

（訳註――デベンドラ＝デベンドラ・ナート・マズンダールはタクールが好きで教えを聞きに南神寺《ドッキネーショル》に行くのだが、ナレンドラばかりひいきにして自分たちを構ってもらえないので不満に思っていた。このとき四十一才）

聖ラーマクリシュナ「（びっくりして）――おや、以前《まえ》にはそんなこと言っていなかったじゃないか？」

聖ラーマクリシュナは水を飲んでいらっしゃる。そして、ナレンドラにも飲ませておられる。

ジャティーン・デーヴァ「（タクールに向かって）――〝ナレンドラ、お食べ〟、〝ナレンドラ、お食べ〟とばかりおっしゃるので、何だか私どもは浜辺に流れ着いたワラクズのような気分になりますよ！」

タクールはジャティーンを大そう愛しておられるのだ。彼は時々、南神村《ドッキネーショル》に行ってタクールにお会いしている。夜に行ってあそこに泊まることもあった。ショババザールのラーダーカーンタ・デーヴァ

1885年2月25日(水)

家の王族の出である。

聖ラーマクリシュナ「(ナレンドラに向かって笑いながら)――ほら、ジャティーンはお前のことを言っているんだよ、ハハハハハ」

タクールは笑いながらジャティーンのあごに手をあてながらおっしゃる――「あそこへ行って、沢山お食べ!」つまり、南神村《ドッキネーショル》に来い、という意味である。タクールは〝結婚したらてんやわんや〟という喜劇を見物なさるおつもりらしい。さじき席に戻ってお坐りになった。芝居のなかの女中の言葉をきいて笑っていらっしゃる。

〔ギリシュのアヴァターラ主義――聖ラーマクリシュナはアヴァターラか?〕

すこし見物なさると、もう舞台には無関心になられた。校長を相手にのんびり話をしておられる。

聖ラーマクリシュナ「(校長に向かって)ところでねえ、ギリシュが言ってるあのこと(タクールがアヴァターラだということ)は、ほんとだろうかしらねえ?」

校長「はい、あれは本当のことです。そうでなければ、私たちの心がこんなに強く同感する筈がありません」

聖ラーマクリシュナ「ごらん、今また別な境地になってきている。今までの境地はでんぐり返ってしまった。金属で出来たものに触《さわ》れないんだよ」

校長は驚嘆してこの言葉に聞き入っている。

聖ラーマクリシュナ「この新しい境地には、とても深い秘密の意味があるんだよ」
タクールは金属に触れることができないという。神の化身《アヴァターラ》は、マーヤーの富や力にほんの少しでも関わることはない、とおっしゃるおつもりなのだろうか？
聖ラーマクリシュナ「（校長に向かって）さてと、お前はわたしの境地の変り具合がわかるかね？」
校長「は、どこでございましょうか？」
聖ラーマクリシュナ「（わたしの）していることでさ？」
校長「今はなさることが増えておりますね、人々があなた様を知るようになるにつれて――」
聖ラーマクリシュナ「わかるかい！　以前《まえ》に言ったことが実を結んできただろう？」
タクールはしばらく沈黙しておられたが、やがて突然おっしゃった――「そうだ、パルトゥの瞑想がうまくゆかないのは何故だろうな？」

〔ギリシュはニンニクの器なのか？――いわゆる罪びとへの希望《すくい》の言葉〕
タクールが南神村《ドッキネーショル》にお帰りになる用意ができた。タクールは或る信者にギリシュのことを言っておられた――「ニンニクのつぶしたのを入れておいた器は、千度洗っても匂いがすっかりは消えないだろう？」と。ギリシュはそれで少し傷ついていたので、タクールの帰り際《ぎわ》に彼はつい口に出した。
ギリシュ「（タクールに）――ニンニクの匂いは消える見込みがありましょうか？」
聖ラーマクリシュナ「消えるだろうさ」

ギリシュ「〝消えるだろう〟とおっしゃいましたね？」

聖ラーマクリシュナ「強い火で焼くと匂いはなくなる。ニンニクを入れてあった器だって、火を通せばもう匂わなくなるよ。新しい器に生まれかわるんだよ。

自分はだめだと言っている者は、決して成功しない。解脱できると自信を持っている者は、ほんとに解脱する。縛られていると年中気にしている者は、縛られる以外にないよ。自信をもって力強く、『私は解脱できた』と言う人は、解脱しているんだよ！　夜も昼も『私は縛られている、私は縛られている』と言い暮らしている人は、縛られる以外にないんだよ！」

第七章　ドラ・ヤートラ祭の日、南神寺《ドッキネーション》において

一八八五年三月一日（日）

ドラ・ヤートラ祭の日、南神寺《ドッキネーショル》における聖ラーマクリシュナと信者たち

ドラ・ヤートラ祭の日に聖ラーマクリシュナと信仰のヨーガ

今日はドラ・ヤートラ祭、主チャイタニヤの誕生日、ファルグン月十九日、満月。一八八五年三月一日、日曜日。聖ラーマクリシュナは室内の小寝台の上に坐って、三昧に入っておられる。信者たちは床に坐って、タクールの姿を凝視している。マヒマーチャラン、ラム・ダッタ、マノモハン、ナヴァイ・チャイタニヤ、ナレンドラ、校長はじめ大勢が坐っている。

信者たちはじっと拝見していた。三昧が解けると、法悦にひたりきっておられる。マヒマーチャランに「お前さん《バーブ》、ハリ信仰のことばを――」とおっしゃった。

マヒマーは詠んだ――

愛もて神《ハリ》を呼べば　苦行の要なし
愛もてハリを拝さずば　如何なる苦行も空し

内にも外にもハリを見る者に　苦行の要なし
内にも外にもハリを見ぬ者は　如何なる苦行も空し

止めよ　止めよ　バラモンよ　息子よ　苦行を止めて
智慧の大海なる　シャンカラ（シヴァ神）のもとに行け

またヴィシュヌ神を信じるものは　信仰を持ち進め
その信仰の斧で　煩悩をこの世の足枷を断ち切れ

ナーラダ・パンチャラートラにある章句です。ナーラダが苦行していらっしゃったとき、天からの声が聞こえました――これがそれでございます。

ハリに呼びかけ、ハリを拝んでいたら、苦行など何の必要があろうか？　またハリを拝むことができないなら、苦行をしても何の足しになるか？　ハリが内にも外にもいますのに、なぜ苦行など必要なのか？　もしハリが内にも外にもいまさぬなら、苦行などしてもどうにもならないではないか？　故にバラモンよ、苦行を止めよ。息子よ、苦行の要がどこにある？　智慧の海、シャンカラ（シヴァ神）のもとに進み行け。ヴィシュヌ神を信じる者たちは、このハリ信仰を持って行け。この見事に熟《う》れた信仰をつかめ。この信仰――この信仰の斧で煩悩をたち切るのだ、と」

〔神の分身《イーシュワラ・コーティ》――シュカデーヴァの三昧からの降下――ハヌマーンとプラフラーダ〕

聖ラーマクリシュナ「普通の人間《ジーヴァ・コーティ》と神の分身《イーシュワラ・コーティ》とがある。普通の人間の信仰は形式的な信仰だ。これこれの道具をそろえて礼拝すべし。一日に何回称名すべし。何回護摩を焚いて真言《マントラ》をとなえるべし。こういった形式的信仰の後に智慧が生まれ、その後で滅智する（三昧に入る）。その後、二度と戻ってこない。

神の分身《イーシュワラ・コーティ》の場合は別だよ。――上がったり下がったりできる。〝これでもない《ネーティ》〟〝これでもない《ネーティ》〟と否定しながら屋根に上がったとき、屋根の材料も今まで上がってきた階段の材料も同じもので――煉瓦や石灰や煉瓦粉で――できていることをはっきり理解する。だから、屋根でしばらく坐っていることもできるし、階段を下りていくこともできるし、自由に上がり下がりできるんだ。

シュカデーヴァは三昧に入っていなすった。それも無分別三昧《ニルヴィカルパ・サマーディ》――ジャダ三昧《サマーディ》という最高の境地にね。パリークシット王(訳註1)にバーガヴァタを聞かせるために、神様がナーラダをお遣《や》りになった。ナーラダが来てみると、シュカデーヴァは無生物のように感覚もなくなって坐っていなすった。それで、ヴィーナの伴奏で、ハリの姿をたたえる四行聖句を詠じはじめた。最初の一行を口にすると、シュカデーヴァの身毛が逆立ってきた。次に涙が流れだした。自分の内奥《おく》ふかい胸のうちに神の霊姿を見なすったからだ。ジャダ三昧《サマーディ》の後でもまた、姿相《かたち》を見ることができたんだよ。シュカデーヴァは神の分身《イーシュワラ・コーティ》だからね。

ハヌマーンは、無形、有形、両方の神をさとった後で、ラーマの姿形《すがた》に堅い信仰を持ちつづけた――智慧と喜びの権化が、あのラーマの姿なんだよ。

プラフラーダは、〝それは我なり《ソーハム》〟の境地にいる時もあったし、自分はそれの召使いだという気分のときもあった。信仰を持たないで、いったい何を持ってこの世に住んでいればいいんだい？　だから、それは主人、自分は召使いという境地にいなくてはならないんだ。あなたは御主人、私は召使い！――ハリ（ヴィシュヌ神＝クリシュナ）のジュースを味わうためにね。甘露の水と、それを喜んで飲む人との関係だ。――ね、神様、あんたはジュース、（原典註）私はそれを飲んで楽しむ。

信者の私、明知の私、子供の私――こういう私は害がない。シャンカラ大師《アーチャーリヤ》は〝明知の私〟を残しておきなすった――人々を導いて下さるためにね。〝子供の私〟には執着がない。子供は三性《トリグナ》に縛

（訳註1）パリークシット王――アビマニユ（アルジュナとスバドラーの間に生まれた息子）とウッタラー（マツヤ国王ヴィラータの娘）との間に生まれたのがパリークシットで、王位に就いて善政を行った。（『マハーバーラタ』より）

（原典註）サンスクリット二行
まことに、ここには、最初、存在していないものが存在していた。まことに、それから、存在しているものが生まれた。
それは、みずから身体（atman）を作った。それゆえに、それは〝良く作られている〟と言われる。
（タイッティリーヤ・ウパニシャッド２・７『ウパニシャッド――翻訳および解説――湯田　豊／大東出版者』より）

られない。どの性《グナ》の支配もうけない。今、カンシャクを起こしたかと思えば、もうケロリとしている。今、積木の家を作ったかと思うと、すぐもう壊している。今日は遊び友だちと仲よく遊んでいるが、何日か会わないと、すっかり忘れてしまう。子供はサットヴァ、ラジャス、タマスのどの性質《グナ》にも支配されないんだ。

あなたは神様、私はあなたの信者――この信仰者の態度――この〝私〟が、〝信者の私〟だ。なぜ、〝信者の私〟を残しておくか? これには理由《わけ》があるんだよ。〝私〟はどうしても消えて無くならないから、いっそこのナラズ者を、〝召使いの私〟か〝信者の私〟にしてしまえ、というわけだ。

千回思い直してみても、考えてみても、〝私〟は無くならないよ。〝私〟という形の瓶はね。ブラフマンは大海のようで――上下、左右、水ばっかり。瓶の内も外も水だ。水、また水だ。でもやっぱり瓶はある。それが〝信者の私〟の性格《すがた》だ。瓶があるうちは〝私〟もあるし、〝あんた〟もある。あんたは神様、私は信者。あんたは主人、私は召使い。この感じもつづく。千回考えてみても、これはどうしても消えないよ。瓶が無くなれば、そのときは又、話が別だ」

タクール、聖ラーマクリシュナのナレンドラに対するサンニヤーシンの教え

ナレンドラが入ってきて、ごあいさつをしてから坐った。聖ラーマクリシュナはナレンドラとお話しになる。話しながら床におりてきて、お坐りになった。床には敷物が敷いてある。そのころには、部屋は人でいっぱいになっていた。信者もいるし、外からの訪問者も来ていた。

聖ラーマクリシュナ「（ナレンドラに）――元気かい？　お前、よくギリシュ・ゴーシュのところに行くそうだね？」

ナレンドラ「はい、時々まいります」

新しく聖ラーマクリシュナのところへ、ここ数ヶ月、ギリシュはよく出入りしている。ギリシュの信念の強さは測り知れない程だ、とタクールは言っておられた。信念が強いと同じほど、神を求めることに熱心である。家ではいつもタクールのことを想っては陶然としていた。ナレンドラもよく彼の家に行くが、ハリパダ、デベンドラはじめ、大勢の信者たちもよく行く。ギリシュは彼らを相手にタクールの話ばかりしている。ギリシュは世俗の生活をするが、ナレンドラは世俗の生活はしないだろう、とタクールは見ていらっしゃる。――ナレンドラは〝女と金〟を捨てるだろう、と。タクールはナレンドラと話をなさっておられる――。

聖ラーマクリシュナ「お前、ギリシュ・ゴーシュのところへよく行くのかい？」

〔サンニヤーシンの資格――若い頃からの離欲――ギリシュはどの段階？――ラーヴァナやアスラたちのヨーガとボーガ〕

「でもね、ニンニクの容れ物はどんなによく洗っても、少しは匂いが残っているものだよ。若い者は清浄《きれい》な器だ！　女と金にさわっていないからね。長い間女と金にさわってきた人は、いわばニンニクの臭いがするようなものだ。

まあ、カラスについばまれたマンゴーのようなものさ。神前に供えることもできないし、自分で食べるのも嫌だ。新しい鍋と、凝乳用につかった鍋のちがいだよ。凝乳用の鍋には牛乳をいれておけない。すぐ酸っぱくなるからね。

そういう連中は、お前とは別なんだよ。ヨーガにも関心があるし、ボーガ(この世の快楽)も離せない。ラーヴァナみたいに天女もはべらせたいし、ラーマをもつかまえたい。

アスラ(阿修羅)たちはいろんな快楽にも耽《ふけ》るし、またナーラーヤナをもつかもうとする」

ナレンドラ「ギリシュ・ゴーシュは、以前《まえ》から交際していた人とは離れましたよ」

聖ラーマクリシュナ「年取ってから去勢された牡牛をね、わたしはボルドワンで見たことがある。一ぴきの去勢牛が牝牛のまわりをうろついているから、わたしはそばにいた牛追いに質問した。『この牛はどうしたんだい? これは去勢牛なんだろう⁉』すると牛追いが言ったよ。『旦那さん、この牛はうんと年をとってから去勢しましたんでね、長年の習慣《くせ》が抜けねえんでがすよ』

ある場所に出家が何人か坐っていた。女の人が一人、そこを通りかかった。みんな神を瞑想していたが、一人だけ目をうすく開けて女を見ていた。その出家は、結婚して三人子供をつくった後で出家した人だった。

茶碗でニンニクをつぶせば、その茶碗からニンニクの匂いは消えないだろう? バブイ(バジルの一種)の木にマンゴーの実がなるかい? 神通力でも使えば、あるいはバブイにマンゴーをならせることができるかもしれん。だが、そんな通力を皆が持てるかい?

世間の人が神を想う暇《ひま》があると思うかね？　ある人がバーガヴァタを講義してくれる学者を頼みたいと思った。その人の友だちが言った――『非常にすぐれたバーガヴァタの学者がいるんだが、一つ難点がある。手広く農業をやっていてね――四ヶ所の耕地と八頭の牛を持っていて、その世話で年中忙しいんだ』学者を必要としている人はこう答えた――『私は、そんな暇のないようなバーガヴァタ学者など要《い》らない。農地や牛を持った学者など探していない。私にバーガヴァタを聞かせてくれる学者が欲しいんだ』

ある王様は毎日、バーガヴァタの講義を聞いていた。学者は毎日、その日の講義が終わると、『王様、おわかりになりましたか？』ときいた。王様は毎日、こう答える――『先ず、あんたがわかって下さい！』学者は家に戻ってから、毎日考えた――王様はなぜ、『先ず、あんたがわかれ』などと言うんだろう？この学者はまじめな人で、瞑想や礼拝をつづけていたので、だんだん目覚めてきた。そして、ハリの蓮華の御足こそ肝心かなめであって、他のものは一切、虚仮だということを悟った。世俗の生活に嫌気がさして出家してしまった。人をやってたった一言、王様にことづけた――『王様、このたび、やっとわかりました』

だからと言って、わたしが世間の人を見下したりするだろうか？　いや、わたしはブラフマン智の目で見る。あの御方がすべてになっていなさる――一人、一人、みんなナーラーヤナご自身なんだ。女性器《ヨーニ》はすべて母の器だと見るとき、売春婦と貞女の区別もなくなる」

1885年3月1日（日）

〔みんなカライ豆（ヒラ豆）の顧客《おきゃく》——金と見かけの力に支配されている〕

「あーあ、みんなカライ豆（ヒラ豆）を欲しがるお客ばかりだ。みんな、女と金から離れる気がないんだ。人は女の姿に目がくらみ金の力に迷わされているが、いちど神の相《すがた》を見たら、創造神《ブラフマー》の地位さえつまらんものに思える。（訳註、カライ豆の顧客《おきゃく》——上等なもの（神）を求めようとせず、誰にでも手に入る安っぽいものを求める世俗の人のこと）

ある人がラーヴァナに聞いた。『あなたはいろんな姿に化けてシーターのところへ通っていくが、どうしてラーマの姿になって行かないのですか？』するとラーヴァナは答えた。『ラーマの姿を一度でもハートで見たならば、天女のランバーやティローッタマー(訳註2)の美しさも火葬場の灰のように感じるし、ブラフマーの地位さえ取るに足りなくなるのだから、まして他人の女房の関心を買う気なぞ、消し飛んでしまうからさ——』

みーんな、カライ豆の顧客《おきゃく》だ。清浄《きれい》な容器《うつわ》でなけりゃ、神への純粋な信仰はつくれない。——大方《おおかた》は一つの目標に集中できずに、いろんな方角に心が散るんだよ」

〔ネパールの少女——神の召使い——世間の人は奴隷〕

「（マノモハンに向かって）こんなことを言うと、お前は怒って出て行くかもしれんが、わたしはラカールにこう言っておいた——『お前が、神を想うあまりガンジス河に身を投げて死んだ、という話なら聞いてもいいが、誰かに雇われたの、勤め人になったのなんて話は、わたしゃ絶対に聞きたくな

い』とね。（訳註――ラカールの妻ヴィシュヴェーシュワリーは在家信者マノモハンの妹）

いつか、ネパールの少女が一人ここへ来た。イスラジ（ヴァイオリンに似た弦楽器）にうまく合わせて歌をうたったよ。ハリ称名の歌をね。誰かが、『あんた、結婚しているのかね？』と聞くと、その娘はこう言ったよ――『今さら、誰の召使いになるんですか？　私は、一なる至聖《かみ》の召使いです』

女と金のなかに住んでいて、どうにかなると思うかい？　無執着でいるなんてことは、とてつもなく難しいよ。女房の奴隷になり、金の奴隷になり、おまけに雇い主の奴隷になるんだよ。

一人のファキール（イスラム教の托鉢僧）が森に庵をつくって住んでいた。その頃はアクバル・シャー（シャー＝〝偉大な〟を表す尊称）がデリーの王様だった。大勢の人がその隠者を訪ねていく。彼はどうにかしてお客をもてなしたいものだと思った。だが一方、金が一文もなくてどうして客をもてなすことができよう？　それでアクバルのところへ頼みに行くことにした。サードゥやファキールたちは自由に王宮の門を通れたからね。そのときアクバル皇帝は礼拝室で祈祷をしているところだったが、ファキールはそこに入って坐って待っていた。聞いていると、アクバル皇帝は祈りの最後にこう言った。――『おお、アッラーよ、財宝を与え給え、富を与え給え、などなど……』これを聞いたファキールは、立ち上がって礼拝室から出て行こうとした。アクバル皇帝は、『坐っていろ』と合図をした。

（訳註2）ランバー、ティロータマー――共に美しい女性の姿をした天界の水の精（アプサラス）。またランバーに関して言えば、ラーヴァナがその美しさのゆえに、甥の妻であったが力ずくで自分のものとした。

1885年3月1日(日)

礼拝がすっかり終わると皇帝は聞いた。『あなたは来て坐っただけで、また出て行こうとされたね?』ファキールは答えた。――『大王さまに聞いていただく必要はないので私は帰ります』皇帝がしつこく理由《わけ》をたずねるので、ファキールは言った。――私のところへ大勢の人が訪ねて来ますので、もてなすためのお金をいくらか頂戴しようと思って来ましたのです』アクバルは言う。『では、なぜ帰ろうとされたのか?』ファキールは言った。『あなたも、金や富がほしい乞食だということがわかりましたから――乞食にものをねだっても、どうにもならんでしょう? 欲しかったら、アッラーに頼めばいいと思ったのです』と」

〔以前の話――フリダイ・ムコパッダエの口の悪さ――タクールのサットヴァ性状態〕

ナレンドラ「ギリシュ・ゴーシュは最近、タクールのおっしゃるようなことばかり考えておりますよ」

聖ラーマクリシュナ「そりゃ、たいそういいことだね。でも、どうしてあんなに口が悪くて、ずけずけものを言うのかねえ? ああいうのは、どうもわたしの気分に合わない。雷が落ちると、部屋にある重たいものはそう揺れないが、軽いものはガタガタ音をたてる。わたしの境地は、ああいうことに我慢ができない。サットヴァ性の境地では、騒がしいのは禁物だ。だから、フリダイは出て行ったんだよ。――大実母《マー》がここに置いておかなかったんだ。終わりのころは、ほんとにうるさかったからね。わたしを口汚く罵《ののし》ったりして、大声をあげたりしてさ」

〔ナレンドラは神の化身《アヴァターラ》を信じているか？——ナレンドラは出家僧《サンニャーシン》に属す——父親の死〕

「ギリシュ・ゴーシュが言っていること、お前も賛成しているのかい？」

ナレンドラ「私は何も言っておりません。あのかたが、あなたはアヴァターラだと信じておられるのです。私はそれについて、何とも申しませんでした」

聖ラーマクリシュナ「でも、あの人はほんとにそう信じきっているね！　わかるだろう！」

信者たちはじっと見ていた。タクールは下の敷物の上に坐っていらっしゃる。すぐ横に校長、正面にナレンドラ、周囲に信者たち——。

タクールは少し黙って、ナレンドラをやさしく見つめていらっしゃる。

間もなくナレンドラにおっしゃった——「息子《ババ》よ、女と金を捨てなけりゃいけないよ」言っているうちに、奥から強い霊的恍惚感《バーヴァ》が湧き上がってこられたご様子だ。あの慈悲にみちたやさしい目つきでナレンドラを見ながら、彼に愛情をこめて歌をうたい出された——

語るも恐ろし　語らぬも恐ろし
宝とも思う君を　われ失いたくなし
わが心は君のもの　君にすべてを与えむ
危なくも苦しきこの世の海を
渡して彼の岸に到る真言《マントラ》を——

聖ラーマクリシュナは、ナレンドラがご自分のところから離れていくのではないかと恐れておられるようにみえた。

ナレンドラは目に涙をうかべて、タクールを見つめている（221ページ訳註4）。

新しい信者が一人、タクールに会いに来ていた。その人もそばに坐って、すべて聞いたり見たりしていた。そしてタクールに質問した。

信者「先生、女と金を捨てなければならないのでしたら、家庭を持った者はどうしたらよろしいのですか?」

聖ラーマクリシュナ「お前はいいんだよ！　わたしらは、お前さんたちとは関係ない話をしているんだよ」

〔在家信者に対する請け合い――恐れるな〕

マヒマーチャランは黙りこんで坐ったまま、口をきかない。

聖ラーマクリシュナ「（マヒマーに）――前進しろ！　もっと先に進めば白檀の木がある。もっと先に行けば銀の山がある。もっと先に行けば金の山、もっと先には宝玉の山が手に入る。前進しろ！」

マヒマー「ですが、後ろに引っ張られて――前に出られないのです！」

聖ラーマクリシュナ「アッハッハハハハ、どうして？　手綱を切れ、あの御方の御名の力で手綱を切ってしまえ！　〝カーリーの名にて死の絆《きずな》を切り〟だよ」
ナレンドラは父の死後、大そう生活に苦労している。いろいろ面倒なことが次から次へと彼の肩にのしかかって来るのだ。タクールは、時どきナレンドラを見ていらっしゃる。やがて彼におっしゃった。
「お前、名医になったかい？
（サンスクリットで）
〝百人殺すは藪医者で
千人殺すは名医なり〟」（一同大笑）
ナレンドラが、まだ若いのに多くのことを見聞きして、人生の悲喜となじみになった、ということをタクールはおっしゃったのだろうか？
ナレンドラはかすかに笑って、そのまま黙っていた。
ドラ・ヤートラ――聖ラーマクリシュナ、ラーダーカーンタとカーリーの像、そして信者たちに色粉《アービル》を振りまく
ナヴァイ・チャイタニヤの歌がはじまった。信者たちは皆、床に坐っている。タクールは小寝台に坐っておられたが、突然立ち上がられた。そして部屋の外に出られた。信者たちはそのまま坐っていて、歌をきいていた。

1885年3月1日(日)

校長はタクールについて部屋の外に出た。タクールは煉瓦敷きの中庭を通ってカーリー堂にいらっしゃる。先ず、ラーダーカーンタ堂のなかにお入りになった。床にぬかずいて礼拝をなさった。タクールが礼拝なさるのを見て、校長も同じように礼拝した。タクールの前にある皿には色粉《アービル》（ヒンドゥー教徒が春の祭でまきちらす色粉）が入っていた。今日はドラ・ヤートラ祭ということを、タクール、聖ラーマクリシュナは忘れてはいらっしゃらない。皿の色粉を神像に供えられた。そして又、礼拝なさった。

今度はカーリー堂にいらっしゃる。先ず、七段の階段を上がってテラスに立ちどまり、大実母《マー》をじっと眺めてからお堂の中にお入りになった。マーにアービルを捧げて礼拝された。終わるとカーリー堂から出て来られ、正面のテラスに立ちどまって校長におっしゃる――「なぜバブラムを連れてこなかった?」

タクールは再び煉瓦敷きの中庭を通って歩いてゆかれる。校長と色粉《アービル》の皿を持った人が一人、つき従っている。部屋に入ると、全部の聖画に粉を供えられた。――一、二の絵（ご自分の写真とイエス・キリストの絵）を除いて――。やがてベランダにいらっしゃる。ナレンドラは部屋から出てベランダに行って坐っていた。そして、信者の誰彼と話をしている。タクールはナレンドラの体に色粉《アービル》をふりかけておやりになった。部屋から出てきた人たちも、校長といっしょに来た人も、色粉《アービル》をふりかけていただいた。

部屋にお入りになった。部屋にいる信者たちの体に粉をふりかけて下さった。

午後になった。信者たちは境内のあちこちを散歩した。タクールは校長とヒソヒソと話をしておられる。そばにはほかに誰もいない。青年信者の話だった。

「うん、皆、よく瞑想できるって言ってるがね、あのパルトゥだけはうまく出来ないそうだが、どうしてだろう？

ナレンドラをお前、どう思う？　素直な子だよ。だが今は、家のことで大そう苦労があるから、静かにしているがね――なに、もうすぐ終わるさ」

タクールは時々、ベランダにいらっしゃる。ナレンドラがあるヴェーダーンティストと議論しているのだ。

信者たちは次第に、また部屋に集まってきた。タクールはマヒマーチャランに讃詞《スタヴ》を詠《よ》むようにとおっしゃった。彼はマハー・ニルヴァーナ・タントラの第三章から、次の讃詞を唱えた――

心の蓮華の中心　絶対にしてすべてを超越し
ハリ　ハラ　ブラフマーによって崇拝され
ヨーギーが最深の瞑想によりて到り得る
誕生と死と苦をことごとく滅し去る
真理の智　存在の本質　すべての世の種子なる
至聖ブラフマン意識を礼拝し奉る

1885年3月1日(日)

〔在家に対する無恐怖の励まし〕

さらに、一、二の章句を唱えた後、マヒマーチャランはシャンカラ大師《アーチャーリヤ》の作った宗教讃詞《スタヴ》を詠じた。世間を、深い井戸と荒野に喩《たと》えた詩である。マヒマーチャランは在家の信者である。

おお　月の冠をいただき　三叉の鉾《やり》を手にもち
すべての欲情煩悩を滅尽して
生きとし生けるものの苦怖を壊滅する
不動なる神　大実母《マー》カーリーの配偶《おっと》よ
この世の深き悲苦の道なき森より　われらを救い給え

おお　パールヴァティーの最愛の夫《つま》ルドラよ
月の冠をいただき　弓を手にせる
全存在の支配者　聖なる愛の主《あるじ》
いと高き静かなる雪山にも似た　喜びの神《デーヴァ》よ
この世の深き悲苦の道なき森より　われらを救い給え

聖ラーマクリシュナ「(マヒマーに)――世間は深い井戸、この世は道なき森だとか、どうしてそんなふうに言うのかな？　そりゃ、ほんの初めのうちはそう言えるかも知れんがね。あの御方をつかめば、恐いことなんか何もない。そうなれば――

この世は楽しい遊び小屋
私は食べたり飲んだりしながら
愉快にあそんで暮らして行くよ
それに較べりゃジャナカ王は
たぐい稀なる賢い御方
不足のものとて何一つなく
あっちもこっちも両方つかみ
コップにあふれるミルクを飲んだ！

何が怖《こわ》い？　あの御方をつかんでいろ。イバラの森だって平気さ。靴を履いて歩きゃいいだろ？　何が心配だ？　かくれんぼでも、鬼ババにさわればもう〝泥棒〟にならなくていいんだ。ジャナカ王は二刀流だった。智慧の剣と行為《カルマ》の剣と――。達人には恐いものなしだ」
こんなふうにして霊的な話はつづく。タクールは小寝台に坐っておられる。寝台のすぐわきに校長は坐っていた。

タクール「(校長に)――あれ(マヒマーチャラン)がさっき言ったことに、まだ気が引かれているんだよ!」

タクールは、マヒマーチャランが詠唱したブラフマン智に関する章句のことを言っておられるのだ。ナヴァイ・チャイタニヤと他の信者たちが歌いはじめた。こんどはタクールもいっしょにお歌いになり、法悦に酔ってサンキールタンのなかで踊られた。

キールタンが終わると、タクールはこうおっしゃる――「これだけがほんとの用事、あとはみんな虚仮《うそ》のこと。愛と信仰――これが真実、あとは皆まぼろし――」

ドラ・ヤートラの日に聖ラーマクリシュナと秘密の話

夕方になった。タクールは五聖樹《パンチャバティ》の杜に行かれた。校長にビィノドのことをいろいろとをお聞きになる。ビィノドは校長の生徒である。ビィノドは神を瞑想しているうちに、時々恍惚状態になるのだった。それでタクール、聖ラーマクリシュナは、彼を愛していらっしゃるのである。

タクールは校長と話をしながら部屋に戻られた。バクル樹台《タラ》のあたりにさしかかったときおっしゃった――「なあ、わたしのことをアヴァターラだと言う人たちがあるけど、お前はどう思う?」

しゃべりながら部屋に着いてしまった。サンダルをぬいで小寝台にお坐りになった。寝台の東わきにマットが一つ置いてある。校長はその上に坐って話していた。タクールはさきほどの質問をまたなさる。他の信者たちはすこし離れた場所に坐っているので、二人の話は聞きとれない。
聖ラーマクリシュナ「お前、どう思う？」
校長「はい。私もそう思います。チャイタニヤ様《デーヴァ》がそうであったように――」
聖ラーマクリシュナ「全部か、それとも半分か、それとも半分以下か――どの程度のかねえ？」
校長「はあ、それは、私にはわかりかねますが――。しかし、たしかにあの御方の力《シャクティ》が受肉しておられるのです。あの御方がなかにいらっしゃるのです」
聖ラーマクリシュナ「うん。チャイタニヤ様《デーヴァ》はシャクティを認めなすった」
タクールはしばらく黙っておられた。そのあとで言われた――「でも、六本腕かな？」
校長は考えた――チャイタニヤ様《デーヴァ》は六本腕（訳註３）になられた――信者たちが見たのである。タクールは、どういう意味でこのことをおっしゃったのだろうか？
〔以前の話――タクールの狂気状態――大実母《マー》の前で号泣――議論や推論を嫌う〕
信者たちは少し遠巻きに坐っている。ナレンドラは議論をしている。ラム・ダッタは病気が治った

（訳註３）六本腕――ヴィシュヌ神の一つの姿として六本腕の姿があるが、チャイタニヤも六本腕（二本の腕で縦笛を吹き、弓を持つ手、矢を持つ手、出家としての水入れ《カマンダル》を持つ手、杖を持つ手）の姿を現し、信者たちはその姿を見てチャイタニヤをヴィシュヌの化身とはっきりと認識した。

1885年3月1日(日)

ばかりなのに、彼もナレンドラとものすごい剣幕で議論している。タクールはそちらを眺めておられる。

聖ラーマクリシュナ「(校長に) わたしゃ、あんな議論は好かんね。

(ラムに向かって) やめろ！　病み上がりのクセに！　——まあいい、もっと静かにやれ。

(校長に) わたしゃ、こんなの好かんね。わたしはよく泣いて頼んだものさ——『大実母《マー》、この人はコレだ、コレだ、と言うし、あの人はまたちがうことを言う。どっちがほんとか、あんたがわたしに教えておくれ！』」

第７章　ドラ・ヤートラ祭の日、南神寺《ドッキネーショル》において

（訳註４）この日、ナレンドラは自分の使命を認識し、出家を決意していた。この日のタクールとナレンドラの会話は、それを感じさせる内容となっている。以下、『インドの光』より抜粋する――

ナレンドラは相変わらず空腹をかかえて一日中仕事さがしと金策に歩きまわっていた。ある日の夕方、ずぶぬれになって家に帰る途中、疲労のあまり足も思うように上がらなくなり、とある家の軒下に倒れこんでしまった。「意識を失ってしまったのかどうか、私にはわからない。さまざまな色彩の思想や風景が次から次へと心に浮かんでは消えてゆく。それらを追い払う気力もなく、特に一つのものに集中する力もない。とつぜん、何か大きな力で、私の魂を覆っていた幾枚もの幕がはぎとられたように感じ――長年私の知性を悩まし心を乱していた数々の疑問が――たとえば、神の無限の愛と厳正な処罰との関係といったような――疑問の塊が、あとかたもなく溶けていった！　私は狂喜した。

立ち上がって歩き出したとき、体の疲労は完全にいやされ、心は無際限の勇気と平和に満たされていた。もう夜が明けかかっていた。

翌日、私は出家する決心をした。私は金をもうけたり、家族に仕えたり、世間なみの喜びを求めるために生まれてきたのではない。私は祖父のように出家するのだ、とはっきり決め、家を出る日を考えていた」

ところがその日、ラーマクリシュナが急にカルカッタに出て来た。その知らせをきいたナレンドラは、ちょうどよかった、世間から永久に姿を消す前に、一度あのかたに会おう、と思った。

ナレンドラの顔を見るや否や、ラーマクリシュナは異様なしつこさで彼をさそう――「今日は、わたしといっしょに南神村《ドッキネーショル》に行こう。どうしても連れて行くよ」

馬車の中で、二人はあまり口をきかなかった。寺に着き、部屋に入ると、一ときラーマクリシュナは恍惚としていたが、やにわにナレンドラに近づき、彼の手をしっかり握ったまま、涙を流しながら歌った――。

言えばいいのか　言わぬが花か

どうすりゃお前を　ひきとめられる
どうすりゃお前は　ここにいる

ナレンドラの胸から涙が溢れ出てきた。師弟は手をとりあって泣く。「このかたは、何もかもわかっているのだ……」

同席していた人びとは、どうしたことかと怪しんだ。やがて二人が落ち着くと、口々にきく——「どうなさいましたか、何かあったのですか?」ラーマクリシュナはにっこり笑って応じた。「いや、ナレンドラとわたしと二人だけのことさ。皆には関係ない」

夜になって皆が帰る。二人だけになった。

「お前は大実母《マー》の仕事をするためにこの世に来た人だ。世間で暮らせるはずがない。そんなことは、とうに知っていたよ。けれど、お願いだから、わたしがこの世にいる間は、家族といっしょにいておくれ。どうか、わたしのために、そうしておくれ」——ラーマクリシュナはそう言いながら、子供のように泣きじゃくった。

第八章　南神寺《ドッキネーショル》における聖ラーマクリシュナと信者たち

一八八五年三月七日（土）

南神寺《ドッキネーショル》における聖ラーマクリシュナと信者たち

カーリー殿にて信者たちと

聖ラーマクリシュナは信者たちにとりまかれて、嬉しそうに坐っていらっしゃる。バブラム、若いナレン（ナレンドラナート・ミトラ）、パルトゥ、ハリパダ、モヒニモーハンなどの信者たちが床に坐っている。若いバラモンが一人、二、三日タクールのもとに滞在しているが、その人も坐っている。今日は土曜日、一八八五年三月七日。ファルグン月二十五日。時間は午後三時ころ。チョイトロ月黒分七日目。

このごろ大聖母《シュリーシュリーマー》（タクールの妻）は音楽塔《ナハバト》に住んでおられる。このかたは時々タクールのお住居に来て、聖ラーマクリシュナのお世話をなさる。モヒニモーハンは妻とナヴィン氏の母を伴って馬車で来ていた。（訳註、モヒニモーハン――校長ことマヘンドラ・グプタが使う仮名のひとつと思われる）

婦人たちは音楽塔《ナハバト》に行って大聖母《シュリーシュリーマー》に会ってごあいさつしたままずっとそこに居る。男性信者たちが席を外したときに、タクールにごあいさつに行こうと思っているのだ。タクールは小寝台に坐って若い信者たちを見まわしながら、すこぶる上機嫌でおられる。

ラカールは現在《いま》、タクールのところに住んではいない。数ヶ月間バララムと共にブリンダーヴァンに行っていたが、帰ってからは自宅にいる。

聖ラーマクリシュナ「(笑いながら)――ラカールはいま、年金暮らしだ。ブリンダーヴァンから帰って、現在《いま》は自分のうちで暮らしてる。うちには嫁さんがいるんだよ。でもね、千タカ月給をくれても、勤めはしないって言っている。

ここに寝ころんでさ――あんたのこともイヤになった、なんて言ってたものだよ。ある程度の境地にはなっていたんだな、アハハハハハ」

バヴァナートは結婚しているが、嫁さんと夜中に宗教の話をしていると！　神様の話ばかりして暮らしているそうだ。わたしが、『嫁さんと少しは楽しめよ』と言ったら、憤然《ふんぜん》として、『何ですって！　私たちに面白おかしく暮らせとおっしゃるのですか？』と言ったよ」

タクールはこんど、ナレンドラの話をなさる。

聖ラーマクリシュナ「(信者たちに)ナレンドラにはあんなに夢中になったのに、こっち(若いナレンドラ)にはそれほどじゃない。

(ハリパダに)――お前、ギリシュ・ゴーシュの家へ行くのかい？」

ハリパダ「私の家の近所ですから、よくまいります」

聖ラーマクリシュナ「ナレンドラも行くかい？」

1885年3月7日(土)

ハリパダ「はい、ときどき見かけます」

聖ラーマクリシュナ「ギリシュ・ゴーシュの言っていること（つまり、タクールが神の化身《アヴァターラ》だという意見）に、ナレンドラは何て答えているかね？」

ハリパダ「そのことでは、言い負かされております」

聖ラーマクリシュナ「いいや、彼はこう言ってるんだよ。ギリシュ・ゴーシュがそれほど強い信念を持っていることに、私がとやかく言う必要はないと」

アヌクル・ムコパッダエ判事の婿《むこ》の弟が来ていた。タクールはその人にお聞きになった──

聖ラーマクリシュナ「あんた、ナレンドラを知ってるかい？」

判事の婿《むこ》の弟「はい、ナレンドラは非常に聡明な青年でございます！」

聖ラーマクリシュナ「（信者たちに）──この人はいい人だね。ナレンドラをほめて下すったたよ。先日ナレンドラが来ていて、トライローキャといっしょに歌をうたったたよ。だがあの日の歌は、何だか塩気が足りなかった」

〔バブラム──二兎《にと》を追うこと──智と無智を超えよ〕

タクールはバブラムの方を見て話をなさる。バブラムは校長の学校の初級クラス《エントランス》の生徒だった。

聖ラーマクリシュナ「（バブラムに）──本はどうした？　勉強しないのか？（校長に）──あの子は、（神と世間を）両立しようと思っているんだよ。

とんでもなく難しい道だよ。ちょっとばかりあの御方のことがわかっただけでどうなるものか！大智慧者のヴァシシュタ様でさえ、息子が死んだら身も世もなく嘆き悲しんだ！ラクシュマナがその有様を見て、驚いてラーマにたずねるとラーマは言い聞かせた。──『弟よ、何を今さら驚く？智を持つものは無智をも持つ。だから弟よ、お前は智と無智の両方を乗り超えるのだ！足にトゲが刺さったら、もう一つトゲを探してきて、それで足のトゲをほじくり出す。それがすんだら、両方とも捨てることだ。無智のトゲを抜くためにこそ、智のトゲが要《い》る。用がすんだら、智と無智を超えて行くんだ！』」

バブラム「（笑顔で）それを、ぼくは望んでいるんです」

聖ラーマクリシュナ「ハハハハハ、こら、両方を追っかけていて、それが出来ると思ってるのか？それを望んでいるなら、さっさと出て来て此処に来い！」

バブラム「あはははは──さあ、あなた様が連れ出して下さい！」

聖ラーマクリシュナ「（校長に）ラカールがここにいたのは、あれは別だ。お父さんが賛成していたんだからね。でもこの子たちがここで暮らすようになったら、悶着が起こるだろう。

（バブラムに）──お前は根性がないぞ！　勇気が足りないよ！　ほら見ろ、小さいナレンが何て言ってるか、『私は断じて、ここに来て住みます！』こう言ってるぞ」

タクールは少年信者たちの間に来て、床の敷物の上にお坐りになった。校長もすぐそばに坐った。

聖ラーマクリシュナ「（校長に）──わたしはね、女と金を捨てた人を探しているんだ。この子なら

1885年3月7日(土)

きっとここに来ると思いきや、みんな、何かかにか言い訳をするのさ！

ひとりの幽霊が仲間を探していた。土曜と火曜に事故死した人は幽霊になると言われているので、その幽霊は誰かがこの日に屋根から落ちたり、道で転んで気絶したりすると、あわててそこへとんで行く――事故のために死んで幽霊になって、自分の仲間になってくれるかと思って――。ところがあいにくなことに、その間抜けな奴らは、みんな助かって生き返ってしまう！　仲間がどうしてもできない。見ろ、ラカールはいつも、『家内が、家内が……』と言う。『私の妻はどうなりますか？』と言うんだ。ナレンドラは、わたしが胸に手を当てたら、外界が何も見えなくなった。そのとき、何て言ったと思う？『アーッ、あなたは僕に何をしたんですかーッ！　僕にはお父さんもお母さんもいるのにーッ！』

あの御方がわたしをこんな境涯においておきなさるのは何故だと思う？　チャイタニヤ様《デーヴァ》が出家なすったのは、すべての人が礼拝できるからだ。一度でも神の化身にあいさつした人たちは、必ず救われるのだから――」

タクールに差し上げるために、モヒニモーハンがサンデシュをかごに入れて持って来ていた。

聖ラーマクリシュナ「このサンデシュ、誰のだ？」

バブラムがモヒニを指した。

タクールはオームをとなえながらそのサンデシュに手を触れ、少し召し上がってお下がり《プラサード》にして下さった。それから、それを信者たちに配って下さった。驚いたことに、若いナレンほか、二、三の少年信者たちに、手ずから食べさせておやりになった。

聖ラーマクリシュナ「（校長に）――これには一つ理由《わけ》があるんだよ。ナーラーヤナは清浄な魂にうんとよく顕《あらわ》れていなさる。郷里《くに》へ行ったときも、こんなふうにして子供たちに自分の手で食べさせてやったものさ。チネ・シャーンカーリーがよく言ったものだよ。『あのかたは、どうして我々にはあんなふうにして食べさせて下さらないのだろう』と。どうしてそんなことが出来ようか、密通なぞしている奴に！　不義密通なぞしている連中に、誰が自分の手から食べさせてなんかやるものか！」

三昧が解けて信者たちの進境を語る

タクール、聖ラーマクリシュナは清らかな魂の信者たちに囲まれて、有頂天の喜びようである。小寝台の上で女性キールタン歌手の物真似をしてみせては、愉快そうに笑っておられる。女歌手は贅沢な絹の衣装を着て、鼻、腕、足、胸に、高価な装身具を着けている。立って、手に色つきのハンカチをひらひらさせて、時々わざと咳をしたり、大きな鼻輪を持ち上げて鼻をかんだりする。それから立派な紳士が来ると、歌をうたいながらシナをつくって歓迎の意を表わし、〝ようこそ！〟とか、〝いらっしゃい！〟などと言う。時々、腕に垂《た》れたサリーを何気なく持ち上げては、宝石を散りばめた腕輪、その他を見せびらかす。

タクールの演技《ものまね》を見物している信者たちは、一人残らず、アハ、アハ、言いながら笑いこけた。パルトゥなどは床の上にころげまわって笑っている。タクールはパルトゥの方を眺めて校長におっしゃる――「子供だねえ、ころげて笑ってるよ」

聖ラーマクリシュナ「(パルトゥに向かって笑いながら)――お前のお父さんに、こんなこと言うなよな。せっかく、いくらかわたしを認めていたのがオジャンになってしまう。お父さんはイギリス式紳士だからな――」

〔毎日の称名やガンガー沐浴の際のこと〕

「(信者たちに)――毎日の礼拝のとき、いろんな話をする人たちが大勢いるね。まあ、そのときは口をきいてはいけないから、唇を閉じたまままいろんな合図をするんだよ。これを持ってこい、あれを持ってこい。フウ、ウンフー、という具合にさ、ハハハハハハ。

それから、数珠を繰って称名しながら魚を値切ろうとする人もいる！　称名しながら指の数を見せて――あの魚！　勘定はそのときすることに決めていたりする！(一同笑う)

ガンジス河に沐浴に行ってもね、至聖《かみ》を瞑想する筈なのに坐りこんで世間話をしている！　ありとあらゆる話さ！

『お宅の息子さんの結婚のときは、どんな宝石をあげなすったの?』

『誰それさんは大病なんですって！』

『誰それさんは、お姑《しゅうと》さんの家から帰ってきたんでしょう』

『誰それさんはお嫁さんに会いに行って、まあ、莫大な持参金で大したお振る舞いらしいですよ』

『ハリシュったら私にうるさくつきまとって、私から一時間と離れちゃいられないんだから――』『ずい分ご無沙汰してしまって、奥さん――誰それさんの娘さんの縁談で、走り廻っていたもんですからね』

ね、こんな具合なんだよ。聖なるガンガーに沐浴に来たというのに！　世間話ばかりさ！」

タクールは若いナレンの方をじっと眺めておられたが、そのまま三昧に入ってしまわれた！　清浄な魂の信者のなかに、主ナーラーヤナをごらんになっているのだろうか。

信者たちは、その三昧像を一様に凝視している。ついさっきまであんなに笑ったりふざけたりしていたのに、今は皆が音もなく、まるで部屋には一人の人間もいないような静けさだ。タクールは不動の体、まばたきもしない目、そして両手を合わせて、絵の中の人物のように坐っていらっしゃる。

間もなく三昧は解けた。静止していたタクールの息は深く吐き出された。だんだん心は外の世界に戻ってこられた。信者たちの方を見ていらっしゃる。

まだいくらか恍惚としておられるが、それでも信者たちの名を呼んでは、あれはこうなるだろうとか、あれはこんな状態だとかいうことを、何くれとなく話しておられる。

「（若いナレンに向かって）――お前に会いたくてどうしようもなかったよ。お前はきっとできる。時々来るんだよ。――そうだ、お前はどっちが好きなんだい？　智識か？　それとも信仰か？」

若いナレン「信仰だけです」

聖ラーマクリシュナ「智識《しら》ないで信仰することが出来るかい？（校長を見て）ハッハッハッハ、こ

1885年3月7日（土）

の人を知らなかったら、この人を尊敬したり慕ったりできないだろう？（校長に）――でも純粋な魂が、〝信仰がほしい〟と言うのだから、きっと何か意味があるんだよ。

自然と自分のなかからもよおしてきて信仰が生まれるというのは、これは前世からの傾向があるためだよ。これがプレーマ・バクティの特徴だ。ジュニャーナ・バクティというのは――考えて判断しながら信仰する。

（若いナレンに）――どれ、お前の体つきを見よう、上衣《ジャマ》を脱いでごらん。広い胸だね。――お前は（霊的に）成功するよ。時々おいで」

タクールはまだ恍惚としておられる。ほかの信者たちにも、一人一人に声をかけては、やさしくお話しになる。

「（パルトゥに）――お前も成功するよ。ちょっとヒマはかかるけどね。

（バブラムに）――お前をひっぱってこないのはね、ゴタゴタした面倒を起こさないためなんだよ。

（モヒニモーハンに）――お前はいいよ！　ほんの少し残りがあるが、それを片付ければ仕事にも世間にも何も義務《よう》はなくなる。――でも、みんな片付けてしまってもいいものかい？」

こうおっしゃって、彼の方をじっとやさしく見つめておられた。彼の気持ちを胸の奥深くまで見透しておられるようだった！　モヒニモーハンは考えていたのだろうか――〝神のためにすべてを片付けてしまっていいのだろうか？〟と。タクールはすぐ又おっしゃった。――「バーガヴァタの学者を、神様はある一本のひもでこの世につないでいなさるんだよ。そうでなけりゃ、バーガヴァタを聞かせてくれる人がいなくなるもの。――人々に教えるためにつないでおいて下さるんだ。大実母《マー》はそのためにこの世につないでおきなさるんだ」

　こんどは、バラモンの青年に話しかけられた。

〔智識のヨーガと信仰のヨーガ――ブラフマン智を得たものの境涯と〝生前解脱者《ジーヴァン・ムクタ》〟〕

　聖ラーマクリシュナ「（青年に）――お前、哲学の勉強ばかりするのはよして信仰を持ちなさい。信仰が一番の核心だ！　――今日で三日目になるかね？」

　バラモンの青年「（手を合わせて）はい、さようでございます」

　聖ラーマクリシュナ「信じろ！　神に任せろ！　そうすりゃ、自分で何もしなくていいんだ！大実母《マー》カーリーが何でもすべてして下さるんだ！

　智識は家の外庭までは行くことができる。信仰は奥の間まで入ることが出来る。純粋真我《シュッダートマ》は何ものからも影響をうけない。そのなかには明知《ヴィディヤー》も無明《アヴィディヤー》もあるが、それはどちらの影響もうけない。空気の中で時おり、いい匂いがしたりイヤな臭いがしたりするが、空気そのものはどっちとも無関係だ。ヴィヤーサ様《デーヴァ》がヤムナー河を渡ろうとなさったとき、牛飼乙女《ゴーピー》たちがそこに居合わせた。向こう岸へ渡ってチーズやミルクやバターなどを売るつもりだったが、渡し舟がないので、どうしたものかと皆で困っていた。

　そのときヴィヤーサ様《デーヴァ》が、『ああ、腹がペコペコだ』とおっしゃった。それで牛飼乙女《ゴーピー》たちはミルクだの、クリームだの、新鮮なバターだのを沢山さしあげた。ヴィヤーサ様《デーヴァ》は牛飼乙女《ゴーピー》たちの持っていた食べ物を、おおかた平げておしまいになった！

　さて、それからヴィヤーサ様《デーヴァ》はヤムナー河に向かって、おもむろに声をはりあげてこうおっしゃった。『これ、ヤムナーよ！　もし私がいま何も食べなかったら、お前の水を真っ二つに分けて道をつくり、われわれが歩いて向こう岸に行けるようにしてくれ！』

　何と、その通りになったよ！　ヤムナー河は二つに分かれて、その間には向こう岸にとどく道ができ上がった。その道を通ってヴィヤーサ様《デーヴァ》と牛飼乙女《ゴーピー》たちは向こう岸に渡ったんだよ。

『わたしは食べない』という、その〝わたし〟こそあの純粋真我《シュッダートマ》——。純粋真我《シュッダートマ》は何ものにも、関係《かかわり》ない。自然現象《プラクリティ》を超越しているんだ。それは腹も減らず、喉もかわかない！　生まれることも死ぬこともない。永遠に不壊、不滅のスメール山のようだ！

　この、ブラフマン智を獲得した人を、生前解脱者《ジーヴァン・ムクタ》というんだよ。その人は、真我《アートマン》と肉体とは別だということを完全に理解できるんだ。至聖《かみ》を知《さと》ると、肉体我知覚《デーハアートマブッディ》が無くなってしまうんだよ！　この二つは別なものだ。ココナッツの実の水分が乾いてしまうと、実と殻がはっきり別々になるように、真我は肉体のなかでブラリブラリとしているんだ。世間智（俗念）という水がすっかり乾ききれば、真我智が得られる。真我と肉体は別だとわかる。まだ青いベテル（キンマ）やアーモンドは、実と殻を分けることができない。

　だが、熟した実の場合は別だ。殻が自然にはなれてくる。熟してくると汁気が乾いてしまうんだよ。

ブラフマン智が生じると、世間智（俗念）の汁は乾いてしまう。

しかしまあ、その智慧はとてつもなく難しいものでね。口でいくら見事に説明できてもダメだ！ブラフマン智をわがものにしたようなフリをする人もあるよ、ハハハ……。ある大ウソつきが一人いて、いつもこう言うそうだ――『私はブラフマン智を得たんでして……』人が彼のウソを責めると、こう言うそうだ――『おや、この世界は夢なんですよ、すべて錯覚なんです。とすると、真実《ほんと》のことだってウソなんですよ！　ウソも勿論ウソですが、ホントもウソなんです！』」（一同爆笑）

正法《ダルマ》をふたたび世に興すためにわたしはどの時代にも降臨する（ギーター４・８）――秘密の話

聖ラーマクリシュナは、信者たちといっしょに床の敷物の上に坐ってニコニコしていらっしゃる。信者たちに、「足を少しさすっておくれ」とおっしゃるので、信者たちは誰彼となく、タクールの足を手でさすって奉仕《セヴァ》をさせてもらっている。校長に向かって笑いながら、「これ（足さすり）は、とてもいろんな意味があるんだよ」とおっしゃった。

それから、ご自分の胸に手を当ててこうおっしゃる――「もしこの中に何かがいるとしたら、（足をさすった人の）無智と無明をいっぺんに吹き飛ばしてくれるよ」

急に、聖ラーマクリシュナはまじめな表情になられて、何か秘密の話をなさるご様子だ。

聖ラーマクリシュナ「（校長に）――ここには他人は誰もいないね。この間、ハリシュがそばにいたとき見たんだよ――サッチダーナンダがこの鞘《さや》（肉体）から抜けて、外に出てこう言った。『わたしは、あらゆる時代に化身する！』と。わたしは、〝心の幻想だな〟と思って静かにじっと観《み》ていたら——またそれ自身が言ったよ。『シャクティ崇拝はチャイタニヤもしていた』と」

信者たちは皆、感動してこの言葉に聞き入っている。ある者は考えている——サッチダーナンダなる至聖《かみ》が、聖ラーマクリシュナの姿をとって我々のそばに坐っていらっしゃるのではないか？　至聖《かみ》が再びここに化身されたのではないか？

聖ラーマクリシュナは話しつづけられた。再び校長に呼びかけておっしゃる——「完全な顕現《あらわれ》だとわかったよ。それが、サットヴァ性の栄光《ちから》として顕れているんだ」

信者たちは口をきくことも忘れて、魅せられたようにこれらの話を聞いている。

〔ヨーガマーヤー——アディヤシャクティとアヴァターラ・リーラー〕

聖ラーマクリシュナ「（校長に）——今マーに、『もう話せない』と言ったところだ。それから、『マー、一度触れば人の霊性が目覚めるようにしておくれ』とも頼んだよ。ヨーガマーヤー（訳註1）の尊い力は——まるで魔法みたいだ。ブリンダーヴァンの遊び《リーラー》のとき、ヨーガマーヤーは魔法をかけなすった。スボール（クリシュナの友だちの一人）がクリシュナとシュリー・マティー（ラーダー）を結びつけたのは、ヨーガマーヤーのせいなんだよ。ヨーガマーヤー——つまり根元造化力《アディヤシャクティ》だが——あの御方には一種の牽引《けんいん》力（引きつける力）があってね。わたしはその力を応用していたんだよ。

ところで、此処にくる人たちは、何かしら心境が開けてきているようかね？」

校長「はい勿論、それぞれに進境が著しゅうございます」
聖ラーマクリシュナ「どうしてわかる？」
校長「皆が申しておりますよ。あのかたのところへ行った人は、もう戻ってこない、と！　ははははは」
聖ラーマクリシュナ「ハッハッハ、鳴き蛙が水蛇につかまった。蛇は蛙を呑むこともできず、放すこともできない！　蛙は苦しいからひっきりなしにガアガアわめいている！　くわえている蛇もやり切れない。だがこれが、コブラにでも捕まったものなら、一声か二声叫んだだけで静かになってしまうのにね！（一同笑う）
（青年信者たちに向かって）――お前たち、トライローキャのあの本を読んでみろ――バクティ・チャイタニヤ・チャンドリカ。あの人に頼んで一冊もらったらいいよ。チャイタニヤ様《デーヴァ》のことがよく書いてあるから――」
信者の一人「あの方が下さるでしょうか？」

（訳註１）ヨーガマーヤー――アヴァターラなどの完成者にはマーヤーが存在しないので、すぐに解脱して肉体を捨ててしまう。そのため、ヨーガの力でマーヤーを作り出し、そのマーヤーにより、何とかこの世にいることが出来る。ホーリーマザー（シュリー・サーラダー・デーヴィー）には手のかかる姪《めい》、ラードゥがいたが、その姪《めい》をヨーガマーヤーとしてこの世に留《とど》まっていた。

1885年3月7日(土)

聖ラーマクリシュナ「アハハハハ、どうしてさ。瓜畑にたくさん瓜がなれば、持ち主は二つ三つぐらいなら気軽にくれるよ！（一同笑う）きっとくれるさ——言ってみたのかい？（パルトゥに）——来いよ、此処にときどき」

パルトゥ「来られるときは必ず来ます」

聖ラーマクリシュナ「わたしがカルカッタに行ったとき、会いに来るかい？」

パルトゥ「まいります。そのように努力《つとめ》します」

聖ラーマクリシュナ「抜け目のない言い方だね！」

パルトゥ「でも、〝努力します〟と言わなければ、ウソをつくことになりますから——」

聖ラーマクリシュナ「(校長に)——この連中のウソは気にしないよ。自由がきかないんだからね」

タクールはハリパダと話をなさる。——

聖ラーマクリシュナ「(ハリパダに)——マヘンドラ・ムクジェーはどうして来ないんだね？」

ハリパダ「よくわかりません」

校長「はははは、彼は智識のヨーガを実行しているのでございます」

聖ラーマクリシュナ「いや、いつか、『〝プラフラーダの生涯〟をお見せしたいから、馬車を差し向けます』と言ったのによこさなかったから、それで来づらいのだろう」

校長「先日、マヒマー・チャクラバルティに会って話をしましたが、彼の家によく行くらしゅうございます」

聖ラーマクリシュナ「でもマヒマーは、信仰の話もするよ。彼はこの歌をよく口ずさんでいる――〝愛慕の心もてハリを拝さば、苦行の要なし〟」

校長「はははは、あなた様の仰せに従って、あの歌ばかりうたうのだ、と彼は申しておりますよ！」

ギリシュ・ゴーシュはタクールのもとに新しく出入りするようになった人物であるが、彼は近ごろ、人の顔さえ見るとタクールのことばかり話題にする。

ハリ「ギリシュ・ゴーシュは近ごろ、いろいろなもの（霊的現象）を見るそうです。此処から家にかえっても、いつも神のことを想いつづけていて――いろんな霊的ビジョンを見るそうでございます！」

聖ラーマクリシュナ「そりゃ、そうかも知れん。ガンガーのそばに行けば、いろんなものが見えるもの――小舟だの、汽船だの……」

ハリ「ギリシュ・ゴーシュは言うのです。『よし、こんどこそ仕事に集中しよう。朝、時計を見てからペンとインクを持って坐り、一日中、あれ（本を書く仕事）をしていよう』と。そんなことを口では言うのですが、出来ないのですよ。私どもが行くと、こちら（タクール）の話ばかりしましてね。あなたさまがナレンドラを馬車で連れてくるようにとおっしゃったので、ギリシュさんは、『ナレンドラのために馬車を雇うことにする』と言っていました」

五時を打った。若いナレンは家に帰ろうとした。タクールは北東の長ベランダにお立ちになり、彼に個人的な様々な指示を与えておられる。やがて彼は、別れのあいさつをして帰って行った。他の信者たちも大方帰った。

聖ラーマクリシュナは小寝台に坐って、モヒニと話をしておられる。彼の妻は、息子が死んだ悲しみのため気狂いのようになっている。笑ったかと思えばすぐ泣いてみたりしているが、南神寺《ドッキネーショル》のタクールのもとに来ると心が静まるのである。(訳註——この年、八才になる長男ニルマルを亡くしている)

聖ラーマクリシュナ「お前の奥さんは、今どんな具合だね?」

モヒニ「此処に来たときは落ち着いておりますが、家では時おりひどく騒ぎまして……。先日などは、危うく自殺するところでした」

タクールはそれを聞いて、しばらくの間何か考えておられた。モヒニはうやうやしく申し上げる。——「どうぞ、あなた様のお言葉を一つ二つ、妻にお与え下さいませ」

聖ラーマクリシュナ「炊事をさせてはいけないよ。頭がよけいに逆上《のぼ》せるからね。それから、いつも誰かといっしょに居させることだ」

タクールの不思議な出世間的状態——ターラクの進境

夕方になった。諸堂では献灯《アーラティ》の支度がはじまっている。聖ラーマクリシュナの部屋には灯火《あかり》がともされ、樹脂香が焚かれた。タクールは小寝台に坐って宇宙の大実母に合掌し、やさしい声で称名しておられる。部屋のなかは他に誰もいず、校長だけが坐っている。

タクールが立ち上がられた。校長も立った。タクールは部屋の西と北の窓をごらんになって、校長におっしゃった——「あっちの方の(窓)を閉めてくれ」校長は窓を閉めてから、ベランダに出られたタクールのそばに来て立っていた。

タクールはおっしゃる――「ちょっとカーリー堂に行こう」そして校長の腕をつかんで、すがるようにしてカーリー堂正面のテラスまで行って、そこにお坐りになった。坐る前に、「あれ（バブラム）を呼んでくれ」とおっしゃったので、校長はバブラムを呼んだ。

タクールは大実母カーリーに参拝してから、中庭を横切って自室に戻られた。〝マー！　マー！ラージャラージェーシュワリー！〟と口でおとなえになりながら――。

部屋に入ると、小寝台にお坐りになった。

タクールはいま、或る不思議な心的状態になっておられる。どんな金属にも手を触れることがお出来にならないのだ。先日、こう言っておられた。「マーが、富と権力に関係のある一切の物質現象を、わたしの心から拭きとって下さる！」だから近ごろは、皿の代わりにバナナの葉を使って食事をなさる。陶器の茶わんで水をお飲みになる。金属製の水差しに触ることができないので、信者たちに陶器の水入れを持ってくるようにおっしゃった。真鍮の水差しや皿に触ると、トゲ魚に刺されたように手がズキズキ、キリキリと痛むのである。

プラサンナが数個の水入れを持ってきたのだが、あんまり小さいのでタクールは笑いながらおっしゃった。「容器《いれもの》はえらく小さいが、でもあれはいい子だ。わたしに言われたら、真っ裸になってわたしの真ん前につっ立ったよ。何て子供らしいんだろう！」

1885年3月7日(土)

〔信者と女――〝サードゥよ、用心深くあれ〟〕

ベルゴルのターラクが友だちを一人連れて来た。

タクールは小寝台に坐っておられる。部屋にはランプが明るく輝いている。校長のほか、一、二の信者が坐っている。

ターラクは結婚していた。父と母は、息子がタクールのところへ行くのを許してくれない。カルカッタのボウバザールの近くにも家があって、最近ターラクは殆どそこに住んでいる。ターラクをタクールは大そう愛しておられる。いっしょに来た青年は、ややタマス性がかった性格らしい。宗教一般に対しても、タクールに対しても、何となく嘲笑するようなふうを見せる。ターラクの年令は二十才くらいか。部屋に入ってくると、床にぬかずいてタクールを拝した。

聖ラーマクリシュナ「(ターラクの友人に)――お寺を一通り参詣してこないかね?」

友人「あ、以前《まえ》に全部見ました」

聖ラーマクリシュナ「そうかい。ターラクが此処に来ることは、どういうもんだろう。ためにならないと思うかい?」

友人「それは、あなた様がよくご存じでしょう」

聖ラーマクリシュナ「(校長をさして)――この人は校長先生だよ」

友人「ほーう」

タクールはターラクの様子をおたずねになり、それから彼といろいろお話しになった。ターラクは充分にタクールと話した後でおいとまして帰ろうとした。タクールはなおも、様々な注意を与えられる。

聖ラーマクリシュナ「（タークに）――サードゥよ、用心深くあれ！　女と金によくよく用心するんだよ！　女のマーヤーにいちど溺れこんだら、二度と浮かび上がれないぞ。ヴィシャラクシの渦のようなものだ。そこに吸い込まれたら二度と浮かんでこない！　それから、此処にちょいちょい来なさいよ」（訳註、ヴィシャラクシの渦――ヴィシャラクシは霊験あらたかな女神であるが、一方では人を世俗の渦にグルグルと引き込んで惑わす力を持つとされている）

タータク「家の人が禁《と》めるものですから――」

ある信者「もし母親が、『お前、南神寺《ドッキネーショル》に行ってはいけない』と申しましたら、どうしたらいいのでしょう。『あそこに行くのは、私の血をすするのと同じだ！』などと言われましたら――」

〔ただ神のためなら長上に反抗してもよい〕

聖ラーマクリシュナ「そんなこと言う母親は、母親じゃないよ――無智無明の化け物だ。そんな母親の言うことを聞かなくても、何のトガもないさ。その母親は神に向かう道を邪魔しているんだ。神のためには、長上の人の言葉に背《そむ》いても罪にはならない。バラタ（訳註2）はラーマのために、母カイケーイーの言葉に従わなかった。ゴーピーたちはクリシュナに会うために、夫の言葉に従わなかった。プラフラーダ（訳註3）は神のために、父の言いつけをきかなかった。バリ（訳註4）は至聖《かみ》を喜ばせるために、師のシュクラ

1885年3月7日(土)

大師《アーチャーリヤ》のことばを無視した。ヴィビーシャナ(訳註5)はラーマに従うために、長兄ラーヴァナに背《そむ》いた。だがね、〝神の道を行く〟というたった一つのこと以外では、目上の言葉に従うんだよ！　どれ、お前の手をお見せ」

とおっしゃって、タクールはターラクの手の重さをみておられる。少しして、こう言われた。「ちょっと偏《かたよ》りがあるが――でも、それは消えるだろう。あの御方に、もう少しお祈りしろ。そして此処に時々おいで。――そいつは消えるよ！　カルカッタのバウバザールに家を借りたのはお前かい？」

ターラク「はあ――いえ、あの、両親が借りたのです」

聖ラーマクリシュナ「ハハハハハ、両親じゃなくてお前が借りたんだろう？　虎が恐《こわ》いからか？」

タクールは女のことを虎にたとえておられるのか？

ターラクはあいさつをして帰っていった。

タクールは小寝台に横になられて、ターラクのことを考えていらっしゃるようだ。急に校長に向かっておっしゃった――「あれたちのために、どうしてこんなに夢中になるんだろうね？」

校長は黙っている――何と返事をしたらよいものか、考えているのだ。タクールは又、重《かさ》ねてお聞きになる――「何とか言っておくれよ」

モヒニモーハンの妻が部屋に入ってきてタクールにごあいさつし、片隅に坐った。タクールはターラクの友人のことで校長と話しておられる。

聖ラーマクリシュナ「ターラクは何故、あの友だちを連れてきたんだろうね？」

校長「道づれが欲しかったのではないでしょうか？　カルカッタから此処までずいぶん道のりがありますから——道づれに連れてきたのだと思います」

こう言っている途中で、突然、タクールはモヒニの妻に声をかけておっしゃった——「不自然な死

（訳註2）アヨーディヤーの王ダシャラタと三人の妻の一人カウサリヤーとの間に生まれた息子がラーマ、もう一人の妻カイケーイーとの間に生まれた息子がバラタ。カイケーイーはダシャラタ王に、ラーマを十二年間追放すること、バラタに王位を継承させることを約束させる。ラーマは父の約束を破らせまいと山に入るが、バラタは王位継承はラーマにあると、母の命に反した。（『ラーマーヤナ』より）

（訳註3）プラフラーダは悪魔ヒラニヤカシプの息子として生まれたが、幼いころからヴィシュヌ神を信仰し、熱心に修行を行なった結果、ついには解脱に達したという。父であるヒラニヤカシプは立腹し息子を殺そうとしたが、息子を傷つけることさえ出来なかった。

（訳註4）バリは苦行によって神々をしのぐ力を身につけ三界を支配していた。その時ヴィシュヌ神は矮人《こびと》（ヴァーマナ）に化身し、バリの宮殿に行き、バリを讃美してから、自分の願い（自分が三歩で歩けるだけのところが欲しい）を叶えてくれるよう頼んだ。バリはヴァーマナが小さくてかわいいので承諾する。バリの師であるシュクラは、この矮人《こびと》がヴィシュヌ神の化身であることに気付き、要求を聞き入れないよう忠告したが、いったん約束したことは破れないと斥《しりぞ》けた。とたん、矮人《こびと》（ヴァーマナ）は巨大な姿となり、三界を三歩で歩いて三界を取り戻した。

（訳註5）きびしい苦行を行ったヴィビーシャナはブラフマー神より、〝価値のない行為はせず、常に正しく生きる〟という恩恵を与えられた。その結果、兄ラーヴァナがラーマの妻、シーターをランカーに連れ去った時、シーターの奪還の為、ラーマの軍について戦った。（『ラーマーヤナ』より）

に方をすると魂が浮かばれないんだよ。用心おし！　よく憶《おぼ》えておおき！　沢山いろんなことを見聞《みき》きしたのに、最後がそれじゃ仕様がないだろう！」
やがてモヒニは帰ろうとして、タクールに向かってぬかずいてごあいさつした。モヒニの妻もごあいさつした。タクールは部屋の北側の戸口近くに立っておられた。モヒニの妻は顔をサリーでおおってから、タクールに何かゆっくりと申し上げている。
聖ラーマクリシュナ「え、ここで泊まるって？」
モヒニ夫人「何日か泊まりたいのでございます。音楽塔《ナハバト》にマー（タクールの妻、大聖母《シュリーシュリーマー》のこと）がいらっしゃいますから、マーのところで泊めていただけないでしょうか？」
聖ラーマクリシュナ「そうだねえ。あんたはあんなこと――死ぬ、死ぬって――言うから、だから心配なんだよ。おまけにガンジス河はすぐそばだしさ！」

第九章　聖ラーマクリシュナ、信者の家を訪問

一八八五年三月十一日(水)

聖ラーマクリシュナ、信者の家を訪問――ナレンドラ、ギリシュ、バララム、チュニラル、ラトゥ、校長、ナラヤンたちと楽しく歓談

信者の家へ――信者たちと共に

ファルグン黒分十日目、ファルグン月二十九日、水曜日。一八八五年三月十一日。今日、午前十時ごろ、聖ラーマクリシュナは南神村《ドッキネーショル》をお発ちになり、在家の信者バララムの礼拝室で大聖ジャガンナータのプラサード(供物のお下がり)をいただかれた。ラトゥ、その他の信者がお相伴《しょうばん》をした。(訳註、ジャガンナータ――「世界の主」の意でヴィシュヌ神=クリシュナのこと)

祝福されたバララム! 君の家こそ、今日、タクールの尊い仕事場になっているのだ。新しい信者を惹きつけて、彼らを愛《プレーマ》でつながれた。そして、信者たちとどれほど踊り歌われたことか――。まさに、聖ガウランガのシュリーヴァースの庭での神の愛の狂宴そのままである!(訳註、シュリーヴァース――チャイタニヤのごく親しい学者《パンディト》で、この人の家でチャイタニヤは神の愛に酔って踊り狂った)

南神村《ドッキネーショル》のカーリー殿に坐って、タクールはお泣きになった。自分の親しい友、心の友に会いたいと、

身も世もなく悶《もだ》えた！　夜も寝られぬ程だった。大実母《マー》にお頼みになった――「マー、あの人はとても深い信仰を持っているよ！　だから引っぱってやっておくれ。マー、あの人をここに来さしておくれ。その人がもし何かの都合で来られないなら、マー、わたしをそこに連れて行っておくれ。わたしが会いに行くから――」と言うわけで、タクールはバララムの家にいそいそとお出かけになるのだ。だが人に対しては、ただ、「バララムにはジャガンナータがついていなさるので、あそこの食べ物はとても清らかだから――」と説明していらっしゃる。そしてこの家に来られるとすぐ、若い信者たちを招《よ》ぶようにとバララムにお頼みになるのだ――「ナレンドラとバヴァナートとラカールを招《よ》んでおくれ。この子たちにごちそうするのは、ナーラーヤナに食物を供えるのと同じことなんだよ。この子たちは普通の人間じゃない――神さまの分身として生まれてきたんだから、ごちそうすればとてもお前のためになるんだよ」とおっしゃって――。

ギリシュ・ゴーシュ氏とはじめて会って話をなさったのもこのバララムの家だった。山車祭《ラタ・ヤートラ》の盛大なお祭をして、タクールが皆といっしょにキールタンを楽しまれたのもここである。この家で、どれほど度々《たびたび》、タクールの信者同士が互いに知り合い、愛と友情を交しあったことだろう。

〔あなたが見せてくれる神への道を見ている――若いナレン〕

校長はこの近くにある学校で教えている。十時ころ、聖ラーマクリシュナがバララムの家にみえると聞いていたので、昼休みの時間にそこへ行き、タクールにお目にかかってごあいさつ申し上げた。

1885年3月11日(水)

タクールは応接間で食後の休息をとっておられた。時々、袋のなかからモシュラやカバブチニを出しては食べておられる。年若い信者たちがタクールをとり囲んで坐っていた。（訳註、モシュラ――香りのいい消化を助けるスパイス。カバブチニ――喉《のど》に良い口臭消し）

聖ラーマクリシュナ「（校長にやさしく）――お前、来れたのかい？　学校はないのかな」

校長「学校からまいりました。今、特に用事はございませんので――」

信者の一人「いえ、タクール！　校長先生は学校から逃げてきたんですよ！」（一同爆笑）

校長は心中ひとりごと――「はぇー！　誰かに引っぱられて来たような感じだ！」

タクールは少し何か考えておられるようなふうだった。やがて、校長をもっと近くに坐らせて、何かと話しはじめられた。「わたしのタオルを絞っておいてくれないか。それから、上衣《ジャマ》を乾かしてくれ。それから、足がちょっと痛むから手でさすってもらえるかな？」校長は人にこまごまと奉仕することを知らないから、タクールはこうして彼に奉仕の仕方を教えて下さるのである。校長はあたふたと一つ一つ用事を足《た》している。校長は足をさすらせていただいている。聖ラーマクリシュナはさまざまな教えを下さった。

〔聖ラーマクリシュナと財力放下の精髄――正真のサンニヤーシン〕

聖ラーマクリシュナ「（校長に向かって）――えーと、これ、わたしがここ何日か感じていること、これがどういうわけか言えるかね？　金属製の物に全く触《さわ》れないことだ。金物のコップに触《さわ》ったら、トゲ魚に刺されたように感じた。ズキズキ、キリキリ、手が痛みだした。水差しを使わないわけにはいかないから、タオルにくるんだら大丈夫か知らんと思ってね、そうしてみたところが、やっぱり手がズキズキ、キリキリしてとても痛いんだよ。とうとうマーにお願いしたいよ。『マー、もう二度とこういうことはしないから、今度だけは見逃しておくれ』

えーと、若いナレンがよく来るが、家じゃ何と言ってるかな？　純粋な子で、まだ女に何の関心もない」

校長「彼の器はとても大きゅうございます」

聖ラーマクリシュナ「うん。それからこう言っている――『霊的な話は、一度聞いたら決して忘れない』と。子供のときに、〝神さまが自分に会ってくれない〟と言ってよく泣いたものです、と」

校長を相手に、若いナレンのことについてこんなふうにいろいろと話が出てきた。ちょうどそのとき、信者たちの間から一人が声をかけた――「校長先生！　学校の方はよろしいのですか？」

聖ラーマクリシュナ「何時《なんじ》だい？」

一人の信者「一時十分過ぎでございます」

聖ラーマクリシュナ「（校長に）――お前、お帰り、遅れるよ。仕事がすまないうちに来たんだろうから――。（ラトゥに）ラカールは何処にいる？」

ラトゥ「行きました――家に」

聖ラーマクリシュナ「わたしに会わないでかい？」

1885年3月11日(水)

午後、信者たちと共に――アヴァターラについて――聖ラーマクリシュナ

学校がすんでから校長がバララム家にまた戻って来てみると、タクールは応接間で信者たちにとりまかれて坐っておられる。口にやさしい微笑をうかべ、その微笑が信者たちの顔つきに反映していた。校長が戻ってきて礼拝したのをみて、タクールは彼にそばにきて坐るように手招きをなすった。ギリシュ・ゴーシュ氏、スレンドラ・ミトラ、バララム、ラトゥ、チュニラルなどの信者たちがそこにいる。

聖ラーマクリシュナ「(ギリシュに)――お前、いちどナレンドラと議論してみろ! あれが何て言うか――」

ギリシュ「ハッハッハッハ……。ナレンドラは、〝神は無限だ〟と言うのです。我々が見たり聞いたりするものは何でも――物であれ人間であれ――言葉で表現することなんか出来やしない。すべて神の一部なのだ。インフィニティ(無限の空)――それに部分などあるか? 部分などあり得ない、というわけです」

聖ラーマクリシュナ「神が無限だろうと、どんなに大きかろうと――あの御方が望みさえすれば、ご自分の真髄を人間を通してこの世界に現前《あらわ》せることができるんだし、また、実際に現前《あらわ》れる。あの御方がアヴァターラとしてこの世に生活しておられる場合、そのことは類推比較によって理解させることはできない。感じ取ることが必要なんだ。直覚するんだよ。比較類推すればいくらかのヒントは得られる。牝牛《めうし》の角にさわったら、たしかに牝牛にさわったことになるんだよ。足かシッポにさわっ

ても、やっぱり牝牛にさわったことはたしかなんだ。だが、わたしらにとっては牝牛のなかで一番だいじなものは牛乳だ。その牛乳は乳房から出てくる。そんなわけだから、愛と信仰を教えるために、神は人間の姿をとって時折この世に化身なさるのだ」

ギリシュ「ナレンドラは、『神のすべてを理解することができるものか、あの御方は無限なのだ』と、こう申すのです」

〔PERCEPTION OF THE INFINITE（原典註1）（無限を感知すること）〕

聖ラーマクリシュナ「（ギリシュに）神の全てを理解するなんてことが、いったい誰にできる？　大きくつかむこともできないし、小さくつかむこともできない。それに、すべてを理解する必要がどこにある？　神を直覚できれば充分なんだ。あの御方の化身《アヴァターラ》を見ることは、あの御方自身を見たことだ。誰かがガンジス河のそばに行って河の水に手でさわったとすれば、その人は言うよ――〝私はガンガーを見てさわってきた〟と。ハリドワールからガンガーサーガルまでのガンジス河全体の水に手を入れることはないさ（一同笑う）」。

（原典註1）無限を感知することの順序に関して、また有限について、マックス・ミューラーのヒバールト講義とギフォード講義を比較議論する。

お前の足にさわれれば、お前にさわったことになるのさ、ハハハハ……。海のそばに行って海の水にさわったら、海にさわったことになるんだ。火の性はあらゆるものに含まれているが、薪のなかが一番だ」

ギリシュ「はっはっはっは……。火の得られるところ、そこが私には必要なのですよ」

聖ラーマクリシュナ「アハハハハ……。火の性は薪が一番。もし神の性を探すなら、人間を探すこと。人間にあの御方は一番よく含まれている。法悦の信仰《ウルジタ・バクティ》、愛の信仰《プレーマ・バクティ》に身を捧げている人――神のために狂気のようになっている人――あの御方の愛に酔っぱらっている人――そういう人を見たら、あの御方は間違いなくその人に化身していなさるのだと知れ。

（校長を見て）――あの御方は全てのものに遍在《いなさ》るが、その力は多く現れている処《ところ》と少なく現れている処《ところ》とがある。アヴァターラのなかには、あの御方の力が一番よく現れている。その力が、時によると完全に現れている場合もある。神の力がアヴァターラになるんだ」

ギリシュ「神は心と言葉を超越している、とナレンドラは申しておりますが――」

聖ラーマクリシュナ「いや、この普通の心で感得できないのはたしかだが。しかし、純粋清浄な心で感得できる。この普通の知性ではわからないが、純粋清浄な知性ではわかる。女と金への執着がとれさえすれば、心と知性は純粋清浄になる。純粋な心と純粋な知性は一つのものだがね。神はその純粋清浄な心で感得できるんだよ。聖仙《リシ》や牟尼《ムニ》たちはあの御方を見なすっただろう？　あの方々は、霊意識を通じて大霊に対面なすったのだよ」

ギリシュ「ナレンドラは、私と議論して降参しましたよ、ハッハッハッハ」

聖ラーマクリシュナ「いーや、ちがうよ。わたしにはこう言ってる――『ギリシュ・ゴーシュは神は人間として化身すると固く固く信じ切っております。今さら僕が反論してもムダなのです！　あれほどの信念の前では、何も言わない方がいいんです』と」

ギリシュ「はっはっはっは、先生！　私たちはみんなワイワイと話し合っているのに、この校長さんはむっつり黙って坐っている。何を考えてるのかなあ？　先生！　いったいどうなんでしょうねえ、この人は！」

聖ラーマクリシュナ「（笑いながら）――口にしまりのない人、腹の底がどうしてもわからぬ人、耳にトゥルシーの葉をはさんでいる人、長いベールをかぶった女、水藻におおわれた池の冷たい水。こういうのは非常に危険だ（一同爆笑）。ハッハッハッハ……。でもこの人（校長）はちがうよ。この人は実に謹厳実直だ」（一同大笑）

ギリシュ「先生！　その聖句《スローカ》は何を言っているのですか？」

聖ラーマクリシュナ「こういうものに対しては、人は用心しなけりゃならんのだ。第一に口にしまりのない人――だらしなくていいかげんなことを言う。次に腹の底がわからぬ人――心を推《お》し量《はか》っても、何を考えているのかさっぱりわからない。それから耳にトゥルシーをはさんだ人――耳に神木のトゥルシーをはさんで、どんなに自分が信心深いか宣伝しているんだよ。長いベールの女――長いベールを頭からかぶっていることで、自分は人並外れて貞節な、しとやかな女だと宣伝しているんだ――

1885年3月11日(水)

ところがそうじゃない。それから水藻におおわれた池の水――これで沐浴するとチフスにかかる。ハッハッハッハ」

チュニラル「この方は、いろいろ言われているのですよ。若いナレンとバブラムはこのかたの生徒ですし、ナラヤン、パルトゥ、プールナ、テージチャンドラ――みんなこのかたの学校の生徒です。彼等をここに連れてくるので学業成績が落ちてきたと、世間では言っております！　それで、このかたの評判が悪くなっているのです」

聖ラーマクリシュナ「そんな評判を、誰か信じる人がいるのかい？」

こんな会話をしているところへナラヤンが入ってきてあいさつをした。ナラヤンは十七、八才の色白の学生で、タクール、聖ラーマクリシュナに大そう愛されている。タクールは彼に会いたくて、何か食べさせたくて、もう夢中でいらっしゃるのだ。この南神村《ドッキネーショル》にいて、ナラヤン会いたさに泣いておられることもある程だ。ナラヤンを、タクールは大神ナーラーヤナの化身だと思っていらっしゃるのだ。

ギリシュ「(ナラヤンを眺めて)誰が知らせた？　みんな、この校長さんの責任《せい》だ」(一同大笑)

聖ラーマクリシュナ「ハッハッハッ、アハハハハ。ひどい奴だ！　口をつつしめ！　それでなくてもこの人に悪い評判がたっているのに！」

〔食物の心配《なやみ》が一番苦しい――バラモンが布施を受けた結果〕

また、ナレンドラの話が出た。
一人の信者「近ごろあまり来ないようですが、どうしたのでしょう？」
聖ラーマクリシュナ「〝食物の心配《なやみ》は一番苦しい。カーリダーサさえ正気を失《な》くす〟」（一同笑う）（訳註、カーリダーサ――五世紀ころ活躍したインド古典文学でとても有名な詩人、劇作家。代表作として『シャクンタラー』『ラグ・ヴァンシャ』などがある）
バララム「シヴァ・グハ家の息子のアンナダ・グハとよく付き合っているようでございますよ」
聖ラーマクリシュナ「うん。何とかいう役人の家に、ナレンドラやアンナダたちみんなが行くんだ。そこでブラフマ協会の集まりをしているんだよ」
一人の信者「その役人はタラパダという人です」
バララム「バラモンたちが言っておりますよ――アンナダ・グハという人は大そう高慢な人だと、ははははは」
聖ラーマクリシュナ「バラモンたちの言うことを聞いちゃいけない。あの連中のことはよく知ってるだろう。金や物をくれない人は悪い人で、気前よくくれる人は善人なんだ！（一同笑う）アンナダはわたしも知っているが、いい人だよ」

信者たちと楽しく讃詞をうたう

タクールは歌を聞きたいと希望された。バララム家の応接間は人でいっぱいだ。皆、一様にタクー

1885年3月11日(水)

ルを見つめている。おっしゃることは一言もらさず聞こう、なさることは一つ残らず見よう、というのである。

タラパダ氏は歌った――

ケーシャヴァよ、惨《みじ》めな我らを憐れみ給え
森の木の間をそぞろ歩くマーダヴァよ
我らを魅惑し、やさしく心を盗み給う人よ
(おお　ハリ、ハリ、ハリ、ハリ)
君はヴラジャの永遠の若人
恐ろしき毒蛇カーリヤを馴らして
わが悩み、苦しみを除き給い
弓形の目、孔雀の羽根かざりで
ラーダーの胸を喜びにわきたたせ
ゴーヴァルダナの丘を指で持ち上げし
御身を飾るは香ぐわしき森の花々
ダーモーダラよ、カンサをこらしめ給う方よ
色、あくまで濃く美しき人よ

ケーシャヴァ、マーダヴァ、ダーモーダラ、いずれもクリシュナの愛称
ケーシャヴァ――『長い髪の毛を持つ者』の意
マーダヴァ――『ヤーダヴァ族の王マドゥの子孫』の意
ダーモーダラ――『腹に縄を巻かれた者』の意
カンサ――邪悪な叔父

牧場の乙女《ゴーピー》らと踊りたわむれし人よ

（おお　ハリ、ハリ、ハリ、ハリ）

聖ラーマクリシュナ「（ギリシュに）――あー、いい歌だねえ！　こういう歌も、みんなお前が作るのかい？」

一人の信者「はい、この方が〝チャイタニヤ・リーラー〟の歌を全部、お作りになったのでございます」

聖ラーマクリシュナ「（ギリシュに）――この歌は最高の出来だよ。（歌い手に）ニタイの歌が歌えるかね？」

再び歌になって、歌い手はニタイの歌をうたう――

（チャイタニヤの一の弟子ニティヤーナンダ（ニタイ）がクリシュナに対して、ラーダーのような愛を持てと信者たちにすすめる歌）

ラーダーの愛を持っといで
愛の満ち潮押しよせて
愛の流れは百の川
望みのままに汲んどくれ

1885年3月11日(水)

愛のラーダーは身を溶かし
望む誰にも愛を注《つ》ぐ
ラーダーの愛で胸満たし
ハリの御名をとなえよう

愛に命は酔いしれて
愛の波間に踊りだし
ラーダーの愛でハリを呼ぶ
さあ　さあ　おいで　皆おいで

こんどは聖ガウランガの歌――

あなたは誰だ、ガウルの姿をして
ああ命の渇きをいやしてくれるのは
海に愛の嵐がふき狂って
血統《ちすじ》の誇りなど、もう用はない
(ガウルよ、私はあなたに首ったけ)

ヴラジャの野に、牛飼いの姿をして
牝牛《めうし》の世話をなさったあなた
すてきな竹笛を吹いて
ゴーピーたちを夢中にさせたあなた
（ガウルよ、私はあなたに首ったけ）

ゴーヴァルダナの丘を持ち上げて
ブリンダーヴァンを護って下さり
もったいなくもゴーピーの足もとに
月のお顔を伏せて涙を――
（ガウルよ、私はあなたに首ったけ）

皆は校長に向かって、あなたもぜひ何か一つ歌ってくれ、としつこくせがむ。校長は恥ずかしそうに小さな声でしきりに断わっている。

ギリシュ「（タクールに）――先生！　校長さんはどうしても歌わないんですよ、ハッハハッハッハ……」

1885年3月11日（水）

聖ラーマクリシュナ「（少しムッとして）——学校じゃ一日中大きな口をあけてしゃべってるくせに、ここで歌をうたうのがそんなに恥ずかしいのか！」

校長は酸っぱい表情をしてそのまま黙って坐っていた。

スレシュ・ミトラ氏が少し離れたところに坐っていた。タクール、聖ラーマクリシュナは彼の方をやさしくご覧になり、ギリシュ・ゴーシュを指してニコニコしながらこうおっしゃる。

聖ラーマクリシュナ「ハッハッハッハ、お前は前に道楽をしたって？　でも、この人にはかなわないよ！」

スレシュ「はあ、おっしゃる通りで——。その点ではそちらの方がずーっとお兄さんです。ハッハッハッ……」（一同大笑）

ギリシュ「（タクールに）——やれやれ、でも先生！　私は子供のころからロクな教育を受けておりませんが、人は私のことを博学だと言ってくれますよ！」

聖ラーマクリシュナ「マヒマー・チャクラバルティは沢山沢山、お経や聖典を勉強して——たいしたものだよ！　（校長に）——なあ、そうだろ？」

校長「はい、おっしゃる通りでございます」

ギリシュ「何が？　ただの知識ですか？　そんなものはいやというほど知っていますよ！　もう二度とそういうものに騙《だま》されません」

聖ラーマクリシュナ「アハハハ……、このところ（わたし）の考えを知ってるかね？　本や聖典はみんな、神のところへ到達する道を教えてくれるだけだ。道と方法がわかったら、もう本や聖典は必要ないだろう？　あとは自分で行動しなけりゃだめさ。

　ある人が一通の手紙を受けとった。親戚の家に贈物をするから、これこれのものを買いそろえてくれ、と書いてあった。品物を買いに行くとき、どうしてもその手紙が見つからない。慌てて必死になって手紙をさがした。やがて、まわりの人たちも大勢手伝って探した。やっと見つかった。飛び上がってよろこんだ。いそいで開いてていねいに読んだ。内容は、サンデシュを五シア（4.5kg）と着物を一枚送れ、ということだった。もういい、もう手紙はいらない。それで手紙を片付けてしまってサンデシュと布を買いに行く。手紙はいつまで必要なのかね？　サンデシュと布、その他、要《い》るものがわかるまでだ。その後はそれを手に入れることだ。

　お経にはあの御方をつかむ方法が書いてある。だが、それがわかったら、自分で仕事をはじめることだよ。行動することだ。そうしてこそ本物がつかめるんだよ！

　ただ学問しただけで何になる？　学者は沢山の章句を暗記できる。沢山、聖典を読んでいる。しかし、世間に執着のある人、女と金に心を惹かれている人、こういう人たちは聖典をほんとに理解してはいないんだ――間違った読み方をしているんだ。暦にはその年の雨の予報が書いてあるが、暦を絞ってみても一滴の雨も落ちない。一しずくでも――いや、一しずくだって落ちやしないよ」（一同大笑）

　ギリシュ「はっはっはっはっは。暦を絞っても一しずくも落ちないですって？　アッハッハッハッ……」（一同大笑）

1885年3月11日(水)

聖ラーマクリシュナ「ハハハ……、学者はよくえらそうなことを言うが、目はどこを見ている？　金とそれから女、つまり肉体の快楽と金だ。ハゲタカは空高く舞っているが、目は墓穴を見ている、ハハハハ。探してるものはただ――獣の死体はどこだ、墓穴はどこだ、死骸はどこだ――。(ギリシュに)――ナレンドラは非常に優秀だ。歌も上手《うま》いし、楽器を弾《ひ》くのも上手いし、学問もよくできるし、聡明だ。それに感覚器官を支配することもできるし、識別離欲の精神があって誠実だ。沢山いい性質をもっている。(校長に向かって)――え、どう思う？　どうだね、大そう秀《すぐ》れていると思わないかね？」

校長「は、おっしゃる通りです。非常に秀れた青年でございます」

聖ラーマクリシュナ「(校長にだけ、ソッと)――ね、あれ(ギリシュ)は大そう熱心で、信念が強いよ」

校長はおどろいてギリシュの方をじっと見ている。ギリシュはタクールのところについ最近来るようになったばかりである。だが校長には、十年の知己《ちき》のように感じられた――長い間、親しく話し合った仲間――心の友のように。一連の首飾りの宝玉の一つだ。(訳註――タクールの熱心な信者たちを一連の首飾りにたとえている)

ナラン「先生！　あなた様の歌をきかせていただけませんか？」

タクールはあの甘い声で、大実母《マー》の名を讃える歌をおうたいになった――

胸に抱いただいじな宝玉《たから》

恋しい母さまシャーマを見るは
心よ　お前と私だけ
ほかの誰にも見えぬもの

欲の迷いをさらりと捨てて
ひとり清らな心で見よう
でも舌だけはそのままにして
ときどき甘えて、マー、マーと呼ぼう

いやな臭いや味するものは
そばに決してよせつけぬよう
智慧の眼いつも光らせて
油断せぬよに気をつけよう

次にタクールは、三大苦悩に悩んでいるこの世の人間の気持ちになって――大実母《マー》に向かって文句でも言うように歌われた。（訳註、三大苦悩――自然現象から受ける苦悩、他人や動物から受ける苦悩、精神的な要因から生ずる苦悩）

1885年3月11日(水)

おお　至福の大実母よ、私を悲しませないでおくれ
あなたの二つの御足のほかは、私は何一つ知らないのだ
日に月に重なる苦しみを慰めてくれる人もないが
生まれたからには、この世の海を渡るより仕方がない
果てない海に投げ入れたのは誰なのか
私は夜も昼もドゥルガーの名を呼んでいるが、心配《なやみ》の種は尽きず
私が今死ねば、ドゥルガーの名も消えるのだろうか

それから、ブラフマンの永遠の歓喜についてお歌いになる——

歓びに我を忘れて
永遠に絶えることなく
大実母《マー》はシヴァと踊りたわむれ
美酒飲みてゆらりゆらりと
よろめけど倒れ給わず

信者一同、シーンとして歌に聞き入っている。彼等はみな、タクールの驚くべき忘我法悦の境を凝視している。

歌は終わった。少し間をおいて、タクール、聖ラーマクリシュナは、「今日はうまく歌えなかった――風邪気味なんだよ」とおっしゃった。

夕べの語らい

次第に日が傾いてきた。薄暗い無限の影があたりを覆いはじめ、聖なるガンガーの方から吹いてくる夕風に吹かれていると、取るに足らぬ凡夫の胸の中にさえ、何かしら神聖な気分が湧いてくる。見渡すかぎりの世界を明るく照らしていたあのお日様は、いったい何処にいらっしゃるのだろう？　と子供は思うだろう。また、子供のような性質をお持ちのこの大聖者さまも、そうお思いになるのだ――お日様が沈んだ、不思議だなあ！　誰がこんなふうにするんだろう？　鳥たちは樹々の枝に帰って、まるで唱名しているかのようにさえずっている。人々のなかで霊的に目覚めた人たちもまた同じように、夕暮れになると原因の原因でおわす大宇宙の主《あるじ》なる御方の名を、静かに念じているのである。

話がはずんでいるうちに、日はとっぷり暮れた。部屋に坐っていた人々は、そのままそこに坐りつづけていた。聖ラーマクリシュナが美しい声で称名しておられるのを、熱心に耳をそばだてて聴いている。こんな甘美な称名を、彼等はいままで聞いたことがない。――甘露の雨がふり注《そそ》いでいるかのようだ。こんな愛くるしい子供が、マー、マー、と呼んでいるような称名を彼等は聞いたこともないし、見たこともなかった！　空、山、大海、荒野、森、これらをすべて見つくす必要がどこにあろう？　牝牛《めうし》の角や足や、体の様々な部分を検分する必要がどこにある？　慈悲深い師の君が、牝牛《めうし》の乳房のお話をされたが、この部屋でその乳房を見ているのだろうか？　皆の不安な心が安らかになったではないか？　悲悩の地だったところが喜びの洪水になったではないか？　信者たちは平安と歓喜をここで見いだしたのではないか？　この愛に満ちたサンニヤーシンは、無限絶対の神が美しい人間の形をとった姿ではないだろうか？　焼けるような渇きを癒《いや》すことができるところは、まさに此処ではないか？

アヴァターラであるにせよ、そうではないにせよ、とにかくこの御方に心を明け渡してしまったら最後、もう逃げ出す方法はない！　この御方こそ、我が生涯の北極星（文柱）と決めたのだ。さあ、見よう！　この御方の胸の湖に、あの大生命の元祖の神《アーディ・プルシャ》がどのように映っているのかを――。

信者たちはそうした思いを胸に抱きながら、聖ラーマクリシュナの尊いお口から発せられるハリの名と大実母の名を聞き、この上ない果報を感じている。称名が終わると、タクールはお祈りになった。至聖《かみ》が愛の体をとって、人々に祈りの仕方を教えて下さっているようだ。

「マーよ、わたしはあなたに明け渡《シャラナーガタ》します。すべてを明け渡《シャラナーガタ》します。だからマー、あなたの蓮華の足もとにかくまっておくれ。肉体の安楽もいらない、マー！　人から認められたくもない。神通力もいらない。ただ、あなたの蓮華の足に純粋《きれい》な信仰を持てるようにしておくれ――無私無欲で、従順で、無条件な信仰を持てるようにしておくれ。それからマー、あなたの世にも魅惑的な現象《マーヤー》に迷わされないように――あなたの現象《マーヤー》の世界にね。女と金を、もう二度と好きにならないようにしておくれ、マー！　あなただけがわたしのもの！　わたしは礼拝《おまいり》も足りない、修行も足りない、智慧も足りない、信仰も足りない。どうぞ、蓮華の足に対する信仰を与えておくれ」

モニは思った――尊いお口からでる称名のガンガーが油のように絶えまなく流れているのに、この御方にとって今さら決まりきった夕べの称名など必要だろうか？　モニは後になって、タクールは人々の教導のために人間の形をとっておられたのだ、ということをはっきり悟ったのであった。

〝ハリよ　あなたはヨーギーの姿で　称名したり　歌ったり――〟

ギリシュはタクールに、「ぜひ、今晩おいで下さい」とお招きしていた。

聖ラーマクリシュナ「あんまり晩《おそ》くなり過ぎるんじゃないかい？」

ギリシュ「いや、あなた様のお好きなときにお出で下さいまし――。私は今日、どうしても劇場に行かなくてはなりませんので――。もめごとができて、その仲裁をしなければならなくなったのです」

大通りでの聖ラーマクリシュナの神聖な驚くべき境地

ギリシュに招かれたので、夜、行くことになった。今、九時だが、バララムはタクールに召し上がっていただこうと思って夕食の用意をしている。バララムにがっかりさせまいと、タクールはギリシュの家に行くときこうおっしゃった。――「バララム！　作ってくれたものをギリシュの家に持ってきてくれ」（訳註――一般的にインドでは夕食を食べるのが遅く、早くて八時半くらいからである）

1885年3月11日(水)

二階から下りて来られる途中で、また神聖な気分に圧倒されてしまわれた！　まるで酔ったようなご様子だ！　ナラヤンと校長がお伴している。後からラム、チュニラルほか、大勢がついてくる。信者の一人が、「誰がお伴をいたしましょうか？」とお聞きした。タクールは「一人でたくさんだよ」とおっしゃる。階下におりるや否《いな》や、もうどうしようもないほどの恍惚境に入られた。転ばないようにとナランが腕をお支えした。タクールはそれをうるさげに振り払ってしまわれた。少したってタクールは、ナランにやさしくおっしゃった――「手をひかれて歩いたら、人に酔っぱらいだと思われるよ。わたしは自分で歩けるさ」

ボスパラの十字路を渡ってちょっと行ったところがギリシュの家だ。どうしてこんなに急いでお歩きになるのだろう？　信者たちはあとにとり残された。神への想いで心が占められていらっしゃるのだろうか？　『ヴェーダ』では〝心と言葉を超越したもの〟と説かれた存在のことを想って、まるで気狂いのように歩かれるのであろうか？　今しがたバララムの家で、「それは言葉と心を超えたものではない。あの御方は純粋な心で、純粋な知性で、純粋な魂で感知できる」と語られた。その通り、タクールはその対象をじかに見ておられるにちがいない！　――〝存在するものは何であれ、それはあなた（神）である〟と。

向こうからナレンドラがやってきた。〝ナレンドラ！　ナレンドラ！〟といつもは気狂いのようになるのに、今はそのナレンドラが目の前に来ても口をおききにならない。この状態が聖ガウランガの境地(訳註1)の一つであった意識状態《バーヴァ》なのだろうか？

誰にこの境地《バーヴァ》を理解できよう？　ギリシュの家がある横丁で立っておられる。信者たちもいっしょである。こんどはナレンドラと会話をなさる。

「息子《ババ》や、元気かい？　わたしは今しがた、口がきけなかったんだよ」一言《ひとこと》、一言《ひとこと》、やさしさが塗りこめられている。まだ門口には着いておられない。と突然、立ち止まられた。

ナレンドラをじっと見つめながらこうおっしゃる――「言うとね――これは一つのもの（身体《デーハ》？）、あれは又一つのもの（世界《ジャガット》？）だ。

個霊《ジーヴァ》、世界《ジャガット》！　バーヴァのなかで、これをどのように見られたのだろうか？　それはタクールだけがご存知のこと。口もきけぬほどの感動でごらんになったことなのだ！　一言、二言、口にされた言葉は、まさにヴェーダの言葉のよう――天からの声のよう――或いは無限の大洋の波打ちぎわに行って感動のあまり満足に口もきけぬ、といった様子か。または、無限永遠の波動を不断につづける完全神秘の音響《アナーハタ》（オーム）の一つ二つが、我が耳の穴に思いがけなくも入ってきたかのようであった。

（訳註1）チャイタニヤには三つの境地があった。

一、普通（外部）意識状態――称名讃歌のキールタンができる。

二、半意識状態（つまり半三昧）――外界の意識が少し残っていて踊ることは出来ても話はできない。

三、深奥意識状態――全く外界の意識はなく至聖と対面して三昧境に入り、ジャダ・サマーディ（無分別三昧《ニルヴィカルパ・サマーディ》）になる。

1885年3月11日(水)

タクール、信者たちの間に——新聞——ニティヤゴパール

門口にギリシュが立っていた。タクール、聖ラーマクリシュナを家のなかにご案内した。タクールが信者たちと内《なか》にお入りになると、ギリシュは丸太ン棒のようにタクールの前に横たわった。タクールにうながされて御足の塵を額にいただいてから、皆といっしょに二階の応接間に行き、タクールに坐っていただいた。信者たちはせかせかと席についた。皆一様に、なるたけタクールの近くに坐って、あの甘露の法雨を飲みたいと思うからであった。

席にお着きになろうとしたとき、タクールはそばに新聞がおいてあるのをご覧になった。それには俗世の記事で埋まっている——商売の話、ゴシップ、中傷など……。だから、タクールの目には不浄に見えたので、片付けるようにと合図をなさった。

新聞がとり除かれると、お坐りになった。

ニティヤゴパールが進み出てごあいさつした。

聖ラーマクリシュナ「(ニティヤゴパールに)——あっちへは?」(彼はしばらく南神村《ドッキネーショル》にこなかったので、なぜか? という意味)

ニティヤ「はい、南神寺《ドッキネーショル》にはまいりませんでした。体が悪かったものですから——痛みがひどくて」

聖ラーマクリシュナ「今はどんな具合だね?」

ニティヤ「よくないんです」

聖ラーマクリシュナ「心の調子を一、二段下げていろ」
ニティヤ「人間が嫌なんです。いろいろ言うので――恐ろしくなるのです。でも、時々は勇気が出るのですが――」
聖ラーマクリシュナ「それが当たり前だ。誰といっしょに暮らしているんだい？」
ニティヤ「ターラク（原典註２）です。あの人はいつも私といっしょにいます。あの人も時たま、嫌になるんです」
聖ラーマクリシュナ「ナングタがよく言っていたがね、彼のいた僧院に一人、神通力を得た魂《ひと》がいたそうだ。その人はいつも空を見ながら歩いていたそうだよ。そういう人でも仲間が一人いなくなったら、とても悲しんでガッカリしていたそうだよ」
話しておられるうちに、タクールは恍惚となられた。何か霊妙なものを見ておられるのか、茫然《ぼうぜん》として口もおききにならない。しばらくしてから、「お前も来てるのかい？　わたしも来てるよ」とおっしゃった。
この言葉が誰に理解できよう。これは神々の対話か？

内輪の信者たちと共に――神の化身についての議論

大勢の信者たちが来ていて、聖ラーマクリシュナのそばに坐っている。ナレンドラ、ギリシュ、ラ

（原典註２）ターラク――ターラクナート・ゴーシャル。後のスワミ・シヴァーナンダ。

ム、ハリパダ、チュニラル、バララム、校長、等々。
神が人間の姿に化身する、つまりアヴァターラというものをナレンドラは信じていない。一方、ギリシュは、神はその時代その時代に人間としてこの地上に化身される、ということを固く信じて疑わない。タクールはこの問題について、両人が討論することを心から望んでおられる。聖ラーマクリシュナはギリシュにおっしゃる――「ちょっと英語で二人して討論してみろ！　わたしが聞いているから――」

というわけで討論がはじまった。英語ではなくベンガル語で――ときおり英語の単語がまじった。ナレンドラは言う――「神は無限です。だから神を理解することは、我々の能力を超えたことです。それに、あの御方はすべての人の中に宿っておられるのであって――ただ一人の特定の人間の中にだけ降《くだ》ってくる、というようなものではありません」

聖ラーマクリシュナ「（やさしく）――この子の考え方と、わたしの考え方は同じだよ。そうだとも、あの御方はどこにでもいなさる。けれど、も一つ――力《シャクティ》がそれぞれにちがう。あの御方は、或る処には無明《アヴィディヤー》無知の力として現れるし、また或る処には明知《ヴィディヤー》の力として現れる。それから或る容器《いれもの》（個々の生物）には沢山、また或る容器には少なく、という具合にね。だから、人間はみな、平等《おなじ》じゃないんだ」

ラム「こんな空しい議論をして何になります？」

聖ラーマクリシュナ「（ムッとして）――いや、そうじゃない、こういう議論にはちゃんと意味があるんだ」

ギリシュ「(ナレンドラに)――〝神は肉体をとってこの世に現れない〟ということが、君にはどうしてわかるんだね?」

ナレンドラ「あの御方は〝心と言葉を超越せるもの〟だからですよ」

聖ラーマクリシュナ「ちがう。あの御方は純粋清浄な知性《ブッディ》によって知ることが出来るものだ。この純粋知性と純粋真我《シュッドアートマ》は一つのもので、見神者《リシ》たちはこの純粋知性と純粋真我《シュッドアートマ》を通して、純粋真我と対面しなすったんだよ」

ギリシュ「(ナレンドラに)――人間として化身しなかったら、いったい誰が我々に教えてくれるのかな?　人間に正しい知識と信仰を与えるために、あの御方は我々と同じような肉体をまとってこの地上においでになるのだ。そうでなけりゃ、誰が真理を教えてくれるんだね?」

ナレンドラ「どうしてですか?　神は一人一人の心の内部《おく》から教え導いてくださるんですよ」

聖ラーマクリシュナ「(やさしく)そうだ、そうだ、内なる案内者《アンタルヤーミン》として、あの御方はわたしらを導いてくださるんだ」

その後で物凄い議論になった。インフィニティ(無限)がどうして部分になれる?　それにハミルトンは何と言った?　ハーバート・スペンサーは何と言った?　ティンダルやハックスレーは、じゃ、どう言っている?　ということになっていった。

聖ラーマクリシュナ「(校長に)――やれやれ、わたしゃこんなことは苦手だよ。わたしゃ、みんな

1885年3月11日(水)

見ているんだから——今さら討論する必要がないもんだから——。わたしゃ、見たんだもの——あの御方がすべてなんだ！　あの御方がすべてのものになっていなさるんだ。あれも然《しか》り、また、これも然《しか》り。ある状態においては心と知性が不可分のものに溶けこんでしまう。ナレンドラを見るとわたしの心は、〝完全なる一者〟に融合《とけ》こんでしまうんだよ。（ギリシュに向かって）お前はどう思うか聞かせておくれ」

ギリシュ「はっはっはっ……。あのことを除いたら、私が何でも知っているようなお口ぶりだ」（一同笑う）

〔ラーマーヌジャと制限不二論《ヴィシシュタ・アドヴァイタ》〕

聖ラーマクリシュナ「わたしはね、三昧から二段くらい下りてこないと口がきけないんだよ。ヴェーダーンタにも、シャンカラの覚った真理（不二一元論《アドヴァイタ》）もあるし、ラーマーヌジャの制限不二論《ヴィシシュタ・アドヴァイタ》もある。

ナレンドラ「制限不二論《ヴィシシュタ・アドヴァイタ》というのはどういう説ですか？」

聖ラーマクリシュナ「（ナレンドラに）——これはラーマーヌジャの考え方でね、生物と世界の形になったブラフマン、というわけだ。皆ひっくるめて一つのもの、ということ。

一つのベルの実のようなものさ。ある人が殻《から》と種《たね》と果肉《み》を別々にした。ところがベルの実の目方を測らなけりゃならぬことになった。そのとき、ただ果肉《み》だけ測っても、ベルの実の目方にはならないだろう？　殻《から》も種《たね》も果肉《み》もいっしょに測らなければならない。はじめの間《うち》は、殻はダメ、種もダメ、果肉だけが本当に役に立つだいじなところ、と、こう感じている。その先また、よくよく考えていくと――果肉を含んでいる実体《もの》に、殻も種も含まれている。つまり、殻や種がなくては、果肉そのものもあり得ない、ということを覚るんだよ。先ず、これでもない、あれでもないと否定に否定をかさねていく。それは生物ではない、この世界でもない、というふうにね。ブラフマンだけが実在、実体で、あとはみな非実体だとね。その後で覚《さと》るんだよ。殻も種も、果肉の持主に属している――つまり、ブラフマンという全体あっての生物と世界だと。永遠不動あっての変化活動だと。紙の表裏のようなものだと。だからラーマーヌジャは、生物と世界はブラフマンの局面だと言うんだ。これを制限不二論《ヴィシシュタ・アドヴァイタ》というんだよ」

見神――アヴァターラを見ることは本当に出来る

聖ラーマクリシュナ「(校長に)――わたしは直接《じか》に見ているんだからね、それを。今さら考え直したってはじまらんさ。わたしには見えるんだ――このあらゆるものになっていなさるのは神ご自身なんだと。あの御方が生物や世界になっていなさるんだ。

だが、霊意識が目覚めなければ大霊を知ることは出来ない。頭で考えるのはいつまでだろう？　あの御方をつかむまでだ。口で言うだけじゃ仕様がない。このわたしは、神がすべてのものになっていなさるのが見えるんだからね、はっきりと。あの御方のお恵みによって霊意識がめざめること、これが何より必要なことさ！　それが目覚めると三昧になって、時には体のことさえ忘れてしまう。女と金に対する執着がすっかり無くなって、霊的な話よりほかは関心が持てなくなる。俗っぽい話を耳にするのが苦痛になる」

〔明らかな啓示――ナレンドラへの教訓――カーリー即ブラフマン(原典註3)〕

〝霊意識《チャイタニヤ》を得たら、霊を知ることが出来る〟思考の終結《おわり》について、タクールは校長に説明してくださった――「考えることによって或る種のものが知《わか》り、深くそれを瞑想することによって、また或る種の智識が得られる。それから、あの御方が見せてくださるときは、また前の二つとは別なことがわかる。あの御方がもし見せてくだされば――これをアヴァターラと言う――あの御方がもし、ご自分の、人間としての活動を見せてくださる場合は、もう考える必要もないし、誰かに教えてもらう必要もないよ！　どんな具合にわかるかって？　暗闇《くらやみ》の部屋で一生懸命にマッチをこすっているうちに、突然パッと火がついて明るくなる――そういう具合に、あの御方がもし、パッと光をくだすったら、疑いは全部消えてしまう。頭で考えていてこんなふうに覚《さと》ることが出来るかい？」

タクールはナレンドラをそばに坐らせて様子をお聞きになったり、いろいろとやさしくいたわられた。

ナレンドラ「（聖ラーマクリシュナに向かって）カーリーの瞑想を三、四日したのですが、何にも起こりませんでした」

聖ラーマクリシュナ「だんだんわかってくるよ。カーリーといっても別なものじゃない。ブラフマンである御方が、同時にカーリーなんだからね。カーリーは根元造化力《アディヤシャクティ》。それが不動のとき、ブラフマンというだけだ。創造、維持、破壊をするとき力《シャクティ》と呼ぶんだ。お前がブラフマンと呼んでいる御方を、わたしはカーリーと呼んでいるだけなんだよ。

ブラフマンとカーリーは不異《おなじ》だ。火と燃える力のようなものだよ。火を思えば燃える力を思わぬわけにはいかない。カーリーを認めたらブラフマンを認めなけりゃならんし、ブラフマンを認める人はカーリーを認めなければならない。

ブラフマンとシャクティは不異《おなじ》だよ。あれをシャクティと、あれをカーリーとわたしは呼んでいるんだ」

夜は更けていった。ギリシュはハリパダに、「劇場に行くから、馬車を呼んでくれないか」と頼んだ。ハリパダが部屋を出かかると、タクールは笑いながらおっしゃった。

聖ラーマクリシュナ「馬車を呼んでくるんだよ、忘れるなよ！」（皆笑う）

ハリパダ「そのために出ていくんですから、アハハハ……」

（原典註３）カーリー——God in His relations, to be conditioned.（神との関係——条件付き）
ブラフマン——The Unconditioned, the Absolute.（無条件——絶対）

1885年3月11日(水)

〔神の体得とカルマ——ラーマ(神)とカーマ(欲望)〕

ギリシュ「(タクールに)——あなた様をおいて、また劇場に行かなければなりません」

聖ラーマクリシュナ「いいよ。これとあれと、二つをつかんでいなきゃならないからね。ジャナカ王はこれもあれも両方つかんで、コップのミルクを飲んでいたよ」(一同笑う)

ギリシュ「劇場のことは、若い連中に任せてしまおうかと考えてもいるのです」

聖ラーマクリシュナ「いやいや、今まで通りでいいんだよ。大勢の人のためになることだもの——」

ナレンドラ「(小さな声で)——今の今まで、神だとかアヴァターラだとか言っていたのに! すぐまた劇場にひきつけられて!」

三昧境にて——聖ラーマクリシュナ、法悦に酔いしれて

聖ラーマクリシュナはナレンドラをすぐそばに坐らせてじっと彼を見つめておられたが、突然、彼の方に身をよせていかれた。ナレンドラはアヴァターラを信じない——そんなことはどうでもいいではないか? タクールの愛はますます増えて、まさに沸きこぼれるばかりであった。ナレンドラの体を手でさわりながら、歌の文句を口ずさんでいらっしゃる。

〝誇りがあるならあってもいいが、私たちにもそれはある〟(訳註——クリシュナの恋人ラーダーに向かって、ほかの女友達が言っている言葉)

〔議論《ヴィチャーラ》は神をつかむまで〕

「（ナレンドラに）――考えたり議論《ヴィチャーラ》したりしているうちは、あの御方がわかっていないんだよ。お前たちはさかんに議論していたけれど、わたしゃ好きじゃないよ。

招待客のいる家では、いつまで騒がしい？　客人が食卓につくまでさ。テーブルについて、ルティやカレーが出てくると、とたんに物音は少なくなる（一同笑う）。次の料理が運ばれてくると、もっと静かになる。食後のヨーグルトが出ると、ただ、スプッ、スプッという音だけ――。すっかり終わると寝る時間だ。

神のことがわかってくるにつれて、思考や議論は少なくなってくる。あの御方をつかんでしまえばもうやかましい議論などはしなくなる。つまり、安眠――三昧だ」

こうおっしゃって、ナレンドラの体をなでたり口を手でさわったりなさりながら、「ハリ、オーム。ハリ、オーム。ハリ、オーム」ととなえていらっしゃる。

どうしてこのようになさるのだろう？　聖ラーマクリシュナはナレンドラのなかにナーラーヤナの顕現をごらんになったのだろうか？　これが、〝人に神を見る〟ということなのだろうか？　何という霊妙不思議なことだろう！　見る見るうちにタクールの意識は遠くなっていく。外界を認識する力がなくなっていく。これが聖ガウランガの境地の一つである、半意識状態というものなのだ。まだナレンドラの足に手をおいて――ちょうど、大神ナーラーヤナの足をさすっているかのように。――そしてまた、体を手でおさすりになる。どうして、足をさすったり、体をさすったりなさるのだろう？

か？

1885年3月11日（水）

ナーラーヤナに奉仕しておられるのだろうか？　それとも、シャクティを移しておられるのだろうか？

こんなことを考えながら見ていると、また変化が起こった。こんどはナレンドラに手をあわせて何かおっしゃるのだ！　――「歌をひとつ――そうすればよくなる――何とか立てるようになるよ！　ゴラ（チャイタニヤ）の愛に酔いしれて（私のニタイ）」

またしばらくの沈黙――絵のように不動のまま。再び法悦に泥酔したご様子でおっしゃる――「ほら、気をつけろ、ライ（ラーダー）――ヤムナー川に落っこちるぞ――クリシュナに気狂いみたいに夢中になって」

再び大恍惚境！　そして――

友よ、あの森までどれほどある！
（その森には私のいとしいシャーマ！）
（クリシュナの香りが漂ってきても！）
（私は疲れてもう歩かれぬ！）

そして今は、外界のことはすっかり忘れて、誰のこともおわかりにならない。ナレンドラが正面にいるのに、ナレンドラにさえお気がつかず、いまどこにいるかということさえ忘れていらっしゃるのだ。今は心も魂も、そっくり神さまのところに行ってしまったのだ！　〝魂までも酔いしれて〟おられるのだ。

「ゴラの愛に酔いしれて！」大きな声でこうおっしゃって、突然タクールは立ち上がられた！　そして又、お坐りになってこうおっしゃる――

「ホラ、光がやってくる――でも、どっちの方からあの光が来るのか、まだよくわからない」

こんどはナレンドラが歌をうたい出した――

悲しみすべて消えゆきぬ
君のかがやく顔容《かんばせ》に
七つの世にすむ魂の
憂い悩みも今はなし
ましてや、つたなき我が上の――

歌を聞きながら、聖ラーマクリシュナは外界のことはすっかり忘れて、再び目を閉じて不動の姿になられた！　入三昧境！

三昧が解けた後、こうおっしゃった。

「誰がわたしを連れて帰ってくれる？」

まるで子供が、夜、連れを見失ったときのようなご様子である。

夜はすっかり更けた。ファルグン月黒分十日目なので暗い夜だ。タクールは南神村《ドッキネーショル》のカーリー寺にお帰りになる。馬車にお乗りになるところだ。信者たちは馬車のそばに立っている。――タクールがお乗りになるとき、みんなで注意深くお助けした。まだ、〝酔いしれて〟おられるのだから！

馬車は出発した。信者たちは家路についた。

1885年3月11日(水)

弟子、校長の思うこと

頭上に星のきらめく夜空をいただき、胸のキャンバスにあの霊妙不思議な聖ラーマクリシュナの姿を思い返している信者たち――目にはまだ、あの愛のバザールが吉夢のようにありありと――カルカッタの大通りを信者たちは家に向かっている。誰か、春風に浮かれたような調子で、さっきの歌を口ずさみながら歩いている――

君のかがやく顔容《かんばせ》に
悲しみすべて消えゆきぬ

モニは考えながら歩いている――「まったくのところ、ほんとうに神は人間の姿をとってこの世に生まれていらっしゃるものだろうか？　アヴァターラというのは真実だろうか？　無限者である神が、十四シア（１７０㎝）の人間におなりになるのだろうか？　無限者が有限になり得るのか？　考え出すと際限《きり》がなかった。しかし、考えることによって何か理解できるだろうか？

聖ラーマクリシュナがいみじくも仰せられたように、〝考えている間は本質を理解することはできない。神を覚えることはできない〟もっともだ！　一チョタク（30グラム）ほどの知性――これでもって神を理解しようとは！　一シェル（１リットル）の壺にどうして四シェル（４リットル）の牛乳を入れることができようか？　しかし、アヴァターラを信じるとどういうことになるのか？　タクールはおっしゃった――「もし神が見せて下されば、パーッと一瞬のうちにわかる！」と。ゲーテは死ぬ間際に言った――「光を！　もっと光を！」と。あの御方がもし、パーッと光を恵んで下さったら、（サンスクリットで）〝チッダンテ、タルバ、サンシャヤ、チッディヤーンテ（すべてのことがはっきりわかるのに！）〟

パレスチナの無学な漁夫たちはイエスに、或いは、シュリーヴァース等の信者たちは聖ガウランガに、完全なアヴァターラを見たのだ。

もし神が、パーッと光を恵んで下さらなかったら、我々はどうしたらいいのだろう？　なぜ悩む？タクール、聖ラーマクリシュナがあのようにおっしゃった時、わたしはアヴァターラを信じたではないか。

そう、あのかたは教えて下さったのだ――信じること！　信じること！　そして、信じること！師の言葉を信じること！　そして――

1885年3月11日(水)

あなたこそ
我が生涯の北極星
この世の海の道しるべ

神の恩寵《おんちょう》によって、師の言葉への信仰が育《はぐく》まれた。師のおっしゃることを信じ続けよう。他人は好きにするがいい。神々にあってさえ稀《まれ》な信仰を、どうして捨てることができよう。もはや理屈にはかまうまい。知的議論の寄せ集めに勤《いそ》しむファウスト(訳註2)になれ、とでもいうのか?

漆黒《しっこく》の闇夜、窓から月の光が差し込み、ファウストはただ一人部屋に横たわっている。「ああ、私には何一つ理解できていない。哲学や科学の研究も虚《むな》しかった。何たる恥!」そう言って、彼のように毒杯をあおって自害するというのか? それともアラストルのように、無知の重荷に耐えきれなくなって、岩に頭を横たえて死を待つというのか? 否、こうした悲劇の大学者のように僅かな知性をもってこの謎を推し量《お はか》ろうとする必要はないのだ。一シア(1リットル)の容器《うつわ》に四シア(4リットル)が入らないからといって、自殺する必要はないのだ。素晴らしき助言は、グルの言葉への信仰だ。おお、神よ。信仰を与え給え。虚《むな》しく彷徨《さまよ》わせ給うな。不可能を求めさせ給うな。タクールも教えられたではないか。「あなたの蓮華の御足への純粋な愛と無私の信仰《アヘイトキー・バクティ》が得られますように。不死の魂の深みからほとばしり出る純粋な神への愛をお与え下さい。そして世にも魅惑的な現象《マーヤー》に迷わされないように」と。その祝福を給わんことを祈る。

聖ラーマクリシュナの類《たぐ》いなき愛に想いを馳《は》せつつ、モニは闇夜の家路を辿《たど》った。彼は独り言った。師はギリシュをどんなに愛しておられることだろう。ギリシュが劇場に行かねばならない時でさえ、家を訪問されている。それだけでなく、彼には、〝放棄せよ〟とはおっしゃらないのだ。家庭、身内、世俗の活動のすべてを放棄して出家せよ、とはおっしゃらないのだ。その意味は理解できる。期が熟さない限りは——強い放棄の精神が養われない限りは、放棄は苦痛となるだろうことは——。「傷が癒されないうちにかさぶたを剥《は》がせば、血が流れて辛い目に遭《あ》うだろう」とタクールご自身もおっしゃっている。だが傷が治れば、かさぶたも自然に剥《は》がれるのだ。なんの洞察も持たない世間の師は、「直ちに世を捨てよ」などと言うが、無私の恩寵の海なる我がサットグル（真の導師）は愛の大海だ。昼も夜も人々へ善を為すことのみを望まれている。

そしてまた、ギリシュの信仰の何たること！　タクールにお会いしたたった二日後に、「主よ、あなたはまさに神であられます。私を救済するために肉体をまとって下生《げしょう》されたのです」と言ったのだ。「人間の姿を取らずして、どうして神が家族の一員のように教えられようか?」とギリシュが言ったのは正しい。神だけが実在で他はすべて非実在であることを、誰が悟らせてくれよう。地に転んだ幼子の手を取って、誰が抱き上げてくれよう。〝金と女〟に目がくらんだ野獣《けもの》のごとき人々を、再び不

（訳註２）ドイツの文豪ゲーテの代表作とされる長編戯曲『ファウスト』の主人公の名前がファウスト。

死の至福に価する者として下さるのは誰なのか？　そしてまた、魂《ハート》を神に捧げ、神以外の何ものをも愛さない人々は、神が人間の姿をとって一緒に暮らして下さらなければ、他にどうして人生を送っていくことができよう。それだからギーターは語るのだ。

1885年3月11日(水)

『正信正行の人々を救《たす》け、異端邪信のともがらを打ち倒し
正法《ダルマ》をふたたび世に興すために、わたしはどの時代にも降臨する』
――バガヴァッド・ギーター4・8――

何という愛だろう！　ナレンドラに夢中になり、ナラヤンのためにお泣きになる。「ラカール、バヴァナート、プールナ、バブラムなどの若者たちも、ナーラーヤナ（神）ご自身なのだ。私のために人間の姿を取って地上に生まれてきたのだよ」とおっしゃる。これは人の知性から生まれる愛ではなく、神聖なる愛だ。この少年たちは、まだ性的に女性に触れたことがない純粋な魂だ。まだ、俗事に巻き込まれておらず、欲、自惚れ、嫉妬心などを起こしていない。そのため、彼らの内には、神がより大きく現れているのだ。しかし、誰がこうしたヴィジョンを持とうか？　タクールは洞察力をお持ちだ。すべてお見通しだ。世俗に執着している人、素朴な人、高潔な人、神の信者、すべてご覧になっている。こうした信者には、神ご自身のように仕えて下さる。沐浴させて眠りにつかせて下さる。彼らに会うために泣いて、カルカッタまで駆けつけて下さるのだ。わざわざカルカッタから馬車で彼ら

を連れて来させるように、他の者に哀願されるのだ。在家の信者にはしょっちゅうお尋ねになる。「あの子達を食事に呼んでやっておくれ。お前のためになることだよ」と。これは世俗の愛だろうか？それとも純粋で神聖な愛だろうか？　ある者は十六個の道具をそろえて、土でこしらえた神像を神様として拝んでいる。ならば、どうして純粋な人間の体におられる神を拝めないことがあろうか？　その上、彼らはいつの生まれ更《か》わりにおいても、神遊びをお助けする魂なのだ！　神の親密な仲間たちなのだ。

ナレンドラを見ると、タクールは外界をお忘れになる。そして、徐々に肉体としてのナレンドラをお忘れになる。目に見える人の姿を忘れ、実在の人だけをご覧になるのだ。不可分のサッチダーナンダ（真実在・智慧・歓喜）に心が溶け込むと、口が利けなくなって不動となられる。「オーム、オーム」と唱えられたり、子供のように「マー、マー」と呼ばれたりする。ナレンドラのなかに神の示現《じげん》をご覧になって、「ナレンドラ、ナレンドラ」と狂ったようになられる。

ナレンドラは、神が化身して人の姿をとることを信じない。しかし、それが何だろう。タクールはすべてお見通しだ。ナレンドラの自尊心がそうさせている、とご覧になっている。神は我々の身内だ。継母《ままはは》ならぬ実の母親なのだ。なぜ彼は説明なさらないのか？　なぜ慈悲をもって光を灯し、実在を示されないのか？　そうだ、タクールはおっしゃったではないか――「自尊心が傷ついたのかい？　それでも構わない。私たちも同じ気持ちだもの――」と。（訳註――これはブリンダーヴァンで、クリシュナの最愛のラーダーに仲間のゴーピーが言ったのと同じ言葉）

最愛な人だからこそ、すねたり、ムッとなって怒ったりするのだ。そうでなかったら、誰に対してそんなことができよう。幸いなるかな、ナレンドラ。至高のあの御方に、かくも愛されるとは！　あなたを見ると、師はいとも容易《たやす》く神聖な気分になられる。

夜も更《ふ》けて、信者たちはこうしたことを思いつつ、聖ラーマクリシュナをこころに思い描きながら家路についた。

第一〇章　カルカッタの信者の家にて

一八八五年四月六日（月）

カルカッタの信者の家における聖ラーマクリシュナ

バララムの家で内輪の信者たちと

だいぶ前に時計は三時を打った。チョイトロ月なので日射しは恐ろしいほどだ。聖ラーマクリシュナは、一、二の信者と共にバララム家の応接間に坐って校長と話をしておられる。今日は一八八五年四月六日、月曜日。チョイトロ月二十五日、黒分七日目。タクールはカルカッタの信者の家に来られた。何人かの信者たちに会ってから、ニム・ゴスワミー横丁のデベンドラの家にいらっしゃる予定である。

〔真実の言葉と聖ラーマクリシュナ――若いナレン、バブラム、プールナ〕

タクールは神の愛に終日《ひねもす》酔っておられる。大方の時間は半三昧状態か入三昧境で、外部に全く心が向いておらず、ごく親しい内輪の信者たちが真我を覚ることだけを熱望しておられる――それはちょうど、父や母が西も東もわからぬ子供達の身を気づかい、また、どのようにしてこの子らを成人させたものかと心配しているのと同じように見えた。または、鳥がヒナを育てるのに一生懸命になっているような風情でもあった。
聖ラーマクリシュナ「（校長に向かって）――三時頃行くってお前に言ってしまったから、ちゃんと来たよ。それにしてもひどく暑いねえ」
校長「まったく！　さぞ大変でございましたでしょう」
信者たちはタクールをせっせと扇いでいる。
聖ラーマクリシュナ「若いナレンと、それからバブラムに会いに来たんだよ。おや、どうしてプールナを連れて来なかったんだい？」
校長「心配で来られないのです。あなた様が大勢人のいる前であの子をお褒《ほ》めになるので、後でそれが家の人たちの耳に入りはしないかと――」
〔学者たちの教えとサードゥたちの教えは異なる――サードゥと交際すること〕
聖ラーマクリシュナ「フーン、それもそうだね。それじゃ、これからはもう言わないことにしよう。そうだ、お前はプールナに宗教上の指導をしてやってるそうだが、そりゃいいことだよ」
校長「その他にも、ヴィディヤサーガル先生の著書の抜粋を教科書にしておりまして、そのなかにあの言葉があるのでございます――『身と心と命をつくして神を愛せよ』(原典註1)という。こういう教えをきいて保護者たちが腹を立てるとしましたら、どうしたらよろしいものでしょう？」

1885年4月6日(月)

聖ラーマクリシュナ「本にはそういうようなことが沢山書いてあるけれども、書いている人自身がよくわかっていないんだよ。サードゥとつきあっていればわかってくる。ほんとうに欲を捨てたサードゥが教えてくれるなら、人はその言葉を素直にきく。ただの学者が本に書いたり言葉で聞かせたりしても、そんな言葉は人にはよくわからないものだ。医者が大きな糖蜜のかめをそばにおいて、病人に糖蜜を食べるなと言っても、病人はいい加減に聞いている。

ところで、プールナのことをどう思う？　バーヴァ（霊的興奮）の状態になることがあるかい？」

校長「バーヴァの状態が外に現れるのを見たことはございません。いつか、あなた様のあのお言葉を彼にきかせてやりました」

聖ラーマクリシュナ「どんな言葉だっけ？」

校長「あのことです！　普通《ナミ》の大きさの器なら、バーヴァを抑えることはできない。だが大きな器の場合は、内部で強いバーヴァが起こっても外に表さない。大きな湖に象が入っても跡も残さないが、水たまりに象が入ると大へんな騒ぎになって水が外にまではね散る、と」

聖ラーマクリシュナ「あの子はバーヴァを外に出さないだろう。型がちがうんだよ！　そのほかの特徴《しるし》もみんないいね、どう思う？」

校長「両眼が実によくかがやいていて——前に突き出ておりますね（秀れたヨーギーの人相の一つ）」

聖ラーマクリシュナ「両眼がかがやいているだけじゃだめなんだよ。神聖な目は、また別なんだ。うんそうだ、訊《き》いてみたかい？（タクールに会った）後でどんなふうだったい？」

校長「はい、いろいろ話し合いました。彼はここ四、五日ずっと言いつづけております。神のことを想ったり御名をとなえたりすると、きまって目から涙があふれて肌毛が逆立つ、と」
聖ラーマクリシュナ「それでもう十分だ！」
タクールと校長はしばらく黙っている。やがて校長が口をきった──「彼は待っております」
聖ラーマクリシュナ「誰が？」
校長「プールナです──多分彼は、自分の家の戸口のところに立っておりますよ。私たちの誰かが通りかかると、かけよってきて合掌してあいさつするのでございます」
聖ラーマクリシュナ「アハー！　アハー！」
タクールは枕にもたれて休んでおられる。校長は十二才になる少年を一人連れてきていた。彼の学校の生徒で名前はクシーロド。
校長「これはとても良い子でございますよ！　神さまの話をとても喜んで聞きます」
聖ラーマクリシュナ「(にっこりして)──鹿みたいな目をしてるね」
その少年はタクールの足に手をふれて、額《ぬか》ずいてごあいさつ申し上げた。そして、非常に信仰深い

（原典註1）With all thy Soul love God above, And as thyself thy neighbour love.
『汝の魂をすべて尽くして、天にましまする神を愛しませ。汝自身を愛するが如く、隣人をも愛しませ』
──マタイによる福音書　22章37～39節──

1885年4月6日(月)

態度でタクールの足をさすりはじめた。タクールは信者たちと話をしておられる。

聖ラーマクリシュナ「(校長に)――ラカールは自宅《うち》にいるんだよ。オデキができていて、体の具合がよくないんだ。子供ができるとか聞いたがね」

パルトゥとビィノドが正面に坐っている。

聖ラーマクリシュナ「(パルトゥに向かって笑いながら)――お前、お父さんに何て言ったんだい?(校長に)この子は、お父さんに口ごたえしたんだよ、ここへ来ることで。(パルトゥに)――何て言ったんだ?」

パルトゥ「こう言いました。ハイ、ぼくはあのかたの所へ行きます。それが、どこが悪いんですか?(タクールと校長、笑う)必要なら、もっと、もっと言ってやります」

聖ラーマクリシュナ「(校長に)アハハ……、それほど言わんでもいいよなあ!」

校長「はあ、あんまり言いすぎるとよくありませんね!」

聖ラーマクリシュナ「アッハッハッ……(ビィノドに向かって)――お前はどんな具合だね、あっち(南神寺《ドッキネーショル》)へ来ないじゃないか?」

ビィノド「はい、行こうとしたのですけど、また心配になってやめました! ちょっと病気があって、体の具合がよくないんです」

聖ラーマクリシュナ「わたしといっしょに南神村《ドッキネーショル》においで――。空気がいいから、体の具合もよくなるさ」

若いナレンが入ってきた。タクールはお顔をすすぎにいらっしゃるので、若いナレンはタオルをもってタクールに水を注いでさしあげるため従《つ》いて行った。校長もいっしょに行った。

若いナレンは西のベランダの北隅で、タクールの足を洗っている。校長はそばに立っている。

聖ラーマクリシュナ「えらく暑いねえ」

校長「まったく、暑うございますね」

聖ラーマクリシュナ「お前、あそこでどうして暮らしてる？　二階の部屋は暑くなるだろう？」

校長「おっしゃる通りで！　ひどく暑くなります」

聖ラーマクリシュナ「それに奥さんは頭の病気なんだし、涼しいところに住まわせなけりゃ――」

校長「そうなのでございます、はい。階下《した》の部屋で休むように申しつけております」

タクールは再び応接間に戻ってお坐りになって、校長に、「この前の日曜にどうして来なかった？」とお聞きになった。

校長「はあ、家に誰もいなかったものですから――家内の具合がよくないのに、誰も世話をする人がおりませんので失礼いたしました」

タクールは馬車にお乗りになってニム・ゴスワミーの横丁にあるデベンドラの家においでになった。お伴は若いナレン、校長ほか、二、三の信者である。馬車のなかでもプールナの話がでて、タクールはさかんにプールナに会いたがっていらっしゃる。

聖ラーマクリシュナ「(校長に向かって)――大そうな器だよ！　さもなけりゃ、わたしがあの子のために称名しようという気になるものか。しかも、あの子はそんなことは何も知らないんだ」

校長ほか信者たちは、タクールがプールナのためにわざわざ種字真言《ビージャ・マントラ》をとなえていらっしゃることを聞いて、とても驚いた。

聖ラーマクリシュナ「今日、あの子を連れて来ればよかったのに――。なぜ連れてこなかったんだい？」

若いナレンが笑ったのを見て、タクールも信者たちも皆笑い出した。タクールは楽しそうに若いナレンを眺めながら校長におっしゃる――「見ろ、見ろ、キャッキャと笑ってるよ。無邪気なもんさ。心のなかがきれいサッパリしているものだから――三つのことを考えないから――土地と、妻と、お金と。女と金からすっかり心を放さなけりゃ、神さまはつかめないよ。

タクールはデベンドラの家にお入りになる。南神寺《ドッキネーショル》で先日デベンドラに向かって、「いつか、お前の家に行くよ」とおっしゃったのである。するとデベンドラは、「私も、そのことをお願いしに今日来ましたのです。この日曜日に、ぜひおいで下さいまし――」と答えた。タクールはおっしゃった――「でも、お前の収入《みいり》は少ないから、あんまり大勢の人を招《よ》ぶなよ。馬車代だって大変だし！」

デベンドラは笑いながら答えた――「収入が少ないことが何だって言うんですか。〝バターが食べたければ借金すりゃいい〟です」タクールはこの言葉をきいて笑い出し、いつまでもいつまでも笑いつづけておられた。

やがて家につくと、タクールはすぐおっしゃった。――「デベンドラ、わたしの食べるもののことにはかまわないでおくれ。ホンのちょっとしたものでいいからね。——体の具合があんまりよくないんだよ」

デベンドラの家で信者たちと

聖ラーマクリシュナは、デベンドラの家の応接間で、信者たちに囲まれて坐っておられる。応接間は階下《した》にある。日が暮れて部屋には灯火《ランプ》があかあかとしている。若いナレン、ラム、校長、ギリシュ、デベンドラ、アクシャイ、ウペンドラ等々、大勢の信者たちがタクールのそばに坐っている。タクールはある一人の若い信者を見て、嬉しくてたまらないような表情をなさる。その人を指して、信者たちに向かっておっしゃる——「この子はね、さっき言った三つのものを全然考えていない！ その三つ——それで人は縛られているんだよ。土地と金と妻——この三つに執着しているかぎり、至聖《かみ》に心を統一《ヨーガ》することはできない。（その信者に）——何か、また見たって？ 言ってごらん、何を見たんだい？」

〔女と金の放下——ブラフマンの歓喜〕

その信者「（笑いながら）——それが、糞の山なんです。ある人はその山の上に坐っていますし、ちょっと離れたところに坐っている人もいるのです」

聖ラーマクリシュナ「神のことをすっかり忘れた俗人どもの有様を見たんだよ。そして、この子は、心のなかから世俗的なもの一切合切捨てようとしているんだ。女と金から、もし心を去らせたら、もう何の恐れも心配もあるものか！

ウーン！　すばらしいなあ！　わたしなんか、さんざ称名や瞑想をしたあげくに、やっとそういう心境になれたんだよ！　なのにこの子は、どうしてこんなに速く心の掃除ができてしまったんだろう！　色欲をなくすということは容易《やさしい》ことじゃないのに！　わたしでさえ修行を始めて六ヶ月後に、（欲情みたいなものが出てきて）何となく胸のあたりに妙な気分がしたもんだよ！　そのときは樹の根元にぶっ倒れて、大声で泣き出してね！　こう言った――『マー！　こんな気分になるんなら、いっそ喉をかき切ってしまおう！』

（信者たちに）――女と金が心から出て行ったら、あとに何が残る？　そうなれば、あとはブラフマンの喜びだけになる」

シャシー（後のスワミ・ラーマクリシュナーナンダ）は近ごろ、タクールの許に出入りするようになったばかりだ。彼はヴィディヤサーガルの大学《カレッジ》で、B・A（バチェラー・オブ・アーツ＝学士課程）の第一学年目に在学している。タクールはこんどは彼の話をなさる。

聖ラーマクリシュナ「あの青年は、しばらくの間は金のことを時々考えるだろうよ。だが、もう全く考えない青年も何人かいる。それに、何人かは結婚もしないだろう」

信者たちは静まり返ってじっと聞いている。

〔アヴァターラを見分けられるのは誰か？〕

聖ラーマクリシュナ「（信者たちに）心から女と金がすっかり無くなってしまわなければ、なかなかアヴァターラを見分けることはできないよ。ナスビ売りにダイヤモンドの値段を聞いたら、『この代りに九シアのナスビを出そう。それ以上、一個も余計にやれない』と答えた」（皆笑い、特に若いナレンは大きな声で笑いころげた）

タクールは、若いナレンがこの話の意味を即座に理解したことを見てとられた。

聖ラーマクリシュナ「この子は全く聡《さと》いなあ！　ナングタもこんなふうにすぐわかった——ギーターやバーガヴァタに書いてあることの意味を、すぐに悟ったものだ」

〔少年時代からの離欲のすばらしさ——売春婦はどうすれば救われるか〕

「若いうちから女と金を捨てるというのは、こりゃほんとに驚くべきことだ。ホンのわずかの人にしか起こらないことだよ！　そうならないのは雹《ひょう》に打たれたマンゴーのようなもので——神さまにも供えられないし、自分で食べるのもイヤだ。

若いうちはさんざ悪いことをしたが、年寄りになってから称名にはげんでいる人もいる。まあ、何もしないよりはマシだが……。

何とかマリックという人のお母さん、大そうな家柄のところの娘だった人！　その人が、『売春婦などでも救われるものでしょうか？』ときくんだよ。自分がずっと以前に、それに似たようなことを

1885年4月6日(月)

ずいぶんしてきたらしいんだ！　だからそんなことをきくのさ。わたしは答えた——『ハイ、救われますよ。心の底からざんげして、泣きながら神様に祈って、もう二度とあんなことは致しません、と誓えばね』

ただハリの名をとなえるだけじゃどうにもならない。心の底からざんげして泣かなくてはダメだよ！」

デベンドラのところでキールタンを楽しみ三昧に入るタクール

こんどは長太鼓《コール》とシンバルに合わせてキールタンがはじまった。キールタン歌手は歌った——

(師ケーシャブ・バーラティが聖チャイタニヤの得度式を行ったときの歌)

ああ何という光景だろう——
師ケーシャブ・バーラティの庵のなかで
聖ガウランガは不思議な光につつまれて
神の慈愛のよろこびに
あふれる涙は百の川になって流れた

ガウルは狂った象のように

愛に酔いしれて踊り、歌い
大地にころげまわり涙の川で泳ぎ
泣きながらハリを呼ぶその声は
天と地にとどろきわたった――

そして、歯にわら草をくわえて
頭を垂れて手を合わせ
神の僕《しもべ》として家々の戸口《かど》に立ち
救いの道を語り歌った――

頭には巻き毛、ヨーギーの衣をまとい
信仰と愛に泣き、命を燃やして
人びとの悲しみをわが悲しみとし
一切を捨てて神の愛のなかに住み
聖なる愛のしもべとなったチャイタニヤは
家々の戸から戸へと語り歩いた

歯にわら草をくわえて――ヴィシュヌ派で、とても謙虚な態度を表現する慣用句

1885年4月6日(月)

タクールはこの歌をきいているうちに、前三昧《バーヴァ》状態になられた。歌手は聖クリシュナとの別れを悲しむヴラジャの牛飼い女たちの歌をうたう——

ヴラジャのゴーピーたちは、マーダヴィー（香りの高い花を咲かすつる草の一種）の茂みのなかでクリシュナを探している——

ね、マーダヴィー！　私のマーダヴァを返しておくれ！

マーダヴァ——クリシュナの一名。マドゥの子孫の意味。

（さあ、さあ、さあ、マーダヴァをおくれ！）
私のマーダヴァを私におくれ
さもなきゃ根っこを掘って探す
魚にとっての水のように
私の命はあのマーダヴァ
（お前が隠しているのだろ、ねえ、ね、マーダヴィー返しておくれ）
（私は弱いけど一途な女、もうもう私は死にそうだ）
（マーダヴィーよ、マーダヴィーよ、マーダヴァがなけりゃ、恋しいマーダヴァが見つからなけりゃ）

タクール、聖ラーマクリシュナは、時々即興句をお入れになった——

そのマトゥラーまでどれほどあるの?!

そこに私の恋人がいるの！

タクールは三昧に入られた！　不動の体！　長い間、その状態のままでおられた。

タクールは少し平常にお戻りになる。しかしまだ、半三昧である。その状態で信者たちと語られる。そして時々、宇宙の大実母ともお話になる。

聖ラーマクリシュナ「マー！　あの人を引っぱっておくれ！　わたしはもうこれ以上、心配しきれないから！

（校長に）――お前の親類の人（義兄弟）――あの人にちょっと関心があるんだよ。

（ギリシュに）――お前はずけずけ物を言ったり、悪態《あくたい》をついたりする。それもいいさ、そういうものは皆、口に出してしまった方がいいのさ。毒血のために病気になる人がいるが、毒血を外に出せば出すほど体にいいんだ。

ウパーディ（訳註）が崩壊《くず》れるときには音をたてる。木が燃えるときはバリバリ、パチパチと音をたてる。

（訳註）ウパーディ――肩書きや称号など、無智のためにアートマンの上に重ねられた限定。例えば――〝私は学者だ〟〝私は何某の息子だ〟〝私は金持ちだ〟〝私には身分がある〟――これによって俗世間に縛られている。

1885年4月6日(月)

すっかり燃えきってしまえば、もう音はしない。

お前は、日に日に清まって行くよ。一日一日と進歩するよ。人が見たらびっくりするだろうよ。わたしはもうあんまり来られないかも知れん——でも、それでいいんだ。お前は自分でやりとげられるよ」

タクール、聖ラーマクリシュナの霊的気分は、また一段と深まってきた。再び、大実母と語り合っておられる。「マー！　もともと善い人を良くしたって何の手柄になる？　マー！　死人を殺して何になる？　ピンピンして立ってる人を殺してこそ、はじめてあんたはえらいと言えるんだ！」

タクールは数秒、黙っておられたが、突然声高におっしゃった——「わたしは南神村《ドッキネーショル》から来たんだ。いま行くよーゥ、マー！」

まるで小さい子供が、遠くから母親に呼ばれてそれに答えているようだ！　タクールは再び不動の姿勢で三昧に入られた。信者たちはまばたきもせずにそのお姿を見ている。

タクールは再び半三昧でおっしゃる——「わたしはもう、ルチを食べないよ」

同じ町内から来ていた二、三人のヴィシュヌ派説教師（ゴスワミー）はこのとき席を立って行った。

タクール、聖ラーマクリシュナ、デベンドラの家で信者たちと共に

タクールは信者たちを相手に上機嫌で話をしていらっしゃる。チョイトロ月で、その暑いこと暑いこと！　タクールと信者たちをもてなすために、デベンドラはアイスクリーム（クルフィ）を用意し

ていた。信者たちもアイスクリームを食べて大喜びである。校長は静かな声で、「アンコール！　アンコール！」と言った。（つまり、アイスクリームのお代わりということ）。皆は大笑いした。アイスクリームを見たタクールは、まるで子供のように喜びはしゃいでおられた。

聖ラーマクリシュナ「いいキールタンだった。ゴーピーたちの様子がよく現れていたよ。〝ね、マーダヴィー、私のマーダヴァを返しておくれ〟ゴーピーたちは愛に酔っていたのさ。すばらしいことだねえ！　クリシュナを慕って気狂いみたいになっていたのさ」

ある信者がもう一人の信者を指して言った。

「この人は〝女友達の態度〟をとっているのです。ゴーピーのような――」

ラム「いいや、この人のなかには二通りの態度があるのです。やさしく甘い気持ち（マドゥラ）と、それから智的なきびしい気持ちと……」

聖ラーマクリシュナ「何のことだい？」

タクールはこんど、スレンドラの話をなさる――

ラム「私が知らせたのですが、来ませんでしたね」

聖ラーマクリシュナ「仕事が終わってからじゃ、（疲れて）来られないのさ！」

一人の信者「ラムさんがあなた様のことを書いておられますよ」

聖ラーマクリシュナ「ハッハッハ、いったい何を書いているんだね？」

一人の信者「〝大覚者《パラマハンサ》の信仰《バクティ》〟という題で書いていらっしゃるのです」

1885年4月6日(月)

聖ラーマクリシュナ「それじゃナンだね、ラムは大いに名を挙げることになるだろう」

ギリシュ「あっはっは……。彼はあなた様の弟子だということで――」

聖ラーマクリシュナ「わたしゃ、弟子とか門下とかいうものは持たないよ。わたしはラーマの家来の、そのまた召使いだ」

近所の人たちが誰かれとなく入ってきた。しかし彼等を見て、タクールはあまり喜んでおられない。タクールは一度だけ、「この辺はどういう町なんだろうね！　これぞという人間はいないなあ」とおっしゃった。

デベンドラはタクールを奥にご案内して、軽食を差し上げた。タクールはニコニコ顔で奥から戻ってこられて、また応接間の席にお坐りになった。信者たちが囲りに坐っている。ウペンドラ《(原典註2)》とアクシャイ《(原典註3)》がタクールの両わきに坐って、お足をさすっている。タクールはデベンドラの家の女性たちについてお話になる――「いい娘たちだよ、田舎から出てきたと言うからね。とても信心深いよ！」

タクールは内からの喜びで満たされておられるのか、楽しそうにご自分から歌をうたい出された！　どんなお気持ちで歌っておられるのだろうか？　ご自分の境涯を思い返して味わっておられるのだろうか？

歌――素直《サハジャ》にならなけりゃ、素直なお方（神）に会えやせぬ

歌——托鉢のお坊さま　お待ち下され
かがやくお顔をお見せ下され
お止まり下され　そして——
お姿を拝ませて下されや

托鉢のお坊さま——イスラム教の遍歴僧《ダルヴェシュ》スーフィーのこと

歌——法悦に酔った坊さま《ファキール》がおいでなすった
その御方はヒンドゥー教徒にゃ神さま《タクール》まで
イスラム教徒にゃ偉大な聖者《ピール》——

ギリシュはタクールにお別れのごあいさつを申し上げた。タクールも又、ギリシュに礼を返された。デベンドラはじめ信者たちは、タクールを馬車のところにお連れした。

デベンドラが応接間の南側の敷地に来てみると、近所の人が一人ベンチに横になって、まだ眠っ

（原典註2）ウペンドラ——ウペンドラ・ナート・ムコパッダエ。後にカルカッタで有名な出版業者となる。〝バスマティー紙（新聞）〟の所有主。

（原典註3）アクシャイ——アクシャイ・クマール・セン。タクールの信者で詩人。バンクラ地方、マイナプール村の出身〝聖ラーマクリシュナの伝記〟を韻文の形式で書いて、その名を永久にとどめた。

ている。彼が、「起きなさい！　起きなさい！」と声をかけると、その人は目をこすりこすり尋《たず》ねた――「大覚者様《パラマハンサ・デーヴァ》がおいでになったのですか？」聞いていた皆はアハアハと大声で笑い出した。この人はタクールがここにいらっしゃるずっと前から来て、待っていたのである。あまりに暑いのでベンチにござをひろげて横になっているうちに、すっかり眠りこけてしまったのだ。タクールは南神村《ドッキネーショル》にお帰りになる。馬車のなかで校長に向かって上機嫌で話しかけられた。――「たくさんアイスクリームを食べたね！　お前、こんど寺へ来るとき、四、五杯持ってきておくれ」それから、こうもおっしゃった。――「いま、この何人かの若者たちに心が惹かれているんだよ、若いナレンとプールナと、それからお前の親戚のと――」

校長「ドゥイジャのことでございますか？」

聖ラーマクリシュナ「いや、ドゥイジャはいい。あの兄さんの方が気になるんだよ」

校長「オー！」

タクールは上機嫌で馬車にゆられていらっしゃる。

第一一章　バラム家の礼拝室で信者たちと語らう

一八八五年四月十二日（日）

聖ラーマクリシュナ、バララム家の礼拝室で信者たちと語らう

タクール自ら語られた修行《サーダナ》の詳細

タクール、聖ラーマクリシュナは、カルカッタのバララム氏宅の応接間で信者たちと坐っておられる。ギリシュ、校長、バララム――やがて、若いナレン、パルトゥ、ドゥイジャ、プールナ、マヘンドラ・ムクジェーたち――大勢の信者たちが来ている。そのうちにブラフマ協会のトライローキャ・サニヤル氏、ジャイゴパール・セン氏たちはじめ、大勢の会員がやってきた。婦人の信者たちも大勢来ていて、カーテンのかげの方に坐ってタクールを拝謁《はいえつ》（ダルシャン）している。モヒニーの妻も来ている――息子を亡くして気狂いのようになっている人だが、この人の他にも同じように何か悩みごとがあって、タクールのもとに心の平安《やすらぎ》を求めて通ってくる婦人がかなりいるのである。（訳註、モヒニー――マヘンドラ・グプタがコタムリトの中で使う仮名の一つ。妻の名はニクンジャ・デーヴィー）

今日はボイシャク月一日、チョイトロ黒分十三日目、西暦一八八五年四月十二日、日曜日。時間はやがて三時になるところ。

校長が部屋に入ってみると、タクールは信者たちに囲まれて坐っておられ、ご自分の修行のことや様々な精神段階について、こまごまと説明していらっしゃる。彼は額《ぬか》ずいて師を拝した後、お傍《そば》近くに進んで座についた。

聖ラーマクリシュナ「（信者一同に）――あのころ（修行時代）は瞑想しているとき、手に三叉の鉾《ほこ》を持った人が自分のそばに坐っているのをアリアリと見たものだ――脅かすんだよ。もし神の蓮華の御足に心が向いていなかったら、鉾《ほこ》の柄《え》でわたしをブン殴ると言って――。全く心が神から外れた場合には、胸を突き刺すと言って――」

〔絶対《ニティヤ》と相対《リーラー》の和合《ヨーガ》――プルシャ（精神的原理）とプラクリティ（物質的原理）――ヴィヴェーカ・ヨーガ〕

大実母《マー》は、わたしをこんな状態にしておいて下さるんだ。つまり、時々心が絶対《ニティヤ》から相対《リーラー》に降りてきたり、また相対《リーラー》から絶対《ニティヤ》に昇ったりするようにね。

ニティヤからリーラーに心が降りたとき、わたしはシーターとラーマのことを一日中想っていたこともあった。そういうときは、シーターとラーマの姿がいつも見えるんだよ――いつもラームラーラを持ち歩いていてね、水浴びさせたり、何か食べさせたりしていたよ。それから、ラーダーとクリシュナの態度《バーヴァ》と同化していた。そういうときはいつも、ラーダーとクリシュナの姿が見えるんだ。それから、ガウランガ（チャイタニヤ）に熱中したときもあった。あのかたは、二つの原理の和合だ――プルシャ

1885年4月12日(日)

（精神的原理）とプラクリティ（物質的原理）の和合《ヨーガ》だ。（訳註、ラームラーラ——一八六四年に南神寺院《ドッキネーショル》にやって来たジャタダーリーという修行者からもらった八種の金属＝金・銀・銅・鉛・錫・真鍮・鉄・鋼《はがね》で出来た幼児ラーマの像）

その状態のときは、ほんとに四六時中、ガウランガの姿が見えていた。それから又、境地が変わった！　相対《リーラー》をきれいサッパリ捨てて、絶対《ニティヤ》に心が上がってしまった！　その辺の雑草も、神聖なトゥルシーの木も、いっしょくたに感じられた。神々しい姿も嫌《いや》になった。〝あんたたちはいずれ去《い》ってしまうさ〟と言ってね。そのときは、部屋に飾ってある神々の写真や絵をいっさい取り外して下に置いていた。そしてただ、あの不可分のサッチダーナンダ——あの本源《アーディ》の精神《プルシャ》だけを瞑想しはじめた。自分はそれの召使い女だと見なして——プルシャの女中だと。

わたしはあらゆる種類の修行をしたよ。修行には三通りあって——サットヴァ的、ラジャス的、タマス的と。サットヴァ的修行では、あの御方を心から恋い慕って呼ばったり、または、ただ神の名をいつも念じているだけ——。その結果を期待しない。ラジャス的修行では、実にいろんなことをする——プラスチャラナ（ヴェーダできめられた儀式を行いながら、神の名を繰り返す修行）を何回すべし、聖地巡礼に何度行くべし、パンチャタパ（夏、炎天下で四つの火に囲まれながら称名し、瞑想する修行）を行ずべし、十六個の道具をそろえて礼拝《プージャ》すべし、そのほかいろいろ……。タマス的修行というのは、タマス性の助けをかりての修行だ。〝カーリー、万歳！　ナニ、お前、会ってくれないだと？　会ってくれなけりゃ、この喉をナイフでかき切ってしまうぞ！〟この修行のときは、精進潔斎はしなくていい——タントラ修行のように。

あの修行時代は、不思議なすばらしい経験をたくさんしたよ。アートマンとの交接《まじわり》をありありと経験した。わたしとそっくりな人がわたしの体の中に入ってね！　そして六つの蓮華の一つ一つと交接《まじわ》るんだよ。六つの蓮はつぼんでいたんだが――トク、トクと交接《まじわ》るうちに、花が開いて上を向くんだよ！　こんなふうにしてムーラダーラ、スワディスターナ、アナハタ、ヴィシュッダ、アジナー、サハスラーラと、六つの蓮華がみな開いていった。下を向いていたのが上を向いたのをマザマザと見たんだよ」

〔瞑想《ディヤーナ》ヨーガの修行――風がなく揺れない炎のように〕

「修行中、瞑想のときは、わたしはランプの炎になったつもりでいたものだ――風がなく、少しも揺れない炎に――それになったと思って。

瞑想が深くなると、外界を全く意識しなくなる。ある猟師が鳥をねらっていた。婚礼の行列がそばを通って、花むこの身内の人たちや、友達や、にぎやかな楽隊やら、馬車だの、馬だの――長いことかかってそばを通りすぎた。だが、猟師はちっとも気付かない。彼は婚礼の行列がそばを通って行ったことなど、ちっとも知らなかった。

ある人がたった一人で池の端《はた》で魚を釣っていた。しばらくすると、ウキが動きはじめた。ときどき竿が水面にふれるほどだ。彼は竿をしっかり握りしめて、釣り上げる気構えになった。ちょうどその時、通りすがりの人が一人そばによってきて聞いた。

1885年4月12日(日)

『もしもし、バルジョさんのお宅はどこかご存知でしょうか?』

釣り人は答えない。この人は竿をしっかり握って、まさに引き上げようとしているところなのだ。

通りすがりの人は何度も何度も声を高くしてたずねる。

『もしもし、バルジョさんのお宅はどちらでしょうか?』

でも、釣り人は耳に入らない。手はブルブルふるえて、ただもうウキの方ばかり食い入るように見ている。通りすがりの人はとうとう腹を立てて去《い》ってしまった。かなり遠くまで行ったところで、釣り人のウキは沈み、サッとひと引きして魚を釣り上げた。やおらタオルで顔を拭《ふ》いてから、大きな声でさっきの人を呼びとめた。

『オーイ、聞いてくださいよーッ! 何でも聞いてくださいよーッ!』

腹を立てて行ってしまった人は振り向こうともしなかったが、あんまり大声で何度も呼ぶので戻ってきた。

『何ですか、あんた。何で今さら私を呼び返したりするんですか?』

『あなた、私に何を聞いたんですか?』

『さっき、あんたに何度も聞いたのに知らんふりして、今ごろ何を聞いたかもないもんです!』

『あのときはウキが沈みかけていたんです。だから私には何も聞こえなかったんです』

深い瞑想の場合は、何も見えず、聞こえず、というくらいに心が集中する。さわられてもわからないほどだ。蛇が体に這《は》い上がっても気がつかない。瞑想している人も蛇に気がつかないが——蛇の方も、それが人間だとは気付かないんだよ。

深い瞑想のときは、感覚作用がすべて抑えられてしまう。心が全て外を向かなくなるんだよ――家の外門を閉めるようなものだ。ほら、感覚器官の五つの対象――色と形と味、匂《にお》い、手触《ざわ》り、音――こういうものが外に放り出される。

瞑想のはじめの頃は、感覚の対象が次々と目の前にあらわれる。瞑想が深くなると、もうあらわれなくなる――外におっぽり出されるんだ。

瞑想しているときに、わたしはいろんなものを見たよ。はっきり、マザマザと見たんだ――目の前に、お金の山やら、肩掛けやら、皿に山盛りの菓子、二人の女――大きな鼻輪をブラ下げた女だ。わたしは自分の心にきいた――『心よ、お前、何が欲しい？　何を味わいたい？』すると心は答えた。『イヤ、何も欲しくない。神の蓮華の御足のほかはナンにもいらない』女の体の内外《うちそと》を全部見たよ――ちょうどガラス張りの部屋の中が全部見えるようにね。女の体の中は――内蔵《ハラワタ》、血、ウンコ、回虫、痰《たん》、筋《すじ》、粘液、こういうものばかりさ！」

〔八大神通力とタクール、聖ラーマクリシュナ――先生業と売春業〕

ギリシュ氏はタクールの名を唱えると病気がよくなる、というようなことを時々言っていた。

聖ラーマクリシュナ「（ギリシュはじめ信者たちに）――知性の低い連中が、神通力のようなものを欲しがる。病気を治《なお》す、訴訟に勝つ、水の上を歩く――こういうようなことをね。

純粋な信愛者《バクタ》は、神の蓮華の御足のほかは何も欲しがらない。フリダイがある日、わたしにこう言った――『叔父さん！　大実母《マー》に何か力を、つまり神通力をいただくようにお願いしなさいよ』

わたしは子供みたいなものだから、その日、カーリー堂で称名しているときに大実母《マー》に話した。『大実母《マー》！　フリダイが、何か神通力をもらえと言ったよ』すると、たちまち或る光景を大実母《マー》は見せてくだすった。四十くらいの婆ァ娼婦が目の前にやってきて、後を向いて大きな尻をまくってしゃがみこんだ。黒い縁《ふち》取りの腰巻きをしていた。その女がポトンポトンとウンコをするんだ！　つまり、大実母《マー》はね、神通力のようなものはこの婆ァ娼婦のウンコと同じだ、と知らせてくだすったのさ。だからフリダイのところへ行って怒ってやった。『お前、どうしてあんなこと教えたんだ。お前のおかげでひどい目にあったぞ！』

神通力をちょっとばかり持った連中は、名声やら尊敬なんぞを得る。たいていは、センセイ、センセイと呼ばれて――有名になって――弟子や信者を集めたがる。世間の人は口々にうわさするよ。『たいしたもんですなあ！　ごらんなさい、あの沢山の信者たちを！　お宅にはいろんなものがザクザク溢《あふ》れているそうですよ！　人が次から次へと贈り物を献上するから、しようと思えば大勢の人を養っていける力もあるんですよ』――なんて。

先生業（職業《なりわい》として先生をすること）は娼婦業のようなものだ。つまらぬゼニカネや評判や衣食住のために、何より大切な自分を切り売りすることだ。この体と心と魂は、神をつかむためのものなのに、その大事なものをくだらん品物のために使うのはよくないことだよ。(原典註1)

ある男が、ある女のうわさをしてこう言った。『今は裕福になって——いい部屋を借りて、けっこうな暮らしをしている。揃いの家具なんかを置いて、ベッド、マット、枕——大勢の人が彼女の思い通りに動かされて、頻繁に出入りしている！』つまりその女は、いま高級娼婦になって幸福をつかんだ、ということさ！　前にはあるいいお家の女中をしていたが、今は売春業を営んでいるとさ！　つまらないもののために、自分を台無しにしたのさ！」

〈聖ラーマクリシュナの修行時の誘惑——ブラフマン智と平等覚——聖ラーマクリシュナとイスラム教徒〉

「修行時代には、瞑想しているときにわたしはもっともっといろんなものを見たよ。ベルの木の下で瞑想していたとき、罪の塊みたいな男が目の前にあらわれて、いろんな方法で誘惑した。イギリス軍人の姿をして来たんだよ。お金、名誉、性の快楽、さまざまな神通力、こういうものをくれようとした。わたしはマーを呼んだ。これはほんとに秘密の話だよ。

マーが顕《あらわ》れてくだすったから、わたしは、『マー、あの男を切り裂いておくれ！』(原典註2)と頼んだ。マーのあの姿——何ともいえない美しい姿——はっきり憶えているよ！　クリシュナマイーの姿だった——

(原典註1)　ナートマーナン　アヴァサーダイェート『(人は自分を)決して下落させてはいけない』ギーター6・5
(原典註2)　クリシュナマイー——バラムム・ボースの娘

1885年4月12日(日)

あのまなざしで世界が動くようだった！」

タクールは沈黙された。そしてまた、話しつづけられた。

聖ラーマクリシュナ「もっともっとあるんだけれど、話せない！　誰かが口をふさいでいるようだ！　とにかく、名もない雑草も神聖なトゥルシーの木も同じように感じたものさ！　差別感を取りあげられてしまったんだ。バニヤン樹の下で瞑想していたら、長いヒゲをはやしたイスラム教徒（モハメッド）が一人、素焼きの皿にご飯をいれてわたしの前にやってきた。その飯《めし》を異教徒《ムレッチャ》たちに食べさせて、わたしにも少しだけくれた。マーが教えてくださったんだよ——一だけで二はない、ということをね。サッチダーナンダ（真実在《サット》・智慧《チット》・歓喜《アーナンダ》）一つが、いろいろな相《すがた》をとってあらわれているんだよ。あの御方がいろんな生物や世界、あらゆるものになっていなさる。あの御方が食べ物にもなっていなさるんだ」

〔聖ラーマクリシュナ、子供のような気分で恍惚となる〕
「（ギリシュ、校長たちに向かって）——わたしの性質は子供と同じだ。フリダイに、『叔父さん、大実母《マー》のところへ行って神通力を与えてもらうように頼みなさい』と言われればすぐに、大実母《マー》のところへ行って、そう頼んだ。そばにいる人の言うことは何でもきくような状態にされていたんだよ。小さな子は、そばに誰もいなくなると暗闇にとりのこされたように感じるものだが——わたしもその通りだったのさ！　フリダイがそばにいてくれないと、今にも死にそうだったんだよ！　ほーら、今またあの時分と同じ気分になってきた！　話しているうちに気分が高まってきた」

　こう話されている間も、タクールはすでに前三昧《バーヴァ》状態になっておられる。空間と時間の感覚が去りつつあった。それを非常な努力で抑《おさ》えておられるのだ。恍惚として、次のようにおっしゃる――「まだ、お前たちが見えるけど……。永遠の昔からお前たちがここに坐っているような感じ……。いつ、どこから来たのか……、ちっとも……、わからない……」

　そして、しばらくじーっとしておられた。

　やや平常に戻られて、「水が飲みたい……」とおっしゃる。三昧が解けた後、心を下げるために、タクールはいつもこのようにおっしゃるのである。ギリシュはタクールのところへ来るようになってごく日が浅いので、そのことを知らなかった。それですぐ、水を持ってこようとした。タクールは彼を止めておっしゃる――「いや、バプ（父、子、ダーリン等、やさしく親しみをこめた呼びかけ）、いいんだよ。今は飲めないんだよ」タクールと信者たちはしばらくそのまま黙っていた。やがて、タクールはまた話し出された。

　聖ラーマクリシュナ「（校長に）――えーと、わたしゃ間違っていたかな？　こんな（秘密の）話をしてさ？」

　校長は、何と答えたものやらわからず黙っていた。すると、タクールは再びおっしゃる。

　聖ラーマクリシュナ「悪いはずがないね。わたしは皆の信念を強くするために話したんだもの――」

　そして、ややしばらく後に、切々と懇願するような調子でおっしゃった。

1885年4月12日(日)

聖ラーマクリシュナ「あの子に（プールナに）会わせてもらえないかい？」
校長「(引き受けた、という調子で)——はあ、すぐ迎えにやりましょう」
聖ラーマクリシュナ「(熱心に)——あの子のところが終点だよ」
心を許した内輪の信者たちのなかで、プールナが最後の一人だ。もう後はほとんどいないだろう、という意味なのだろうか？

以前の話——聖ラーマクリシュナのマハーバーヴァ——バラモンの女行者の献身

ギリシュや校長たちを相手に、タクールはご自分のマハーバーヴァの境地を説明なさる。

聖ラーマクリシュナ「(信者たちに向かって)その境地を経験したときの歓喜ほどに、それまでの苦しみもひどかった。マハーバーヴァは神のバーヴァだ——この体や心を根っこから揺さぶってくれたよ！　象が小さな掘っ立て小屋に入ったようなものでね、ワサワサ揺れてさ！　バラバラになるかもしれないんだよ！

神様から離れたときの苦しみは、そりゃ、たいていのものじゃないよ！　ルーパとサナータナ（二人ともチャイタニヤの秀れた弟子）は樹の根元に坐っていてこの経験をしたんだが、二人の燃えるような苦しみで、樹の葉が焦げてしまった！　わたしはあのとき、三日も気を失っていた。まったく動けないで一つ所に倒れていた。気がつくと、バラモンの女行者(訳註)がわたしを抱きかかえて沐浴させに連れていった。でも、わたしの体に手をふれることができなかったから、体を厚い布でくるんだよ。バラモンの女行者はそうやって、その布の上から抱きかかえて連れて行ったものさ。体に触れていた地面は焼けていたよ！

あのときは、背骨のなかを刃《やいば》が刺し貫《つらぬ》いたような感じだったよ！〝死ぬ、死ぬ〟とうわごとみたいに言っていた。でもそのあとで、とても深い歓喜を味わった」

信者たちはこのマハーバーヴァの説明を驚いて聴いている。

聖ラーマクリシュナ「（ギリシュに）――お前たちは、これほどになる必要はないんだよ。わたしのバーヴァは、みんなの見本のためなんだ。お前たちはいろんなことをしているが、わたしは一つのことだけしているんだからね。わたしは神様のことしか好きじゃないんだから――。これも、あの御方の思召しさ、ハッハッハ。一本枝の木もあるし、五本枝の木もあるさ（一同笑う）。

わたしの境涯は一つの見本なんだよ。お前たちは、この世で暮らすのに無執着でいなけりゃいけないよ。そりゃ、体に泥もつくだろうが、すぐ振い落とすようにしろ、泥魚みたいにね。汚い海を渡らなけりゃならんが――でも、体に汚れをつけないようにしろ」

ギリシュ「はっはっはっは。あなた様でさえ、結婚なすったのですからね」

（訳註）バラモンの女行者――一八六二年に南神村《ドッキネーショル》のカーリー寺院に来て、ラーマクリシュナにタントラの行法を伝授したヨーゲーシュワリー・バイラヴィー。ヨーゲーシュワリーは『ヨーガの主』の意、バイラヴィーは『恐ろしい女』の意

1885年4月12日（日）

聖ラーマクリシュナ「ハハハ……、サムスカーラ（ヒンドゥーの清めの儀式）に従ったから結婚しなけりゃならなかったが、でも世俗の生活はしなかったよ。頭に聖糸をかけてもらっても、何度でも落っことしてしまった――そんなことにかまっていられなかったんだよ。ある宗派の意見だと、シュカデーヴァも結婚したそうだ――サムスカーラに従ってね。娘も一人生まれたそうだ（一同笑う）。

女と金が俗世間だ――これが神を忘れさせるんだよ」

ギリシュ「どうすれば、女と金を追っ払うことができるのでしょうか？」

聖ラーマクリシュナ「一生懸命になってあの御方に祈れ。識別力を与えてもらうように祈れ。神だけが真実在で、他《ほか》はみな、その場かぎりのはかないもの――これが識別だよ！　濾《こ》し器で水を濾《こ》さなくちゃならん。ゴミときれいな水を別々にするように、識別という濾《こ》し器を使え。お前たちはあの御方を知《さと》って、この世で暮らすことだ。そうすることが〝明知の生活〟というものだ。

よく見てごらん、女の人というものはどんなに男を迷わす力があるか。つまり、無明無智の権化が女たちなんだよ！　男たちをフヌケのバカにしてしまうんだ。わたしはね、女と男がいっしょに坐っているのを見ると、〝あーあ、もうおしまいだ！〟と思うんだよ。

（校長の方を見て）ハルはあんなにいい子だったのに、女亡者に取りつかれてしまった！　――『ハルはどこに行った。ハルはどこに行った』みんなで探したら、ハルが黙りこくってバニヤン樹の下に坐っているのを見つけた。ああ、ハルはどこに行った。ハルには以前のイキイキした顔色もない、元気もない、喜びもない！　バニヤン樹の近くにいる性悪《しょうわる》女の虜《とりこ》になってしまったんだ！

男は、女房《かみさん》が、〝行け！〟と言えばすぐ行く。〝坐れ！〟と言えばすぐ坐る。

職を探している人が、えらい人のところに何度も何度もイヤになるほど足を運んでいた。でも仕事がもらえない。オフィスのえらい人なんだ。この人が、『今は空きがないが、時々様子を見に来なさい』と言ったんだ。こんなふうにして長い間通いつづけていたが——職探しの人はもうガッカリして諦《あきら》めかけていた。彼は一人の友達のところへ行って、一部始終を話して嘆いた。するとその友達は言った。

『お前も馬鹿だねえ。何だってあんな人のところへ通って足の裏をすり減らしているんだい？　お前、ゴラープをつかまえろ。そうすりゃ、明日にでも仕事にありつけるよ』

『そうかい！　さっそく行ってこよう』

というわけで、そのえらい人の愛人であるゴラープのところに行って頼んだ。

『お母さん、私は進退きわまっているのです——ほんとに困っているんです。バラモンの子が、どこへ頼《たよ》っていったらいいのでしょう！　お母さん、長い間仕事がないので、子供たちは飢え死しそうなのです。あなたがひとこと口をきいて下されば、私は仕事がもらえるのです。お願いします』

ゴラープはこのバラモンの息子に答えた。

『まァ、可愛いい息子、誰に一言《ひとこと》いったらいいの？』

そして、心のなかで考えた。——まあ、このバラモンの息子は、ほんとに困っているんだわ！

『ご主人にひとこと頼んで下されば、私はきっと職につけるのです』

『私、今日すぐ主人にそう言って、何とかします』

1885年4月12日（日）

すると翌朝、この人のところに使いが来て、今日からすぐオフィスで働くようにと伝言した。えらい人はイギリス人のボスにこう言った。

『この人は非常に有能な人物です。この人を雇うことにしましたが、必ずこのオフィスのためになるでしょう』

この女と金のために、みんな迷わされているんだよ。わたしは全く関心がないけれどね。——誓って言うが、神様以外のことはナンにも知らないんだ」


ほんとうのことを言うのがカリ時代《ユガ》の行《ぎょう》——イーシュワラ・コーティとジーヴァ・コーティ

一人の信者「先生、ナヴァ・フロールという宗教団体が一つできました。ラリト・チャトジさんもそこの会員です」
聖ラーマクリシュナ「いろんな宗派があるさ。宗派が道だ。だが、皆が自分の宗派だけが正しいと思っている——自分の時計は正確だと信じているんだ」
ギリシュ「（校長に向かって）——ポープが何とか言ってましたね？　ほら、イット・イズ・ウィズ・アワ・ジャジメントとか（原典註3）——」（訳註、ポープ——アレキサンダー・ポープ〈1688～1744〉、イギリスの詩人）
聖ラーマクリシュナ「それ、どういう意味だい？」
校長「すべての人が、自分の時計は正確だと思っている。しかし、どの時計も同じ時刻を指していないということです」

聖ラーマクリシュナ「でも、時計がどんなに間違っていても、お天道《てんと》さまは正しく動いているよ。だから、お天道さまに合わせていけばいいんだ」

一人の信者「〇〇さんは大うそつきですよ」

聖ラーマクリシュナ「ほんとのことだけを言うのは、カリ時代《ユガ》（現代）の行だ。カリ時代《ユガ》にほかの行《ぎょう》をするのはとても難しい。正直誠実をつづけていれば、きっと至聖《かみ》に到達できるよ。トゥルシー・ダースも言ったよ——真実を語ること、神にすべてを任せること、他の女を母親と見なすこと——これを実行して神《ハリ》に接《ふ》れなければ、私は嘘《うそ》つきだと。

ケーシャブ・センはお父さんの借金を引き受けたが、他《ほか》の人だったらそうはしなかったろう。ジョラシャンコのデベンドラの家であった集まりに行ってみたら、ケーシャブが壇の上で瞑想していた。まだ若かったがね。わたしはシェジョさんに言ったものさ。『ここで何人も瞑想しているが、あの若い人のウキだけが水に沈んでいる——針のところに魚がきて引っぱっているんだよ』（訳註、シェジョさん——シェジョは三番目のという意味で、ラースマニ家の三女、カルナーマイーの婿《むこ》マトゥール氏を指す。カルナーマ

（原典註3）It is with our judgments as with our watches, None goes just alike, yet each believes his own.
『我々の時計のように、我々の裁定もまた同じである。どれも同じ時刻を指していないが、それでも自分自身のが正しいと信じている』——アレキサンダー・ポープ著『An Essay on Criticism（批判主義への論評）』より

1885年4月12日(日)

イーの死後、四女のジャガダンバの婿《むこ》となった)

ある人は――名前は言わないでおくが――一万タカのために法廷でウソをついた。訴訟に勝とうと思ってわたしに、『大実母《マー》カーリーに供え物をしてくれ』と言った。わたしは子供みたいに、素直に供え物をしたよ！　だって『ババ、これを大実母《マー》に供えて下さい』と言ったんだもの！」

信者「ほんとに、何という人でしょう！」

聖ラーマクリシュナ「でも、わたしが供え物をしさえすれば、マーは願いを聞いて下さると固く信じていたんだね！」

ラリトさんのことについて、タクールはおっしゃる――

「自我というものは、ちょっとやそっとじゃなくならないものだよ！　ほんの一人、二人、そういう人がいるけれども――。バララムには自我がない。(そばにいる信者の一人を指して)それから、この人もない！　ほかの人がこの人の地位になったら、どんなにえばってタマス的になることか――知識を誇ることか。おデブのバラモン(プランクリシュナのことを、タクールはこう呼ばれる)にも、ほんのちょっぴりだけどまだ自我がある！(校長に)マヒマー・チャクラバルティーは高い教育を受けているそうだね？」

校長「はい、大へんな読書家でいらっしゃいます」

聖ラーマクリシュナ「彼とギリシュ・ゴーシュと話をさせてみたいね。そしたら議論になるだろうよ、ハハハ……」

ギリシュ「アッハッハッハ、あのかたはこう言われるかも知れませんね――『修行をすれば、誰でも聖クリシュナのようになれるか？』と」

聖ラーマクリシュナ「その通りじゃないが、それに似たようなことを言ってるからね――」

一信者「ほんとに、聖クリシュナのように、誰でもなれるのでございますか？」

聖ラーマクリシュナ「神の化身《アヴァターラ》か、神の一部をもって生まれた人たちをイーシュワラ・コーティと言うし、普通の人たちのことをジーヴァとかジーヴァ・コーティと言うんだ。ジーヴァ・コーティは修行すれば神を体得できる。でも三昧に入ると、もう戻ってこれない。

イーシュワラ・コーティは王様の息子のようなものでね、七階建ての宮殿の部屋全部のカギを持っている。だから、七階にも上がっていくし、用があれば下にも降りてくる。ジーヴァ・コーティは小役人のようなもので、七階建ての宮殿のうち、いくつかの部屋には入れるが、それまでだ」

〔智慧と信仰の調和〕

「ジャナカ王は智者《ジュニャーニー》で、修行を積んで智慧を得た。シュカデーヴァは智慧そのものだった」

ギリシュ「アア！」

聖ラーマクリシュナ「シュカデーヴァは修行して智慧を得たんじゃないんだよ。ナーラダにもシュカデーヴァのようにブラフマン智があったけれど、信仰を持っていらっしゃった――人びとを導くためにね。プラフラーダは、時には〝ソーハム（それは我なり）〟の態度をとったり、時には自分はそ

1885年4月12日(日)

れの召使い——それの子供という態度をとったりしていた。ハヌマーンもそうだった。そんなふうになりたいと思っても、皆がこの境地まで行けるわけではない。なかの空洞《あな》が広い竹もあるし、狭い竹もあるからね」

〝女と金〟と強い離欲《ヴァイラーギャ》

一信者「あなた様の境涯は、みな見本だとおっしゃいましたが、では私どもは、実際にどんなことをすればよろしいのでしょうか?」

聖ラーマクリシュナ「至聖《かみ》を体得《つか》みたかったら、強い離欲が必要だよ。神への道に障害物《じゃま》だと思うものがあったら、直《すぐ》に捨てなけりゃいけない。も少し後で、なんて言ってそのままにしておいてはダメ。女と金が神への道の障害物だ。これから心を離すことだ。

グズグズしていたらダメだよ。ある人が肩にタオルをひっかけて水浴びに行こうとした。そのとき女房が言った。

『あんたはホントに能無しのくせに、年だけは一人前にとって、毎日変《か》わり映《ば》えのしないことばっかりしているわね。この私がいなけりゃ、一日だって暮らせやしないでしょう。それなのに、〇〇さんは実にサッパリと捨てましたよ!』

『え、どういうことをしたんだい?』

『十六人お妾《めかけ》さんがいたんだけど、いま一人ずつ捨てていますよ。あんたにはこういうマネは無理ね』

『一人ずつ捨てているって？　バカな女だ、お前は！　そいつは捨てることなんか出来やしないよ。本当に捨てる人間は、一つずつなんて捨てやしないよ』

『オッホッホッホ、でも、あんたよりマシよ』

『バカな女だ。お前にはわからないのだ。そいつには出来ないが、捨てることの出来るのはこの私だ。みろ、私は今すぐ出て行くぞ！』

こういうのを強い離欲というんだよ。わかったが早いか、すぐさまその場で捨てた。タオルを肩にかけたまま出て行ってしまった。家の整理をしに戻りもしなかった。家の方を振り向こうともしなかった。

捨てるためには強い心が要《い》るんだよ。強盗みたいな向こう見ずの気持ちがね。〝サア、矢でも鉄砲でも持って来やがれ！〟――略奪する前に強盗どもが言うだろう――〝ブチ殺せ！　かっぱらえ！ブッタ斬れ！〟

そのほかに、お前たちに何が出来る？　あの御方への信仰と愛を身につけるために、日々を過ごすことだ。

クリシュナと別れた養母ヤショーダーは、気狂いのようになってシュリー・マティー（ラーダー）のところへ行きなすった。ラーダーはヤショーダーの悲しみを見て、アディヤシャクティの姿をとってあらわれた。そして、『お母さん、わたしに願い事をなさい』と言いなすった。するとヤショーダーは、『大実母よ、今さら何が要《い》りましょう？　でも、これだけお願いいたします。身体《からだ》と心と言葉のすべてを捧げて、クリシュナに仕えることができますように——。この目でクリシュナの信者に会って、クリシュナの遊ぶところにはどこにでもこの足で行くことができますように——。この手でクリシュナとその信者たちの世話ができますように——。体の道具をみんなクリシュナのためだけに使えますように——」

このように話されながら、タクール、聖ラーマクリシュナは、再び忘我の法悦境に入ろうとなすった。と突然、次の言葉が口をついて出た——「破壊の権化、カーリー！　いや、永遠不滅《ニティヤ》のカーリー！」

タクールは一生懸命に意識を平常の水準に抑えようと努力なさった。そのため、水を少しお飲みになった。ヤショーダーの話をつづけようとなさったとき、マヘンドラ・ムクジェー氏が部屋に入ってきて座についた。この人と弟のプリヤ・ムクジェーは、すこし前からタクールの許を時々訪ねていた。マヘンドラは、製粉工場はじめ、他にもいろいろな事業をしている。弟は技師である。彼等の事業には管理する人を雇ってあるので、両人にはかなり閑暇《ひま》があるのだ。マヘンドラは三十六、七才、弟は三十四、五才である。ケデティ村に家屋敷があるが、カルカッタのバグバザール街にも家を持っている。兄弟といっしょにハリという名の年若い信者がいつもついて来る。彼は既に結婚していたが、タクールに心から帰依している。マヘンドラはここのところ、長い間、南神村《ドッキネーショル》に行かなかった。ハリも行かなかったが、今日ここへ来たのである。マヘンドラは色白で、体つきは太からず細からず、いつもニコニコしている。彼は床に額《ぬか》ずいてタクールにごあいさつした。ハリもそれにならった。

聖ラーマクリシュナ「どうして、こんなに長いこと南神寺《ドッキネーショル》に来ないんだね？」

マヘンドラ「はあ、ケデティ村に行っておりまして、カルカッタにはいなかったのでございます」
聖ラーマクリシュナ「何だい、子供もいないのに――。それに、勤めに行かなくてもいいし――。それでもヒマがないのかい？　何てこったい！」
信者たちは黙っている。マヘンドラは少し当惑の様子である。
聖ラーマクリシュナ「（マヘンドラに）――なぜ、お前にこんなことを言うか――お前は素直で心が広いから、お前は神さまを信仰しているし……」
マヘンドラ「はい、わかっています。あなた様は、私のためを思っておっしゃって下さるのでございます」

〔俗人と金を催促するサードゥ――子供への愛着〕
聖ラーマクリシュナ「ハハハ……。それに、（わたしが）此処《ここ》で芝居をしても見料はとらないよ。だから、ジャドゥの母さんが言った――『よそのサードゥは、お布施、お布施と、催促ばかりするけれど、ババ、あんたさんはそうおっしゃいません』
俗人は、金を出さなければならないと不機嫌になる。
あるところで芝居をしていた。ある人がぜひ席に坐って見物したいと思った。ちょっと中をのぞいてみると、見物人からお金を集めている。その人はこっそり逃げ出した。又、別な場所で芝居をしているのでそっちの方へ行った。人に聞いてみると、ここではお金はとらないということがわかった。

とても混《こ》んでいたが、彼は両手のひじで人混《ご》みをかき分けながら入っていった。ホールの真ん中までたどりついていい席に割り込み、ヒゲをひねりながら芝居が終わるまで坐っていた（皆笑う）。

それに、お前には子供がないから気を散らさなくてもすむ。月給を八百タカもとっている副長官が、ケーシャブ・センの邸に催物（ナヴァ・ブリンダーヴァン）を見にきていた。わたしも行っていたし、わたしといっしょに、ラカールと、あと何人か行ったよ。劇を見るとき、わたしが坐ったところのすぐそばにラカールたちも坐っていた。ラカールがちょっと立って席を外した。するとその副長官が来てそこに坐った。自分の小さい息子をラカールのいた場所に坐らせた。わたしは、『そこへ坐っちゃいけない』と言った。そのころのわたしは、そばにいる人が言ったことには何でもその通りに従わなけりゃならなかったから、それでわざわざラカールをそばに坐らせておいたんだから――。劇のあいだ中、その副長官は子供と話ばかりしていた。あの間抜けは、ただの一度も劇を見なかったよ！　あとから聞くと、女房の尻にも完全に敷かれているということだった。――立てと言われれば立つし、坐れと言われれば坐って――おまけに、鼻ペシャの小猿みたいなガキのためにあのザマ……。お前、ちゃんと瞑想しているかい？」

マヘンドラ「はい。すこしずつ実行しております」

聖ラーマクリシュナ「時々は来るんだよ！」

マヘンドラ「ハッハッハッハ、はい。――私のどこに結び目（障害）があるか、あなた様はよくご存知のはず――。だから、あなた様、治して下さいまし」

聖ラーマクリシュナ「ハハハ……。どこに結び目があるか、体中押して探してやろう！　どうして来ないんだい？」

マヘンドラ「仕事に追われて、お伺い出来ないのでございます。それに、ケデティの家にも時々行かなくてはなりませんし――」

聖ラーマクリシュナ「(信者たちの方を指しながら、マヘンドラに)――じゃ、この人たちには家がないのかい？　仕事もないのかい？　この人たちはどうして来るんだい？」

〔妻の束縛〕

「(ハリに)――お前はどうして来なかったんだ？　嫁さんといっしょに暮らしているのかい？」

ハリ「いえ、そうではありません」

聖ラーマクリシュナ「じゃ、どうして(わたしを)忘れたんだい？」

ハリ「いえ、あの、体の具合が悪かったのです」

聖ラーマクリシュナ「(信者たちに)――(ハリは)ヤセたねえ。この子の信仰は、とても、とても、いい加減なものじゃないんだから――。モーレツな信仰なんだ。横暴《やっかい》な信仰だね、ハハハ……」

タクールはある信者の妻を〝ハビーの母さん〟と呼んでおられた。その〝ハビーの母さん〟の弟が来ていた。大学生で二十才くらいの年令である。彼がクリケットをしに行くらしく立ち上がった。彼の弟もタクールの信者で、兄といっしょに来ていたが共に出て行った。そしてすぐ又、ドゥイジャが

1885年4月12日(日)

部屋に戻ってきたので、タクールは、「おや、お前、行かないのかい?」とおっしゃった。

信者の一人が、「多分、歌が聞きたいので戻ってきたのでしょう」と言った。

今日はブラフマ協会のトライローキャ氏が歌うことになっている。パルトゥが入ってきた。タクールはおっしゃる――「あれ、誰かな? あァ、パルトゥだ!」

もう一人、少年の信者プールナも来た。タクールは、大そう骨を折って彼を来させようとなさったのだ。彼の家の人たちが、ここへ来ることに大反対だからである。校長の学校の五年生である。少年は入ってきて、床に額《ぬか》ずいてタクールを拝した。タクールはご自分のすぐそばに彼を坐らせて、静かな声で何か話しておられる。校長だけが二人の近くにいた。他の信者たちは、ほかのことに気を取られていた。ギリシュは壁ぎわに坐ってケーシャブの伝記を読んでいる。

聖ラーマクリシュナ「(プールナに)――ここにおいで」

ギリシュ「(校長に)――誰です、この子は?」

校長「(ムッとして)――誰だっていいでしょう?」

ギリシュ「アッハッハッハ、It needs no ghost to tell me that.(私に話す必要なんぞ全くない、というわけですか?)」

周辺《あたり》の人に知られたら、またプールナの家でさわがれて、結局のところ校長の責任になるので、校長はヒヤヒヤしているところなのである。だからタクールも、低い声でプールナと話していらっしゃるのだ。

聖ラーマクリシュナ「あれ、全部しているのかい？　──わたしが教えてやったことをさ？」
プールナ「ハイ」
聖ラーマクリシュナ「夢でどんなものを見る？　──火が燃えているところとか、松明《たいまつ》の明かりは？　結婚して夫のいる女は？　火葬場は？　こういうものの夢はとてもいいんだよ」
プールナ「あなた様の夢をみました。坐っていらっしゃって──何か話していらっしゃいました」
聖ラーマクリシュナ「どんなことを？　何か教えていたのかい？　──さあ、思い出して話してごらん」
プールナ「思い出せません」
聖ラーマクリシュナ「そうか、それも大そういい夢だよ！　お前は進歩するよ。わたしに惹かれているね？」
しばらくしてから、タクールはおっしゃった──「なあ、あそこ（南神村《ドッキネーショル》）に来る気はないかい？」
プールナ「それは、今はお返事できません」
聖ラーマクリシュナ「どうして？　あそこには、誰かお前の親類がいたんじゃなかったのかい？」
プールナ「はい、います。でも、あそこに行くための助けにはなりません」
ギリシュはケーシャブの伝記を読んでいる。ブラフマ協会のトライローキャ氏が、その『ケーシャブ・センの生涯』を著《あらわ》したのである。そのなかに、「大覚者様《パラマハンサ・デーヴァ》は俗世間を強く否定しておられたが、ケーシャブと交際するようになってから意見を変えた。──現在、大覚者様《パラマハンサ・デーヴァ》は俗世にいても霊的に正しい生活を送ることができる、と言っておられる」という記述がある。これを読んだ信者の誰彼がタクールにお聞かせした。信者たちはこの問題をとりあげて、今日トライローキャと話し合おうと思っていた。タクールにはもう、この本を読んでお聞きかせしてあった。

1885年4月12日（日）

〔タクールの心境――信者との交わりを捨てたこと〕

ギリシュの手にしている本を眺めて、タクールは、ギリシュ、校長、ラムはじめ、信者一同に向かっておっしゃる――「あの人たちは、あれ（女、金、名誉、評判など）をかつぎまわっているから、〝世間が……、世間が……〟とばかり言ってるんだよ――女と金に溺れきっているんだ。神を体得したら、あんなことは言えない筈だ。神の喜びを味わったら、世間なんぞカラスの糞くらいにしか見えんよ！――わたしは先ず、一切のものをペッと吐き捨てた。俗人どもとの交際はむろんのこと、時には信者との交わりも捨てたものだよ！　ポキリ、ポキリと、次から次にダメになっていくのを見たり聞いたりすると、胸がかきむしられるようでね！　でも今は、少しの人たちと付き合いをつづけているよ」

信者たちとたのしいキールタン

ギリシュはいったん家へ帰った。また戻ってくるつもりである。

ジャイゴパール・セン氏と共にトライローキャが来た。二人はタクールにごあいさつをしてから席についた。タクールは彼等の様子をおききになった。次に若いナレンが入ってきて、床に額《ぬか》ずいてタクールを拝した。タクールは、「おら、お前、土曜日に来なかったね?」とおっしゃった。
やがて、トライローキャの歌がはじまるところだ。
聖ラーマクリシュナ「アー、お前はいつか、至福の大実母《アーナンダマイー》の歌をうたったね。すばらしかったよ！ほかの人がうたった歌はみんな塩気が抜けていたけどね！　あの日は、ナレンドラの歌もあまりよくなかった。あの日のように、また歌っておくれよね」
トライローキャは歌う――

――サチーの息子に栄《さかえ》あれ――

サチー――ガウル（チャイタニヤ）の母親

タクールは、お顔を拭きにいらっしゃった。婦人信者たちは厚いカーテンのかげで、タクールのお姿を拝見したいと切望しながら坐っている。タクールは彼女たちのところへ足をはこばれて、いっときお顔を見せて下さった。トライローキャの歌はつづいている。
タクールは部屋に戻ってこられてトライローキャにおっしゃった――「アーナンダマイーの歌をちょっと歌っておくれ」
トライローキャは歌った――

すべての人を我が子とし

1885年4月12日(日)

こよなく愛す大実母《おおみはは》
それを思えば両目より
嬉し涙のあふれ落つ

産声《うぶごえ》あげしその日より
君のおきてに背《そむ》けども
愛のまなざしふりそそぎ
やさしき言葉たえまなし
それを思えば両目より
嬉し涙のあふれ落つ

み母よ、君の大いなる
愛の重さに耐えかねて
胸はりさける苦しみに
泣きもだえたる日もありし

み母よ、いまは君の胸に

いだかれんとて我は来ぬ
裳裾《もすそ》のひだに願わくは
永遠《とわ》にかくまい給えかし

歌をきいているうちに若いナレンは深い禅定《ディヤーナ》に入って、まるで丸太ン棒のようになった！　タクールは校長に向かって、「ほら見ろ、何て深い瞑想だろう！　ぜんぜん外界の意識がないんだよ！」とおっしゃった。

歌は一つ終わった。タクールはトライローキャに、〝マーよ、私を狂わせておくれ、智慧分別に用はない〟をうたうようにとおっしゃった。

こんどはラムが、「何か、ハリ称名の歌を！」と言う。トライローキャは歌った――

心を捧げてハリの名となえよ
ハリの名となえよ
ハリの名となえよ
ハリ、ハリ、ハリとなえつつ
この世の海をこえ、行けよ
ハリは地の中、水の中

1885年4月12日(日)

ハリは火の中、風の中
ハリは月日の中に在《あ》り
ハリは永遠に在《ま》しまして
無限の宇宙を満たし給う

校長は遠慮がちに静かな声でたのんだ──「〃ガウルとニタイ、君たち二人の兄弟は〃をお願いします」
タクールもそれを歌うようにおっしゃた。
トライローキャに声をあわせて信者たちも歌った。

ガウルとニタイ、君たち二人の兄弟は
こよなく慈悲深い人ときく、おお主よ!

タクールもいっしょにおうたいになった。終わると又、別な歌をご所望《しょもう》になる──

ハリの名呼んで涙を流す
あの二人の兄弟が来たよ

ガウル──ガウランガ＝チャイタニヤ
ニタイ──ニティヤーナンダ＝チャイタニヤの兄

二人の兄弟──ガウル(チャイタニヤ)とニタイ(ニティヤーナンダ)

打たれても蹴られても愛だけを返す
　あの二人の兄弟が来たよ
ヴラジャの野ではカナイとバライ
　あの二人の兄弟が来たよ
賤民をやさしく胸に抱く
　あの二人の兄弟が来たよ

この歌といっしょに、タクールはもう一つ歌われた――

ゆらゆら　ゆらゆら　河《ナディア》の上
ガウルの愛の波が立つ

タクールはまた次の歌を――

ハリ、ハリ、とハリの名呼びつつ行くは誰？
マダイよ、出てきて見てごらん
あれはガウルとニタイだよ

カナイ――クリシュナのこと。
バライ――バララーム（クリシュナの兄）のこと。
この歌はガウルとニタイをカナイとバライの再来としてうたっている

1885年4月12日(日)

黄金の足輪を赤い足にはめて
剃った頭に布きれをのせて
まるでほんとの気狂いのようにみえる

若いナレンがお別れのあいさつをする。
聖ラーマクリシュナ「お前はお父さんお母さんをとても尊敬しているが、――でも神さまの道を邪魔するようなら、言うことをきく必要はないよ、頑《がん》としていろ！　毅然《きぜん》として言うんだ――『このならず者！』」
若いナレン「ぼくは怖くはありません」
ギリシュは家から戻って再び席についている。タクールはトライローキャと話をさせようとなさる――「お前たち、少し話をしてみろ」
少し話をした後、またトライローキャにおっしゃった――「あの歌をもう一度――」
トライローキャは歌う――

栄あれ、サチーの息子、徳高きガウルよ
愛の試金石、甘き情の海よ
人びとを魅了するその美しき姿

第11章　バララム家の礼拝室で信者たちと語らう

目にもまばゆき黄金の肌《はだえ》
蓮の茎よりもやわらかく優美な
ひざまでも届く両の腕《かいな》を
愛をこめてやさしく人々に差し出し
睡蓮の如くうるわしき顔には
愛の蜜、ゆたかにあふれ
巻毛の髪房《ふさ》、頬になびかせ
ハリの愛に我を忘れて
もだえるそのさま、世にも妙《たえ》なり

大いなる情熱とハリの愛に肌は色づき
よろこびに総身を震わせつつ
黄金《こがね》いろのガウランガは
狂える象の如く踊りはねたり

ハリの栄光を歌う人、愛ふかき導き手
サードゥたちのあこがれ、人類の光

1885年4月12日(日)

信仰のはてなき海よ、君、聖チャイタニヤ
ああ！〝きょうだい〟とよんで賤民《チャンダーラ》を
愛こめてひしと胸に抱きしめ
双手《もろて》あげてハリ、ハリ、と唱《とな》え踊り
目から絶え間なく涙ながして！
〝ハリは何処、わが命の宝は〟と叫び
肌毛を逆立て、カダムバの花のように
地のほこりにまみれたその美しい体
ハリの遊戯は甘く、永遠につづく
信仰の甘き泉よ
低く貧しきものたちの友、ベンガルの誇り
栄《はえ》あれ、栄《はえ》あれ、聖チャイタニヤ
君、永遠《とわ》に明るき愛の満月よ

カダムバ――高さ15mほどの木で、クリシュナがこの木の傍で笛を吹いてラーダーに聞かせたり、牛飼乙女《ゴーピー》たちがクリシュナの行方をこの木に尋ねたりと、クリシュナにゆかりの深い木

ガウルは笑い泣き踊り歌う――タクールは歌をきいているあいだにも前三昧状態になられて、立ち上がられた――ほとんど外界の意識をなくして！

すこし平常に戻られると、トライローキャにせがまれた――「こんどはあの歌を！〝何という光景

を見たことか〟を！」
トライローキャは歌った――

ああ何という光景を見たことか――
師ケーシャブ・バーラティの庵《いおり》のなかで
聖ガウランガは不思議な光につつまれて
神の慈愛のよろこびに
あふれる涙は百筋の川となった

歌は終わった。日も暮れた。タクールはまだ信者たちといっしょに坐っておられる。
聖ラーマクリシュナ「(ラムに向かって)――伴奏がないね！　いい楽器の伴奏がつくと、歌がとても引き立つんだがねえ、ハハハ……。バララムの準備の仕方を知ってるかい――バラモンは牛に少ししか飼葉《かいば》を食べさせないが、それでも乳をドクドク出すよ！（一同笑う）バララムの態度はね――みなさま方、どうぞご自分でお歌い下さい！　みなさま方、どうぞご自分でお弾《ひ》き下さい！」（皆笑う）

聖ラーマクリシュナと叡智《ヴィディヤー》の世俗生活――神を覚った後の世間の仕事

日が暮れた。バララムの応接間とベランダに灯りがともった。タクール、聖ラーマクリシュナは宇宙の大実母にごあいさつなさって、根本真言《ムーラ・マントラ》を念じ称名しておられる。信者たちは周《まわ》りに坐って、その甘くやさしい称名をきいている。ギリシュ、校長、バララム、トライローキャおよび、その他の大勢の信者たちが、まだ帰らずに残っている。ケーシャブの伝記に、タクールが世間に対する考えを変えたと書いてあるので、著者であるトライローキャの前でそのことを持ちだしてみようと、残った信者たちはみな決心していた。ギリシュが話の口火をきった。彼はトライローキャに言った。

「あなたはこう書いておられますね――〃世間に関するこの方（タクール）の考え方が変った〃と。それは本質をついてはいませんよ」

聖ラーマクリシュナ「（トライローキャと他の信者たちに）――一方を楽しんでいれば、別の方には興味が持てないものだ。至聖《かみ》の喜びを味わったら、世間は実に味気ないものになる。軽いショールを羽織《はお》ったら、ごつごつしたラシャ布の肩掛けなぞ欲しくなくなるよ！」

トライローキャ「世間で暮らさなければならぬと思っている人のことを書いたまでで――世間を捨てることのできる人についての話ではありません」

聖ラーマクリシュナ「何を言ってる！〃社会生活のなかでの宗教〃なんてことばかり言うけれども、いちど神の喜びを知ったらさいご、ほかのものには嫌気《いやけ》が差してくる。その最高の喜びが増してくるにつけて、他の仕事ができなくなるんだよ。そして、その喜びだけを探し回るのさ！　神の至高の喜びに較べたら、世俗的な喜びや女を抱く快感なんぞ、月とスッポンどころのさわぎじゃないさ！　いちど至聖《かみ》の歓びを味わったら、それを追い尋《たず》ねてあちこち走りまわるばかり、世間なぞ、あろうと消え失せようとさっぱり気にならないよ。

チャタク鳥はのどが渇いて死にそうになっても――七つの海や国中の川と湖が水で溢《あふ》れかえっていても、そういう水を飲もうとしないよ！　死んでも飲まないよ！　スワティー星座が上がったとき降ってくる雨だけを、クチバシをあけて待っているんだ！　〝スワティー星座からの雨のほかは、みな、乾いた水（意味のない水）なり〟なんだよ！」（訳註、スワティー星座――インド占星術における二十七宿の十五番目の星座）

〔二アナの酒と両方持っていること〕

「世間と神と、両方にぎっていろとよく言うけれどね、二アナばかりの酒を飲めば人はいい気分になって、両方を適当に按配《あんばい》よく持っていようなどと考える。でも、大酒を飲んでグデングデンになったら、両方にぎっていられるだろうかねえ！

神の喜びを味わったら、他のすべてのことがイヤになるんだ。女と金の話なぞ、胸がわるくなる。『（キールタンの節で）いやだ、いやだ、そんな話は身ぶるいがするほどいやだ！』と言うさ。神様に夢中になったら、金みたいなものは嫌気《いやけ》が差してくるよ！」

トライローキャ「世俗の生活をしていますと、お金はどうしても必要ですし、貯《た》めることも必要なのです。いろんな慈善事業にも寄付したり……」

聖ラーマクリシュナ「何だって？　先ず金を貯《た》めてから、それから神様のことだと言うのかい！

そして寄付や慈善かい！　世間の連中は、自分の娘の結婚には何百万という金をつかうくせに、隣の人が食うや食わずでも平気なんだ。米を二升ほど恵んであげるにしても、なかなか決心がつかずに思案したあげくだ。食べられない人がいる——でも我々に何ができよう？　よその家の人が死のうとどうしようと、私には何の関係もないこと——私は自分の家族に、なるたけよい暮らしをさせてやればいい——口先だけで、やれ慈善だ、やれ博愛だ、なんて言ってるんだよ！」

トライローキャ「しかし、先生、世間にも立派な人がおりますよ。あの聖チャイタニヤの信者のプンダリーカ・ヴィディヤーニディ——あの方だって、ちゃんと世俗の生活をしておられました」

聖ラーマクリシュナ「あの人は喉のところまで酒を飲んでいる。も少し飲めば、世俗の生活はしていられなくなるよ」

トライローキャは黙ってしまった。校長はギリシュにささやいた——「では、あの方の書いたことは正しくはないですね」

ギリシュ「(トライローキャに)——じゃあ、あなたの書いたことは正しくないでしょう？」

トライローキャ「どうしてですか？　世間にいて宗教生活を送ることを、先生は認めないとおっしゃるのですか？」

聖ラーマクリシュナ「認めるよ。でもそれは、知識《ジュニャーナ》をちゃんと身につけてからのことだ——至聖《かみ》をつかんでからのことだ。そうすれば——〝染料《そめこ》の海で泳いでも、体に色は着きやせぬ〟だ。泥魚のような具合に暮らせるよ。神を体得してからのこの世は、叡智《ヴィディヤー》の生活だ。その人にとってはもう女と金は眼中にない。ただ、信仰《バクティ》と、信者《バクタ》と、神様《バガヴァン》だけ。わたしだって女房《かみさん》もいるし――部屋には壺だの皿だの置いてある。ふらりとやってくる連中にものも食べさせてやるし、それにホラ、ハビーの母さんみたいな人たちが来たときには気をつかってやらなけりゃ……」

聖ラーマクリシュナとアヴァタータラの原理

一人の信者「（トライローキャに）――あなたの本を読ませていただきましたけれど、あなたはアヴァターラを認めておられませんね。チャイタニヤ様《デーヴァ》のことを書いてあるところを読んだのですが――」

トライローキャ「あの方自身が、その考えに抗議されているのです――プリーでアドヴァイタとほかの信者たちが、〝あのかたこそは至聖《バガヴァン》だ〟という歌をつくって歌ったところ、それを聞いた聖チャイタニヤは、部屋の戸をピシャリと閉めておしまいになった。神は無限の豊かさと力なのですよ。このかた（タクールのこと）がおっしゃったように、信者は神の応接間なのです。たとえその応接間がどんなに立派だったとしても、神の豊かさはその部屋だけにかぎらないでしょう？」

ギリシュ「この方はね、愛こそ神のエッセンスだとおっしゃるのです。神の愛がある人を通じて流れ出る――我々にとって必要なのはそういう人物なのですよ。この方がおっしゃったように、牛の乳は乳房から出てくる。だから、我々に必要なのは乳房なんです。牛のほかの部分は何も必要じゃないんですよ。手とか足とか角とかはね」

トライローキャ「神の愛の乳は、無限の〝命あるもの〟を通じて流れ落ちていますよ！　あの御方は無限の力なんですよ!」
ギリシュ「しかし、愛《プレーマ》に匹敵する力がありますか?」
トライローキャ「その力を持っている神がお望みになればできます。あらゆるものが神の力なのです」
ギリシュ「あらゆるものが神の力であることはたしかです。しかし、無明無知《アヴィディヤー》の力というのもありますよ」
トライローキャ「無明無知《アヴィディヤー》がどんなモノだとおっしゃいますか! 無明無知というモノなど存在しませんよ。無明無知はあるものがナイ状態にすぎません――ちょうど闇は光のナイ状態であるようにね。あの御方の愛が我々にとって大切であることは勿論です。あの御方の一滴が、我々にとっては大海なのですからね! しかし、〝神は愛なり〟と結論するのは、あの御方を限定することになります」
聖ラーマクリシュナ「(トライローキャはじめ一同に)――そうだ、そうだ、その通りだ。でも、わたしはホンのちょっぴり酒を飲んだだけで正体なく酔っぱらってしまうんだ。酒屋にどれだけ酒が蔵《しま》ってあるか勘定して、何の役に立つ? 無限の力を調べあげることが、わたしらにとっていったい何の役に立つんだい?」
ギリシュ「(トライローキャに)――あなたは、〝神の化身《アヴァターラ》〟をお認めになりますか?」
トライローキャ「神は信者を通じて顕われるだけです、無限の力はマニフェステーション《manifestation》(明示)できません――それは不可能なことですよ! ――どんな人物にだって不可能ですよ」

ギリシュ「子供たちを〝ブラフマゴパーラ（梵幼——神の名の一つ）〟と見なして世話をしたり、偉大な魂を神として拝むことはできないのですか？」（訳註——子供は純粋で汚れがないので神様と見なした）

聖ラーマクリシュナ「（トライローキャに）——どうして又、そんなに〝無限〟にばっかりこだわるんだね？　お前にさわるのに、お前の体中すみずみまでさわらなけりゃいけないのかい？　聖なるガンガーに沐浴するという場合、源のハリドワールから河口のガンガーサーガルまで、ずーッと水につかってこなけりゃいけないのかい？　〝ワタシが消えれば苦悩《なやみ》も消える〟さ。〝ワタシ〟があるものの差異《ちがい》を感じるんだよ。〝ワタシ〟が消えたら何が残るか、そんなこと誰も知るものか。口で言えるもんか。あるものがあるだけさ！　そうなれば、この人にはこれだけ現れていて、残りはあっちに現われている、なんて口で説明することはできないんだよ。サッチダーナンダの大海だ！　そのなかの〝ワタシ〟という瓶《びん》。瓶がある間は水が二つに分かれているように見える——瓶の中の水と瓶の外の水と。瓶がこわれたら一つの水。その有様を説明する方法《みち》はないんだ！　いったい誰が言える？」

討論が終わると、タクールはトライローキャを相手に楽しそうに会話をなさった。

聖ラーマクリシュナ「どうだい、楽しんでいるかい？」

トライローキャ「はい、でもここから離れるとすぐ、もとの自分に戻ってしまいまして！　今ここでは大そう霊的に高揚しているのでございますが……」

聖ラーマクリシュナ「靴を履けばイバラの森も恐《こわ》くない。〝神のみ実在、他はみな仮のもの〟——これさえしっかり心得ておけば、もう女と金なんか怖《こわ》くないさ」

バラムはトライローキャを別室に案内して、軽食を供した。その間にタクールは、トライローキャや彼と同じ考えの人たちについて信者たちにお話になる。夜も既に九時である。

1885年4月12日(日)

〔アヴァターラをみんなが見分けられるか?〕

聖ラーマクリシュナ「(ギリシュ、モニはじめ信者たちに)――ああいう連中は何に似てるか知ってるかい? まだ陸地を見たことのない井戸の中のカエルさ。自分の井戸の中だけしか知らないんだ。外に広い広い世界があることを信じようとしない。至聖《かみ》の歓喜の消息が全くわかっていないから、〃世間、世間〃と言っているんだよ。

(ギリシュに)――ああいう人たちを相手に、どうしてまた議論なんかするんだね? 二つ追い回しているから忙しいんだよ。至聖の喜びを味わってみなければ、そのことをいくら説明されたって理解できないんだよ。五つの子供に男女の交わりの味がわかると思うかい? 俗人どもが、神、神と言うのは、あれはただの聞きかじりなんだ。年寄りの伯母さんたちが口ゲンカしているのをそばで子供が聞き憶えて、何かのときに言うだろう――『アタシには神様がついているから』とか、『アンタ、神様に誓ってよ!』なんて。あんな程度のものだよ。

それでいいのさ。連中の罪じゃない。すべての人があの完全円満なサッチダーナンダを理解することなんか出来やしないだろう? ラーマを神の化身だと知った賢者《リシ》は、たった十二人だった。一般の人にはわからなかった。普通《あたりまえ》の人間だと思っていた人もいたし、ただのサードゥだと思った人もいたし――神の化身だと認めたのは、三、四人だけだったよ。

人はそれぞれ、手持ちの材料によって物の値段をきめる。ある大金持ちが下男に言いつけた。『このダイヤを市場《バザール》に持って行って、誰がいくらの値をつけたか私に話してきかせろ。先ず、ナスビ売りのところへ持っていってごらん』下男はナス売りのところへ行った。ナス売りの男は、ためつすがめつ、いじりまわしたあげく、『バーイ（にいさん）、九シアの茄子《ナス》と代えてあげよう！』

下男『もすこし出せないか。フンパツして十シアにしてくれ』

ナス売り『おれはこの市場の相場にゃ誰にもヒケをとらんつもりだ。ナス九シアでよかったらその石を置いていきな』

下男は笑いながらダイヤを返してもらい、旦那に報告した。――『旦那さま、ナス売りはナス九シア以上は半カケも出さないそうでございますよ。それでも市場の相場よりはずっといい値だそうで!!』

旦那は笑って、『よしよし、こんどは布地屋のところに行ってみろ』と申しつけた。ナスばかり扱っていてはダイヤのことなど何もわからぬのは当り前！　でも布地屋なら、いくらかマシな知識をもっていよう。さて、いくらと値をつけるだろうか。下男はそう思いながら布地屋のところへ行った。

下男『お前さん、これを買う気はないかえ？　いくらなら買う？』

布地屋『フーン、いい品物《もの》だねえ。相当な装身具《かざり》がこしらえられるだろうな。九百ルピーでどうだい？』

1885年4月12日（日）

下男『兄キ、もうちょっぴり出してくれよ、そうすりゃ手放すよ。千ルピーほしいんだがなァ』

布地屋『だめだめ。おれはこの市場の相場にゃとびきりくわしいんだ。九百ルピーでも出しすぎるくらいなんだよ、これ以上一ルピーだって出す気はないね』

下男は笑いながら戻って旦那に報告した。――布地屋は九百ルピーでも高すぎるくらいで、それ以上は一ルピーだって出さないそうです。しかもこう言っていましたよ。『おれは、相場より高く言ってやったよ』と！

旦那はまた大笑いして言った。『こんどは宝石商のところへ行ってみろ。宝石商は何と言うか……』

下男は宝石屋に行った。宝石商人は品物をチラリと見るや、すぐ咳込《せき》んで言った――『十万ルピー出しましょう』」

〔イーシュワラ・コーティとジーヴァ・コーティ〕

「世俗の生活をしていながら、〝宗教《ダルマ》、宗教《ダルマ》〟とみんな言っている。それは、ある人が部屋の中にいて――窓も戸も全部閉めきってあって、天井の小さな穴からわずかに光がもれてくるようなものだ。頭の上の天井を除《の》けないことには、どうして太陽が仰《あお》げるかね？

わずかばかりの光が差し込むだけじゃ、どうにもなりはしないだろう？　女と金が天井だよ！　天井をどけなけりゃ太陽は見えやしないよ！　世俗の人たちは、いわばこうした部屋の中の囚人だ！

アヴァターラたちは神の分身《イーシュワラ・コーティ》だ。虚空を自由自在に歩き回っているんだよ。彼らは決して世間に巻き込まれない。この世の囚人にならない。彼らの〝私〟は、世間の人たちの〝私〟のように厚くはないんだよ。俗人の自我《アハンカーラ》や〝私〟は、ちょうど四方を壁に囲まれて、頭の上には天井があるようなもの。外側は何一つ見えない。アヴァターラたちの〝私〟は、薄い透き通った〝私〟だ。そしてこの〝私〟を通して、いつもいつも神を見ているんだよ。人が高い土塀を背にして立っていて、両側に果てしもない草原がひらけているようなものだ。その塀に穴があいていると、反対側まで全部見える。その穴が大きければ、そこから行ったり来たりさえできる。アヴァターラたちの〝私〟は、こうした穴のあいた塀だ。塀は残してあっても、果てしない草原が見えるんだよ。言い換えれば、彼らは肉体を持っていても、絶えまなくヨーガの状態にあるんだよ！　そして望みさえすれば、壁の大穴から出て行って三昧に入る。穴が大きいから自由に往来できる——つまり、三昧に入ってもまた低いところへ戻ってくることができるんだよ」

信者たちは驚いて言葉もなく、この〝アヴァターラの原理〟に聴き入っていた。

第一二章　ギリシュ・ゴーシュ邸でのお祭り

一八八五年四月二十四日（金）

聖ラーマクリシュナ、カルカッタの信者宅を訪問
――ギリシュ・ゴーシュ邸でのお祭り

聖ラーマクリシュナ、バララム宅で内輪の信者たちと共に

〔ナレンドラ、校長、ヨーギン、バブラム、ラム、バヴァナート、バララム、チュニラル〕

ベンガル暦ボイシャク月の白分十日目。西暦一八八五年四月二十四日、金曜日。今日、タクール、聖ラーマクリシュナはカルカッタに来ていらっしゃる。校長が、およそ一時ころバララム家の応接間に行ってみると、タクールはお昼寝をしておられた。二、三の信者がそばに横になって休んでいる。

校長は片側に坐って、その子供のような寝姿を眺めている。心のなかでこんなことを思っていた――『不思議だなあ。この大聖者でも、あたり前の人間のように正体もなく眠りこけていらっしゃる。このかたも生き物としての営みに従っておられるのか……』と。

校長は静かにゆっくりと扇で風を送りはじめた。いくばくもなく、タクール、聖ラーマクリシュナは眠りから醒《さ》められた。着ている服は開《はだ》けたまま、ヨロヨロと起き上がってお坐りになった。校長は

床に額《ぬか》ずいてタクールを拝し、御足の塵を額《ひたい》にいただいた。
〔聖ラーマクリシュナの病気の最初の兆候――一八八五年四月〕
聖ラーマクリシュナ「(校長に向かってやさしく)――元気かい？　わたしはどうも調子がよくないんだ。わたしの喉《のど》に、石みたいなものができたんだよ。夜明け方、ひどく痛かったよ！　どうすれば治るだろうかねえ？(心配そうに)ごはんのとき、マンゴーの酢漬けを出してくれたけど、どれもほんの少しずつ食べた。(校長に)お前の奥さんはどんな按配《あんばい》だね？　いつか会ったとき、体の具合が悪そうだったが――。冷えるものを少しずつ飲ませてやるといいよ」
校長「はい。青ココナッツの汁を――でございますか？」
聖ラーマクリシュナ「うん、氷砂糖を溶かした飲み物もいいよ」
校長「日曜日には、私、両親のいる家に行っておりました」
聖ラーマクリシュナ「そりゃよかった。家に住むのは、お前のためになることだよ。お父さんもお母さんもいなさるから、お前があんまり家族のことを心配しなくてもすむしね」
話をしているうちに、タクールのお口が乾いてきた。すると、子供のように校長におききになった――「口が乾くんだよ。誰でもこんなに口が乾くものかい？」
校長「ヨーギンさん、あなたも口が乾きますか？」
ヨーギンドラ「いいえ。ことによると、お熱があるんじゃないでしょうか」

1885年4月24日（金）

エンレダのヨーギンはタクールの内輪の信者だ。後に出家した信者の一人である（後のヨーガーナンダ）。

タクールは着ている服が開《はだ》け、裸同然で坐っていらっしゃる。信者たちの誰彼はそれを眺めてほほえんでいる。

聖ラーマクリシュナ「母さんがオッパイを飲ませるときのようだろう（一同笑う）。そうだ、口が乾くから、ナシを食べようかな？　それともジャムルール（水っぽい果物の一種）がいいかな？」

バブラム「では、私がジャムルールをとってまいります」

聖ラーマクリシュナ「お前が、この日中に出て行くことはないよ」

校長は扇ぎつづけていた。

聖ラーマクリシュナ「もういいよ。お前、ずい分長いこと扇いでいるから――」

校長「はあ、でも、ちっとも疲れておりませんから――」

聖ラーマクリシュナ「（やさしそうに）そうかい？」

校長はこの近くにある学校で教えている。彼は一時ころ、わずかの空き時間をみてタクールに会いに来たのである。もう学校へ戻らなければならないので、立ち上がってタクールにおいとまをした。

聖ラーマクリシュナ「（校長に）――もう行くのかい？」

信者の一人「まだ学校が終わっていないのでございますよ。校長さんは、空き時間にちょっと来られたのです」

聖ラーマクリシュナ「アッハッハッハ……。主婦《かみさん》みたいなものだね——七、八人子供がいて、夜昼なく家事に追われて——その間にちょっとしたヒマをうまくつくって、亭主にサービスしてやる」（一同大笑）

バララム家で内輪の信者たちと

四時に学校が終わって、校長は再びバララム氏宅の表の部屋に来てみると、タクールはニコニコしながら坐っておられた。タクールがここに来ていらっしゃることを知らされて、信者たちが次々と集まってきている。若いナレンとラムが来ていた。ナレンドラも来ている。校長はあいさつをしてから席についた。バララムは奥の間から、タクールに差し上げるハルア（米でつくったプリン様のもの）を皿にのせて持ってこさせた。タクールの喉の具合がわるいので、固いものが召し上がれないからだろう。

聖ラーマクリシュナ「（ハルアをみて、ナレンドラに向かって）——ほーら、ごちそうが出てきたよ！ごちそう！　ごちそう！　食べろ！　食べろ！」（一同笑う）

次第に日が暮れかかった。タクールは今夜、お祭りをするギリシュの家に行かれる予定である。タクールをご案内してから、ギリシュはお祭りをはじめるつもりであろう。タクールは、バララム宅の二階から下りてこられた。すぐ後に、校長と二、三の信者が従った。門のところへ来ると、一人のヒンドゥスタン人（インド北西部の人）の乞食が歌をうたっていた。ラーマの名を耳に留めたタクールは、そこに立ち止まられた。南向きである。みるみるうちに心は奥ふかく退き、そのままの姿勢でしばらくの間立っておられた。校長におっしゃった――「うまく歌ってるね」信者の一人がその乞食に四パイサやった。

タクールは、ボスパラ小路にお入りになった。校長に向かって笑いながらおっしゃった――「エーと、何て言ったっけ？〝大覚者《パラマハンサ》の大軍勢が押しよせた〟だっけ？ 馬鹿どもが何を言うことやら――」(一同笑う)

1885年4月24日(金)

神の化身《アヴァターラ》と完成《シッディ・プルシャ》した魂のちがい――マヒマーとギリシュの討論

信者たちといっしょに、タクールはギリシュの家の表部屋にお入りになった。ギリシュは大勢の信者たちを招待してあった。彼等は、ほとんどもう集まってきていた。タクールが到着されたと聞き、皆、立ち上がってお待ちしていた。タクールは笑顔で席におつきになった。つづいて信者一同も坐った。ギリシュ、マヒマーチャラン、ラム、バヴァナートたちもみな坐った。タクールといっしょにここに来た信者たちも何人もいる。バブラム、ヨーギン、二人のナレンドラ、チュニラル、バララム等……

聖ラーマクリシュナ「(マヒマーチャランに)――ギリシュ・ゴーシュに、お前のことをこう言ってあるんだよ――『ある人物がいて、それはそれは底が深くて、それに比べたらお前なんぞは、せいぜいヒザ位の水かさだ』と。今日は、わたしの言ったことを証明しておくれよ。さあ、お前たち、二人で議論をしてみろ。決して途中で妥協なんかしちゃいけないよ」(一同大笑)

マヒマーチャランとギリシュは議論を開始した。始まるが早いか、ラムが口を出した。――「おやめなさい。キールタンにしましょう」

聖ラーマクリシュナ「(ラムに) ダメ、ダメ。これには大そうな意味があるんだから――。この二人はイギリス紳士 (英国式の教育をうけた紳士の意) なんだ。二人がどんなことを言うか、聞いてみなけりゃ――」

マヒマーチャランの意見は――すべての人が聖クリシュナのようになれる。相応の修行を積みさえすれば、それは可能である。ギリシュの意見は――聖クリシュナはアヴァターラである。人間が千万の修行を積んだところで、アヴァターラにはなり得ない。

マヒマーチャラン「おわかりでしょうか? もし、ある障害を除くことによって、ベルの木がマンゴーの木になるようなものです。障害を道からとり去れば、それは可能なのですよ。ヨーガの実修によって障害は除かれます」

ギリシュ「おたくが何をおっしゃろうとご自由ですが、ヨーガの実修であろうと、他の何を実修しようと、それは不可能なことです。クリシュナだけが、クリシュナになり得るのです。もし誰かが、心身共にラーダーの持つものすべてを持っていたとすれば、それはラーダー自身に他なりません。もし私が、或る人のなかにクリシュナの属性《もつもの》すべてを見たとしたら、私はクリシュナそのものを見ているのだと確信しますよ」

マヒマーチャランはあまりうまく自分の意見を主張できなかった。結局、ギリシュの意見に同調せざるを得なくなった。
マヒマーチャラン「(ギリシュに)――はあ、先生、両方とも本当でしょう。智識の道も神の望むところであり、また、愛の信仰も神の望むところなのですから――。(タクールをさして)このかたもおっしゃるように、ちがう道を通って同じ場所に着くということです」
聖ラーマクリシュナ「(マヒマーに向かって、個人的に)――どうだ、わたしの言った通りだろ?」
マヒマー「そうですね、おっしゃる通りです。二つとも真実なのです」
聖ラーマクリシュナ「あなたも見ての通り、あれ(ギリシュ)の信念はとてつもなく強いんだよ。飲み物を飲むのも忘れている。あなたが彼の意見を受け入れなかったら、喉ぶえに咬みついていたかもしれないよ――犬が肉にかぶりつくようにさ。でも、とてもよかった。二人ともお互いがよくわかったろうし、それに、わたしもいろいろと勉強になった」

タクールのキールタンを楽しむ

キールタン歌手の一団が到着して、部屋の中央部に席を占めた。タクールの合図でキールタンははじまるのだ。タクールはお命じになった。

ラム「(聖ラーマクリシュナに向かって)――何を歌ったらよいか、あなたさまがおっしゃって下さいまし――」

聖ラーマクリシュナ「何がいいかねえ? (ちょっと考えて)――そうだ、アヌラーガにしよう」(訳註、

（アヌラーガ──ラーダーとクリシュナの合一の序曲）

キールタン歌手は序曲をうたいはじめる──

おお私のゴラ、人類の珠玉《たま》は　　ゴラ──チャイタニヤの愛称
ラーダー、ラーダーと叫び泣き、大地を転《ころ》げる
ラーダーの名をくりかえし、愛の苦しさに
あかね色の目から涙は川と流れる
ゴラは幾度も体を大地にころがして
ラーダーを呼んでは幾度も気を失う
肌毛を逆立てて死ぬほどのため息
なぜゴラはこんなに焦《こが》れるのかと
バスはふしぎに思ってきく　　バスはこの詩の作者

キールタンはつづく。ヤムナー川の岸辺でクリシュナとはじめて会ったシュリー・マティー（ラーダー）の有様を、仲間のゴーピーたちが描写する──

部屋の内外《うちそと》　百度も出たり入ったり

1885年4月24日(金)

胸はドキドキ　息をつくのもやっとのことで
目はあのカダムバの茂みに　いつも釘付け
ラーダーよ　どういうわけでそんなになったか
目上のおかたを気づかっているのか
それとも幽鬼《もののけ》にとりつかれたのか

いつもソワソワ落ち着かず、着るものさえも上の空
坐るかと思えばビクリと立って
ガタガタふるえて装身具《かざり》を落とす

あんなに若い高貴な生まれのお嬢さんが
何をあれほど待っているのか
私たちにはどうしてもこうしてもわからない

お月さまをつかもうと手をのばしているのか
それともチャンディーダースが恐る恐る言うように

カダムバ――クリシュナがこの木の傍で笛を吹いたり、牛飼乙女《ゴーピー》たちがクリシュナの行方をこの木に尋ねたりと、クリシュナにゆかりの深い木

チャンディーダースはこの詩の作者

カリヤのワナにかかったのか　　　　　カリヤ――クリシュナのこと

キールタンはつづく。――仲間たちがラーダーに言う――

さあさ　お言いよ　かわいいシュリー・マティー！（ラーダー）
いったい、おまえはどうしたというの
おまえの心はどこにいってしまったの
どうして地面を爪《つめ》でひっかいたりするの
黄金《こがね》の肌も色あせて
体のどこからも赤い色は落ちてしまった
目は涙でくもり、蓮の花びらのような
生き生きした頬《ほっぺ》もしおれてしまった
どういうわけでそんなになったか

1885年4月24日（金）

言わないと胸が破《やぶ》けてしまうじゃないの

それを聞いてライ（ラーダー）は言う
ジャドウ・ナンダン（クリシュナ）のお顔が見たい　　ジャドウ・ナンダン――〝ジャドウ家の喜び〟の意でクリシュナのこと

キールタンはまだつづく。シュリー・マティー（ラーダー）は竹笛の音をきいて、気狂いのようになった。仲間たちに向かって彼女は言う――

カダムバの森にいるあの人の
吹く笛の音《ね》がきこえるよ
思いがけないあの音は
わたしの胸に突き刺さる

胸に刺さって　いままでの
日毎の暮らしを切りすてた
静かなこころなく物ぐるい
涙はとまらず息つけず

ほんにどうしてあの人は
こんな音色を出すのだろ
姿もみせず胸を裂《さ》き
ただおろおろと屋外《そと》に立つ

もいちどあの人に会いたくて
たましいまでがズキズキ痛む
会わずば死ぬかもしれないと
ウッダヴァ・ダースが言いました

ウッダヴァ・ダース――クリシュナの友だち
であり信者

歌は先にすすむ。シュリー・マティー（ラーダー）はクリシュナに会いたくて、焦《こ》がれ死にするばかりになった。シュリー・マティーは語る――

はじめの日、あのカダムバの森から
不思議な音色をききました
次の日、旅の歌人から話をきいて

1885年4月24日(金)

身もたましいもふるえました
そしてあの日に仲良したちが
あの人の名前を言っていた
(ああ、蜜より甘いクリシュナの名を——)
それから長上《めうえ》の方々から
クリシュナのお徳をききました
わたしは正直で明けっぴろけ
長上《めうえ》の方の賢くて
きびしいおつむにこの想い
わかっていただく方法《みち》もない
さんざ思って悩んだあげく
死ぬほかないと知りました
でもお友達、あの人に
会う道　教えてくれますか?

〝ああ、蜜より甘いクリシュナの名を!〟という文句を聞いて、タクールはじっと坐っていられなくなられた。たちまち、外部の意識をなくして直立される。入三昧! 右側に若いナレンが立っている。

すこし平常に戻られると甘いやさしい声で、〝クリシュナ、クリシュナ〟と呼びながら、涙をさめざめと流しておられる。やがて、前のように席にお着きになった。

キールタン歌手はまた歌った。――仲間の一人、ヴィシャカが走って行って一枚の絵を持ってきて、シュリー・マティー（ラーダー）の目の前において見せた。絵には、あの世界の恋人クリシュナの姿が描いてある。シュリー・マティーは絵を見て言った――「クリシュナの絵ね。この人とヤムナーの川辺で会ってから、わたしはこんなふうになってしまったの」

――シュリー・マティーのことば

ヤムナーの岸辺で会った人
これはあの人の絵姿ね

ヴィシャカが言った　ある名前の
あの人が、この絵にかいてある
あの人が吹く竹笛の音は
わたしの何よりだいじな宝玉《たから》
詩人《うたびと》がたたえる徳高い
あの人は私のハートを盗った

1885年4月24日(金)

命をかけて首ったけ
この世の男はあのひとひとり

言うなりシュリー・マティーは打ち倒れ
友らの必死の介抱で
やっと気づくやすぐさまに
「会いたい、会わせて、あの人に!」
それで皆は「それほどに
言うなら会えるようにいたしましょう」

タクールは再び立ち上がって、ナレンドラたちといっしょに大きな声をあげてキールタンをお歌いになった——

(一)ハリの名よんで涙を流す　あの二人の兄弟がきたよ
自分で泣いて世界を泣かす　あの二人の兄弟がきたよ
打たれても蹴られても愛を返す　あの二人の兄弟がきたよ

ヴラジャの野でカナイとバライ　あの二人の兄弟がきたよ
ヴラジャの里のバター盗人《ぬすびと》　あの二人の兄弟がきたよ
カーストなんぞは何とも思わぬ　あの二人の兄弟がきたよ
不可触賤民を胸にやさしく抱いてくれる　あの二人の兄弟がきたよ
自分で酔って世界を酔わす　あの二人の兄弟がきたよ
ハリになってハリをとなえる　あの二人の兄弟がきたよ
ジャガイとマダイを救ってくれた　あの二人の兄弟がきたよ
生きとし生けるものを救うため　あの二人の兄弟がきたよ、ガウルとニタイ

（二）ゆらゆら　ゆらゆら　河《ナディヤ》の上
ガウルの愛の波が立つよ

――――

タクールは再び三昧に入られた！　やがて霊的高揚《バーヴァ》が収まってから、また席におつきになった。
聖ラーマクリシュナ「（校長に）――さっきまでどっちを向いて坐っていたのか、わからなくなってしまったよ」

1885年4月24日(金)

聖ラーマクリシュナとナレンドラ――ハズラーのこと――偽善者の姿をしたナーラーヤナ

タクールは、霊的高揚《バーヴァ》が収まってから信者たちと話される。

ナレンドラ「(タクールに)――ハズラーはよくなりましたね」

聖ラーマクリシュナ「お前にゃわからんよ。人にぶつける石をわきの下にかくしていて、口先だけで、〝ラーマ、ラーマ〟って言ってる人間が世の中にはいるのさ」

ナレンドラ「そうは思いませんね。いろいろ彼に聞いてみましたけれども、そんなことはないと言っていましたよ」

聖ラーマクリシュナ「彼はなかなか信念もあるし、すこしは称名もする。でもあんなふうなんだ――馭者《ぎょしゃ》に馬車賃を払わないんだよ!」

ナレンドラ「いえ、『払ってる』と彼は言いました」

聖ラーマクリシュナ「どこからその金を都合するんだい?」

ナレンドラ「きっと、ラムラルか誰かからだと思います」

聖ラーマクリシュナ「お前、細かいことまですっかり訊《き》いたのかい?
大実母《マー》に頼んだことがあるんだ――『マー、もしハズラーが偽善者なら、どうかここから追い出しておくれ』と言って。ハズラーにもこのことを話しておいた。そしたら何日か後に、言いに来たんだ――『ほら、ごらんなさい、私がまだちゃんとここに居ますよ』アハハ……(タクールとみんな大笑い）。でも、それから少したったら出て行った。

ハズラーのお母さんがラムラルに言ってよこしたんだよ――『ハズラーがいちど郷里にかえってくるように、ラムラルさんの叔父さま（タクールのこと）におねがいして下さい。私は息子恋しさに泣いてばかりいますので、目も見えなくなってきました』って。わたしは手を代え品を代えしてハズラーにすすめたんだよ。年とったお母さんにいちど会いに行っておあげ、と。それなのに、どうしても帰らないんだ。とうとうお母さんは泣き泣き死んでしまった」

ナレンドラ「こんどは郷里に帰るでしょう」

聖ラーマクリシュナ「今になって郷里にかえるんだから、ほんとに情知らずの大バカ野郎さ！　とてもとても、お前にゃ理解できない人間なんだよ。ゴパールが言っていたが、シンティにハズラーが何日かいたそうだ。土地の人たちが、米やバターやいろんなもの持ってきてくれた。それなのにあの男は、『こんな米、こんなバターを、私が食べると思うのかい？』なんて言ったそうだよ。バッタパラへイシャンといっしょに行ったとき、あろうことか、イシャンに尻洗い用の水を運ばせたそうだよ。これには他のバラモンたちも、ひどく腹を立てたそうだ」

ナレンドラ「そのことも訊《き》いてみましたが、イシャンさんが自分からすすんで水を運んでくれたんだ、と言っていました。そのうえ、バッタパラのバラモンたちは、彼をとても尊敬していたそうです！」

聖ラーマクリシュナ「ハッハッハ……、そりゃあ、称名の功徳だろう。

それにほら、体の特徴《しるし》も大そう影響している。丈が低くて、体のあちこちにくぼみがあるのはいい特徴《しるし》ではないんだよ。なかなか智慧が身につかん特徴《しるし》だ」

バヴァナート「やめましょう、やめましょう——そんな話は」

聖ラーマクリシュナ「そういう意味じゃないんだよ。(ナレンドラに)お前は、人間をよく理解している、なんて言うから、こういうことを話してきかせるんだよ。わたしがハズラーやほかの皆をどんなふうに見ているか、お前、わかるかい? わたしにとっては皆、サードゥの姿をしたナーラーヤナ、詐欺師の姿をしたナーラーヤナ、色事師の姿をしたナーラーヤナなんだ!(マヒマーチャランに)——どうかね? どの人もみんなナーラーヤナだ」

マヒマー「おっしゃる通り、すべてはナーラーヤナでございます」

1885年4月24日(金)

聖ラーマクリシュナとゴーピーの愛

ギリシュ「(聖ラーマクリシュナに)——先生、エカンギの愛というのは、どういうものなのでしょうか?」

聖ラーマクリシュナ「エカンギというのはね、一方からだけの愛のことだよ。たとえば、水はべつにアヒルを求めているわけじゃないが、アヒルの方は水が大好きだ。それから、サダラニ、サマンジャサ、サマルタというのもある。サダラニ的《の》愛——自分さえ幸福なら満足、相手が喜ぼうと迷惑しようと関係ない——という愛で、クリシュナに対するチャンドラヴァリーの態度だ。それからソモンジャサというのは、自分も幸せ、相手も幸せになりたいという愛情。これは大そういい態度だ。

一番上の態度は――サマルタだ。シュリー・マティー（ラーダー）のような愛だよ。クリシュナの幸福がラーダーの幸せ。相手が幸福なら私はどうでもかまわない。

ゴーピーたちはこの気持ちだった。大そう高い境地だった。

ゴーピーたちは何者だか、知ってるかい？　ラーマが森のなかを旅していたとき、六万人の賢者《リシ》たちが坐っているのを愛情深い眼差《まなざ》しで見つめられた。彼らはラーマに一目会いたいと焦《こ》がれていたんだ。あるプラーナに書いてあるが、その賢者《リシ》たちがゴーピーに生まれ更《かわ》っていたんだ」

一人の信者「先生！　どういう人のことをアンタランガ（内輪の弟子）と言うのですか？」

聖ラーマクリシュナ「どんな人かって？　舞堂《ナトモンディル》に内《なか》の柱と外の柱があるようにね、いつもそば近くにいる人をアンタランガというんだよ」

〔以前の話――智慧のヨーガと信仰のヨーガの調和――バラドヴァージャたちとラーマ――無形を見る――形をすてる――大聖母《シュリー・シュリー・マー》、南神寺《ドッキネーショル》にて〕

聖ラーマクリシュナ「（マヒマーに）――でも、智者は姿を求めない。神の化身《アヴァターラ》というようなものも求めない。ラーマが森林を旅していると、何人ものリシたちに出会った。彼らはラーマを親切にもてなして宿をした。でも、その方々はラーマにこう言った――『ラーマよ、君に会ってほんとうによかった。しかし、我々は君をダシャラタ王の子息だと思っている。バラドヴァージャたちは君のことを神の化身だと言っているが、我々はそうした見解はとらない。我々はあの完全円満のサッチダーナンダ

1885年4月24日(金)

を瞑想しているのだからね』それを聞いて、ラーマは満足そうに笑いなすった。

ウーン、わたしの辿《たど》ってきた境地といったら！　心が完全絶対のアレに溶けてしまったんだよ！　何日そうやっていたかなあ！　信仰も信者もあったものか！　無生物みたいになっていたんだ！　自分の頭が消えてなくなったような感じで、ほんとに、死ぬ、死ぬ、と思った！　ラムラルの叔母（大聖母《シュリー・シュリー・マー》＝ホーリーマザーのこと）を呼び寄せてそばに置こうと思ったものだよ！

部屋に飾ってある絵という絵を、みんな取り払うように言った。普通の意識が戻って心が下に降りてきたとき、命がアプアプしていたよ。ちょうど水に溺れて窒息しそうな状態だった。何にすがってこの世に生きていたらいいんだろう？　こう思ったときに、わたしの心は信仰と信者の上に降りた。

それから、いろんな人に訊《き》いて歩いたよ──〝いったいわたしはどうなっていたんだろう⁉〟って。ボラナート(原典註1)が言ったよ──『バーラタ(マハーバーラタ)に書いてあります。入三昧の人が三昧から戻ってきたとき、何を受持して残りの生涯を送るか？　当然、信仰と信者である。それ以外に心をどこに留めたらよいのか？』とね」

三昧境から戻ってこられるか──自ら語られる生涯の甘露《アムリタ》──コアール・シン

マヒマー「(聖ラーマクリシュナに)──先生、入三昧境から普通の境涯に戻ってこられたのでございますか？」

聖ラーマクリシュナ「(マヒマー一人だけに)──お前にだけは教えてやろう。お前はこのことをきく資格があるからね。

コアール・シン（原典註2）もこのことについて訊《き》いたよ。個霊《ジーヴァ》と神《イーシュワラ》とははるかにかけ離れている。ジーヴァは修行すれば三昧までは到達できる。神が人間の姿に化身した場合は、そのかたは三昧に入っても、また戻ってくることがお出来になる。だが、ジーヴァは戻れない――かれらは王様の執事のようなもので、宮殿のある決まった部屋数だけは出入りできる。宮殿は七階建だ。でも、王様の息子は七階までも自由に行かれるし、外に出ることもできる。三昧に入ったら戻れないと人は言う。じゃあ、シャンカラ大師《アーチャーリヤ》やラーマーヌジャはどうしたんだ？　あれは、〝智識の私〟を残してあったんだよ」

マヒマー「そうでございますね。そうでなければ、どうして本を書くことができましたろう？」

聖ラーマクリシュナ「それからね、プラフラーダ、ナーラダ、ハヌマーンといった方々も、三昧のあとで信仰を残しておいた」

マヒマー「はい。――おっしゃる通りでございます」

〔単なる知識と哲学研究――三昧の後の智慧――明知の私〕

聖ラーマクリシュナ「ある人たちは熱心に哲学の勉強をして、自分《われ》の本質について、あれこれと考

（原典註1）ボラナート・ムコパッダエは、当時、ラースマニ家の寺の書記であったが、後に会計主任になった。

（原典註2）コアール・シンは警察官だった。

えをめぐらしている。たとえば、ヴェーダーンタ哲学などを研究したりしてね。正しい智識が身についたとき、はじめて自我《アハンカーラ》はなくなるものでね――つまり、三昧に入って、人間とあの御方が一体であるという経験をすれば、自我《アハンカーラ》はなくなる。三昧を経験しないうちは、正しい智識は得られない。三昧に入ると、あの御方と一つになってしまう。もう〝我〟はなくなるんだ。

どういう具合のものかわかるかい？　正午《ひる》かっきりの時刻には太陽は頭の真上にくる。そのとき人が四方を見まわしても、自分の影はない。そんなふうに、正しい智識が身についたとき三昧になると、〝我〟という形の影はなくなる。

正しい智識を得た後で、まだ我があったとしたら、それは〝明知の私〟か、〝信仰の私〟か、〝神の召使いの私〟だ。それは普通の人が〝ワタシ、ワタシ〟と言っている〝無明無知の私〟ではないんだよ。

それから、智識と信仰は一対《ふたご》の道だ――どちらを通ってもあの御方のところへゆける。智者はそれなりの見方であの御方を仰ぐし、信仰者もまた、それなりの見方であの御方に会う。智者の見る神は光りかがやいているし、信仰者の会う神は甘美《あま》いやさしさに充ち満ちている」

〔聖ラーマクリシュナとマールカンデーヤ・チャンディー（訳註1）に載っている悪魔の破壊についての説明〕

バヴァナートはタクールのすぐ傍に坐ってお話を聴いていた。バヴァナートは、ナレンドラとことのほか親密で、彼を信頼しきっている。以前は始終、ブラフマ協会に出入りしていた。

バヴァナート「（聖ラーマクリシュナに）――お聞きしたいことが一つあります。私はチャンディーがよく理解できないのです。チャンディーに、〝神はすべてのものを刻々殺しておられる〟と書いてありますけど、あれはどういう意味でしょうか？」

聖ラーマクリシュナ「すべてみんな遊戯《リーラー》だ。わたしもその言葉についてはずい分考えたものだよ。そして覚《さと》った――すべてマーヤーだと。神の創造もマーヤー、神の破壊もマーヤーなんだよ」

部屋の西側の屋根に皿がならべてあった（食事の用意ができていた）。ギリシュはタクールと信者たちをそこへご案内した。ボイシャク月の白分十日目である。世界は気持ちよさそうに笑っている。屋根は月の光の洪水だ。信者たちは聖ラーマクリシュナを正面にすえて、プラサードをいただくために席についた。誰もが嬉しさでいっぱいだった。

タクールは、〝ナレンドラ、ナレンドラ〟と気狂いのようになっておられる。ナレンドラはタクールの真ん前の列にほかの信者たちと坐っていた。時々、タクールは、ナレンドラに最近の様子をたずねておられる。やがて、まだ半分も食べたか食べぬうちに、急に席から立ち上がって、ご自分のお膳からヨーグルトとスイカの切れを持ってナレンドラのそばにお坐りになっておっしゃった。「ナレンドラ、お前、これを食べとくれ」タクールは子供のような身振りで、またご自分の席におつきになった。


（訳註1）『マールカンデーヤ・プラーナ』の一部は『デーヴィー・マハートミャ』として独立した聖典とされるが、〝チャンディー〟の名前でよく知られている。

第一三章　カルカッタのバララム・ボース家の礼拝室で

一八八五年五月九日（土）

聖ラーマクリシュナ、カルカッタのバララム・ボース家の礼拝室で

ナレンドラとハズラー先生

タクール、聖ラーマクリシュナは、バララム家の応接間で信者たちにとりまかれてニコニコ顔で坐っていらっしゃる。信者たちと何か話しておられる。ナレンドラ、校長、バヴァナート、プールナ、パルトゥ、若いナレン、ギリシュ、ラムさん、ドゥイジャ、ビィノド等々、大勢の信者たちがまわりにいる。

今日は土曜日、時間は午後三時。ボイシャク月黒分十日目。一八八五年五月九日。

バララムは今、家にいない。体の調子が悪いので、水と空気を変えるためムンゲールに行っているのである。彼の一番上の(訳註1)娘がタクールと信者たちを招待して、お祭りの宴を催したのである。タクールはごちそうを召し上がった後、少し休憩しておられるところだ。

タクールは校長に何度も何度もお聞きになる――「ねえ、言っておくれよ。わたしはウダールかい？」

（訳註、ウダール――無執着で心が広いこと）

バヴァナートが笑いながら言う。「この方（校長）は、何とお答えすればいいのですか？　黙っているよりほか、ないじゃありませんか！」

ヒンドゥスターン人の乞食が一人入ってきて、歌をうたわせてくれという。信者たちは、一つ、二つ聴いてやった。ナレンドラが気に入って、「もっと歌え」と言った。

聖ラーマクリシュナ「よせよせ、もういいよ。銅貨《パイサ》は？（ナレンドラに）——お前が言ったんだぞ！」

信者の一人「（笑いながら）——先生、この乞食はあなた様のことを、金持ちの旦那様だと思っているのですよ。大きな枕によりかかって坐っておいでですから——」（一同笑う）

聖ラーマクリシュナ「ハハハ……。病気だと思ってるかも知れないさ」

ハズラーの身勝手さが話題になった。ある理由で、ハズラーは南神寺《ドッキネーショル》から出て行かなくてはならなかった。

ナレンドラ「ハズラーは今、反省していますよ。自分がいかに我がままな人間だったかを——」

聖ラーマクリシュナ「あれの言うこと、信じちゃだめだよ。また南神寺《ドッキネーショル》に戻ってきたいから、そんなこと言うんだ。（信者たちに）——ナレンドラったら、〝ハズラーはなかなかの人物だ〟とばっかし言うんだよ」

ナレンドラ「今だって、そう思っていますよ」

（訳註1）マヘンドラ・グプタがこの日の原稿を出版した時には亡くなっていた。

1885年5月9日(土)

聖ラーマクリシュナ「どうしてだえ? こんなにいろいろ聞かされたのにさ」

ナレンドラ「彼の欠点はとるに足らぬものです。しかも、たくさんの長所がある」

聖ラーマクリシュナ「堅い信念《ニシュタ》を持っているのは確かだよ。彼は言うんだ。『いま、あなたは私に対して好意をもっていないようだが――いずれ、もっと後になったら、わたしの後を追っかけ回すようになるでしょう』と。シュリーラームプルからあるゴーサーイン(ヴィシュヌ派の説教師)が南神寺《ドッキネーショル》に来た。アドヴァイタ・ゴスワミー(チャイタニヤの弟子の一人)の子孫《ちすじ》なんだよ。寺に一晩か二晩泊まりたいと言うから、わたしの部屋にいらっしゃいとすすめた。そしたらハズラーが何て言ったと思う。『寺の管理人のところへ連れていきましょう』――なぜだかわかるかい? わたしのところへ泊めたら、ハズラーは自分の分のミルクや何かを分けてやらなけりゃならないからだよ。わたしは言ってやった――『とんでもない人だ! ゴーサーインに対しては、わたしだって五身投地の礼をつくす。それなのに何だ、お前は長いこと世間で女と金にどっぷりひたっていて――最近少し称名するからといって、何というウヌボレようだ! 恥ずかしくないのかい!』

サットヴァ性によって神に触れることができるんだよ。ラジャス性とタマス性は神から遠ざかる。サットヴァ性は白い色にたとえられる。ラジャス性は赤い色、タマス性は黒い色だ。ある日ハズラーに、『誰がどれほどサットヴァ性をもっているか言ってごらん』とわたしは言った。するとこう答えた。――『ナレンドラは十六アナ(百%)、私は一タカ二アナ(百十%)』

わたしはどれくらいだろう、と聞いたら、『あなたには、まだちょっとは赤味が残っている。まあ、

十二アナくらいですな』(一同大笑)

南神寺《ドッキネーショル》にいて、ハズラーはよく称名をしていたよ。その間にもブローカーの仕事のことを考えているんだ！　家に何千タカかの借金があって――それをきれいに払わなけりゃならないんだよ。バラモンの料理人たちのことを、こんなふうに言うんだ――『この私が、あんな連中と話なんかできますか！』」

〔欲望は神をつかむ上での障害物――神は子供の性格〕

「わかるかい？　少しでも欲望が残っていたら至聖《かみ》を覚《さと》ることはできないよ。宗教《ダルマ》の道は実に微妙なんだ！　針に糸を通すのに――糸にちょっとでもケバが立っていれば、針の穴に通らないだろう。称名を三十年つづけても、これといった効果はないという人もある。なぜだろう。性《たち》の悪い腫物には思い切った治療が必要だ。ふつうの薬だけでは治らないんだよ。

欲のあるうちは、どんなに修行をしても出来上がらない。だが、ひとつ――神さまのお恵みがあれば、神さまのお慈悲がかかれば、たちまち仕上がる。ちょうど、千年の間、真っ暗闇だった部屋に、誰かがとつぜんランプを持ち込んだように、一瞬のうちに明るくなってしまう！

貧乏人の息子が大富豪に見込まれたとする。その娘とめあわされて、馬車だの、男女の召使いだの、家具調度、家屋敷、みんないっぺんに手に入る」

一人の信者「先生、そのお恵みは、どんなふうにしていただけるものなのでしょうか？」

聖ラーマクリシュナ「神さまは子供みたいな性《たち》でね。――子供が美しい玉をエプロンの上にのせて

1885年5月9日(土)

道端《みちばた》に坐っている。大勢の人がその道を通る。そして大勢の人が子供のそばによって、機嫌をとりとり頼む。『その玉をおくれ』と言って——。だが、子供は玉を手でかくして、『イヤだ、やらないよ』と首を振る。たまたま一人が通りかかったが、この人は玉をくれと言わずに通り過ぎた。子供は後から走りよって、『ねえ、おじちゃん、この玉もらってよ』とせがんで玉をやってしまった！」

〔捨てよ——さらば神をつかみ得るべし——以前の話——シェジョさんの恍惚〕

聖ラーマクリシュナ「捨てなけりゃ、神を得ることはできない。

わたしの言葉を受けいれる人は誰だろう？　わたしは仲間をさがしているんだよ。——わたしの意中の人ね。信仰の深い人を見ると、〝この人はわたしの考えを実行できるな〟と思う。しばらくすると、〝やっぱりそうじゃなかった〟とわかるんだよ！

ある幽霊が仲間をさがしていた。土曜と火曜に事故で死んだ者は、幽霊になるということになっている。だからその幽霊は、誰かが土曜か火曜に事故に遭って死にそうだと聞くと、すぐさま飛んで行った。こんどは自分の仲間ができるかもしれないと思って——。ところが、かれがそばに行くと、事故に遭った人は立ち上がってしまう。屋根から落っこちたらしいのに、息を吹っかえすんだ。

シェジョさんが恍惚となってしまったことがあった。いつも酔っ払ったようになって、何も仕事ができない。すると皆が、『こんなになってしまって、いったい誰がこの人の資産や事業なんかの面倒を見るんだい？　きっと、あの若い司祭《ぼうさん》に魅入られたにちがいない！』と言っていたよ」〔訳註——そ

の当時、タクールはカーリー堂の司祭をしておられた）

〔ナレンドラが気絶したこと——師匠《グル》と弟子の二つのお話〕

「ナレンドラが来はじめた最初のころ、わたしがあれの胸に手を当てたら意識を失ってしまった。あとで意識が戻ったとき、泣きべそかきながらこう言うんだ——『アーン、どうして僕をこんなふうにしたんですか？　僕にはお父さんがいる。僕にはお母さんもいるんですよォ！』——〝私の〟〝私の〟という、これは無智から出る言葉だ。

師匠《グル》が弟子におっしゃった。『この世は虚仮《さっかく》なんだよ。お前、わたしといっしょについておいで』弟子は言った——『タクール、私の父や私の母、私の妻——この人たちはとても私を愛してくれています。この人たちをおいて、どうして出て行かれましょう』師匠《グル》——『お前は、〝私の、私の〟と言い、その上、〝私のナニナニは私を愛している〟などというが、それはみんな間違いだ。わたしがお前に一つ計略をさずけてやるから、その通りにしてみろ。そうすれば、ほんとうに愛しているかどうかがわかるから！』こう言って、丸薬を弟子の手にもたせて、『帰ってこれを飲め、死骸同然になるから！だが意識はハッキリしていて、何でも見えるし聞こえる。そうなったころわたしが行く。お前はだんだんと元通りになる』

弟子は言われた通りにした。家中、悲しみのどん底に沈んだ。母親、妻、みんな身悶えして泣いている。そのとき一人のバラモンがやってきて、『どうしたのですか？』と聞いた。皆は口をそろえて、

『この息子が死んでしまったのです』と言って嘆いた。バラモンは死んだ人の体に手を当ててみて言った。『いや、この人はまだ死んでいない。私が薬をあげるから、これを飲めば必ず助かるよ！』家の人たちは天に昇るほど喜んだ。するとバラモンはつづけてこう言う——『しかし、一つ条件がある。この薬は先ず誰かが飲んで、その後で病人に飲ませなければならない。先に飲んだ人は死ぬことになる。見たところ血縁《みうち》の人も多いようだから、誰でもけっこう、誰かきっと飲んでくれるでしょう。お母さんか奥さん、ずいぶん泣いていなさったようだから、きっと飲んで下さるにちがいない』

するとみんな急に黙ってしまった。母親はこう言った——『でも、この大世帯だもの、私がいなくなったら、誰がとり仕切るのかしら』——こう言って考えこんでしまった。妻はつい今しがたまで、『ああ、私はどうしたらいいの、ああ……』と言って泣いていたのに、こう言った——『ええ、でも、これはこの人の寿命だったんですわ。私にはまだ小さい子が三人もいるんですもの、もし死んだら、誰が育ててくれるでしょう』

弟子は一部始終を見たり聞いたりしていた。彼はこの時飛び起きて、バラモンに向かって言った——『お師匠さま、参りましょう。私はあなたといっしょに行きます』(一同笑う)

もう一人の弟子は師匠にこう言っていた——『私の妻はマメマメしく仕えてくれますので、そのために私はお師匠様のもとに行かれないのです』と。この弟子はハタヨーガをやっていた。師匠は彼にも一計をさずけた。ある日、彼の家は悲しみにつつまれた。近所の人が行ってみると、この家のハタヨーギーが坐を組んだまま手足が硬直してしまっていた。見た人はみな、彼の生命の気が抜けてしまったのだと思った。妻は泣き叫んでいる――『ああ、ああ、どうしよう、かわいそうな私たち――ああ、あんたは何てことをしてくれたの！　ああ、こんなことになるなんて、私は思ってもみなかった！』一方、身内の人と友だちが、板を持ってきて彼をのせて部屋から運び出そうとした。

さて、ここで面倒なことが起きた。手足が突っ張って硬直しているので、戸口から出されないんだよ。それを見て近所の人が、走って行って斧を持ってきて、戸のワクをこわしはじめた。妻は身をもんで泣いていたが、ガツンガツンという音を聞いてとんで来た。泣きながら、『まあ、いったいどうしたというんですか！』と聞く。皆は、『ご主人の手足が突っ張っていて、戸から出されないんですよ。それで戸枠をこわしているのです』と答える。すると妻はこう言った――『まあ、そんなことしないで下さいな――私は哀れな後家になってしまうんですよ。もう誰も面倒を見てくれる人はいないのに、何人もの子供を養っていかなけりゃならない！　その戸をこわしてしまったら、新しい戸を入れることもできません。もうこうなってしまったからには、この人の手足を切って下さいな！』ハタヨーギーは立ち上がった。薬の効能が消えていたんだ。立ち上がって言った――『それにしてもひどい女だ、私の手足をブッタ切れとは――』そう言いながら、家を捨てて師匠のあとについて行ってしまった（一同笑う）。

多くの女は、悲しそうなフリをする。泣いた方がいいと思うと、鼻輪を外し、宝石その他の装身具《かざり》を外して箱のなかに入れてカギをかけておく。そうしてから、地面に身を投げて泣きさけぶ――『ああ、おねえさん、私はいったいどうしたらいいの！』」

1885年5月9日(土)

アヴァターラに関して聖ラーマクリシュナの前でナレンドラたちが議論

ナレンドラ「Proof（実証）がなければ、どうしても信じられませんね。神が人間となって、この世に来られるということは――」

ギリシュ「〝信じられる〟――ということがsufficient Proof（何よりの実証）だ。その信念のあるところに、今さら証拠など必要だろうか？　信念こそ証拠です」

校長「External World（外的世界）が我々の外側にあるということを、今までにProve（証明）し得た哲学者が誰かいますか？　それでもIrresistible belief（抵抗できない信念）とされています」

ギリシュ「(ナレンドラに)――たとえ目の前に現れても、君は信じないだろうよ！　その人が、『自分は神で、人間の姿をしてここに来たのだ』と言っても――『阿呆なことをぬかすサギ師だ』――と言って君は笑殺してしまうのだ」

神々は死なない、ということについての話になった。

ナレンドラ「その証拠がどこにありますか？」

ギリシュ「だから君は、目の前に神々が現れても、信じないだろうと言うんだよ！」

ナレンドラ「とにかく不死であること――past ages（過去の時代）にもずーっと存在していたことを証明する必要があります」

校長がパルトゥに何か言った。

パルトゥ「（ナレンドラに向かって笑いながら）――不滅なものにとって、〝始まり〟は問題にならない。〝終わり〟さえなければいいのだ」

聖ラーマクリシュナ「アッハッハ……。ナレンドラは弁護士の息子で、パルトゥは代理長官の息子だ」（一同爆笑）

皆、しばらく黙っている。

ヨーギン「（ギリシュたちに向かって笑いながら）――ナレンドラの言うことを、このかた（タクール）はもうお認めにならないでしょうよ」

聖ラーマクリシュナ「ハッハッハ。わたしがいつか、『チャタク鳥は、空から降ってくる水の外《ほか》は飲まない』と言ったらナレンドラは、『いえ、普通の水だって飲みますよ』と言った。それでわたしは大実母《マー》に、『じゃ、わたしの言ったことは皆、ウソだったのかい？』と言った。心配でたまらなかった。あの後でまたナレンドラが来た。部屋のなかで鳥が何羽か飛び回っているのを見て、『アレ！　アレ！』と大きな声を出すから、『ナンだ？』と言ったら、『あれ、チャタク鳥！　あれ、チャタク鳥！』と言う。見たらコウモリじゃないか！　あのときから、アイツの言葉を信用しないことにしているんだよ」（一同大笑）

〔神の姿を見るのは心の錯覚か？〕

ジャドウ・マリックの別荘に行ったとき、ナレンドラがこう言った――『あなたは神の姿を見たとおっしゃいますが、それは心の錯覚ですよ』わたしはビックリして、『だって、話をしたのに？』と言ったらナレンドラは、『それも、そう思っただけですよ』わたしは大実母《マー》のところへ行って泣いた。『マー、これはどういうことだい？　みんな間違いだったのかい？　ナレンドラがそう言ったよゥ！』するとすぐに見せてくれた――大霊、完全円満な大霊――それが形をとった姿を。その姿はこう言った――『もし、お前の言葉が真実でなかったら、事実とぴったり合うのは何故だ？』それで、ナレンドラに言ってやったよ――『悪者！　お前のおかげで信念がグラついたじゃないか！　お前なんか、もう二度と来るな！』」

〔タクール、聖ラーマクリシュナ――経典と神の言葉――Revelation（天啓）〕

再び討論がはじまった。ナレンドラが滔々《とうとう》と議論している！　ナレンドラはいま、二十二才と四ヶ月である。

ナレンドラ「（ギリシュや校長たちに）――経典に書いてあることも、どうも信じ難いですね！　マハー・ニルヴァーナ・タントラのある場所には、〝ブラフマン智を得なければ人は地獄に堕ちる〟と書いてある。と思うと別なところには、〝パールヴァティーの礼拝なくして人は救われる方法《みち》なし〟と書いてあります。マヌは〝マヌ法典(訳註2)〟のなかで、自分自身のことを書いている。モーゼは〝五書(訳註3)〟のなかで、自分自身の死について語っている。サーンキャ哲学では言っています――〝神は実在せず。何となれば、神の存在を証明する方法なきが故に〟そうかと思うと、〝ヴェーダを認めるべからず。

ヴェーダは永遠絶対なるが故に〟なんて言っている。
ですが、こういうものが皆、間違っているとは申しませんよ！　僕には理解できないから、理解できるように説明してほしいんです！　経典に書かれてあることを、人それぞれの考えで解説している。いったいどれをとったらいいのですか？　白い光線は赤いガラスを通すと赤く見える。緑色のガラスを通して見ると緑に見えます」
一人の信者「でも、ギーターは至聖《かみ》のことばです」
聖ラーマクリシュナ「ギーターはすべての経典の精髄だ。出家は何を持っていなくても、いつも小さいギーターの本だけは肌身離さず持って歩くよ」
一人の信者「ギーターは、聖クリシュナがお語りになったのですから！」
ナレンドラ「聖クリシュナの言葉だろうと誰の言葉だろうと――」
聖ラーマクリシュナは、仰天した表情でナレンドラの言うことを聞いておられる。

（訳註２）人類の始祖マヌが定めたとされるのが『マヌ法典』で、ヒンドゥーの生活規範となっている。宇宙創造から始まり、人間が行うべき祭式儀礼や義務、王法、民法、刑法、カーストなど、さらには輪廻、解脱にまで及んでいる。
（訳註３）紀元前十三世紀頃、エジプトに生まれた古代イスラエル民族の指導者モーゼ（モーセとも言う）が残した旧約聖書の巻頭の五書――創世記・出エジプト記・レビ記・民数記・申命記を『モーゼ五書』という。モーゼは天地万物の創造神ヤハウェの命で、古代イスラエルの民と共にエジプトから脱出し、約束の地カナンへ導いた。その間、神から十戒を授かり民に与えた。

1885年5月9日(土)

聖ラーマクリシュナ「とてもいい議論だね。経典には二通りの解釈があるんだよ。——字義的解釈と真義的解釈と。真義的解釈——ほんとうの解釈をとらなけりゃいけない。それは神の啓示と一致するんだよ。手紙に書いてあることと、手紙を書いた人が自分の口で直接言うことではずい分ちがう。経典は手紙で、神の啓示は口からの言葉だ。わたしは、マーの口から聞いたことに合わないものは、何一つ受けつけないよ」

また、アヴァターラのことに話は戻った。

ナレンドラ「神を信頼していれば、それで十分なのです。あの御方が何をなさろうと、僕にとってはどうでもいいことだ。無限なり大宇宙！　無限なりアヴァターラ！」

〝無限なり大宇宙〟〝無限なりアヴァターラ〟という言葉に、聖ラーマクリシュナは合掌して、おじぎなさった。そして、「アハー！」

校長がバヴァナートに何かささやく。

バヴァナート「このかた（校長）がおっしゃいました。『象を見たことがないうちは、それが針の目を通るかどうか、どうしてわかるか？　神を知らないのに、神が人間となり、化身となってこの世に現れるかどうか、考察や議論を通じて理解できるだろうか！』と」

聖ラーマクリシュナ「神さまは何でもできる。あの御方は魔法をかけて下さるんだ！　手品使いはナイフを飲んだり戻したりする。石やレンガを食べたりしてみせる！」

聖ラーマクリシュナとカルマ――タクールのブラフマン智の境地

一人の信者「ブラフマ協会の人たちは、人間はそれぞれの義務《つとめ》を果たすべきである。そこから離れようとしてはいけない、と申しておりますが――」

ギリシュ「スラバ・サマーチャール（ブラフマ協会の機関紙）にそんなふうなことが書いてあるのを読みましたよ。しかし、人間にとって神を知るために努力するのが最も大切なつとめなのに、それを放っておいて世間的な義務のことばかり言うのです」

聖ラーマクリシュナは微笑しながら、校長の方を眺めてウィンクをなさった――〝彼の言ったことはホントだよ〟

校長は理解していた――〝義務を果たす《カルマカーンダ》〟ということが、どんなに難しいことかを。

プールナが入ってきた。

聖ラーマクリシュナ「誰が知らせたんだい！」

プールナ「サーラダーが……」

聖ラーマクリシュナ「（婦人信者に向かって）――あのう、この子に何か飲み物をやって下さいよ」

こんどはナレンドラが歌をうたう。タクール、聖ラーマクリシュナと信者たちは熱心に聞いている。

ナレンドラは歌った――

1885年5月9日(土)

大洋《おおうみ》をわきたたせ
大空に激しく轟《とどろ》きわたる
神々のなかの大神　大いなる時（死）
法《ダルマ》の大王《ラージャ》　シヴァよ　わが罪を滅し給え

次の歌――

美しきかな　君の名は
弱きものたちを慰め護るよ
甘き蜜のごと　天よりしたたり
心地《ここち》よさに　魂も溶けるよ

次の歌――

恐怖《おそれ》も災いもすべて払いのけて下さるあの御方を
心よ　なぜ呼び求めないのか
空しい幻影《まぼろし》ばかりをいつも追いつづけて

よるべない放浪人《さすらいびと》のようにみじめなお前だ
財産も友だちも　束の間のものだから
あの御方だけと　いつも忘れるな
無益《つまらぬ》なものを捨てて　だいじなものをつかめば
悩みも苦しみも　吹き飛んでしまうのだ

さあ　この良き言葉をきいて
身につけ心につけるように努めよう
口にいつもハリの名をくりかえし
ハリの栄光を宣べ伝えるのだ

もしこの世の海を無事に渡りたければ
際限《きり》もない欲をこの場で捨てて
身も心もそっくりあの御方に捧げて
礼拝と愛の修行に努めることだ

1885年5月9日(土)

パルトゥ「あの歌をうたって下さいませんか」
ナレンドラ「どの歌?」
パルトゥ「君のたぐいなき愛の面差《おもざ》し仰《あお》げば、この世の悲しみも怖れも、いかなる罰も何かあらん」
ナレンドラはすぐその歌をうたった——

君のたぐいなきあの愛の面差《おもざ》し
仰《あお》ぎみては　この世の悲しみも
怖れも災いも何かあらん

やわらかな曙《あけぼの》のひかりに
世の闇　瞬《またた》く間《ま》に去るごとく
君のめでたき祝福《たまもの》ありて
わが心は悲苦より放たれ
たましいはここに安らぎたり

君の恵み　君の愛を思えば
よろこびに胸ふるえ　涙とどめ難《がた》し

栄あれ　慈悲ふかき君よ
栄あれ　慈悲ふかき君よ
われら　君の愛を宣《の》べ歌わん
息絶《た》ゆるとも　君のみわざに従わん

校長の希望した歌をナレンドラはまた歌った。校長と信者たちの多くは、手を合わせて歌にきき入っていた。

ハリの甘き酒に　身も心も酔いしれ
大地をころげて、ハリ、ハリと泣こうよ
（救い給え　救い給え）

ハリの名の力強い音は天にこだまし
ハリ　ハリと双腕《もろうで》あげて踊り
ハリの名をすべての人に賜《おく》ろうよ
（家ごと　戸ごとに）

1885年5月9日(土)

ハリ　愛のよろこびの甘水に日毎浸《ひた》り
歌え　ハリの名を遂げよ　高き望みを
賤《いや》しい欲望をかなぐり捨てようよ

次の歌――

心のすべてをつくして
けがれなき一者　かのハリを想え

次の歌――

この驚くべき宇宙　果てなき宇宙は
ただ君の創り給いしもの
そしてこの全世界は
君の美と豊饒《ほうじょう》の館《やかた》
黄金《きん》の首飾りの宝石のごとく輝く星たち
数えもきれぬ太陽と月たち

大地は君の無限の御倉《みくら》
穀《こく》物と黄金で光りかがやく
おお　神よ　無数の星はうたいつづける
君、尊し　君、尊しと……

次の歌——

大空の盆に日と月の燈火《あかり》かがやき
きらめく星はダイヤモンドのように
君の麗《うるわ》しい姿をかざる

次の歌——

かの一なる源《みなもと》　清浄の精神《プルシャ》に
心を攝《あつ》め　深く瞑想せよ

ナランの希望で、ナレンドラは次の歌をうたった。

一八八四年九月二十九日参照

1885年5月9日(土)

おいで　大実母《かあさん》　おいでよ　かあさん
心の女《ひと》よ　命の女《ひと》よ
胸の蓮座にきてお坐りよ
あなたをじっくり眺めてみたい

生まれてこのかた苦労の重荷
あなたを想って今日まで耐えた
胸の蓮《はちす》の花びらを開《あ》けて
さあ　その顔をみせておくれ

〔聖ラーマクリシュナの三昧境――ブラフマン智を得た境涯〕
ナレンドラは自分の好みの歌をうたった――

大実母《おんはは》よ　御身《おんみ》の形なき美は
深き闇にこそ　きらめきわたる
故にヨーギーたちは高山の洞穴に

行きて深き禅定に入るなり

一八八五年二月二十二日参照

この三昧の歌をきいているうちに、タクールは三昧境に入られた。

ナレンドラはもう一度、先にうたった歌をくりかえした。

ハリの甘き酒に　身も心も酔いしれ

第13章　カルカッタのバララム・ボース家の礼拝室で

聖ラーマクリシュナは半三昧状態である。北向きに壁によりかかり、足を投げ出して枕の上に坐っていらっしゃる。信者たちが周《まわ》りをとり囲んでいる。

半三昧のなかで、タクールは大実母と差し向かいで話をしておられる――「ご飯を食べなけりゃ。お前さん、来たかい？　宿をちゃんときめて、荷物をおいてから来たのかい？」

タクールは、〝お前、来たのかい？〟とおっしゃった。タクールとマーは不異《おなじ》なのだろうか？

「今は誰にも興味がない」

「マー、どうして歌を聞くんだろう？　あれを聞くと心が外に向くからね！」

タクールは次第に外の意識をとり戻してこられたようだ。信者たちの方を眺めながら、こうおっしゃる――「以前《まえ》に、魚を容れ物のなかで活かしているのを見ては、ショックを受けたものさ。〝ひどいことする人たちだ。いずれ、この魚を殺すつもりなんだ！〟と思ってね。あとで心境が変わって、〝ナニ、体はほんの外覆《カバー》にすぎないものなんだ〟と悟ったよ。あってもかまわんし、外してもかまわんものだと——」

バヴァナート「じゃあ、人を傷つけてもいいとおっしゃるのですか！　——殺してもかまわないんですか？」

聖ラーマクリシュナ「ああ、その境地(原典註)ではかまわないんだ。ただし、そういう境地には、みんなはなれないんだよ——ブラフマン智を体得した境地なんだから。

一、二段下りてくると、信仰や信者たちが好きになるのさ！

神様には、明知《ヴィディヤー》と無明《アヴィディヤー》と、両方あるんだよ。この明知《ヴィディヤー》のマーヤーは神の方に引き寄せる働きをする。そして無明《アヴィディヤー》無知のマーヤーは人間を神から遠ざける働きをする。明知の遊び道具が——智慧、信仰、慈善、離欲など……。これを頼り杖にして神さまのところに行き着く。

そして、もう一歩上がれば神——ブラフマン智だ！　この境地になるとはっきりとわかる——はっきり見えるんだよ——神さま自身、あらゆるものになっていなさるのがね！　捨てるも拾うもありゃしない！　誰にも腹を立てることなんかできなくなるよ。

いつだったか馬車に乗っていたら、どこかの家のベランダに売春婦が二人立っていてね！　よーく見たら、何とそれが大実母《マー》——生き女神様なんだ！　わたしはすぐ手をあわせて拝んだよ！

はじめてその境地になったときは、大実母《マー》カーリーを拝んだり、お供えをあげたりすることができなくなった。ハラダリとフリダイが、『寺の管理人が、〝司祭があんなことじゃ、どうにもならん〟と、文句を言っていますよ』と言ったよ。わたしはそんな悪口をきかされても、ただ笑っているだけだった。ちっとも腹が立たないんだもの。

このブラフマン智をつかんだ後で、遊戯《リーラー》を味わって歩くのさ。一人のサードゥが町に来て見物して歩いていた。そのとき、知り合いのサードゥとぱったり会った。知り合いのサードゥはこう言った。──『あんた、一軒一軒店をのぞいて面白そうに見物しているようだが、荷物はどこに置いてあるんです？　まさか、泥棒に持っていかれたわけじゃあるまいね？』すると彼は答えたよ──『いや、マハーラージ、わたしは先ず宿をとって荷物をちゃんと部屋に置いて、カギをかけてから町を見物しに出てきたんですよ』（一同笑う）

バヴァナート「それは、非常に高度なお話でございますね」

校長は心のなかでつぶやいた──ブラフマン智を得た後で、遊戯《リーラー》を味わい楽しむとは！　三昧の後、下に降りてくるとは！

聖ラーマクリシュナ「（校長たちに向かって）──ブラフマン智が簡単《やすやすと》に手に入ると思うかい？　心が消えてなくならなけりゃつかめないものなんだよ。グルが弟子にこう言ったというよ。『お前、わたしに心をよこせ。そうすればお前に智慧をやろう』と。ナングタ（トータプリ）がよく言っていた

（原典註）肉体は朽ち滅びるとも
かれは常住にして不壊不滅である　──ギーター２・20──

1885年5月9日(土)

よ。『何だと？　心の動きが止められないだと？』と」

〔Biology（生物学）――Natural law in the Spiritual world（精神界における〝自然法則〟）〕

この境地では、神の話にだけ関心がある。――それと、信仰者と付き合うことと。

（ラムに向かって）――お前は医者だからよくわかっているだろうが――薬は病人の血（体質）にぴったり合ったときにはよく効く。それと同じこと。あの境地になると、内も外も神だ。体も心も魂《アートマ》も、すべてあの御方なんだよ！」

校長、心のなかで――〝Assimilation（同化）！〟

聖ラーマクリシュナ「ブラフマン智の境地！　心を無くすれば行ける。心が無くなれば〝我《アハン》〟も無くなる。ワタシ、ワタシと言わせるのは、〝我〟のせいなんだ。これには信仰の道を通っても行ける。それから智識の道、つまり哲学究理の道でも行ける。〝否《ネーティ》〟〝否《ネーティ》〟――つまり、〝すべては夢マボロシ〟だと智者《ジュニャーニー》たちは考える。この世界は〝否《ネーティ》〟〝否《ネーティ》〟――マーヤーだと。世界が消えたとき、個霊《ジーヴァ》たち多くの個我が残る。

考えてごらん。水をいっぱい入れた十個のカメ。そこに太陽が映っている。太陽はいくつ見える？」

ある信者「十の太陽が映って見えます。ほんとうの太陽は一つあるだけですが――」

聖ラーマクリシュナ「じゃ、カメを一つこわしたら、太陽はいくつ見える？」

信者「九つです。ほんとうの太陽は一つですけれども――」

聖ラーマクリシュナ「よしよし。じゃ、カメを九つこわしたら、太陽はいくつ見える？」
信者「映っている太陽は一つです。ほんとうの太陽は一つです」
聖ラーマクリシュナ「(ギリシュに)――最後のカメをこわしたら、何が残る？」
ギリシュ「はい、あの、真実《ほんとう》の太陽が――」
聖ラーマクリシュナ「ちがう――何が残っているか、口では言えない。〝実在《ある》ものが実在《ある》〟だけ。映った太陽がなかったら、真実の太陽があるということがどうしてわかる！　三昧に入ると〝我〟意識が消えてしまう。三昧になった人がそこから下りてきて、三昧で何を見たか、口で説明することはできないんだよ！」

聖ラーマクリシュナ、信者を希望と約束で励ます

日が暮れてからだいぶ経った。バララム家の応接間にはランプが明るく輝いている。タクール、聖ラーマクリシュナはまだ恍惚として、信者たちに囲まれておられる。そして、法悦に浸ったままお話しになる――「ここには外の人はいないから、お前たちに言うんだが――心の底から神を知りたいと思って努力している人は、きっとできるよ。必ず神を知ることができるよ！　一生懸命になって、神の外《ほか》には何も求めない人は、必ず目的を達することができる。

ここ(わたし)に縁のある人(内輪の信者たち)は、みんな集まってきた。今から来る人たちは外の人だ。まだ時たま来るだろうが、その人たちにはマーが、〝こうしろ〟〝こうして神に祈れ〟と言っ

て下さるだろう」

〔神こそグル――人が自由になる為の唯一の方法〕

「どうして、神の方に衆生の心が向かないんだろうかね？　それはね、神よりあの御方のものの方がもっと力が強いからだ。裁判官よりも裁判官の出した命令の方が強い（一同笑う）。

ナーラダにラーマが言いなすった――『ナーラダ、お前の祈りには感心した。わたしに何か願い事をしなさい。叶えてあげるから――』と。ナーラダは答えた。――『ラーマ！　あなたの蓮の御足《みあし》に純粋な信仰がもてるように――。それから、あなたの世にも魅惑的な現象《マーヤー》に迷わされないようにお願いします』ラーマ――『よしよし、そのほかに何か希《のぞ》め！』とおっしゃる。ナーラダは――『いえ、ラーマ、これ以外は何もいりません』と答えた。

この、世にも魅力的なマーヤーに、みんなが捕まえられているんだよ。神さまが人間の体をまとって来なすっても――その御方でさえ捕まってしまうんだ。ラーマはシーターのために泣き泣きさまよい歩いた。〝五元素のワナにとらえられ、ブラマー（創造神）さえも悶え泣く〟。

でも、よくお聞き――神さまは、その気になればすぐ自由になりなさるよ！」（訳註、五元素――二十四の存在原理のうちの五つ《パンチャ》の粗大元素《ブータ》で以下の五つのこと――地、水、火、風、虚空）

バヴァナート「汽車の車掌は、自分の意志で汽車の車両のなかに入ります。そして、いつでもその気になれば出てこられます！」

聖ラーマクリシュナ「イーシュワラ・コーティ（神の分身たち）は、その気になればすぐ自由になれる。ジーヴァ・コーティ（普通の人間）はそれができない。個霊《ジーヴァ》は女と金にしばりつけられている。部屋の戸や窓がネジでしっかりふさがれていたら、どうやって外に出る？」

バヴァナート「ハハハハハ……。汽車の三等客みたいなものですね。箱につめ込まれて、外に出ようにも出られない！」

ギリシュ「人間がそんなふうに、八方ふさがりに閉じ込められているのでしたら、どうすれば救われるのでしょうか？」

聖ラーマクリシュナ「でも、神さまがグルの姿をとってマーヤーの鎖を切って下さるから、そうなれば何の怖れも心配もないさ」

タクールはそれとなく知らせて下すったのだろうか——あの御方が自ら、衆生の迷いの鎖を断ち切るために、肉体をまとって——グルの姿になって——いまここに来ていらっしゃることを！

第一四章　信者の家で信者たちにかこまれて

一八八五年五月二十三日（土）

聖ラーマクリシュナ、信者の家で信者たちにかこまれて

ラムの家における聖ラーマクリシュナ

タクール、聖ラーマクリシュナはラムの家に来ておられる。階下の応接間で、タクールは信者たちにとりかこまれてお坐りになり、ニコニコ顔で嬉しそうに信者たちと話していらっしゃる。今日は土曜日。ジョイスト白分十日目。一八八五年五月二十三日、午後五時ころ。タクールの正面にマヒマー氏が坐り、左側に校長、まわりにパルトゥ、バヴァナート、ニティヤゴパール、ハラモハンたちが坐っている。タクールはいらっしゃるとすぐ、信者たちの消息をおききになった。

聖ラーマクリシュナ「(校長に)――若いナレンはまだ来ていなのかい?」

間もなく若いナレンが到着して席についた。

聖ラーマクリシュナ「あれは、まだ来ていないのかい?」

校長「は?」

聖ラーマクリシュナ「キショリーは?　――ギリシュ・ゴーシュは来ないのかな?　――ナレンド

ラは来ないのかな?」

ナレンドラがすぐ来てあいさつをした。

聖ラーマクリシュナ「（信者たちに）――ケダル・チャトジェーがいるといいのになあ！　彼はギリシュ・ゴーシュととても気が合うんだよ。（マヒマーに向かって笑いながら）彼も同じこと（タクールがアヴァターラだということ）を言っている」

部屋ではキールタンを歌う用意がととのっている。歌い手は合掌してタクールにうかがった――「およろしければ、歌をはじめたいと思いますが……」

タクールは「ちょっと飲み物を飲んでからにしよう」とおっしゃった。

飲み物を召し上がってから、小さな香箱から香料《やくみ》をとりだしてお噛みになる。そして箱をしまってくれるようにと校長におっしゃった。

キールタンがはじまった。長太鼓《コール》の音で、タクールはさっそく霊的恍惚状態になられた。序曲『ガウル・チャンドリカ』をききながら、もう深い三昧にお入りになった。近くに坐っているニティヤゴパールのひざに足をのせていらっしゃる。そのニティヤゴパールも霊的恍惚状態で涙を流している。信者たちは驚いて、その三昧のありさまを凝視している。

〔結合《Yoga》――主体《Subjective》と客体《Objective》――神《God》〈絶対《the Absolute》〉との合一《Identity》――魂《Soul》と宇宙《Cosmos》――〝ニティヤとリーラーは同じ〟〕

タクールはすこし平常に戻られてお話になる――「ニティヤからリーラー、リーラーからニティヤ。

1885年5月23日(土)

(ニティヤゴパールに)――お前はどうだい?」

ニティヤゴパール「(うやうやしい態度で)――両方とも、よろしゅうございます」

聖ラーマクリシュナは目を閉じてこうおっしゃる――「ただ、こんなふうなだけのものかい? 目を閉じれば神はいなさる。そして目をあければ、いない! リーラーをもっている御方がニティヤ、ニティヤである御方がリーラーだ」

聖ラーマクリシュナ「(マヒマーに向かって)――バブ、お前にいちど言っておくがね――」(訳註、バブ――ベンガル語で、ごく親しい人に愛情を込めて、〝お前〟と呼びかけるときに用いる言葉)

マヒマーチャラン「二つとも、神の思し召しでございます」

聖ラーマクリシュナ「七階まで上がって下りてこれない人もあるし、上がったり下りたり出来る人もある。

ウッダヴァがゴーピーたちに言ったね。『お前たちが〝私たちのクリシュナ〟といっている御方は、ありとあらゆるもののなかに宿っていらっしゃるのだよ。あの御方が、すべての生き物とこの宇宙になっていらっしゃるのだよ』と。(訳註、ウッダヴァ――クリシュナの従弟《いとこ》であるが、友人かつ相談役でもある)

だから、わたしは言うんだよ。目を閉じて瞑想するときだけ神があって、目を開けたらなくなるのかって――」

マヒマー「ひとつ質問がございます。信仰者も、いつかはニルヴァーナ(涅槃)を欲しがるものでしょう?」

〔以前の話——トータプリが泣いたこと——Is Nirvana the End of Life?（ニルヴァーナは生命の終わりか？）〕

聖ラーマクリシュナ「ニルヴァーナを欲しがるということはないさ。こういうのもあるほどだからね——永遠のクリシュナと永遠の信者！　霊体《チンマヤ》シャーマ（クリシュナ）のいます霊の家《チンマヤ・ダーマ》！月のあるところには星々も見える。永遠のクリシュナと永遠の信者だ！　お前だってよく言ってただろう——〝内にも外にもハリを見る者に苦行の要なし〟(原典註)と。——それにわたしもよく話してきかせた筈だよ——ヴィシュヌに縁のある生まれの人は、信仰のタネをとり除くことはできないって。以前《まえ》

（原典註）愛もて神《ハリ》を呼べば　苦行の要なし
愛もて神《ハリ》を拝さずば　如何なる苦行も空し
内にも外にも神《ハリ》を見る者に　苦行の要なし
内にも外にも神《ハリ》を見ぬ者は　如何なる苦行も空し
止めよ　止めよ　バラモンよ　息子よ　苦行を止めて
智慧の大海なる　シャンカラ（シヴァ神）のもとに行け
またヴィシュヌ神を信じるものは　信仰を持ち進め
その信仰の斧《おの》で　煩悩をこの世の足枷《あしかせ》を断ち切れ

——『ナーラダ・パンチャラートラ』より（一八八五年三月一日参照）

に、わたしはある智行者《ジュニャーニー》(トータプリ)にとっつかまって、十一ヶ月ほどヴェーダーンタ哲学を聞かされた。それでも信仰のタネはとれなかった。すぐまた逆戻りして、〝マー、マー!〟、でもわたしが信仰の歌をうたうと、ナングタはいつも泣いたものだよ。「アレ、ケヤレ!(ああ、いいねえ、何という歌だろう!)」と言ってね。あれほどの大智識人《ジュニャーニー》が泣かずにはいられなかったんだよ!(若いナレンたちに向かって)——このことをよく憶えておけ。アレクというつる草の汁を飲むと胃のなかで木になる、ということをね。信仰のタネがいちど蒔《ま》かれたら、きっと木になって花が咲いて実がみのるんだよ。

棍棒はすり減っていてもほんの少し残っていたもんだから、ヤーダヴァ族(クリシュナの一族)は滅亡してしまった(訳註1)。

千度哲学の勉強をしても、自分のなかに信仰のタネがあれば、いつかきっと逆戻りして〝ハリ、ハリ〟と唱《とな》えだすよ」

信者たちは黙って聴いている。タクールは笑いながらマヒマーチャランにおききになった——「お前、何が好きだい?」

マヒマー「ハハハ……。何といって別に——マンゴーが好きです」

聖ラーマクリシュナ「アハハハ、そうかい。それで、たった一人で食べるのが好きかい? それとも自分でも食べて、皆にも少しずつ分けてやるかい?」

マヒマー「それほど人に分けてやりたいという気もないのです。一人で食べてもけっこう楽しいのです。ハハハハハ……」

〔聖ラーマクリシュナの正しい態度〕

聖ラーマクリシュナ「わたしの気持ちがわかるかね？　目をあけて見たら神様がいなくなるかい？　わたしはニティヤとリーラーの両方を受けいれるよ。

神をつかめばすべてわかってくる。あの御方こそすべてであり、あの御方こそ宇宙なんだ。あの御方がヴィラート（宇宙を身体としている神）だ。あの御方が完全円満のサッチダーナンダで、あの御方がすべての生き物とこの宇宙になっていなさるんだ」

〔お経を読んだだけの智識では誤り——修行してはじめて真の智識を得る〕

「修行が大切だ。ただ聖典やお経を勉強しただけではダメ。見ろ、ヴィディヤサーガルを——。たいそうな学問をした人だが、自分の内奥《おく》に何があるのか気がついていない。子供たちに読み書きを教え

（訳註1）「棍棒は……」この話は『マハーバーラタ』の物語からの引用。パーンドゥ軍に味方してクル族との戦いに勝利したクリシュナの一族であるヤドゥ族は、時が経ち驕《おご》り高ぶって聖仙《リシ》を侮辱したために呪いをかけられ、棒をすり砕いた木くずの粉が水辺の草原に散らばったのが元で滅亡することになる。クリシュナも例外ではなく、狩人の矢で捨身する。

て喜んでいる。至聖《かみ》の喜びを味わったことがないんだ。勉強しただけで何になる? どれだけのことが身につく? 暦《こよみ》には雨の予報がのっているが、暦《こよみ》をしぼったって一滴の水も落ちてきやしない」

マヒマー「世間で暮らしていると用事が多うございまして、修行をする暇がなかなかありません」

聖ラーマクリシュナ「そういうことは皆、夢まぼろしだと、お前、自分で言っていたじゃないか? 目の前に広がった海を見て、ラクシュマナは弓矢を手にしたまま怒って言った。『私はヴァルナめを殺してやります。この海があるために、私たちはランカーへ行けないのですから(訳註2)』するとラーマはお諭《さと》しになった——『弟よ、目に見えるものはすべて夢だよ。はかない一時的のものだ。海も一時的なもの——。お前の怒りも一時的のもの——。夢を夢で殺す——これまた夢だ』」

マヒマーチャランは沈黙していた。

〔カルマ・ヨーガかバクティ・ヨーガか——真実の師《サット・グル》は誰か?〕

マヒマーチャランには世俗の仕事がたくさんある。最近、また一つ新しい学校をつくった——社会奉仕が目的である。

タクール、聖ラーマクリシュナはつづけておっしゃった。

聖ラーマクリシュナ「(マヒマーに)——シャンブーがいつか言っていたがね、『私は自分の財産を善いことに使おうと思っています。たとえば学校や施薬所を建てたり、道路や水汲場《ガート》を造ったりして——』わたしは言ったよ——『無私の気持ちでそういうことが出来るなら、それもよろしい。しかし、無私の行為というのは、とてつもなく難しいよ。どこからともなく欲や執着が忍びこんでくる！　それからもう一つ聞くが、もし神様がお前にじかに会って下すったとき、お前は、学校や施薬所や病院を建てさせてくれ、とお願いする気かい？』」

一人の信者「先生！　では、世間にいる人々はどうすればよろしいのですか？」

聖ラーマクリシュナ「サードゥと交《つきあ》うこと。そして、神についての話をきくことだ。

世間の人たちは正気じゃないんだよ。女と金に中毒しているんだ。酔っ払いには米の研《と》ぎ汁を少しずつ飲ませてやるとだんだんに正気づく。

それから、正しい師《サット・グル》のもとで教えをうけること。正師《サット・グル》には特徴がある。カーシー（ベナレス）に行って見てきた人にカーシーの話を聞くことだ。ただ学識があるだけの人はだめだよ。〝世間のことはごく一時的のはかないものだ〟ということがわかっていない学者に教えをうけるべきではない。学者でも、識別《ヴィヴェーカ》と離欲《ヴァイラーギャ》の精神をもった人なら、教えを与えることができる。

サマーデャイーが講演のなかで、〝神は無味乾燥〟と言った。甘露《アムリタ》そのものである神を、無味乾燥

（訳註2）この話は『ラーマーヤナ』からの引用。ランカー（スリランカ）の魔王ラーヴァナはラーマの后シーターの美しさに惹《ひ》かれ、自分のものにしようと誘拐する。それを知ったラーマと弟のラクシュマナはラーヴァナを追ってインドの南までやってきたが、目の前に広がる海を見て、どうやって渡ったものかと思案している場面。ヴァルナは、水の神、海上の神で、仏教における水天。

とはよくもぬかしたものだ！〃私の叔父さんの家では牛舎いっぱいに馬がいる！〃と、ある人が言ったとさ――（一同笑う）」

〔無智――私と私のもの――　智《ジュニャーナ》と大智《ヴィジュニャーナ》（大覚）〕

「世間の人たちは酔っ払っているんだよ。いつも、〃この私がこういうことを為《し》ている〃と思っている。家も家族も自分のものだと――。歯をむき出してムキになって言う――『妻子はどうなりましょう！もし私に万一のことがあれば、妻子はどうして生きていくのですか？〃私の〃家族を誰がみてくれるのですか？』ラカールもこう言ったよ――『〃私の〃妻はどうなるでしょう！』」

ハラモハン「ラカールがそんなことを言ったのですか？」

聖ラーマクリシュナ「そりゃ、そう言うだろうよ。智識のある人は無智もある。ラクシュマナがラーマにこう言った――『ラーマ！　何て不思議なことでしょう！　この偉大な聖者であるヴァシシュタ様が、息子を亡くしたからといって悲しみに沈むとは？』ラーマはおっしゃった――『弟よ、智識ある人は無智をも持っている。だから弟よ、智と無智を超えて行け』と。

誰かが足にトゲを刺したら、それを抜くために別のトゲを使う。トゲでトゲを除《と》った後は、両方のトゲを投げすてる！　無智のトゲを除《と》るために、智のトゲを使わなけりゃならぬ。用事がすんで智と無智の二つのトゲを捨ててしまったのが大智《ヴィジュニャーナ》だ。神の存在をはっきり覚《さと》って、その御方を特別に知って、そして、親しくならなけりゃ――こういうのをヴィジュニャーナというんだよ。だからクリシュナはアルジュナに言いなすった――『汝、三性《トリグナ》を超越せよ』と。

このヴィジュニャーナを得るためには、明知現象《ヴィディヤー・マーヤー》の助けをかりなくてはならない。神のみ永遠の真実在、宇宙世界は一時なものという決断《かんがえ》――つまり識別《ヴィヴェーカ》と離欲《ヴァイラーギャ》だ。それから神の名をとなえること、神を讃《たた》える歌をうたうこと、瞑想すること、サードゥと交わること、祈り――こういうものはみな明知現象《ヴィディヤー・マーヤー》に入る。明知現象は屋根へ上がるための最後の階段――もう一段上がれば屋根というところだ。

屋根に上がるというのは――つまり、神をつかむたとえだ」

〔世俗の人と〝女と金〟を捨てた青年〕

「俗人というのは酔っ払っていて――女と金に中毒して正気を失っているんだ。だからわたしは、少年が好きなんだよ。あれたちはまだ女と金に染まっていないからね。いい容器《いれもの》だから神さまの用事を足せる。並の世間の連中は、小骨だらけの魚のように食べれるところは少ししかない!

雹《ひょう》に打たれたマンゴーの実のようなものでね――ガンジス河の水で洗わなくてはダメだ。神前に供えることは、まあ出来ない。でもブラフマン智を得たら、どうということはないよ――つまり、どんなものでも神ご自身がなっていらっしゃるのだ、と心の底から納得できていたらね」

アシュヴィニー・クマール・ダッタ氏とビハリー・バドゥリー氏の子息といっしょに、一人の神智学徒《テオソフィスト》も来ていた。やがてムクジェー兄弟がきてタクールにあいさつをした。中庭にはキールタンの準備がすっかりととのっている。長太鼓《コール》がなるとすぐ、タクールは部屋を出て中庭に下りてお坐りになった。信者たちもつづいて中庭にいって坐る。

バヴァナートがアシュヴィニー氏をタクールに紹介した。タクールはすぐ校長にアシュヴィニー氏をひきあわせた。両人は会話をはじめるとナレンドラが中庭に入ってきた。タクールはアシュヴィニー氏に、「あれがナレンドラだよ」とおっしゃった。

第一五章　キャプテン、ナレンドラたち信者と共に

一八八五年六月十三日(土)

聖ラーマクリシュナ、キャプテン、ナレンドラたち信者と共に南神村《ドッキネーショル》にて

タクールの喉の病気のはじまり

タクール、聖ラーマクリシュナは、南神寺《ドッキネーショル》カーリー寺院内のあの馴染みの部屋で横になって休んでおられる。今日は土曜日で、一八八五年六月十三日。ジョイスト白分一日《ついたち》、ジョイスト月の最後の日である。時間は午後三時。タクールは昼食をすまされた後、小ベッドで休んでおられる。

学者さんが一人、床のマットの上に坐っている。部屋の北側の戸のそばには、ひどく悲しげな様子のバラモン婦人が立っている。キショリーもいた。校長は部屋に入ってあいさつをした。ドゥイジャたちを伴っている。アキル氏の知人も坐っている。その人といっしょに一人のアッサム人青年がいる。

タクール、聖ラーマクリシュナは、少しお体の調子がよくない。喉《のど》に固いものができて、風邪も引かれているらしい。喉の病気の、これがはじまりなのであった。

ひどく暑い時候なので、校長も体の具合が不調だ。そのため、足繁く南神村《ドッキネーショル》にきてタクールにお会いすることができない。

聖ラーマクリシュナ「おや、来てくれたのかい。とてもいいベル（ビルヴァ）だったよ！　お前は、体の調子はどうだね？」（訳註――数日前、校長はタクールにベルの実をお届けしていた）

校長「はあ、それが――。ここ二、三日は少しいいのでございますが――」

聖ラーマクリシュナ「ひどく暑いねえ！　少しずつ氷をなめるといいよ。わたしもね、あんまり暑くて調子がわるいんだ。暑さよけにクルフィー（アイスクリーム）をやたらと食べてねえ。それで喉《のど》に固まりができたらしい。いままでに痰《たん》の臭いがこんなにわるくなったことはないよ。

マーに言っているんだ。『マー！　良くしておくれ。もうクルフィーは食べないから！』って。

それから、また後で言ったよ。『氷も食べないから！』って」

〔聖ラーマクリシュナと真実の言葉――この方の智者と信仰者の状態〕

「マーに、〝食べない〟と言ったものは決して食べない。でも、つい忘れてしまうこともある。〝日曜には魚は食べない〟と言った。それなのに、いつだったか忘れて食べてしまった。

でも、ほんとに困ってしまうよ。いつかある人に、水差しをジャウタラの方に持ってきてくれ、と頼んだことがある。ところが、その人が用足しに行ってしまったというので、別の人が持って来てくれた。

わたしが用足しに来てみると、別の人が水差しを持ってきている。その人の持ってきた水を使うわけにはいかない。どうしたらいい？　用を足した後、土をかぶせて、最初に頼んだ人が水差しを持って来るまで待っているしかなかったよ。

何もかも捨てて、マーの蓮華の御足にお花を供えて、わたしはこう頼んだよ。『マー！ さあ、あんたの神聖さをとり除いておくれ。そして、あんたの神聖でないものを取り払っておくれ。さあ、あんたの正義と不正義をもっていっておくれ。さあ、あんたの罪とあんたの徳をもっていっておくれ。さあ、あんたの善とあんたの悪をもっていっておくれ。——そしてわたしに、純粋な信仰だけをおくれ』と。でもねえ、『さあ、あんたの真実をもっていっておくれ。あんたの虚偽《うそ》をもっていっておくれ』とは、どうしても言えなかったのさ」

信者の一人が氷を持ってきていた。タクールは何度も何度も校長にお聞きになる——「うーんと、アレ、食べようかね？」

校長はうやうやしくお返事申し上げる——「はい、でも、大実母にご相談になってからでないと召し上がってはいけません」

タクールは、とうとう氷を召し上がらなかった。

聖ラーマクリシュナ「神聖とか神聖でないとかいうのは、信仰者の立場から言うことでね、智者から見たことではない。ヴィジャイの姑さんが、『私はちっとも霊的に進歩していないのですね？ だって、今だに、誰のつくったものでも食べるというわけにはいかないのですもの』と言うから、わたしはこう答えた。『誰のものでも食べさえすれば、智慧が身についたことになるのかい？ 犬は誰のものでも食べるが、犬は智者かい？』

（校長に）――わたしがなぜ、いろんな料理を食べると思う？　偏《かたよ》ってしまうと、この人たち（信者たち）をも避けなけりゃならなくなるからだよ。（訳註――いろんな料理とは、智識《ジュニャーナ》、信仰《バクティ》、行為《カルマ》などの道《ヨーガ》や他の宗教などの例え）

ケーシャブ・センにも言ったが――『もっと先に進むと、あんたは団体を率いていられなくなるよ！』と。

智者の境地から見ると、宗派だの、宗教団体だの、ああいうものはみんなウソ偽《いつわ》り――夢まぼろしなんだ。

魚を絶《た》ったことがある。はじめのあいだは辛《つら》かったが、後になるとそれほど辛くなくなった。鳥の巣を燃やすと鳥は飛び立っていく――大空に逃げていく。もしほんとうに、心の底から、体とこの世界――これは偽《いつわ》りだとわかったら、魂は三昧に入ってしまう。

前にわたしも、そういう智者の境地になったことがある。人間がイヤになったんだ。ハトコラに、何とか言う智者だったか信仰者だったかが住んでいると聞いていたんだが、何日か後で、もうその人は死んでしまったと！　そんなこともあって、もう人間がイヤになっていた。その後、あの御方（大実母）が心を下げてくだすって、信仰のことや信者たちのことに心をとめておいてくだすった」

校長は驚いて、タクールの心境の変化についての話を傾聴していた。次にタクールは、神が人間の姿をとってこの世に来られる話をお始めになった。

1885年6月13日(土)

〔アヴァターラ、または人としての活動《リーラー》——深い意味——ドゥイジャとサンスカーラ〕

聖ラーマクリシュナ「(校長に)——神が人間になって活動なさるのは、どうしてかわかるかい? それによって、人は神のことを聞くことができるわけだろう? そのことは、あの御方の楽しい遊びなんだよ。そうやって、あの御方はおいしい味をあじわっていなさるんだ。

それから、信者たちのなかにあの御方は少しずつ現れていなさる! ちょうど、長いこと吸って、やっと汁がちょっぴり出るもの——ホンの少し蜜がとれる花のようなもの。(校長に向かって)お前、この話がわかるかい?」

校長「はい、よくわかります」

タクールはドゥイジャと話をはじめられた。ドゥイジャは十五、六才で、父親は二度目の結婚をしている。ドゥイジャはたいてい校長に連れられてここに来る。タクールは彼が来ると、とてもやさしくしておやりになる。ドゥイジャは、父親が自分を南神寺《ドッキネーショル》に行かせまいとしている話をした。

聖ラーマクリシュナ「(ドゥイジャに)——兄さんもかい? わたしのことを軽蔑しているのかい?」

校長は黙っている。

校長「あなた様を軽蔑するような者たちは、世間からあと何回かひどい目に会ったら、それはなくなるでございましょう」

聖ラーマクリシュナ「継母《ままはは》だから、ぶたれることもあるんだろう」

皆、いっとき沈黙していた。

聖ラーマクリシュナ「（校長に）――この子をプールナに引き合わせるといいよ」
校長「かしこまりました。（ドゥイジャに）――パニハティに行きなさい」
聖ラーマクリシュナ「うん、わたしは誰にでも言うのさ――この人を行かせろ、あの人を行かせろ（パニハティに）、と。（校長に）――お前は行かないのかい？」
タクールはパニハティの大祭にいらっしゃることになっている。それで、信者たちにもそこに行くようにとおっしゃるのである。
校長「はい、行きたいと思っております」
聖ラーマクリシュナ「大きな舟を用意しなけりゃね――揺れてひっくり返ったりしないように。ギリシュ・ゴーシュは行くだろうかね？」
〔〝是《ハン》〟〝否《ナ》〟――Everlasting Yea（永遠のハン）――Everlasting Nay（永遠のナ）〕
タクールはドゥイジャをじっと見つめていらっしゃる。
聖ラーマクリシュナ「若いものは数えきれない位いるのに、どうしてこの子だけここに来たのかな？校長はどう思う？　――きっと、前生に何かあったんだよ！」
校長「はい、私もそう思います」
聖ラーマクリシュナ「サンスカーラ――。前の生涯で善行を積んであったんだよ。素直で正直な性格は最後の生涯に出てくる。最後の生涯では、はた目には、何か気がふれたように見えるものだ。

1885年6月13日（土）

でも、わかるかい？　――すべては、あの御方の意志なんだよ。あの御方の〝是《ハン》〟で、宇宙の出来事はすべて起こる。あの御方の〝否《ナ》〟で止まる。人間が他人を祝福するものではない、というのは何故だ？

人間の意志では何もできないからだ。あの御方の意志で、すべて起こるんだよ。

いつかキャプテンのところへ行った。途中で若い者が何人か連れ立って道を歩いているのを見たがね、そりゃ一風変った連中だったよ！　そのなかの一人は十九か二〇歳くらいで、髪を横に分けて口笛を吹きながら歩いていた！　もう一人は大きな声で、『ナゲンドラ！　クシーロド！』と呼ばわりながら歩いていた。

重いタマスの下に沈んでいる人もある――笛が吹けて、それを自慢にしているんだよ。（ドゥイジャに）――智識をもった人がなぜ、他人の批評を気にするんだ？　不動の信念で――鍛冶屋の金床のように、年中打たれてもビクともしない筈だよ。

わたしは（某《なにがし》の）お父さんを見たよ、道を歩いていた」

校長「あの人は素直な人です」

聖ラーマクリシュナ「でも、眼に赤味がかかっているね」

〔大佐《キャプテン》の性格と聖ラーマクリシュナ――プルシャ《（精神的原理）》とプラクリティ《（物質的原理）》の融合〕

タクールは大佐《キャプテン》の家に行かれたときの話をなさる。タクールのところに通ってくる少年たちを、一人残らず大佐《キャプテン》（訳註1）は批判した。多分、ハズラー先生から彼等の悪口を聞いたにちがいない。

　聖ラーマクリシュナ「大佐《キャプテン》と話をしていたんだ。わたしは、『プルシャとプラクリティなくしては、何ものも存在しない』という話をしていた。ナーラダがラーマに、『ラーマよ、この世に存在する男性はすべて、君の一部分である。そして、この目で見える女性はすべて、シーターの一部分である』と言った話――。

　大佐《キャプテン》は大そう喜んでね、こう言った――『あなた様は真実をよく理解しておられる。まことに、すべての男性はラーマの一部分であり、ラーマである。すべての女性はシーターの一部、シーターです』そう言ったかと思うと、すぐつづけて少年《こども》たちの批評をしはじめた！『あの少年たちは英国式の教育をうけていて、食べ物の区別もせずに何でも食べる。いつもあなたのところに出入りして――あれはよくありませんな。あなたにとって有害です。ハズラーはたいした人物です。あの少年たちは、あんまり近づけない方がよろしいです』と。

　わたしは先ず、『来ても、仕様がないだろう？』と言ってからそのあとで、さんざん油をしぼってやった。そばにいた彼の娘が笑い出したよ。こう言ったんだ。『俗心のある人間からは、神は遠くはるかに離れている。俗心のない人間がいたら、神はその人の手のとどくところに、うんと近くにいる』

（訳註1）大佐《キャプテン》――ヴィシュワナート・ウパッダエ氏、ネパール国籍。ネパール王の法律顧問で、王室代理人として総督府と連絡のためカルカッタに住んでいた。非常に謹厳なバラモンで、タクールの熱心な信者だった。

1885年6月13日（土）

大佐《キャプテン》はラカールのことを、『どこの家へでも行ってものを食べる』と言った。ハズラーに聞かされたにちがいないさ。わたしは言ってやったよ――『どんなに苦行したり、称名、誦経をしても、俗心のある人間はちっとも霊的に進歩しない。そして、たとえ豚肉を食べていたって、心をいつも神様のところにおいてある人は、ほんとにめでたい人だ』とね！『そういう人は、きっと間もなく神をつかむことが出来る』とも。また、こうも言った――『ハズラーは、そりゃ瞑想も称名もよくするさ。けれども、ブローカーをやって口銭《こうせん》を儲けようとしている』と。（訳註――一般にヒンドゥー社会では、聖典に従って豚肉と牛肉は食べない）

すると、大佐《キャプテン》が言った――『はあ、それはそうですね』

わたしはもっとつづけて言ったよ――『たった今、お前は世の中の男性はすべてラーマの一部であり、すべての女性はシーターの一部であると言ったくせに、その舌の根も乾かぬうちにそんなこと（少年たちの悪口）を言う！』

すると又、大佐《キャプテン》が、『そうですよ。しかし、あなたもすべての人を愛してはいないでしょう！』

わたしはこう答えた。〝水は神なり《アポ・ナーラーヤナ》〟――水は至るところにある。だが、この水は飲めるが、あそこの水は入浴用、そっちの水は便所用、という具合だ。ほら、ここにお前の奥さんと娘さんが坐っているが、わたしはちゃんと二人とも歓喜の大実母《アーナンダ・マイー》の現れだと見ているんだよ！　やっと大佐《キャプテン》は、『わかりました。わかりました。おっしゃる通りです！』と言って、またわたしの足にさわって敬意を表したよ」

お話しになりながら、タクールは笑い出された。こんどは大佐《キャプテン》の長所をくわしく話して下さった。

聖ラーマクリシュナ「大佐《キャプテン》はとても長所の多い人だ。毎日欠かさず神前のお勤めをするんだよ――家の祭神を祀って、神像を沐浴させる時のマントラも、どれだけ沢山あることか！　大佐《キャプテン》は敬虔な信者だよ――礼拝、称名、誦経、献灯、詠歌、讃歌、ありとあらゆるお勤めをするんだ」

〔大佐《キャプテン》と学問――大佐《キャプテン》とタクールの境地〕

「わたしは、大佐《キャプテン》を叱ってやったよ――『お前は本を読み過ぎるからいけない、もう読むな！』わたしの境地について、大佐《キャプテン》はこんなことを言った――『今にも飛び立とうとしている鳥のようだ』と。個霊《ジーヴァートマ》と至上霊《パラマートマ》がある。ジーヴァートマは一羽の鳥のようなもの、パラマートマは大空のようなもの――大心空《チダーカーシャ》だ。大佐《キャプテン》は、『あなたのジーヴァートマは、チダーカーシャに飛んでいってしまう。それで三昧にお入りになる』と、ハハハ……。それから大佐《キャプテン》は、ベンガル人の悪口を言ったよ――『ベンガル人は間抜けだ！　近くに宝玉があるのに気がつかない！』と」

〔在家の信者とタクール、聖ラーマクリシュナ――仕事はいつまで〕

「大佐《キャプテン》のお父さんは熱心な信仰者だったよ。イギリス軍の本部に勤めていた。戦場へ出ても、お勤めの時間がくるとちゃんとお祈りをしていたそうだよ。――片手でシヴァを拝んで、片手で剣や鉄砲を持って！

（校長に）――でも大佐《キャプテン》は、夜も昼も俗事に追われている！　彼の家に行くと、いつだって奥さんや

1885年6月13日(土)

子供に取り巻かれているよ。わたしが行くといつもそうだ！　それに、使用人がちょいちょい帳簿のようなものを持ってきて見せる。でも時々、彼の心は神様の方に向く。チフス患者のようなものだね。チフス患者は心気朦朧《もうろう》としているが、時たま正気づく！　そういうときは、〃水が飲みたい〃〃水をくれ〃などと叫ぶ。そして、すこし水を飲ませてもらうと、又無意識になる——意識がなくなってしまうんだ！　わたしが、『お前は仕事の虫だね』と言ったら、彼はこう答えたよ——『ええ、そうです。私は神様にああいうふうにしてお仕えするのが楽しいのです。われわれとしては、ああなる以外に方法はないのですから——』

わたしは言った——『でも、一生涯仕事ばかりしているつもりかい？　蜜蜂はいつまでブンブンいって飛んでいると思う？　花に止まるまでだ。蜜を吸っている時はブンブンいわないよ』すると大佐《キャプテン》は、『あなた様のように、我々みたいな者が、祭式《プージャ》やいろんな仕事を放り出せますか？』でも、彼の言うことはどうもあやふやだ。——『すべては生命のない物質《モノ》だ』と言ってみたり、そうかと思うと『すべては霊意識《チャイタニヤ》です』と言ったりする。わたしは、『生命（霊）のない物質とはどういうことだ？　あらゆるものが意識であり、霊なんだよ！』と言っているのに——」

〔プールナと校長——無理強《じ》いの結婚と聖ラーマクリシュナ〕

タクールは、プールナのことについて校長におききになった。

聖ラーマクリシュナ「プールナにもう一度会えば、わたしのこの焦《じ》れったい気持ちも納まると思うよ。ほんとに、何てかしこい子だろう！――わたしにすっかり惹かれているとみえて、『僕もあなた様に会いたくて、胸がどうにかなりそうです』と言うんだよ。（校長に向かって）お前の学校をプールナが辞めさせられてしまったから、お前、あとで困るんじゃないのかい？」

校長「もし、校主のヴィディヤサーガル先生が、〃君のためにプールナは学校を辞めさせられた(訳註2)〃とでもおっしゃったらちょっと困りますが――。でも、私にも返事のしようがございます」

聖ラーマクリシュナ「何て言うつもりだい？」

校長「こう言うつもりでございます――サードゥのもとで神を学ぶのは、少しも批難されるべきことではありません。それに先生方も、学校でこうお教えになるではありませんか――〃命を尽くして神を愛せよ〃と――」

タクールはお笑いになった。

聖ラーマクリシュナ「大佐《キャプテン》の家に若いナレンを呼んだことがある。『お前の家はどの辺だ？　行ってみよう』と言ったら、彼は、『どうぞ、いらして下さい』と言ったっけが、途中でだんだんオドオドしだしたよ――お父さんに知られたら困ると思って！（一同笑う）

（アキル氏の知人に）――えーと、あんた、ずい分見えなかったね。七、八ヶ月にもなるか――」

（訳註2）――プールナは校長の学校の生徒であったが、校長がプールナを聖ラーマクリシュナのところに連れて行くので、両親がプールナを校長の学校から辞めさせていた。

1885年6月13日(土)

知人「はあ、かれこれ一年近くになります」
聖ラーマクリシュナ「あんたといっしょに、もう一人、旦那《バーブ》が来ていなすったようだが――」
知人「はい、ニーラマニ氏《バーブ》でございます」
聖ラーマクリシュナ「その方は何故《なぜ》見えないのかな？　来なさるように言って下さい。お会いしたいから――。（その人といっしょに来た子供を見て）この子は？」
知人「この子はアッサムから来たのでございます」
聖ラーマクリシュナ「アッサムのどの辺？　どっちの方だね？」
ドゥイジャがアシュの話をした。アシュの父親が彼に結婚させようとしている。が、アシュにはその気がない。
聖ラーマクリシュナ「やれやれ、アシュは気が進まないのに、無理に結婚させようとしているのか！」
タクールは一人の信者に、長兄を敬うようにとおっしゃった――「一番上の兄さんというのは、父親と同じように尊敬するものだ」

聖ラーマクリシュナとラディカの生まれたわけ――生と死の理由《ことわり》

学者氏《パンディット》が一人、皆にまじって坐っていた。彼は北西部出身である。
聖ラーマクリシュナ「（笑いながら校長に向かって）――あの人は、たいへんなバーガヴァタ学者だよ」

校長はじめ信者一同は、一様に学者の方を見た。

聖ラーマクリシュナ「(学者に向かって)――ときにジー、ヨーガマーヤーとはどういうものですか？」(訳註、ジー――聖者、学者、修行者につける尊称)

学者がヨーガマーヤーについて一通りの説明をした。

聖ラーマクリシュナ「ラディカ(ラーダーのこと)のことを、なぜヨーガマーヤーと言わないのですか？」

学者は、これについてもどうやら答えた。

するとタクールは、ご自分でこう説明された――「ラディカは純粋無垢のサットヴァ、愛の権化だ！　ヨーガマーヤーのなかには、三つのグナ――サットヴァ、ラジャス、タマスがふくまれているが、シュリー・マティー(ラーダー)のなかには純粋無垢のサットヴァだけで、他には何もない。(校長に)――ナレンドラは今、ラディカをことのほか評価していてね、こう言うんだ。『もし、サッチダーナンダへの愛を学びたければ、ラディカを見習えばよい』と。

サッチダーナンダが自らを味わい楽しみたいために、ラディカを創りなすったんだよ。サッチダーナンダ・クリシュナの体からラーダーは出てきなすった。サッチダーナンダ・クリシュナは容器《いれもの》で、同時に自分がラディカの姿になって、内容《なかみ》――つまり、自分の甘露《しる》になっているんだ。味わいたくて――つまり、サッチダーナンダを愛して楽しみたくてそうなったんだよ。

だからヴィシュヌ派の本にはこう書いてある――〝ラーダーは生まれてから目をひらこうとしな

かった〟と。つまり――〝この目で他の誰をも見たくない〟という気持ちのあらわれだ。ヤショーダーがクリシュナを抱いてラディカを見にきた。すると、ラーダーは目を開けた。クリシュナを見るためにね。クリシュナがふざけてラーダーの目にさわった。（アッサムからきた子供に向かって）――小さな子が目を手でさわったりするだろう？」

1885年6月13日(土)

〔世間の人と純粋な少年たちとの違い〕

学者氏はタクールのところから帰る気配である。

学者「わたくし、おいとましようと思いますので――」

聖ラーマクリシュナ「（やさしく）――何か稼ぎがありますか？」

学者「バザールが不景気でございましてね、収入《みいり》がなくて！」

間もなく、学者氏はいとまを告げて帰っていった。

聖ラーマクリシュナ「（校長に）ごらんよ。世間の人と少年《こども》たちとどんなに違うかを――。あの学者は昼も夜も、カネ、カネと追い廻されている！　カルカッタへ来るのも食うがタメだ。そうしなけりゃ、家族を食べさせていけないからだ。だから、この家あの家と廻って歩かにゃならん！　いったい何時《いつ》、心を集中して神様のことを考えるんだろう！　だが少年たちの頭には、女も金もない。その気にさえなれば、神様に心を捧げられる。

少年たちは、俗っぽい大人たちといっしょにいたがらないよ。ラカールが時々言うが、俗っぽい連中が来るのを見ると、ゾッとするそうだ。

わたしがこういう境地になった最初のころは、俗人が来るのを見ると、部屋の戸や窓をピタッと閉めきったものさ！」


〔息子や娘と別れることの悲しみ——タクールの昔話〕

郷里にいたころ、ラム・マリックと大の仲良しだったがね。今は彼がここに来ても、わたしはさわることもできないくらいだ。

少年時代はラムといっしょに年中遊んでいた。いつも、いつも、いっしょにいたものさ。寝るときもいっしょだったよ。十六、七のころだった。人がこう言っていたよ。どっちかが女だったら、きっと二人は夫婦になったにちがいないって。二人で彼の家でよく遊んだものだが、あの時分のことはよく思い出す。あそこの家の親戚の人たちが、よく駕籠《パランキー》にのってやってきたものだった。駕籠《かご》かきは、〝ヒンジョラ、ヒンジョラ（よいしょ、よいしょ）〟と声を掛け合っていたよ。ラムに会いたくて、何人もの人に、来るように言ってもらったものさ。

ラムは、今はチャナクに店を持っているんだよ！　いつか来て、二日ほど泊まっていった。

ラムには子供がないんだそうだ。甥《おい》を育てたが、その子が死んでしまったそうでね、話しながら溜《た》め息をついて涙をこぼしていた。甥の死んだことが、よほどこたえたんだねえ。

それから言うには、子供がないので女房がその甥を大そうかわいがっていて、死なれてすっかりまいってしまったそうだ。彼は女房に向かってこう言った――『キチガイ女め！　今さら嘆いたとて何になる？　ベナレスへでも行く気か？(訳註3)』

自分の女房を気違い女などと言って――彼はすっかり薄まって（ダメになって）しまったんだ！　わたしは彼の体にさわることもできなかった。もう彼には何もなかったんだ」

タクールが人の悲しみについて話をしておられる間、北側の戸のそばには例のバラモン婦人が立っていた。彼女は未亡人である。しかも、たった一人の娘が立派な家にかたづいていた。夫は王《ラージャ》と称号のつくカルカッタの大地主だったのである。娘が実家に帰るときは、必ず護衛兵がついてきて、その度に母の胸は誇りでふくらむのだった。その大切な、大切な一人娘が、つい先だって亡くなってしまったのだ！（訳註、バラモン婦人――ゴラープ・マー＝ゴラープ・スンダリー・デーヴィーのこと。後にホーリー・マザーに熱心に仕えた）

そのバラモン婦人は立ったまま、ラムが甥を亡くした悲しみの話を聞いていた。彼女はここ数日間、バグバザールの自分の家から聖ラーマクリシュナのところへ泣き泣きかけこんで来たのである。この悲しみをどうにかする方法はないものか。この耐え難い悲しみからのがれる方法をタクールに教えていただきたい！　――タクールは話をお続けになる。

聖ラーマクリシュナ「（その婦人と信者たちに）――ある人が来てね、しばらく此処に坐っていてから、こう言った――『さあ、子供のお月さんのような顔を見に帰ろう』

わたしは、つい我慢ができなくなって言ったよ――『バカめ！　神様の〝月の顔容《かんばせ》〟より、自分の子供の顔の方が見たいのか！　出ていけ！』

〔生と死のことわり――魔術師の手品〕

「（校長に向かって）――いいかい、神だけが永遠の実在で、ほかはみな、その場かぎりのはかないものだよ！　人や動物、この世界、家屋敷、子供たち、一切合切が魔術師の手品なんだ！　帽子をさし出して伴奏にあわせて言うだろう――〝サァ、サァ、お立ち会い、タネも仕掛けもありませんよ！〟――覆い布をとりのけると、鳥が何羽かパッと舞い上がる！　だが手品師だけがそこにいるだけで、あとはみな、その場かぎりのものだ、今あったかと思うと、もう無い！

シヴァ大神がカイラーサ（ヒマラヤの霊峰でシヴァの玉座とされる）の御座にいなすった。従者の牡牛《おうし》ナンディーもおそばに坐っていた。そのとき、凄い音が聞こえた。ナンディーが大神に、『タクール、あれは何の音でございましょうか？』とおききすると、『あれは、下界でラーヴァナが誕生した音じゃ』――ちょっとした間をおいて、またまた恐ろしい音がした。『今度は何の音で？』とナンディーがおききすると、大神は笑いながら、『あれはラーヴァナが死んだ音じゃ』

（訳註3）〝キチガイ女め〟とは、優しく愛情を込めて〝バカ〟と言うようなもの。〝ベナレスへでも行く気か？〟は、インド人はベナレスで死ぬのが理想とされているので、悲しみのあまり死んでしまうことを心配している言葉。女房のことを気遣っているラムであるが、タクールから見れば、女房への愛着が強く、神様に心が向いていないと映ったと思われる。

1885年6月13日(土)

この世に生まれること、死ぬこと——みんな手品のようなものさ! いま在《い》たのに、もういない! 神だけが永遠の実在で、ほかはみな、はかない幻だよ。水だけが永遠の実在で、水の泡は出来たかと思うと、すぐ消える。泡は水に帰る——水から生まれて、同じ水に帰る。

神は大海のようなもの。生きとし生けるものは泡だ。あの御方から生まれ、あの御方へ帰ってゆく。子供たちは、大きな泡のまわりに五つ六つかたまっている小さい泡だ。

神だけが真実。永遠の実在。どんなかたちでも方法でもいいから、あの御方を信じ、愛し、あの御方をしっかりわがものにするよう努力しなさい。いつまでも嘆いていたって何になる?」

一同、シーンとしていた。バラモンの婦人は、「では、おいとまいたします」と言った。

聖ラーマクリシュナ「(やさしく)——もう帰るかい? ひどい暑さだよ! どうだい、この連中といっしょに馬車で帰ったら?」

今日はジョイスト月の最後の日。時間は午後三時から四時の間である。酷暑であった。信者の一人が白檀で作った新しい扇をタクールに進呈した。タクールは大そう喜ばれて、「ワァ! ワァ!」「オーム・タット・サット」「カーリー!」などとおっしゃりながら、まず、部屋のなかを飾ってある神々の絵像に向かって扇いでいらっしゃる。そうしてから校長に向かっておっしゃった。——「ほら、ほら、すてきなウチワだよ」校長も嬉しそうにそれを眺めていた。

成熟した〝私〟、或いは召使いの〝私〟

大佐《キャプテン》が子供たちを連れてやってきた。

タクールはキショリーに、「子供たちに見せてやってくれ――神殿をさ！」とおっしゃった。そして大佐《キャプテン》と話をはじめられた。

校長、ドゥイジャはじめ信者たちは床に坐っている。ダムダムの校長も来ていた。タクール、聖ラーマクリシュナは小寝台の上に北向きに坐っていらっしゃる。そして大佐《キャプテン》に、寝台の片側にきて自分の正面に坐るようにとおっしゃった。

聖ラーマクリシュナ「お前の話をみんなにしていたところだよ――どんなに信仰が篤《あつ》いか、どんなに熱心にお祈りをするか、どんなに献灯《アーラティ》をするかをね」

大佐《キャプテン》「（恥ずかしそうに）――私のお祈りや献灯のことをですか？　私ごとき者のすることを、またどうしてそんなに？」

聖ラーマクリシュナ「女と金に執着する〝私〟――その〝私〟がいけないんだよ。私は神の召使い――この〝私〟は悪くない。それから、子供の〝私〟――子供はどのグナにも支配されない。いまむずかっていたかと思うと、すぐ又ご機嫌になる。いま積木の家を一生懸命作っていたかと思うと、すぐアッサリとこわしてしまう！　神の召使いの〝私〟や、子供の〝私〟は持っていても別に害はない。こういう〝私〟は、〝私〟のうちに入らない。たとえば氷砂糖が甘いもののうちに入らないようなものだ。ほかの甘いものは病気の原因《もと》になるが、氷砂糖は胃酸をおさえてくれる。また、オームが普通の音のうちに入らないようなものだ。

この〝我〟で、サッチダーナンダを愛するようになるわけだよ。〝我〟はどうしてもなくならないからね。だから、召使いの〝私〟か、信者の〝私〟にしておくのだ。そうでないと、人は保《も》たない（生きていけない）からね。ゴーピー（牛飼い乙女）たちの愛し方はどうだい！（大佐《キャプテン》に）お前、ゴーピーの話を何か少し聞かせてごらん。お前はバーガヴァタをよく読んでいるから――」（訳註、バーガヴァタ――クリシュナ神の物語『バーガヴァタ・プラーナ』）

大佐《キャプテン》「聖クリシュナがブリンダーヴァンにおられて、何の財産も力もお持ちでなかったときに、ゴーピーたちは命をかけてあの御方を愛しました。それで聖クリシュナは、こうおっしゃったものです――『わたしは、どのようにして彼女たちに負債《おいめ》を返したらいいだろう？　ゴーピーたちは、このわたしにすべてを捧げきってくれる。体も、心も、魂も――』」

聖ラーマクリシュナは恍惚となられた。〝ゴーヴィンダ！　ゴーヴィンダ！　ゴーヴィンダ！〟とつぶやきながら、憑《つ》かれたような様子におなりになった！　ほとんど意識がないように見える。大佐《キャプテン》は驚嘆して言われた――「ドンニャ！　ドンニャ！（すばらしい！　すばらしい！）」

大佐《キャプテン》はじめ信者一同は、この霊妙な恍惚境を拝見している。タクールが平常に戻られるまでの間、彼等はただおし黙ったまま、タクールのお姿を凝視していた。

1885年6月13日（土）

聖ラーマクリシュナ「それから？」

大佐《キャプテン》「聖クリシュナは、〝ヨーギビラゴミャン（ヨーギーたちの達せられぬところ）〟――ちょうどあなた様のように、ヨーギーたちにはとどかぬところにおいでの御方なのです。しかし、ゴーピーたちはとどいた。ヨーギーたちが何年ヨーガの修行をしても、あの御方にはとどきません。ところが、ゴーピーたちは易々《やすやす》とあの御方をつかんだのです」
聖ラーマクリシュナ「アハハハ……。ゴーピーたちのところで、食べたり、ふざけたり、泣いたり、ねだったりしたからね」
〔バンキム氏と聖クリシュナ行伝――アヴァターラ主義〕
一人の信者「バンキム氏が、〝聖クリシュナ行伝〟を書いておられます」
聖ラーマクリシュナ「バンキムは聖クリシュナを尊敬しているが、シュリー・マティー（ラーダー）を尊敬しないいね」
大佐《キャプテン》「リーラーを認めないということなのでしょうか？」
聖ラーマクリシュナ「それから、情欲のようなものも、人間に必要だと言ってるそうじゃないか」
ダムダムから来た教師「バンキムは、ナヴァ・ジーヴァン（雑誌名「新生」）にこう書いていましたよ。宗教の目的は、数々の肉体的、精神的、心霊的能力を目覚めさせて増すことだ、と」
大佐《キャプテン》「〝情欲のごときものは必要である〟が、リーラー（遊戯）は認めないのですね。神が人間の姿になってブリンダーヴァンに現れたこと、ラーダーとクリシュナのリーラー、これを認めないのですね？」

1885年6月13日（土）

〔完璧なアヴァターラ――ただ本を読んだだけの智識と悟りとは別〕

聖ラーマクリシュナ「だって、そういうことは新聞に書いてないもの。彼にとっちゃ、認めるわけにはいくまいさ！　アッハッハ……。

ある人が友だちにこう言った――『一大事だよ！　昨日、××地区を通っていたら、あの家がガラガラ音をたてて倒れるのを見たよ！』すると友だちは、『ちょっと待ってくれ。新聞を見てみるから――』ところが、その家が倒壊した記事は新聞にのっていなかった。友だちは、『新聞にそんな記事は何も出ていないよ』と言う。その人は、『でも私は、この目で見たんだから――』と主張したが、友だちは、『そうかもしれんが、その日の新聞に出ていないことは信じられない』と言ったとさ。

神が人として活動《リーラー》なさる――このことを、どうしたら信じられる？　こういうことは、彼等の読む英語の本には書いていないからね！　完全なアヴァターラのことを理解させるのは、並大抵のことではないよ。そうだろう？　1m70cmの体のなかに無限が入っているという話なんだからね！」

大佐《キャプテン》「クリシュナは至聖《かみ》そのものなり。口で説明する場合に、我々は全体とか一部とか言うのです」

聖ラーマクリシュナ「全体と一部――火と火花のようなものだ。アヴァターラは信仰者のためのもので智者の為にではない。アディヤートマ・ラーマーヤナにあるが――『おお、ラーマよ！　あなたこそ一切所に遍満する霊であり、霊に満たされた一切万有である〝バチャバチョッコベデノ　トメヴァパラメッシュワーラ〟』」

大佐《キャプテン》「バチャバチョッコ（サンスクリット）、つまり、ビャパビャポック（ベンガル語）（小さなもの）」

聖ラーマクリシュナ「〝ビャポック〟とはつまり、小さい一つずつの形、アヴァターラが人間の形になっていなさるようなものだ」

自我《アハンカーラ》が破壊のもと——自我《アハンカーラ》が神への道の障害

皆、坐っている。大佐《キャプテン》やほかの信者を相手にタクールは何かと話しをしておられる。すると、ブラフマ協会のジャイゴパール・センとトライローキャが部屋に入ってきてあいさつをしてから座についた。タクールは笑いながらトライローキャの方を見ておっしゃった。

聖ラーマクリシュナ「自我《アハンカーラ》があるから神が見えないんだよ。神様の家の戸の前に、自我という形をした太い木の幹がころがっている。それを跳び越えなけりゃ家のなかに入っていけない。ある人が幽鬼《オニ》をあやつる術を憶えた。呪文をとなえるとすぐ幽鬼《オニ》があらわれて、『何をしたらいいか言ってくれ。用が言いつけられなかったら、すぐお前の首をへし折ってしまうぞ!』と言った。その人は沢山したいことがあったので、次々と言いつけて全部させてしまった。とうとう何もさせる用がなくなった。幽鬼《オニ》は、『さて、お前の首をへし折るかな?』と言った。その人は、『ちょっと待ってくれ、すぐ戻るから——』と言って師匠のところへ行って泣きついた——『先生! 大変なことになりました。これこれしかじかで、いったいこれから私はどうしたらよろしいでしょう?』すると師匠はこう教えてくれた。『こうしなさい。このちぢれっ毛を真っ直ぐにするように言いつけろ。幽鬼《オニ》は一日中それをやっているだろうよ。ちぢれっ毛が真っ直ぐになるかね? 伸ばしたかと思うとすぐ曲がる!』自我《アハンカーラ》もこの通りでね、なくなったかと思うとすぐ出てくる。

自我《アハンカーラ》をなくさないかぎり、神のお恵みはいただけない。

祝宴をする家で、ある人が出納責任者になったとする。その人が蔵にいるときは、家の主人もそこには入らない。その責任者が自分からすすんで蔵から出て帰ってしまった時には、主人はカギをかけて、それからは自分で責任をもつ。

未成年の子供たちばかりで財産を管理することができない場合は、王様《ラージャ》が後見人を任命して保護して下さる。自我《アハンカーラ》を捨てなければ、神様は責任をもって下さらないよ。

ヴァイクンタ（ヴィシュヌ神の天国）で大神ナーラーヤナとラクシュミー妃が坐っていなすった。とつぜん、ナーラーヤナが立ち上がりなすった。ナーラーヤナの足をさすっていたラクシュミーが、『タクール、どちらへお出かけでございますか？』と聞く。ナーラーヤナは、『わたしの信者の一人が大そう危ない目に遭っているから、守ってやりに行く！』とおっしゃって出て行きなすった。ところがじきにお戻りになった。ラクシュミー妃が、『タクール、ずい分早くかたづきましたのね？』と言うと、大神は笑いながら、『信者が一人、わたしへの想いでうっとりしながら道を歩いて、洗濯人の干した着物の上を踏んでしまった。洗濯人が怒って棒を振り上げて信者を打とうとしたから、わたしは助けに行ったのさ』とおっしゃる。ラクシュミーは重ねて、『で、もういいのですか？』と言うと、ナーラーヤナは大笑いしてこう言いなすったよ。『その信者が自分で、煉瓦をつかんで洗濯人を打ち返そうとしたからね（一同大笑）。それで行かなかったのさ』」

〔昔話――ケーシャブとガウリー――ソーハムの境地の後、召使いの態度〕

「ケーシャブ・センにもよく言ったものだ――〝我《ガ》を捨てろ〟と。そのことで、ケーシャブはこんなことを言ったよ――『おっしゃる通りにしますと、先生、協会をどのようにして維持していけばいいのですか？』

わたしはこう言った。『あんた、分かりが悪いね！　未熟な〝私〟を捨てろと言うんだよ――女と金に執着する〝私〟を。だが、〝成熟した私〟、つまり、〝神の召使いの私〟や〝信者の私〟を捨てろなんて言っていない。私は神の召使い。私は神様の子供――こういう〝私〟を〝成熟した私〟という。これは持っていてもちっとも悪くない」

トライローキャ「自我をなくすことは大へんな努力がいります。たいていの場合、なくなったと思っているだけです」

聖ラーマクリシュナ「自我を出さないためにといって、ガウリーは〝私〟という言葉を使わなかった――〝この人〟と言っていたよ。わたしも彼を見習って、〝この人〟と言ったものだ。〝私が食べる〟と言わずに、〝この人が食べなさる〟と言ったものさ。シェジョさんがそれを見て、ある日こう言った。――『何事ですか、ババ。あなた、どうしてそんな具合に言うんですか？　あの人たちには言わせておけばいいのです、連中には自我があるんだから――。あなたはもう自我がない。あなたはあんな言い方をする必要はないですよ』と。

ケーシャブにまたこう言った。〝私〟はどうしても追い出せないから、私は神の召使い、という気持ちになってしまいなさい――召使いだ。プラフラーダは二通りの気持ちでいた。時には、〝あなたが私〟〝私があなた〟と感じていた――ソレは我なり（ソーハム）だ。そして、我意識が出てきたときは、〝私は召使い、あなたはご主人！〟と思っていた。一度完全な〝ソーハム〟の境地になってから、〝召使いの気持ち〟も持つようになった。神の召使いだと思ってそのように振る舞っていた」

〔ブラフマン智の特徴――信者の私――仕事の捨離〕

「（校長に）――ブラフマン智に達したかどうかは、いくつかの特徴を見ればわかる。シュリーマッド・バーガヴァタに智者の四つの境地のことがでている。（一）子供のようである。（二）無生物のようである。（三）狂人のようである。（四）食屍鬼《ピシャーチャ》のようである。

五つくらいの子供のような様子になるんだよ。または気狂いみたいに振る舞うこともある。時には無生物のようになってしまうこともある。こうなると何もできなくなって、あらゆる仕事から離れることになる。ジャナカ王たちのような智者はいろんなことをしたじゃないか、と言うかもしれない。それはね、当時《むかし》の人は使用人に全部任せてしまって、何の心配もなく暮らせたんだ。それに、その当時の人（使用人）はとても信頼できたからね。

聖ラーマクリシュナは仕事を離れる話をなさったが、仕事をどうしてもしたいと思う人はなるたけ無執着の気持ちでするようにとおっしゃった。

聖ラーマクリシュナ「智慧が身につくと、あまり仕事ができなくなるものだよ」

トライローキャ「なぜでしょう？　パオハリ・ババ（訳註4）はあれほど立派なヨーギーですが、人々のもめごとの仲裁をして下さいますよ――訴訟ごとの面倒まで見てくれます」

（訳註4）パオハリ・ババ（～1898）――パオハリ・ババはベナレス近辺に暮らすバラモンの両親のもとに生まれた。若い頃にヒンドゥーの諸派を学び修めた。後に世を捨てて苦行に入り、ヨーガとヴェーダーンタの修行に打ち込んでインド中を遊行した。最後にガジプルに落ち着いてガンガー岸に地下の庵《いおり》を結ぶと、大部分の時間を瞑想に過ごした。彼はほとんど何も食べなかったことから、『霞《かすみ》を食べる聖者』の異名をとっていた。パオハリ・ババはラーマクリシュナのことを聞くと、聖なる化身として深い敬意を抱き、その写真を部屋に飾っていた。ナレンドラはラーマクリシュナ亡き後、一八九〇年一月にガジプルに来てパオハリ・ババと知り合った。ヨーガによってこの世と自分の肉体を忘れようとしていたナレンドラは、パオハリ・ババを師《グル》と仰いで指示を請いに行った。しかし、パオハリ・ババは謙虚な人柄から、来る日も来る日も受け入れてはくれなかった。ある夜ナレンがパオハリ・ババのことを考えて寝台に横たわっていると、聖ラーマクリシュナが現れて、じっと目を見つめたまま黙って戸口にたたずまれた。このヴィジョンは二十一日間繰り返された。ナレンドラは理解した。聖ラーマクリシュナに対する十分な信仰が持てないことを、みずから厳しく戒めた。そしてついに確信したことを友人に書き記している。「ラーマクリシュナに並び称される人はいません。先例のない完璧さ、万人への素晴らしい優しさ、束縛に苦しむ人々への強烈な共感は、世界のどこにも存在しません」聖ラーマクリシュナが叶えて下さらなかった祈りが一つとしてなかったこと、あまたの無礼を許し、苦悩を取り除いて下さったことに涙ながらに思い出したのだった。（日本ヴェーダーンタ協会刊『スワーミー・ヴィヴェーカーナンダの生涯／スワーミー・ニキラーナンダ著』95～96ページより引用）

1885年6月13日(土)

聖ラーマクリシュナ「ハー、ハー、そうだねえ。ドゥルガーチャラン医師《せんせい》はあんな大酒飲みで、一日二十四時間酒を飲んでいるが、仕事はたしかなものだ——患者の診療にあたるとどんな小さな間違いだってしないよ。信仰を得てから仕事をしても別にどうということはないが、とても難しいね。かなりの苦行《タパス》が必要だ!

神様があらゆることをなさるので、わたしらはただの道具だよ。カーリー堂の前でシーク教徒たちが、『神は慈悲深い』と言っていた。わたしが、『誰に対して慈悲深いんだい?』と聞くとシーク教徒たちは、『お上人《マハーラージ》、なぜそんなことをおききになる? 我々に対してにきまっているでしょう』と答えた。そこで、わたしはこう言った。『わたしらは皆、あの御方の子供だよ。自分の子供に対して、改めて慈悲とは何ごとだ? 誰だって自分の子供の面倒はみる。あの御方が自分の子供の面倒をみなさる。当たり前だ。隣の町の人でも来て世話してくれるとでも言うのかい?』とね。そうなんだよ、神は慈悲深いなんていう連中はたいてい、自分は誰の子なのか、わかっていないんだよ」

大佐《キャプテン》「ほんとに、おっしゃる通りです。神は自分の肉親だということが、わかっていないのです」

〔信者《バクタ》、礼拝《プージャ》など——神様は信者を愛していらっしゃる——完全智者《プールナジュニャーニー》〕

聖ラーマクリシュナ「じゃ、慈悲深い、と言ってはいけないのか? 修行中はそう言ってもいいんだよ。あの御方をつかんだら、自分の真実《ほんと》の親だということがハッキリわかる。神を知《さと》らぬうちは、自分たちは神とは遠い人のように感じる——誰か、よその子だと。

修行の段階では、神についてすべてを話さなければいけない。いつかハズラーがナレンドラにこう言っていた――『神は無限であり、神の力や豊かさも無限だ。あの御方がお供えの菓子やバナナを召し上がると思うかね？　君の歌をお聞きになると思うかね？　それはみな見当ちがいと言うものだ』ナレンドラは見るも無残に打ちしおれた。わたしはハズラーに言ったよ――『お前は何という悪者だ！　若いものにそんなことを言って、どうする気だ？　信仰を失ったら、人はどうやって生きて行く？　あの御方は無限の力と富をもっていなさるが、それでもあの御方は信者たちの思う通りになってくださるんだぞ！』大金持ちの家の門番が主人の集まりにやってきて、客間のドアのところでもじもじしている。手には布で包んだ何かを持っている！　主人が、『何を持っているんだね？』ときくと、門番は恥ずかしそうに、アーター（バンレイシ）を一つ布包みから出して主人の前において、――召し上がっていただきたいと思いまして……』

主人は門番の忠誠心に感じ入って、――『ホウ、いいアーターだねえ！　どこで手に入れたのかね、さぞ大変だったろう？』

あの御方は信者にしばられていらっしゃる。ドリョーダナ王が熱心に、『タクール、ぜひここでお食事をなさって下さい』と申し上げたが、聖クリシュナはヴィドゥラの小屋に行きなすった。あの御方は信者思いだから、ヴィドゥラの出した米と野菜だけの貧しい食事を、さもおいしそうに召し上がったよ！（訳註、ヴィドゥラ――『マハーバーラタ』に登場するクル族の正義の人。クル族の王ドリタラーシュトラやパーンドゥとは異母兄弟。クル族とパーンドゥ族の戦いではどちらの陣営にも参加しなかった）

1885年6月13日(土)

完全智を得た人には、まだ一つ特徴《しるし》がある。食屍鬼《ピシャーチャ》のようになることだ！　飲み食いのことにさっぱり関心がない——きれいなものと汚れたものの区別がなくなるんだよ！　完全智の人と、まったくのバカとは外見《そとみ》は同じようだ！　完全智の人は、ガンガーで沐浴するときもマントラなどをとなえないし、神前ではどんな花もいっしょくたにして神像の御足に置くし、儀式的礼拝も何もしない！」

〔仕事《カルマ》と聖ラーマクリシュナ——仕事《カルマ》はいつまで？〕

「世俗の喜びを楽しみたいという気持ちがある間は、仕事《カルマ》を捨てることはできない。世俗のことに欲があるうちは仕事はついて廻る。

一羽の鳥が汽船のマストの上にぼんやりとまっていた。汽船はガンガーを下って大海に出て行った。鳥がフト我に返ってあたりを見ると、どこにも岸が見当たらない。陸に戻ろうと思って北に向かって飛んだ。

ずいぶん飛んでくたびれてしまったが、岸が見えない。仕方なしにまた汽船のマストに戻って止まった。

しばらく経ってから鳥はまた飛び立った——こんどは東の方へ。そちらの方角にも何も見えない——ただ、海がかぎりなく広がっているだけ！　鳥はくたびれたのでまた汽船にもどってマストに止まった。しばらく休んで元気が出ると、こんどは南の方へ飛んでみた。同じように西の方へも飛んでみた。そして、どこにも岸が見当らないことがわかると、汽船のマストの上に止まったままもう飛び立たなくなった。動きもせず、ジッと止まっていた。もうそのときは心に何の焦燥感も不安もなかった。動かず、何をしようという努力もしなかった」

大佐《キャプテン》「ああ、何という例《たと》え話だろう！」

〔苦楽《ボーガ》の経験が終わると神への熱望が生まれてくる〕

聖ラーマクリシュナ「世間の人たちは幸福を求めて四方八方をうろつきまわるが、何も得られないものだから、やがてしまいにくたびれてしまう。女と金に執着して、得たものは苦しみと悲しみばかりという経験の挙げ句、離欲の気持ち、世間のことから離れようという気持ちが自然に湧いてくる。こうした経験をし尽くしてしまわないと、たいていの人は世間のことを捨てる決心がつかない。修行者のなかには二種類あってね――クティチャカとヴァファダカだ。一《ひと》ところに止まっていられないであちこち聖地をまわって歩く人がいてね、沢山の聖地の水を飲まないと落ち着かないんだ！　でも気のすむまでやると、やがて一ヶ所に掘っ建て小屋を作って住みつく。そして、安らかな気持ちになって、あれをしよう、これをしようとバタバタすることもなく、落ち着いて神様のことを考えるようになる。

この世でどんな楽しみがある？　女と金の楽しみか？　あんなものは一瞬《つか》の間の喜びだよ！　今あったかと思うと、もうない！

まあこの世は、雨期《ボルシャ》で空が雨雲でいっぱい、横なぐりの雨が絶え間なく降りしきっていて滅多に太陽が顔を出さないようなものだ！　悲しいことやつらいことばっかり！〝女と金〟の雨雲で太陽が見えない。
わたしにこう聞く人がいるよ――『先生、では、なぜこんな世の中を神はお創りになったのですか？我々には助かる方法がないのですか？』と」

1885年6月13日(土)

〔方法は？――熱心に望むこと〕
「わたしはこう答える――方法がないわけはないだろう？　あの御方にすべてを委《ゆだ》ねろ。一生懸命あの御方に祈れ。順風《おいかぜ》が吹くようにと――。諸縁如意吉祥であれと――。熱心にお願いすれば、あの御方はきっと聞いて下さるんだよ。
ある人の息子が病気で死にそうになった。その人は夢中になってあちこち治療方法をききまわった。するとあるところで、これができたらきっと治るという方法を教わった。――スワティー星座が上がったときの雨が人間のガイコツのなかに溜まる。その水を蛙が飲みにくる。その蛙を一匹の毒ヘビが追いかけてくる。蛙を咬もうとした瞬間に蛙はピョンと跳んで逃げ、ヘビの口から毒液がタラリとその水のなかに落ちる。その毒水を病人に飲ませることである。
その人は、是《ぜ》が非《ひ》でもその薬を手に入れようと決心して、スワティー星座の上がった夜、旅立った。ちょうど雨が降ってきた。その人は熱心に神に向かって願った――『神様《タクール》！　シャレコウベを恵み給え！』熱心にさがすと一つのガイコツがころがっていて、雨水が溜《た》まっている。彼は祈った――『神よ、助け給え！　また願わくは、蛙とヘビをここに与え給え！』その熱意に応えるかのように事は進んだ。

そこに一匹のヘビが蛙を追ってきて、咬もうとした瞬間に蛙に逃げられ、口にたまった毒がシャレコウベの中に落ちたんだよ。

神様におすがりして熱心に祈れば、あの御方はきっと聞きとどけて下さるとも。何事もいいようになるんだよ」

大佐《キャプテン》「何とも、すばらしい例《たと》え話ですなあ！」

聖ラーマクリシュナ「うん、あの御方が何でも都合よく運んで下さる。たとえば結婚せずにすんで、心の全部を神様に捧げられるとか、または兄弟が生活費を稼いでくれるとか、息子が成人して、もう俗事は全部その子に任せておけるとかね。そうなれば、お前は安心して十六アナ（百％）の心を神に向けることができるというものさ。でも、女と金を捨てなけりゃダメだ。あれを捨てると無智も無明も消える。ガラスレンズの上に太陽の光線を当てると、下のものは皆、燃えてしまう。しかし、部屋の中でそうしてもダメだろう。暗い部屋から外へ出なけりゃ、そうはならない」

〔神をつかんでからの世間での生活――ジャナカ王の例〕

「智慧を身につけてから世間で暮らす人もある。彼らは部屋の内も外も見ることができる。智慧の明かりで世間を見るから、良い悪いも、永遠のものも一時的なものも、みんなその明かりで見分けられる。

無智で神を信じようとも認めようともしない人たちは、土造りの部屋の中で暮らしているようなものだ。ほんのわずかな隙間から差し込む光線で、部屋の中だけどうやら見えるんだよ！　智識を得て、

1885年6月13日(土)

神を知ってから世間で暮らしている人たちは、ガラス張りの部屋にいるようなもの。部屋のなかも、部屋の外のものもはっきり見える。智慧の太陽の光は、ふんだんに部屋のなかに入ってくるからね。その人は部屋のなかのものをハッキリすみずみまで見ることができる。どれが良いか、どれが悪いか、どれが永遠のものか、どれがその場かぎりの頼りないものか――神ひとりが行為者。ほかのものは皆、あの御方の道具だ。

だから、どんな智者でも高慢でいられる筈がない。シヴァ大神の讃歌をつくっている人が、あまりうまくできたのでつい慢心してしまった。ところがあるとき、シヴァの乗物である牡牛《おうし》が歯をむき出して見せた。それを見て、彼の高慢の鼻はペシャンコになった。牡牛の歯の一つ一つが真言《マントラ》だったんだよ！　これはどういう意味かわかるかい？　真言はすべて、無限の過去から、始めなきはじめから存在していた、ということなんだよ。作者はそれを発見したにすぎないんだよ。

宗教の教師を職業にするのはよくない。神のお許しがなければ、霊的指導者《アーチャーリヤ》にはなれない。「私は教師《グル》だ」などと言っているのは至って知性の低い人間だ。天秤ばかりを見たことがあるだろう？軽い方が上に上がっている。自分を高く言う人は軽いということさ。猫も杓子《しゃくし》も先生、先生と言われたがる！　弟子になって学ぼうという人は滅多にいない！」

トライローキャは小寝台の北側に坐っていた。トライローキャが歌をうたうと、タクール、聖ラーマクリシュナは、「ああ、お前の歌はまったくすばらしいね！」とおっしゃった。トライローキャはタンプーラを手にとってまた歌いはじめた。

私は心をあなたに結びつけた
在るものはすべてあなた
私にとってはあなたしかいない
あなたは在るものすべてだから
わが心のすべてを君に捧げては
在りしものすべて君となり
或いは目路《めじ》のかぎりはすべて君
老いも若きも賢も愚も
君にあらざるものはなく
天も大地も池の底も
君のいまさぬところなし

次の歌

君はわがすべてのすべて
命の命、髄《ずい》の髄

目路《めじ》――目で見通せる範囲

1885年6月13日(土)

三界にただひとり
わがものとよび得るは君

歌を聞きながら、タクールは恍惚となられた。そして「アハー！　君こそすべて！　アア！　アア！」とつぶやいていらっしゃる。

歌は終わった。時計は六時を打った。タクールはお顔を洗いにジャウタラの方へおいでになる。校長がお伴をしてついていった。

タクールは途中、楽しそうに笑いながら、校長と話をなさった。ふと話をかえて、「どうしてお前たち、何も食べなかったんだい？　皆、どうして食べなかったんだろう？」とおっしゃった。

タクールは、信者たちにプラサードを食べさせたくてたまらないご様子だ。

〔ナレンドラと聖ラーマクリシュナ〕

今日の夕方、タクールはカルカッタにいらっしゃることになっている。ジャウタラからお戻りになるとき、校長にこう言われる――「で、誰の馬車に乗って行くんだろう？」

日が暮れた。タクールの部屋にはランプが灯り、香が焚かれた。神殿のあちこちにも明かりがついた。音楽が流れてくる。やがて、十二のシヴァ堂と、ヴィシュヌ殿とカーリー殿では献灯《アーラティ》がはじまるだろう。

小寝台の上に坐って称名と讃歌をすまされたタクールは、じっと静かに宇宙の大実母を瞑想なさっておられる。諸神殿では献灯がはじまった。間もなく、タクールは部屋のなかをあちらへ行ったりこちらへ行ったり歩きはじめられた。そして時々、信者たちと話を交わされる。

それから、校長とカルカッタ行きについていろいろご相談をなさった。

ちょうどそのとき、ナレンドラが来た。いっしょにシャラトと、あと二人ほど青年を連れてきた。彼等は部屋に入って、床に額《ぬか》ずいて師を拝した。

ナレンドラを見たタクールは、愛情があふれ出したご様子である。赤ん坊の機嫌をとるようにナレンドラの頬《ほほ》をなでて、ありったけのやさしさをこめた声でおっしゃった――「よく来たねェ！」

部屋のなかで、タクールは西向きに立っておられる。ナレンドラと青年たちはあいさつの後、タクールの正面、東向きになってタクールと話をしている。タクールは校長の方を振り向いておっしゃる――「ナレンドラが来たのに、それでも行くかい？　人にたのんで、ナレンドラに来るように言ったんだよ。どうしよう、行くかい？」

校長「さようでございますか。では、今日はおやめになっては？」

聖ラーマクリシュナ「うん、そうしよう。明日行くことにするよ。舟か、さもなけりゃ馬車に乗って――。（他の信者たちに向かって）お前たち、今日はもうお帰り、夜になったから――」

信者たちはみな、一人一人お別れのあいさつをして家に帰って行った。

第一六章　聖なる山車祭《ラタ・ヤートラ》——バララム家の礼拝室にて

一八八五年七月十三日（月）

聖なる山車祭《ラタ・ヤートラ》——バララム家の礼拝室にて

プールナ、若いナレン、ゴパール・マー

聖ラーマクリシュナはバララム家の応接間で信者たちといっしょに坐っておられる。アシャル月白文一日《ついたち》、月曜日。午前九時。

明日は山車祭《ラタ・ヤートラ》である。一八八五年七月十三日、午前九時。祭によせて、バララムはタクールをお招きしたのだ。この家には大聖ジャガンナータの神像を永代祭祀している。小さな山車《だし》もあって——山車祭《ラタ・ヤートラ》の日には外のベランダに引き出す。

タクールは校長と話をしておられる。そばには、ナラヤン、テージチャンドラ、バララムはじめ、大勢の信者たちがいる。プールナのことが話題に上がっている。プールナは十五才になる少年だ。タクールはこの少年にとても会いたがっておられるのである。

聖ラーマクリシュナ「（校長に）——えーと、あの子（プールナ）はどの道を通ってわたしに会いにくるだろうね？　お前が、ドゥイジャとプールナを引き合わせておくれ。

同じ傾向で同じ年令の人を、わたしは引き合わせることにしているんだよ。ワケがあるのさ。こう

すると二人とも進歩するんだ。プールナの情熱を見たかい？」

校長「はい、おっしゃる通りでございます。いつか私が市電に乗っておりましたら、彼は自分の家の屋根に上がっていて私を見つけまして、大急ぎで道まで下りてきて、そこからていねいにおじぎをしました」

聖ラーマクリシュナ「（目に涙をいっぱいためて）――アハー！　アー！　――この人（校長）がいちばん大切なものに手引きをしてくれなすった。神に恋い焦《こ》がれていなければ、そんなふうにはならないものだよ」

「プールナの男らしい性質――神聖な性質――苦行《タパス》のゆえにナーラーヤナは人の子として生まれる」

この三人は男らしい性質を持っている――ナレンドラと、若いナレンと、プールナとはね。バヴァナートはちがう――あれは女性的だ。

プールナのような境地だと、もうすぐ肉体をかなぐりすてることができるよ――神をつかめば、あんなもの用はない――さもなくば、しばらくしたら、（神聖な）本性を発揮するだろうよ。

神聖な性質だ。あれだとあまり人を恐れない。頭に数珠をかけたり、チャンダン（白檀）を体に塗ったり、樹脂香の匂いをかがせたりすると、すぐ三昧に入ってしまう！　――そして、自分の内奥《なか》にナーラーヤナがいらっしゃることをはっきり感じとってしまう――ナーラーヤナご自身が肉体をまとってこの世に来なすったのだということが。――わたしもそうだった」

1885年7月13日(月)

〔以前の話――霊的にきわめて優秀なバラモン婦人の三昧――ランジットの娘として生まれた大実母〕

「南神村《ドッキネーショル》でわたしが初めてこういう境地になってから何日か後に、良家のバラモン婦人が一人きた。とても優れた特質を持った人だったよ。首には数珠をかけて、香を焚《た》くとすぐ三昧に入った。少したってから大そう嬉しそうなふうになって、涙を止めどなく流しはじめた。わたしはおじぎをしてから聞いた。『マー、わたしもなれるでしょうか?』その人は、『はい!』と言った。とにかく、プールナにもう一度会いたいね。会えるだろうかねえ。あの子はたしかに神の一部分だよ。一カケラじゃなく相当な部分だ。

かしこい子だねえ！ ――成績もいいんだろう。わたしの目に狂いはなかった。すぐれた修行の結果、ナーラーヤナがその人の子供としてお生まれになることがある。郷里に行く途中にランジット・ラヤの大貯水池がある。ランジット・ラヤの家に、大実母《マー》が娘になってお生まれになった。今でもそれを記念して、チョイトロ月には年祭が行われているんだよ。そこへ行きたくてたまらないんだが――今は無理だ。

ランジット・ラヤはあの辺の地主だった。きびしい修行を神に捧げたことによって、自分の娘という形であの御方を手にいれた。彼は娘に対して、それはそれはやさしかった。娘もそのやさしさに応《こた》えて、ほとんど父親のそばから離れないほどだった。ある日、彼は地主としての用事で大そう忙しかった。娘は――子供は誰でもそうなように、『ババ（お父さん）、これは、なーに？ あれは、なーに？』と聞きながらつきまとった。父親はやさしい声で、『マー、お利口だからあっちへ行っておいで。お父さんはご用がいっぱいあるんだから――』と言いきかせたが、娘はどうしても立ち去ろうとしない。終《しま》いに彼は何の気なしに、『お前、あっちへいけ』と邪険に口走ってしまった。マーはそれを口実にして、家から出ていってしまいなすった。そのとき、一人の貝飾屋が道を通ったので、それを呼びとめて、貝の腕輪をつけた。『代金は、家のこれこれの手箱のなかにお金があるから、そこからとってちょうだい』と言ったきりそこから立ち去って、二度と姿を見せなかった。一方、貝飾屋は代金をもらうために地主邸に行き、わけを話した。娘が邸内にいないのを知った家の人々は、皆探しに走った。ランジット・ラヤは四方八方に人をやって探した。むろん、貝飾りの代金は、娘の言った箱のなかの金から支払われた。ランジット・ラヤが声をあげて泣きながら、その辺をあてもなくうろついていると、人が来て貯水池に何か見えると言う。皆して池にとんで行って見ると、貝の腕輪をした手が水の上に出ていた。あれよ、あれよ、といっている間に、それもすっかり見えなくなった。それで、今でもずっと毎年お祭をして、チョイトロ月の黒分十四日に大実母《マー》のお祭をしているんだよ。

（校長に）――みんな、ほんとにあった話だよ」

校長「はあ、さようでございますか」

聖ラーマクリシュナ「ナレンドラは、今ではこんなことも信じているよ。

プールナはヴィシュヌの要素を持って生まれている。心の中でビルヴァ（ベル）の葉を供えて拝んだら、うけつけなかった――トゥルシーの葉と白檀を供えたら、ちゃんとうけつけたからね！

あの御方はいろいろな姿で会って下さる。ある時は人間の姿で、ある時は神々しい霊の姿で――。

1885年7月13日(月)

だから、神の形も信じなけりゃいけない、どう思うね？」（訳註――ビルヴァ（ベル）の葉はシヴァ神への供え物で、トゥルシーの葉と白檀はヴィシュヌ神への供え物）

校長「おっしゃる通りでございますとも！」

〔ゴパール・マーの霊的母性――神の姿を見る〕

聖ラーマクリシュナ「カマルハティのバラモン婦人（ゴパール・マーのこと）は、いろんな霊現象を見るそうだよ！　たった一人で、ガンガーのそばにある別荘の静かな部屋に住んでいて、称名に明け暮れている。ゴパール（赤ん坊の姿のクリシュナ）がそばで寝ているんだと！（話しながらタクールは身震いなさった）想像じゃない、ほんとのゴパールが！　見ると、ゴパールの手のひらは赤みがかっているんだって！　いっしょに散歩するんだって！　自分の乳房で乳をのませるんだって！　――話もするんだよ！　ナレンドラはその話を聞いて泣いたよ！

わたしも以前は、よくいろんなものを見た。今は半三昧のときでも、あんまりそういうものを見なくなったよ。だんだん女性的《の》気分が少なくなってくるようだ。少年の気分になってきている。だから気分を内におさえて、外にはあまり出さないんだ。

若いナレンは男性的な気分だから――心がすっかり溶け込んでしまう。外面的には恍惚となるようなことはないね。ニティヤゴパールは女性的気分の持ち主だ。だから、霊的な気分になったときは、曲げたりねじったり体に反応がでる――肌の色も赤くなってしまう」

女と金の捨離とプールナたち

〔ビィノド、ドゥイジヤ、ターラク、モヒト、テージチャンドラ、ナラヤン、バララム、アトゥール〕

聖ラーマクリシュナ「(校長に) ねえ、たいていの人は、ほんのチョッピリ、チョッピリずつしか捨てられないが、彼等は何てすごいんだろう。

ビィノドは言っていたよ――『妻といっしょに寝なければならないので、落ち込みます』と。

いいかい、性交しようとしまいと、女といっしょに寝ること自体が悪い。体がこすれるし、熱くなるし！

ドゥイジャもいい境地だね。ただ体を静かにゆらせて、わたしをじっと見つめているだけだ！これは軽くみるものじゃないだろう？　心のすべてをわたしに集中すれば、あらゆることは成就するよ」

〔聖ラーマクリシュナはアヴァタータか？〕

「わたしは何だ？　――あの御方だよ。わたしは道具で、あの御方が使い手だ。この（わたしの）なかに、神そのものが宿っておいでだ！　だから、こんなに人が惹きつけられてくるんだよ。さわってやりさえすればいいんだよ！　この引力は神の引力だ。

ベルゴルのターラクが、あそこ（南神寺《ドッキネーショル》）から家に帰るとき、見えたんだよ。これのなかから炎のようなものが出てきて、彼（ターラク）の後ろをついて行ったんだよ！

1885年7月13日(月)

何日か後で、ターラクはまた南神寺《ドッキネーショル》に来た。三昧になったとき、彼の胸に足をおいた――このなかにいなさる御方がね。

ほんとに、こんな少年たちがほかにいるかね！」

校長「モヒトはなかなか秀れております。あなた様のところに、一、二度まいったはずでございますが――大学の試験に二つも通りそうなほど勉強もしておりますが、その上、神を求めること非常に熱心でございます」

聖ラーマクリシュナ「そうかも知れんが、そう高い霊階《クラス》ではないよ。体の特徴があんまりよくないもの――ぺしゃんこな顔をしている。

この連中（前出のターラクたち）は高い霊格《クラス》だ。だから、肉体を持っていること自体が、わずらわしく感じる。それに呪詛《のろい》をかけられると、あと七回も生まれてこなけりゃならないから、よくよく気をつけなけりゃね！　欲があるから肉体を着させられるんだ」

一人の信者「肉体をまとって化身されて来られた方々（アヴァターラ）にも、欲があるのでございますか？」

聖ラーマクリシュナ「アッハッハッハ、わたしだって欲がすっかりなくなったわけじゃないさ。あるサードゥが絹の肩掛け《ショール》を着ているのを見て、欲が出たよ。〝あんなのを着たいな〟って。今も欲があるよ。また、生まれてこなくてはいけないからね」

バララム「ははは……。あなた様は、絹の肩掛け《ショール》のためにお生まれになるおつもりですか？」（一

同笑う）

聖ラーマクリシュナ「アハハハハ。一つだけ正しい欲を残しておくことだ。それを想いながら肉体を捨てられるようにね。サードゥたちは四つの聖地（訳註）（チャトル・ダーマ）を廻ることになっているが、一つだけ残しておく。たいていはジャガンナータを祀ったところを残しておくんだよ。そうして、ジャガンナータを想いながら肉体を脱ぐんだ」

黄衣《ゲルアー》をまとった人が一人、部屋に入ってきておじぎをした。この人が以前からタクールのことを批難しているので、バララムはつい笑ってしまった。何でもお見透しのタクールは、バララムにおっしゃる——「かまわん、かまわん。ペテン師だとでも言わせておけ」

〔テージチャンドラの世間から離れたい願望〕

タクールはテージチャンドラと話をなさる。

聖ラーマクリシュナ「（テージチャンドラに向かって）お前に、何度も来るように言ったのに、ど

（訳註）四つの聖地——インドの東西南北に位置する聖地で四大神領（チャトル・ダーマ）と呼ばれ、ヴィシュヌ神の化身によってインドが護られているとされる。東はジャガンナータ（〝世界の主〟の意でクリシュナのこと）を祀ったジャガンナート寺院のあるオリッサ州のプリー、西はクリシュナを祀ったグジャラート州のドゥワラカ、南はラーマを祀ったタミル・ナードゥ州のラーメーシュワラム、北はナーラーヤナを祀ったヒマラヤ山中ウッタラーカンド州のバドリーナート。

うして来ないんだ？　うん、瞑想やお祈りをちゃんとしていればわたしはうれしいんだけど――。わたしはお前を、身内のように思っているから呼ぶんだよ」

テージチャンドラ「はい、会社に出なくてはなりませんで――。非常に多忙でございまして――」

校長「お宅で婚礼があったものですから、十日も会社を休んでおられたのです」

聖ラーマクリシュナ「やれやれ、暇がない、暇がないか！　今しがた、世間から離れたいと言っていたっけが……」

1885年7月13日(月)

ナラヤン「校長先生がいつかおっしゃいました――ワイルダネス・オブ・ジス・ワールド（Wilderness of this world『この世は荒野のようなものだ』）と」

聖ラーマクリシュナ「（校長に）――お前、あの話をしてやると生徒たちのためになるよ。弟子が薬をのんで仮死状態になっているところへグルがやってきて、家族のものたちにこう言う。私の持っている薬をのませればその人は生き返る。でも、先に家族の誰かがのまなけりゃならない。病人は助かるが、先に薬をのんだ人は死ぬ、という話。（訳註――この例え話は一八八五年五月九日に詳しい記述あり）

それからあの話もしてやれ！　曲げたりねじったり――例のハタヨーギーが、妻子は完全に自分に属するものと思い込んでいた話を――」

昼食には、タクールは大聖ジャガンナータにお供えした食物を召し上がった。バララムの家では、毎日欠かせず家の祭神であるジャガンナータの像を礼拝している。それで、タクールはいつも、「バララムのところの食物は清浄だ」と言っておられる。食後、しばらく休息なさった。

午後、タクールは、信者たちとさっきの部屋に坐っておられる。カルタバジャ派のチャンドラ氏と、機知《ウィット》に富んだバラモンが同席していた。そのバラモンは、何やら道化師のような感じのする人で——何か言うたびに、皆はつい笑い出すのだった。

タクールはカルタバジャ派について、いろいろとお話をなさった。——形、姿（自分の本当の姿）、経血、精液、食べ物などについて。

〔タクールの恍惚——アトゥールとテージチャンドラの弟〕

六時になった。ギリシュの弟のアトゥールとテージチャンドラの弟が来た。タクールは殆ど三昧に入っておられる。間もなく、恍惚としたままでおっしゃった。——「意識を思っていて無意識になるかい？　神を想っていて、誰か気が狂った人がいるかい？　——あの御方は知覚そのものの姿なんだ。永遠の、純粋な、知覚そのものの姿だ！」

はじめての客人たちのなかには、「あまり神を想いすぎて、タクールは頭がおかしくなったのではないか？」と思った人も、あるいはいたかも知れない。

〔前進せよ——クリシュナダーンの冗談話〕

タクールはクリシュナダーンと名乗るおもしろいバラモンと会話をなさる——「一日中、つまらない冗談口ばかりたたいて、時間をムダにしているんだねえ。その時間を神の方に向けたらどうかね？

1885年7月13日(月)

塩を測れる人は、砂糖も測れるよ」

クリシュナダーン「あなた様、どうか私を引っ張って下さい！　ははは……」

聖ラーマクリシュナ「わたしがどうすると言うのだ。すべてはお前の努力次第だよ。〝これはマントラに非《あら》ず――いざ、心は汝の心なり！〟（訳註――これは、「マントラ＝真言」という言葉を、「モン＝心」と「トール＝汝の」という言葉に引っかけたベンガル語の言葉遊び）

つまらない冗談は止めて、神の道に前進しろ。もっと、もっと。――ほーら！　坊さんが木こりに、もっと先へ進めと言ったよ。最初に白檀の木を見つけた――その先に銀の山――その先に金の山――その先にダイヤや宝石がザックザック！」

クリシュナダーン「この道には終点がありません！」

聖ラーマクリシュナ「平安《シャーンティ》になったら、そこが〝休止〟だ」

タクールは一人の新来者についてこう言われた――「あの人の中には、何も根性らしいものが見えない。まるで腐《くさ》ったリンゴみたいに、まったく価値がない」

日が暮れた。部屋にはランプがつき、タクールは宇宙の大実母を想い、甘い声で称名しておられる。信者たちが周りをかこんで坐っている。

明日は山車祭《ラタ・ヤートラ》だ。タクールは今夜、この家にお泊まりになる。

奥の部屋で軽食を召し上がってから、又、広間に戻ってこられた。もう十時になるだろう。タクールはモニに、「あの部屋（西の部屋）からタオルを持ってきておくれ」とおっしゃった。その小さな

第16章　聖なる山車祭《ラタ・ヤートラ》——バララム家の礼拝室にて

部屋にタクールの寝床が準備してある。十時半になり、タクールはお休みになった。

暑い季節である。タクールはモニに、「ウチワを持ってきて扇いでくれないか」とおっしゃった。

十二時ころ、ふと目を覚まされて、「涼しくなった、もういいよ」とモニにおっしゃった。

一八八五年七月十四日（火）

山車《ラタ・ヤートラ》祭りの日、バララム家におけるタクールと信者たち

今日は神聖な山車《ラタ・ヤートラ》祭り、火曜日。タクールは早々とお起きになって、ひとりで舞われながら甘い声で称名しておられる。

校長が入ってきてごあいさつ申し上げた。つづいて他の信者たちも到着し、ごあいさつをしてからタクールのそばに座を占めた。タクールはプールナに会いたくて焦《じ》れ焦《じ》れしていらっしゃる。校長の顔を見るや否《いな》や、すぐ彼のことをお聞きになった。

聖ラーマクリシュナ「お前、プールナに会って、何か教えてやったかい？」

校長「はあ、チャイタニヤの伝記（チャイタニヤ・チャリタームリタ）を読むようにと言っておきました。チャイタニヤのいろんな挿話をよく知っておりますが——。それからあなた様が、真実をつかんでいるように、とおっしゃっておられましたが、そのことも話しました」（訳註、チャイタニヤ・チャリタームリタ——平凡社・東洋文庫より「チョイトンノ伝1・2」として邦訳あり）

聖ラーマクリシュナ「それで、〝このかたはアヴァターラだ〟というようなことを聞かせたら、何と言ったかね？」

校長「私は、『チャイタニヤ様《デーヴァ》のような御方に会いたければ、ついておいで——』と、そう申しましたのです」

聖ラーマクリシュナ「そのほかには？」

校長「あなた様のおっしゃった、あの話も——小さな水溜まりに象が入れば、水は四方八方に飛び散る——容量の小さい器の場合は、霊的感情《バーヴァ》が表にあふれ出る、という話です。彼が魚を断ったことで、私は申しました。『どうしてそんなことをするんだね？　家の人たちがワーワー騒いで騒動になるだろう』と」

聖ラーマクリシュナ「そりゃよかった。自分の霊的感情《バーヴァ》は、なるたけ奥の方にしまっておく方がいいのだ」

〔地震と聖ラーマクリシュナ〕

朝の六時半である。バララムの家を出て、校長はガンジス河に沐浴に行った。途中、突然地震を感じた。すぐさまタクールのそばにとって返した。タクールは応接間で立っておられた。信者たちも皆、立ち上がっている。皆、地震の話をしている。かなりの揺れ方だった。大方の信者は恐ろしそうにしていた。

校長「みんな、階下《した》に行った方がいいでしょう」

1885年7月14日(火)

〔昔の出来事――聖ラーマクリシュナとアッシン月の嵐――一八六四年十月五日〕

聖ラーマクリシュナ「どんな豪邸でも、その人が住んでいる家（肉体?）が持つ、言わば運命みたいなものがあるからね。それにつけても、人間は自我《アハンカーラ》がつよいなあ。（校長に）――アッシン月の嵐のことを憶えているかい?」

校長「はい、憶えております。ずっと年少のときで――九つか十でございましたか――部屋にひとり閉じこもって、神々の名を呼んでおりました!」

校長は内心驚いた――タクールが急にアッシン月の大嵐のことをお聞きになったのは何故だろう? 私がひとりで泣きながら神に祈っていたのを、タクールは全部ご存じで、それを私に思い出させて下すったのだろうか? このかたは、私の生まれたときからグルとして見守っていて下さったのか?

聖ラーマクリシュナ「南神村《ドッキネーショル》では晩方だったが――でも、寺ではどうやらこうやら食べものの支度もできた。木がみんな根こそぎになってしまってね。だからさ、どこに住んでいるかは、その人の定まった運命なんだよ。

しかし、完全智《プールナ・ジュニャーナ》を得ていたなら、死ぬも殺すも同じことだ。死んでも、何も死んじゃいない――殺されたといっても、何も死んではいない。(原典註)永遠の遊戯《リーラー》だ。それの一つの相《すがた》が永遠不動で、もう一つの相《すがた》がリーラーなんだよ。変化活動の形がこわれてしまっても、永遠が実在している。水は静止していても水だし、波立っていても水だ。波が静まっても同じ水だ」

タクールは再び、応接間に信者たちといっしょにお坐りになった。マヘンドラ・ムクジェー、ハリ氏、若いナレンはじめ、大勢の青年信者たちが坐っている。ハリ氏は一人で住んでいて、ヴェーダーンタ哲学を勉強している。年令は二十三、四である。結婚はしていない。タクールは彼を非常に愛していらっしゃる。いつも、〝来い、来い〟とおっしゃるのだが、彼は孤独を愛しているので、タクールのところへはあまり行かないのである。（訳註、ハリ――ハリナート・チョットパッダエ（1863～1921）――後のスワミ・トゥリヤーナンダ）

聖ラーマクリシュナ「（ハリに）――どうしたい、お前！　ずいぶん来ないじゃないか！」

〔ハリ氏への教訓――不二一元論《アドヴァイタ》と条件一元論《ヴィシシュタ・アドヴァイタ》――大覚智《ヴィジュニャーナ》〕

「あの御方は、永遠不動《ニティヤ》の相《すがた》と、変化活動《リーラー》の相《すがた》とをもっていらっしゃる。ヴェーダーンタでは何という？　――ブラフマンは真実在、宇宙世界は虚仮、と言ってる。だが、〝信者の私〟を残しておいて下さる間は、リーラーも真実在だ。〝私〟をあの御方がすっかり拭き取って下すったら、そのときは、〝ジャ　アチェ　タイ　アチェ（ベンガル語『在るものが在る』）〟。口では言えない。〝私〟を残しておいて下さる間は、すべてを受けいれなければならない。バナナの木の外鞘《かわ》をむいていくと、木髄《しん》に

（原典註）ナーヤン　ハンティ　ナ　ハンニャテー『殺しも殺されもしない』
ナ　ハンニャテー　ハンニャマーネー　シャリーレー『肉体は殺されても、彼は決して殺されない』
――ギーター2・19～20――

1885年7月14日(火)

なる。しかし、外鞘《かわ》があるから木髄《しん》があるんだ。木髄《しん》があるからこそ外鞘《かわ》があるのさ。外鞘《かわ》あっての木髄《しん》、木髄《しん》あっての外鞘《かわ》だ。ニティヤのことを言うときは、必ず、リーラーがあることがわかっている。リーラーといえば、必ずニティヤの存在が前提となっている。

あの御方が生物世界になっていなさるんだ、宇宙存在の二十四原理になっていなさるんだよ。静止しているとき、あの御方をブラフマンという。創り、保ち、壊すとき――あの御方をシャクティという。ブラフマンとシャクティは不異《おなじ》だ。水は静かでいても水――。大波、小波が起こっても水――。〝私〟の感じは無くならないよ。〝私〟の感じがある間は、生物世界が虚仮だなどと言えたものではない！ ベルの実の皮やタネをとってしまったら、ベルの実の目方は測れない。

煉瓦、石灰、煉瓦粉で屋根はできている。その同じ煉瓦と石灰と煉瓦粉で、階段もできている。ブラフマンがあるから生物世界があるんだよ。

信仰者たち、大智者（ヴィジュニャーニー）たちは、無形の神と有形の神の二つとも受けいれる。――形のないものと形のあるものと、二つとも認める。信仰の凍らせる力で、あの無限のサッチダーナンダ海にいくつかの氷ができる。そして、智慧の太陽が昇ると、その氷が溶けてもとの水になる」

〔分別が終わり心が無くなることとブラフマン智〕

「心で分別《かんがえ》している間は、〝永遠なるもの〟にとどかない。心でどれほど分別したとて、この世界から逃げだす道はない。――色、味、香、触、音、こうした感覚器官の対象から逃げだすことはできない。分別が止《や》んだとき、ブラフマン智だ。この心ではアートマンはわからない。アートマンでこそアートマンがわかるんだよ！　純粋な心、純粋な知性、純粋なアートマン、この三つは同じものだ。

ごらん、一つの品物を見るのでさえ、どれほどのものが必要か。――目がいる、光がいる、それから心がいる。この三つのうち一つが欠けても物は見えない。この心が作用している間は、どうして言えるかね、世界もない、私もない、なんてさ？

心が無くなって確信《サンカルパ》も疑問《ヴィカルパ》も消え失せて三昧に入る――ブラフマン智に達する。けれども、サ・レ・ガ・マ・パ・ダ・ニー、のニーの音を長い間出しているわけにはいかない」（訳註、サ・レ・ガ・マ・パ・ダ・ニー――インドのドレニファソラシド）

〔若いナレンに対する教訓――見神のあと知り合いになる〕

若いナレンの方をごらんになって、タクールはおっしゃる。

「神さまはいらっしゃる、とただ感じているだけで何になる？　神を見た、というだけですべてだと思ったら大間違い。

あの御方を部屋に連れてこなけりゃいけない――そして、知り合いにならなくちゃいけない。

牛乳の話を聞いた人、牛乳を見た人、牛乳を飲んだ人。

王様の姿を見た人は何人かいるだろう。しかし、王様を自分の家にご案内して接待できる人は一人か二人だ」

校長はガンジス河に沐浴に行った。

以前の話――カーシーでシヴァと黄金のアンナプルナの姿《ダルシャン》を見る――シャーラグラーマという形をとって宇宙を見ること

十時を打った。タクールは信者たちと話しておられる。校長はガンジス河で沐浴をしてきて、タクールを拝してからおそばに坐った。

タクールは恍然《こうぜん》とした霊気に満たされて、あふれるようにお言葉が流れ出す。時おり、非常に深遠なさとりの言葉をぽつりぽつりと話される。

聖ラーマクリシュナ「シェジョさんとカーシーへ行ったとき、舟がマニカルニカのガートのそばを通ったおり、とつぜん、シヴァ大神のお姿を見た。わたしは舟のふちのところに立ったまま三昧に入った。船頭たちがフリダイに、『つかんでいろ！　つかんでいろ！　さもないと水の中に落ちるぞ！』と言ったよ。ガートのところに、おごそかな様子で立っていなすった。はじめのうちは遠くに立っていなすったが、それからわたしのそばへ来て、それからわたしの中に入ってしまいなすったよ！

半三昧のなかで、一人のサンニヤーシンがわたしの手をつかんで連れて歩いていた。二人はある寺に入った。――そこには黄金まばゆいアンナプルナのお姿《ダルシャン》を見たよ！

あの御方がすべてのものになっていらっしゃるんだが――あるものにはとてもたくさん現れていらっしゃる。

（校長に）――きっとお前は、シャーラグラーマを信じないだろうね。――イングリッシュマンはこういうものは信じないから、信じようと信じまいとかまやしない。良い印のシャーラグラーマ――円盤の形をしたのや牛の口の形をしたのや、ほかにもいろいろ良い印があって――それで神の象徴として礼拝されるんだよ」（訳註、シャーラグラーマ――ヴィシュヌ神の象徴とされる黒い石〈アンモナイトの化石〉）

校長「はい。良い特徴《しるし》を持った人のなかに、神が多く顕われているのと同じことでございましょう」

聖ラーマクリシュナ「ナレンドラは以前には、〝錯覚だ、錯覚だ〟と言っていたが、今はみんな信じてくれる」

神を見る話をなさりながら、タクールは前三昧状態になられ、やがて三昧にお入りになった。信者たちは押し黙ったまま、じっとタクールのお姿を拝見している。かなり経ってから、気分をややお下げになって話しはじめられた。

聖ラーマクリシュナ「（校長に）――まあ、何というものを見たことか。一つのシャーラグラーマが宇宙なんだ！　――そのなかに、お前の二つの目があるのを見たよ！」

校長はじめ信者たちは、この驚くべき悟りの言葉――今までに聞いたことのないすばらしい言葉を驚嘆して傾聴していた。このとき、もう一人、若い信者サーラダーが入ってきて、タクールを拝してから席についた。（訳註、サーラダー――サーラダー・プラサンナ（1865～1915）――後のスワミ・トリグナティターナンダ）

聖ラーマクリシュナ「（サーラダーに）――どうして南神寺《ドッキネーショル》に来ないんだね？　カルカッタにわたし

が来たときも、なぜ来ないんだ？」

サーラダー「私は知らせを受けませんでしたので――」

聖ラーマクリシュナ「こんどはお前に、ぜひ知らせよう。（校長に）――名簿をひとつ作ってくれ――若い連中のをさ。ハハハ……」（校長はじめ信者たち笑う）

1885年7月14日（火）

〔プールナの消息――ナレンドラに会ってタクール喜ぶこと〕
サーラダー「家の人たちが結婚させようとするのです。この方（校長）が結婚のことで、何度も、何度も僕たちに注意して下さいました」
聖ラーマクリシュナ「今ごろなぜ、結婚しなけりゃならないんだね？（校長に）――サーラダーの心境はとても進んだよ。前は、魚釣りのときエサばかり取られて恥ずかしがっているような感じで、何となく煮えきらないでオズオズしていたが、今は活き活きとして嬉しそうな顔をしている」
タクールは信者の一人におっしゃった。――「お前、どうだろう。いちどプールナを連れてきてくれないかねえ？」
こんどはナレンドラが到着した。タクールはナレンドラに飲み物をのむようにとおっしゃった。ナレンドラを見て、嬉しくてたまらぬご様子だ。ナレンドラに何か食べさせるのが、何か大神ナーラーヤナに仕えておられるように見える。彼の体を軽く押すようにしてさすったり、手や足を、さも大事そうに撫《な》でたりしていらっしゃる！（訳註――信者の体を押すのはエネルギーを注いでいるらしい）ゴパール・

マー（カマルハティのバラモン婦人）が部屋に入ってきた。タクールはバララムに、カマルハティに使いをやってゴパール・マーを呼ぶようにと、おっしゃったのである。それで彼女は来たのだ。ゴパール・マーは部屋に入るや否や、「私はうれしくて涙が出ます！」と言うなり、床に額《ぬか》ずいてタクールを拝した。

聖ラーマクリシュナ「おや、どうした。お前はわたしをゴパールだと言っているのに――それでもそんなにしてあいさつするのかい？

行って――奥へ行って、料理を作っておくれ。うんと香辛料《スパイス》を入れて――ここまで匂ってくるようにね」（一同笑う）

ゴパール・マー「ここのお宅の方々が、どうお思いになるでしょうか？」

今はじめて来た人間が、別なやり方で料理をするなどと言いだしたら、この家の人たちは何と思うだろう――ゴパール・マーは、このように心配したのである。

奥へ行く前に、ゴパール・マーはナレンドラに言った――「ババ！　私は達成できているのかしら、まだまだ残りがあるんでしょうか？」

今日は山車祭《ラタ・ヤートラ》りなので、当家の祭神、大聖ジャガンナータの礼拝はすこしおくれていた。タクールは奥の間に案内されて食事をなさることになった。婦人の信者たちが奥で待ちかねていることだろう――タクールにお会いして、ごあいさつをしようと。

タクールには、大勢の婦人信者がいる。しかし、タクールはその話を男性信者にはあまりなさらない。

1885年7月14日（火）

誰かが女性の信者のところに出入りしていると、「あまり行ってはだめだよ、堕落するぞ！」と注意なさるのが常である。時折、こんなこともおっしゃるのだ――たとえ、地面を転がりまわるほど熱心な信仰を持った女でも、出入りしてはいけない。男性の信者と女性の信者は別々にしておきたい、とタクールは思っておられるのだ。その方が両方のためになる、と。それから口ぐせのようにおっしゃるのは――「女性信者のゴパール思い――男性信者を息子のように思う――あの態度はあまりよくないよ。その〝息子〟から、ある日突然危険な関係になるのだ」

バララム家の山車祭り《ラタ・ヤートラ》――ナレンドラたちと楽しいキールタン

午後一時なった。タクールは昼食の後、再び応接間で信者たちといっしょに坐っておられる。一人の信者がプールナを連れてきた。タクールは大喜びで校長に向かって、「ほーらね！　プールナが来たよ」とおっしゃった。ナレンドラ、若いナレン、ナラヤン、ハリパダたち大勢がタクールのそばに坐って、タクールとお話をしている。

〔自由意志と若いナレン――ナレンドラの歌〕

若いナレン「あのう、僕たちには自由意志があるのでしょうか、ないのでしょうか？」

聖ラーマクリシュナ「〝私〟というのは誰なのか調べてみろ。〝私〟を探しているうちに、〝あの御方〟につきあたるよ！〝私は道具であなたが使い手〟さ。手紙を持って店屋に使いに行く支那人形《シナ》（ロボット）のことを聞いたことあるだろう！　あれだよ。神だけが行為者《カルター》だ！　自分は道具にすぎないんだ、とよく知った上で、行為者のように行動しろ。

ウパーディ（訳註1）がある間は人間は無智だ。〝私は学者だ〟、〝私は智慧者だ〟、〝私は金持ちだ〟、〝私は有名人だ〟。――私は主人だ、私は親だ、私は先生だ――こういうのはみんな無智から起こる錯覚だよ。〝私は道具、あなたが使い手〟――これが智慧だ。ここへくると、あらゆるウパーディはなくなる。木が燃え落ちてしまうと音がしなくなる。熱もなくなる。何もかも気持ちよくなる！　シャーンティ（平安）、シャーンティ、シャーンティ！

（ナレンドラに）――何か歌ってくれないか」

ナレンドラ「僕はうちへ帰ります。用事がたくさんあるので――」

聖ラーマクリシュナ「そうかい、坊や、わたしらの言うことなんか聞く必要ないものね？〝金の耳輪をした人の言うことならば、さァ聞こう。ボロ着た人の頼みなぞ、わたしゃ聞く耳持たないよ〟か。

（一同爆笑）

お前、グハ家の別荘には行けるんだね！『今日は、ナレンドラはどこに行ってるんだ？』と人に聞くとたいてい、『グハ家の別荘に行っております』という返事だ。――こんなこと言うつもりじゃなかっ

（訳註1）ウパーディ――肩書きや称号など、無智のためにアートマンの上に重ねられた限定。例えば――〝私は学者だ〟〝私は何某の息子だ〟〝私は金持ちだ〟〝私には身分がある〟――これによって俗世間に縛られている。

たけど、お前があんまり邪険な口をきくから――」

ナレンドラはしばらく黙っていた。やがて、「楽器もなしに歌うんですか?」と言う。

聖ラーマクリシュナ「坊や、ごらんの通りの状態だ。これでよかったら歌っておくれ。これがバララムのやり方なんだから!

バララムはこう言ったよ。『あなた様、カルカッタには舟でおいで下さいまし――。馬車には必要なときだけお乗り下さいまし――』(一同大笑)(訳註――舟賃の方がはるかに安い。バララムは節約家なのである)

今日はたいへんなごちそうを振る舞ってくれた。だから、午《ひる》過ぎからは、皆して踊らにゃなるまい、ハッハッハ……。

いつかここから帰るとき、馬車をやとってくれた。――代金は十二アナだという。わたしは安過ぎやしないかと思って、『十二アナで南神村《ドッキネーショル》まで行くかい?』と聞いたら彼は、『じゅうぶんでございます』と言う。道の途中で片っ方の車が壊れてしまった(一同吹き出す)。おまけに、馬がときどき立ち止まる。なかなか歩こうとしない。馭者《ぎょしゃ》がやたらに尻を叩くと、その分だけちょいと走る!(爆笑)――あとでラムが長太鼓《コール》をたたいて、それに合わしてわたしらが踊ることになっているが、ラムは全然リズム感覚がないんだよ(一同大笑)。バララムの考えはね、あなた方、どうぞご自由に歌ったり踊ったり、お楽しみ下さい、というわけだ」(一同笑う)

ほかの信者たちも食事を終えて、だんだん集まってきた。

マヘンドラ・ムクジェーが遠くの方からおじぎをしているのを見て、タクールは礼を返された。

――その上もう一度、イスラム教徒のようにサラーム（右手を額に当てて体をかがめる礼）をなさった。傍に坐っている青年信者に、「『サラームをなさいましたよ』と、あれに言ってやれ。オルコット（オーライ）、オルコット（訳註2）（オーライ）――」（一同大笑）

在家の信者たちは、それぞれの家族を何人も連れてきていた。家族のものたちは、タクールにお目にかかるのを切望していた。そして、祭りの山車《だし》の前で、タクールが楽しそうにキールタンをなさるのを拝見したがったからである。ラムも来たしギリシュも到着した。青年信者たちも大勢来ていた。

やがて、ナレンドラが歌をうたいはじめた。

（一）ハリの名呼ぶと涙が落ちる
　それはいつの日　いつなれる？

（二）大実母《おんはは》よ　御身《おんみ》の形なき美は
　深き闇にこそ　きらめきわたる

一八八四年五月二十五日に全訳あり

（訳註2）マヘンドラ・ムクジェーは金持ちだったので人からお辞儀をされることが多く、そのたびに英語で、〝オーライ、オーライ〟と応えていたのをタクールが真似をしたのであるが、タクールは英語の〝オーライ〟を〝オルコット〟となまって発音していた。

故にヨーギーたちは高山の洞穴に
行きて深き禅定に入るなり

一八八五年二月二十二日に全訳あり

バララムは今日、キールタンの準備をしてあった——ヴァイシュナヴァチャランとベノワリのキールタンである。今度はヴァイシュナヴァチャランが歌った。

聖なるドゥルガーの御名を常にとなえよ
ドゥルガーのほかに汝の悲苦を救うものなし

歌を少し聞くうちに、タクールは三昧に入られた！　立ったままの三昧である！　若いナレンが笑顔でお体を支えている。やがて、全く不動になった！　部屋中の信者たちは、驚いて声もなく凝視している。女性信者たちは、竹で出来た簾《すだれ》のすきまから拝見している。大神ナーラーヤナが人間の肉体をまとって、信者たちのためにここに来られたにちがいない！　どのようにして神を愛したらいいのか、きっとそれを教えるために此処《ここ》においでになったのだ！

神の名をとなえながら、タクールは三昧から下りていらっしゃった。席にお着きになると、ヴァイシュナヴァチャランは再び歌いはじめた。

1885年7月14日(火)

一八八四年九月六日に全訳あり

（一）さあヴィーナに合わせて
　　ハリ、ハリと称《とな》えよう
（二）空しき日月過ぎ去りぬ
　　ハリを知らざる我なりし

こんどは、もう一人の歌い手であるが歌う。ところが歌いながらすぐ、〝アー！　アー！〟とためいきをついては、床に額《ぬか》ずいてタクールを拝む。そのため、聴衆のなかには笑う者あり、イラつく者あり。

午後になった。いよいよ大聖ジャガンナータの小さな山車《だし》が、花やいろいろな旗で飾られてベランダに引き出された。ジャガンナータ神とスバドラー神、バララーマ神の像は、白檀のペーストをたっぷり塗られて、美しい衣装や花の輪飾りで申し分なく荘厳されていた。タクールはベノワリのキールタンを聞くのをおやめになり、山車《だし》といっしょに行進してベランダに出られた。――信者たちも後につづいた。タクールは山車《だし》の綱をとって少しお引きになった。そして、山車の前で信者たちと歌ったり踊ったりしておられる。いろいろな歌にあわせて、タクールは踊っていらっしゃる。

　ハリの名呼んで涙を流す

1885年7月14日(火)

あの二人の兄弟が来たよ！
追っても打っても神の愛を話す
あの二人の兄弟が来たよ！

一八八三年六月十八日に全訳あり

それから――

ゆらゆら　ゆらゆら　河《ナディア》の上
ガウルの愛の波が立つ

――

神の山車《だし》が鎮座するベランダで、歌と踊りはつづく。声高なキールタンの調《しら》べと長太鼓《コール》の音を聞きつけた外の人々が、大勢ベランダのところまで入って来た。タクールはハリの愛にすっかり酔ってしまわれた！　信者たちも愛に狂ったようになって、いつまでも踊っている！

ナレンドラの歌――タクールの恍惚の踊り

神の山車《だし》の前でキールタンを歌い踊った後、タクール、聖ラーマクリシュナは部屋に戻ってお坐りになった。モニ（校長）はじめ信者たちは、タクールの足をさすった。

ナレンドラは霊的高揚をおさえきれず、タンプーラ（伴奏用弦楽器）を手にとって再び歌をうたいはじめる──

（一）おいで大実母《かあさん》　おいでよ　かあさん
心の女　命の人形
胸の蓮座にきてお坐りよ
あなたをじっくり眺めてみたい

生まれてこのかた　苦労の重荷
お前を想ってここまで耐えた
胸の蓮《はちす》の花びらあけて
さあ　そのお顔を見せとくれ

（二）大実母《マー》よ　あなたはすべてのものの瞳《ひとみ》
三つのグナを支える至上の御方
われらの上に慈悲かぎりなく
注ぎて常に苦を除き給う

1885年7月14日(火)

あなたは水に　あなたは大地に
すべての元《はじ》め、すべての根に在し
生きとし生けるもののなかに住みて
さまざまの形とり給う無相の原理

日毎の勤行《つとめ》に　誦経のなかにいて
あなたはこの世界を支える御方
世々のはてなき海を泳ぐ我を
ひろき心もて　導きたもう

(三)君こそ　わが生涯の北極星
この世の海を航《ゆ》くわれは
再び迷うことはなし

一人の信者がナレンドラに、「君、あの歌をうたいませんか？〝大実母よ、あなたは私のなかの導き手。いつも胸の奥ふかく、目覚めています！〟」

聖ラーマクリシュナ「だめだめ！　こんな時にあんな歌なんて！　今は喜びの歌をうたうんだよ――〝シャーマよ、天上の美酒に酔う女神よ！〟」

ナレンドラは歌った――

いつもごきげん　シャーマ大実母《かあさん》
天のうま酒に酔いしれて
ふざけて遊んで何でも壊し
愛の神にはチラリと流し目
壊してまた生む大実母《おかあさん》

ナレンドラは法悦に狂ったように次から次へと歌った――

胸の蓮《はちす》に住む大実母《はは》は
とこしえの　梵のお妃《きさき》

タクールも神愛に酔って恍惚となり、踊り、そして歌っておられる――〝おお母よ、とこしえの梵のお妃《きさき》！〟相当《かなり》の時間踊った後で、タクールは座に戻られた。ナレンドラが恍然《こうぜん》として涙を流しながら歌っているのをごらんになって、非常に喜んでおられた。
夜もほぼ九時に近くになったが、まだタクールは信者たちと坐っておられる。
ヴァイシュナヴァチャランが再び歌った――

聖ガウランガは美しく若き踊り手
溶けたる黄金のごとかがやかし

まあ　何とあなたの変わりよう――
マトゥラーの都で王侯の暮らしで
　昔の仲間を忘れたか
象にのって美々《うつく》しく着飾り
　牡牛に乗った頃　忘れたか
ヴラジャでバターをぬすんだことを
　思い出しさえしないのか

ブリンダーヴァンでの牧童の生活を捨てて王になっていたクリシュナに、一人の牧女《ゴーピー》が会って言う歌

夜は十時になり、十一時になった。信者たちは別れのあいさつをして帰っていく。
聖ラーマクリシュナ「アー、みんなうちへお帰り。(ナレンドラと若いナレンを見て)この二人が残っ

ていればいいよ。（ギリシュに）――お前は自分の家へ帰って食事をするんだろ？　いたけりゃ、も少しいてもいいがね。タバコを吸いたいのか？　――オヘ、バララム家じゃ、召使いも主人とそっくりだ。呼んで頼んでみろ――でも、くれないかな（一同笑う）。でもお前、タバコを吸ってから帰りなさいよ」

ギリシュ氏といっしょに、メガネをかけた友人が一人来ていた。この人は今日の有様を一切見聞きして帰って行った。タクールはギリシュにこうおっしゃる――「お前にも、それからほかの皆にも言っておくがね、わたしのところへ、人を無理に連れて来てはいけない。――時期が来なけりゃ、何事も起こらないよ」

一人の信者が別れのあいさつをした。小さい男の子を一人連れている。タクールはやさしく話しかけられた。――「じゃあ君、おかえり。またいっしょにおいで」ナレンドラ、若いナレン、そのほか二、三の信者は、も少しいて家に帰ることだろう。

一八八五年七月十五日（水）

夜明けの聖ラーマクリシュナ――甘美な踊りと称名

聖ラーマクリシュナは応接間の西隣にある小部屋で、ベッドのなかに寝ていらっしゃる。午前四時、部屋の南側のベランダに腰掛けがあって、校長はそこに腰掛けていた。間もなくタクールは、ベランダに出てこられた。校長は額《ぬか》ずいて拝した。月末の日、水曜日、アシャル月三十二日。一八八五年七月十五日。

聖ラーマクリシュナ「わたしは一度起きたんだよ。えーと、朝のうちに（ガンガーへ）行こうかな」

校長「はい、朝早い方がガンガーの波が静かでございますから――」

夜が明けた。――まだ信者たちは集まってこない。タクールはお顔を洗ってから甘美な声で称名しておられる。西側の部屋の北のドアの近くに立って称名しいらっしゃる――傍に校長。やがてゴパール・マーがやってきて立っている。奥の間に通じるドアのかげに、一人、二人の女性信者がきて、タクールのご様子を拝見している。

ちょうど、聖なるブリンダーヴァンの地で、牛飼乙女《ゴーピー》たちが聖クリシュナを眺めているような具合だ！　または、ナヴァドウィープで女性の信者たちが、愛に狂う聖ガウランガを幕のかげから見ているようである。

ラーマの名を称《とな》えてから、タクールはクリシュナの名をお称《とな》えになる。クリシュナ！　クリシュナ！

ゴーピー・クリシュナ！　ゴーピー！　ゴーピー！　牛飼いとしての生涯をおくったクリシュナ！

ナンダの息子のクリシュナ！　ゴーヴィンダ！　ゴーヴィンダ！

それから、聖《シュリー》ガウランガの名をおとなえになる。

シュリー・クリシュナ、チャイタニヤ、プラブ、ニティヤーナンダ。ハレ・クリシュナ、ハレ・ラーマ、ラーデー・ゴーヴィンダ！

それから、——アレク、ニランジャン！　ニランジャンと口にされて泣いていらっしゃる。タクールの泣かれるのを見、悲しげな声を聞いて、そばに立っていた信者たちはもらい泣きした。タクールは泣き泣きおっしゃる——「ニランジャン！　おいで、わたしの子！　お食べ、何でもお取り——。お前に食べさせて、何時《いつ》、（アヴァターラとしての）この生涯を意義あるものにできるんだろう！　お前はわたしのために、肉体をまとって人間の姿になって来てくれたんだよ」（訳註、アレク——〝見えない〟という意味で神の名などを唱えるときに併せて唱える。ニランジャン——〝汚れなき者〟という意味）

こんどはジャガンナータにお祈りを——ジャガンナータ！　世界の友だち！　貧しき者の友だち！　わたしも、この世界の外にいるわけじゃない。主よ、わたしに慈悲を垂れ給え！

そして、神の愛に狂ったようになって歌われた。

オリッサのジャガンナータが此処《ここ》に現れますように！

1885年7月15日（水）

こんどはナーラーヤナの名をとなえて、キールタンを歌いながら踊られた——神聖《シュリーマッド》なるナーラーヤナ！　神聖《シュリーマッド》なるナーラーヤナ！　ナーラーヤナ！　ナーラーヤナ！

踊りながら、おうたいになる——。

私を狂おしくさせたその御方に
わたしはまだ会っていない
気も狂うほど愛しい御方に
ああ　私がまだ会っていない……

こんどタクールは、信者たちと小さい部屋のなかにお坐りになった。真っ裸である！　まるで五つの子供のようだ！　校長とバララムのほか、一、二の信者がいた。

〈何時《いつ》になれば神の姿が見られるか？——秘密のヒミツの話——純真な若者にはナーラーヤナが見える——ラムラル、ニランジャン、プールナ、ナレンドラ、ベルゴルのターラク、若いナレン〉

聖ラーマクリシュナ「神さまの姿が見えるようになるよ！　ウパーディがみんななくなってしまえばね——分別の心が働かなくなれば——見えるんだよ！　そのとき人は、嬉しさに口もきけなくなって三昧に入るんだよ！　劇場に行って坐っていると、みんなガヤガヤ雑談している——あの話、このうわさ。幕が上がった途端に、世間話は一切なりをひそめる。そして舞台の芝居に夢中になってしまう！

お前たちに秘密のヒミツの話をしてきかせよう。プールナやナレンドラたちを、どうしてこんなに好きなのか？　去年、ジャガンナータと蜜のように甘く抱き合っていると、腕が折れてしまった（一八八四年二月はじめ）。そして、教えて下すったんだよ——『お前はいま、肉体をまとっているのだから——人間の姿をしたものたちと、友情や親子の愛情を味わってみなさい』と。

ラームラーラ(訳註1)に感じたと同じような気持ちが、プールナたちを見ると起こってくるんだ！　ラームラーラの像に水浴びさせたり、食べ物をあげたり、寝かせてあげたりして——いつもいっしょに連れて歩いたものだが——ラームラーラのことで坐りこんでは泣いたものだが、ちょうどそれと同じ気持ちなんだよ、あの少年たちに対して！　ごらん、ニランジャンを——。何の執着もない。自分のお金で貧しい人たちを病院に連れていってあげている。結婚の話になるとこう言う——『何ですって？　あれはヴィシャラクシの渦だ！(訳註2)』彼はよく見ると、光のなかに坐っている。

プールナは形ある神の領域の高い霊階《クラス》にいる。ヴィシュヌの一部と言ってもいい。あー、ほんとに

（訳註1）ラームラーラ——一八六四年に南神寺院《ドッキネーショル》にやって来たジャタダーリーという修行者からもらった八種の金属＝金・銀・銅・鉛・錫・真鍮・鉄・鋼《はがね》で出来た幼児ラーマの像。

（訳註2）ヴィシャラクシの渦《うず》——ヴィシャラクシは霊験あらたかな女神であるが、一方では人を世俗の渦にグルグルと引き込んで惑わす力を持つとされている。

1885年7月15日（水）

熱《アヌラーガ》い信仰を持った子だ。

（校長に）気が付いているかい、お前の方をずっと見ていたよ。兄弟弟子《グルバイ》だと思っているんだよ――この人は自分の身内だと！　わたしにまた会いたいと言っていた。大佐のところで会えるだろう」

〔ナレンドラの長所――若いナレンの長所〕

「ナレンドラはとても高い霊階《クラス》だ。――無形の神の領域にいる。男のなかの男だ。

こんなに大勢信者たちが来ていても、あれほどの人物はほかにいない。

ときどきわたしは坐っていて、信者たちを調べてみるんだよ。蓮でいえば十枚花びらの人たちもあるし、十六枚の人もあるし、百枚の人もある。――そういうなかで、ナレンドラは千弁の蓮だよ！

ほかの人たちは、水差しかせいぜい水壺だ。――ところが、ナレンドラは大桶だ。

ほかの人たちがその辺にちょいちょいある小さな水溜まりだとすると、ナレンドラはハルダル池のような大貯水池だ。（訳註、ハルダル池――タクールの生まれたカマールプクル村の家のすぐ前にある大きな長い貯水池）

魚なら、ナレンドラは目の赤い大鯉だ。ほかの人たちはいろんな魚――ヤナギバエとか、ワカサギとか、イワシとか――。

大きな大きな容れものだ――たくさん物が入る。大きな洞の大竹だ。

ナレンドラは何にも支配されない。世俗のものに執着もないし、感覚的なよろこびにも支配されない。オス鳩みたいだよ。オス鳩はクチバシをつかむとふり放す。——メス鳩ならジッとして黙ってるよ。

ベルゴル（ベルガリヤ）のターラク（後のスワミ・シヴァーナンダ）も、〝目の赤い鯉〟と呼ばれているね。

ナレンドラは男性的だから、馬車に乗るときは右側に坐る。バヴァナートは女性的だから、別の側に坐らせてやるんだよ！（訳註——右は男性の側で左は女性の側とされる。例えばシヴァとパールヴァティの合体神は右半身がシヴァで左半身がパールヴァティの姿をとる）

集まりの席にナレンドラが来ていると、とても力強く感じるんだ」

マヘンドラ・ムクジェーがきて礼をした。時間は八時になるところだ。ハリパダ、トゥルシーラム（バブラムの兄）が来てごあいさつしてから坐った。バブラムは熱があって来られないそうだ。

聖ラーマクリシュナ「（校長に）——若いナレンは来ないのかい？　わたしが帰ったと思っているのかな？　（ムクジェーに）——驚いたねえ！　あの子は子供のときから、学校から帰ると神さまを呼んで泣いていたそうだよ！　たいしたものじゃないか！

それに理解力も大きい。竹の中でも洞の大きい竹だ！

それから、わたしのことで心がいっぱいらしい。ギリシュ・ゴーシュが言ったんだがね——ナヴァゴパールの邸でいつかキールタンを催したとき、彼が行ったそうで——来るなり、『あの御方は？』と言って、もう何もかも上《うわ》の空で、人をまたいで探していたよ。

それに、（タクールのところへ来ることを）家で怒られても平気だ。南神寺《ドッキネーショル》で三晩も泊まっていくことがあるよ」

バクティ・ヨーガの秘儀──智慧《ジュニャーナ》と信仰《バクティ》の調和

〔ムクジェー、ハリ、氏《バーブ》、プールナ、ニランジャン、校長、バララム〕

ムクジェー「ハリ（バグバザールのハリ氏《バーブ》）があなた様の昨日のお話をきいて、びっくりしておりました！『サーンキャ哲学や、パタンジャリのヨーガスートラや、ヴェーダーンタ哲学にも、あれと同じことがちゃんと出ている。あのかたは普通の人間ではない！』と言っていました」（訳註、ハリ──ハリナート・チョットパッダエ（1863～1922）。後に出家してスワミ・トゥリヤーナンダとなる）

聖ラーマクリシュナ「ほう、わたしゃサーンキャだの、ヴェーダーンタだの、勉強したことはないよ。完全な智慧と完全な信仰とは一つものだ。〝これではない〟〝これでもない〟と分別しつくして、最後にブラフマン智を得る。──そうしてから、一度すっかり捨てたものをまた受け入れる。屋根に上るときは、一段一段気をつけながら上らなければならない。上ったあとで振り返ってみると、屋根も階段と同じ材料で──煉瓦と石灰と煉瓦粉でできていることがわかるんだ！

〝上〟という感じがある人は、〝下〟の感じもある。智慧を得たあとは、上も下も同じに感じる。

プラフラーダたちは第一原理をさとったとき、〝我はソレなり《ソーハム》〟という境地になっていた。肉体意識が出ると、〝召使いの私《ダソーハム》〟──〝私は神の召使い〟という心境になっていた。

ハヌマーンも、時には〝ソーハム〟の境地になったり、時には〝召使いの私〟──〝私はソレの一部〟

という心境になった。

なぜ信仰を持ってこの世で暮らさなければならないのだろうね？　――そうでなけりゃ、いったい人間は何を持って暮らせばいいんだい！　ほかに何をして日を過《す》ごせばいいのかね。

〝ワタシ〟はどうしても無くならないから、〝ワタシ〟という壺がある間は〝ソーハム〟にはならない。三昧に入れば〝私〟は消える。――そのときは、アルものがアルだけだ。ラームプラサードはこう言っているよ――『そのあとは、私がいいのかあなたがいいか、それを知るのはあなただけ』

〝私〟が残っている間は、信仰者として生きるのが一番いいんだよ！　〝我こそ至高者《バガヴァーン》〟というのはよくない。〝へ、ジーヴァ、バクトボト、ナ、チャ、クリシュナボト！（個霊はクリシュナに非ず、クリシュナの信者なり）〟――でも、神自らが引きよせて下さる場合は話が別だ。主人が召使いをことのほか愛して、『ここへおいで、そばにお坐り、私とお前は一心同体だよ』と言うようなもんだからね。

ガンジスの波とは言うが、ガンジス河は波のものではないだろう！

シヴァには二つの境地がある。至高の喜び《アートマラーマ》（真我）に没入したときは〝ソーハム〟の境地で――ヨーガの状態で心身ともに静止している。一方、〝私〟という感じが浮き上がるときは、ラーマ！　ラーマ！と叫びながら踊っている。

動かない人は動くこともある。

今、お前はジッとしている。でも少し経《た》つと、そのお前が何か仕事をする。

智識と信仰は、本質は同じものだ。――或る人はただ〝水〟と言い、ある人は〝水の塊（氷）〟と言うだけのちがいだ」

〔二つの三昧《サマーディ》――三昧《サマーディ》の障害――女と金〕

「三昧《サマーディ》は大ざっぱに分けると二つの種類がある。――智識の道を行って分別判断しつくすと、我が消えてなくなって三昧に入る。この三昧をスティタ・サマーディ（止定三昧）とか、ジャダ・サマーディ（無分別三昧《ニルヴィカルパ・サマーディ》）という。信仰の道から入る三昧をバーヴァ・サマーディという。この場合は、楽しむため、味うために、線のような我が残っている。とにかく、女と金に執着していては、どの三昧も思うことすらできないよ。（訳註、スティタ・サマーディ――神の意識に心を安定させた三昧《サマーディ》）

ケダルにも言ったんだよ。女と金のことが心にかかっているうちはダメだと。いちど彼の胸を手で撫《な》でてやりたいと思ったけれど、どうしてもできなかった（こうすることによって、その霊層に達している人は三昧に入る）。中にねじれやもつれがあるんだもの――。ウンコの臭いがする部屋には入れないからね。自然にできたリンガが、カーシー（ベナレス）までしっかり根を張っているみたいに――。世間への執着――女と金への執着があっては、とてもだめだ。（訳註、カーシーまで……――どこまでも神聖で、感覚的な喜びへの欲求が見当たらない様子）

少年たちはまだ、女と金に染まっていない。だからわたしは大好きなんだ。ハズラーは、『（あなたは）いい家の息子やきれいな少年を見ると、すぐ好きになる』と、こう言うがね、じゃ、どうしてハリシュや、ノト（ラトゥ）や、ナレンドラをかわいがっているんだろう？　ナレンドラは今、米や塩を買う金さえ満足にないんだよ。

少年たちの心は、まだ世俗の智慧に染んでいない。だから、中身がとてもきれいなんだよ。

それに、ここへ来る多くの青年は、〝永遠《ニティヤ》の完成者《シッダ》〟だ。生まれたときから神に惹かれている。庭の掃除をしていると、とつぜん水道管が見つかる。何の手間もいらず、其処《そこ》から水がザーザー出てくる」

〔プールナとニランジャン――母親の面倒を見ること――ヴィシュヌ派の態度〕

バララム「先生、プールナはどうしてあの若さで、この世が空虚であることがわかったのでしょうか？」

聖ラーマクリシュナ「生まれつきの素質だ。前々の生涯で学んだり修行したりしてきたからだよ。赤ん坊になったり大人になったりするのは肉体だけの話だ。――魂はそんなものじゃない。

あれたちはね、先に実がついて――後で花が咲く植物みたいなものだ。先ず見神して――その後で神の栄光について聞き、そのあとで神と一体になる！

ニランジャンを見てごらん――貸し借りなしで束縛がないだろう？――呼ばれたらすぐ出られる。しかし、母親がいる間は母親の世話をしなけりゃならないがね。わたしは母に、毎日、花や白檀香をあげて拝んだものだ。あの宇宙の大実母が、自分の母親になって来て下すったんだよ。（死んだ父母への）法要は神への礼拝《プージャ》と同じようになるんだよ。ヴィシュヌ派では誰かが死ぬと大祭になるんだ。これも同じ意味があるんだよ。

自分の肉体に気をつかっている間は、母親の面倒を見なくてはいけない。だから、ハズラーに言ったんだよ。自分が風邪を引いて咳《せき》が出ると、氷砂糖と黒コショウが要《い》るといってそれを用意するが、そういうことをしている間は母親の面倒も見なくてはならないのだ、と。

しかし、自分の体のことさえさっぱり気にならなくなったら話は別だ。そうなれば、神様が全部責任をもって下さる。

子供は、自分で責任がとれない。だから、保護者が必要だ。子供のような境地——チャイタニヤ様《デーヴァ》がそうだったね」

校長はガンガーに沐浴をしに行った。

タクールの天宮図——以前の話——タクールの見神

〔ラーマとラクシュマナ、アルジュナの馭者《ぎょしゃ》（クリシュナ）のダルシャンを得たこと——ナングタのパラマハンサ像〕

タクール、聖ラーマクリシュナは、その小さな部屋で信者たちと話しておられる。マヘンドラ・ムクジェー、バララム、トゥルシー、ハリパダ、ギリシュ等の信者たちが坐っている。ギリシュはタクールの恩寵を受けて、ここ七、八ヶ月しげしげと出入りしている。校長は、ガンガーの沐浴から戻ってタクールを拝してから、おそばに坐った。タクールはご自分で経験された驚くべき見神の話を、ぽつりぽつりと語られる。

聖ラーマクリシュナ「カーリー堂で、ある日、ナングタとハラダリがアディヤートマ・ラーマーヤナを誦《よ》んでいた。すると突然、わたしの目に、森の間を流れる河と、両岸の緑したたる木々が見えた。——ラーマとラクシュマナがフンドシをはいて歩いていなすった。いつかはまた、クティの前でアルジュナの戦車を見たよ——馭者《ぎょしゃ》の装束《しょうぞく》をして、タクール（クリシュナ）が乗っていなすった。今でもアリアリとその光景を憶えているよ。

それからいつか、郷里《くに》でキールタンの催しがあったとき、わたしの目の前にガウランガ（チャイタニヤ）の姿があった。

そのころ、一人の裸《はだか》ん坊がいつもわたしといっしょにいてね——よく彼の性器を触りながらふざけ合っていたものさ。すると、キャッキャッと喜んで笑うんだよ。その裸《はだか》ん坊は、このわたしのなかから出て来るんだよ——パラマハンサでね、まるで子供のような姿だった。

神々しい姿をどれほど見たことか、とても言いきれない。そのころ、とても腹の具合が悪くてね。霊姿を見た後は、きまってそれがひどくなる。それで終《しま》いには、霊姿を見るとツバをはいて追い払おうとしたものさ。ところが、それはわたしの背の方にまわって、幽霊みたいにとりつく！　とにかく、霊的な気分に圧倒されていて、夜も昼もいつ過ぎていくのか、わけがわからなかったよ！　霊姿を見た翌日は、きまってひどい腹下しをして、せっかくの恍惚感がみな腸を通って外に出てしまうのさ」（皆笑う）

ギリシュ「ははは……。実は、あなた様の天宮図《ホロスコープ》を見たいと思いまして——」

1885年7月15日(水)

聖ラーマクリシュナ「ハッハッハ。そうかい。わたしは白分二日目の生まれだ。それに、太陽《ラヴィ》と月《チャンドラ》と水星《ブダ》――これ以外にはあまりこれといったことはないようだよ」

ギリシュ「宝瓶宮《アクエリアス》のお生まれです。ラーマは天蠍宮《スコルピオ》、クリシュナは金牛宮《トーラス》、チャイタニヤは獅子宮《レオ》です」

聖ラーマクリシュナ「二つ、望みを持っていた。第一に――信仰者の王になろう。第二に――無味乾燥なサードゥにはなるまい、ということ」

〔聖ラーマクリシュナの天宮図――タクールにも霊性修行が必要?――ブラフマヨーニのダルシャン〕

ギリシュ「なぜ修行をなさることになったのでしょうかねえ、ハハハ……」

聖ラーマクリシュナ「ハッハッハ。大実母《バガヴァティー》でさえ、シヴァ大神のために、大へんな苦行をなすったよ。パンチャタパ――寒い時に身体を水につけての修行! 太陽の凝視!

クリシュナ自らもたくさん修行をなすった。ラーダー・ヤントラを使って――。そのヤントラとはブラフマヨーニだ。彼もそれの礼拝と瞑想を行った。ブラフマヨーニからは何億もの宇宙が生まれているんだよ。(訳註、ヨーニ――子宮のこと)

すごく秘密の話だよ。ベルタラで、よく見たもんだ。(ブラフマヨーニが) ゆらゆらしていたよ」

〔以前の話――ベルタラでタントラの修行――バラモンの女修行者の準備〕

「ベルの樹の下で、タントラの修行をたくさんしたよ。人間の頭骸骨を使ったり──それから、×××座布《シート》が要《い》った。バラモンの女修行者がみんな用意してくれた。（訳註、×××座布《シート》──タントラで使う特殊な座布《シート》らしいが、マヘンドラ・グプタは正確な記述を隠すために×××とした）

（ハリパダの方へ身を乗り出して）──その時の状態では、男の子の性器を見たら、花と白檀で礼拝《プージャ》をせずにはいられなかった。

それから、こんなふうになったこともあったよ。何かしら我《ガ》を張った日があると、次の日、必ず病気になった。

校長は、この前代未聞、ヴェーダーンタで説明されている通りの神秘な経験を、タクール自らのお口から語られるのを聞いて、驚いて絵のように坐っている。信者たちも、このすべての汚れを清める聖なる流れのような言葉に、身も心も浸りきっている。

皆、深く沈黙している。

トゥルシー「（校長のことを）このかたは、ちっともお笑いになりませんね」（訳註、トゥルシー──トゥルシー・チャラン・ダッタ（1863～1938）。後に出家してスワミ・ニルマラーナンダとなる）

聖ラーマクリシュナ「中で笑っているんだよ。フォルグ河は上に砂があって──ほじくると水が出てくる。

（校長に向かって）──お前、舌磨きをしろ！　毎日、舌を磨くんだよ」(訳註3)

バララム「でも、プールナはこの方から、あなた様のことをずい分聞いているようでございますよ」

1885年7月15日(水)

聖ラーマクリシュナ「以前《まえ》の話だろう――この人はよくご存知らしいが、わたしは知らないよ」

バララム「プールナは生まれながらの霊的完成者(訳註4)だとおっしゃいましたが――では、このかた達(校長たち)はどうなのですか?」

聖ラーマクリシュナ「この方達はお使いだよ」

九時になった。タクール、聖ラーマクリシュナは南神寺《ドッキネーショル》へ向けてご出発になるので、皆はその準備にとりかかった。

バグバザールのアンナプルナ・ガートに舟を雇ってある信者たちは額《ぬか》ずいてタクールを拝し、お別れのあいさつを申し上げる。

タクールは、一、二の信者をつれて舟にお乗りになった。ゴパール・マーもその舟にのった――彼女は南神寺《ドッキネーショル》でひと休みしてから、午《ひる》すぎに歩いてカマルハティに帰るそうである。タクールの南神寺《ドッキネーショル》の住まいにあったキャンプコット(ほとんどラカールが使用していた折たたみ式の寝台)を修繕に出してあったのだが、それも舟にのせた。このキャンプコットは、主にラカールさんが寝るとき使っているのである。

だが、今日は暦によると旅に出るには悪い日(マガーナクシャトラ)なので、タクール、聖ラーマクリシュナは、また次の土曜日にバララムの家に来られることになった。(訳註――旅立ちには悪い日でも、戻る予定が決まっていると旅立ちにはならないので、土曜日のバララム家訪問が決まった)

（訳註3）舌の表面には白い舌苔が付着しているが、インドではこれを取り除いて〝舌を磨く〟習慣があり、専用の器具も普及している。タントラでは甘露《アムリタ》は舌で取るとされ、汚い舌には甘露《アムリタ》は落ちてこないとされる。

（訳註4）聖ラーマクリシュナが神の分身《イーシュワラ・コーティ》と呼んだ弟子が六人いるが、プールナもその中の一人であった。あとはナレンドラ（スワミ・ヴィヴェーカーナンダ）、ラカール（ブラフマーナンダ）、バブラム（プレーマーナンダ）、ヨーギン（ヨーガーナンダ）、ニランジャン（ニランジャナーナンダ）の五人。プールナの母、クリシュナマニーはバララム・ボースの親戚である。プールナはナレンドラに次ぐ程の霊格の持ち主であったが、家族が彼が出家するのを恐れて結婚させたので、家住者の生活を送った。聖ラーマクリシュナは、もしプールナを結婚させたら長くは生きていられないだろうと語ったが、35才のとき大病を患《わずら》って危篤になった。プールナの見舞いに訪れたプレーマーナンダは、『プールナの子供たちが幼かったので、師ラーマクリシュナが命を七年延ばしてくださったよ』と語ったのち、プールナは回復に向かった。その後、一九一三年十一月十六日に42才で亡くなった。その夜、晴れた満月の空から大粒の雨が降ってきて皆を驚かせたそうである。

第一七章　カルカッタ市内の信者宅にて

一八八五年七月二十八日(火)

タクール、聖ラーマクリシュナ、カルカッタ市内の信者宅にて

聖ラーマクリシュナ、バララムのところで――

聖ラーマクリシュナは、信者たちといっしょにバララム家の応接間に坐っていらっしゃる。ニコニコしておられる。今、三時頃だろう。ビィノド、ラカール、校長たちがそばに坐っている。若いナレンも来ている。

今日は火曜日、西暦一八八五年七月二十八日、アシャル月黒分一日《ついたち》。タクールは午前中からバララムの家に来られて、信者たちと先ほど昼食をおとりになった。バララムの家では大聖ジャガンナータをおまつりしてあるので、タクールは、「とても清浄な食べ物だ」とおっしゃった。

ナラヤンたちが、「ナンダ・ボース氏の家には神々の絵がたくさんある」と話していた。それで今日、タクールは午後から彼の家に行って、絵をごらんになる予定だ。信者の一人である或るバラモンの女性の家がボースの家の近くにあるので、そこにもいらっしゃることになっている。

このバラモンの女性は一人娘を亡くした悲しみから救われようと、南神寺《ドッキネーショル》のタクールの許《もと》をしばし

ば訪れている。彼女は非常に熱心に、タクールの訪問を懇請したのだった。この女性の家に行ってから、もう一人の婦人信者ガヌの母さん（ヨーギン・マー）の家にもいらっしゃる予定である。

タクールはバララムの家にお着きになるとすぐ、若い信者たちを呼びにやられた。若いナレンは日頃、「僕は用事がありますので、そう頻繁には来られません。試験の勉強があって――」などと言っていた。その若いナレンが来たので、タクールは彼と話をしておられる。

聖ラーマクリシュナ「（若いナレンに）――お前は呼びやしなかったよ」

若いナレン「それがどうかしましたか？　アッハッハッハ、アハハ……」

聖ラーマクリシュナ「だって、勉強のじゃまになるだろう。ヒマがあるとき来ればいいんだよ！」

タクールはちょっとプンとした様子でおっしゃった。

駕籠《パランキー》が来た。タクールはナンダ・ボース氏の家にいらっしゃる。

神の名をとなえ、となえ、タクールは駕籠《パランキー》にお乗りになった。足に黒塗りのサンダル、身には赤い縁取りの布をまとっていらっしゃる。上着はつけておられない。駕籠《パランキー》に乗られると、モニはそのサンダルを駕籠《パランキー》の一隅に揃えておいた。（訳註、モニ――校長の仮名）

駕籠《パランキー》といっしょに、足並をそろえて校長は歩いて行く。すぐパレシュも一行に加わった。

ナンダ・ボース氏の家の門のなかに駕籠《パランキー》は入った。やがて、家の正面にある広い空き地を横切って、駕籠《パランキー》は建物の前に着いた。

主人《あるじ》の家族が出てきて、タクールにごあいさつをした。タクールは校長に、「――サンダルを出してくれるかい」とおっしゃる。カゴからおりて、階上の大広間にお入りになった。非常に広く、奥行きの深い部屋だ。神々や女神たちの絵が四方の壁にかかっている。

主人と、その弟のパスパティーがタクールにあいさつをした。カゴの後を追ってきた信者たちが、次第にこの部屋に集まってきた。ギリシュの弟アトゥールが来た。プラサンナの父はナンダ・ボース氏の家にいつも出入りしているが、その人も来ている。

ナンダ・ボース邸にて――

タクール、聖ラーマクリシュナは絵をごらんになるために立ち上がられた。校長と数人の信者たちがつき従う。主人の弟パスパティー氏が絵について、いろいろ説明してくれる。

タクールは先ず第一に、四本腕のヴィシュヌの絵をごらんになった。眺めるや否《いな》や、深い恍惚状態になられた。立っておられたのが床にペタンと坐りこんで、しばらくの間、法悦に浸りきっておられた。

次の絵は、聖ラーマ王子がハヌマーンの頭に手をやって祝福している図。ハヌマーンの視線は聖ラーマの足元におちている。タクール、聖ラーマクリシュナは長い間、この絵を見ておられた。そして恍惚としたご様子で、「アハー！　アハー！」と言っておられた。

三番目の絵は、聖クリシュナが竹笛を唇にあててカタンバの樹の下に立っている。

四番目は、ヴィシュヌ神の化身の矮人《こびと》（ヴァーマナ）（訳註1）――傘をさしてバリ王が護摩《ホーマ》をしているところに行く絵。聖ラーマクリシュナは、〝ヴァーマナ！〟とおっしゃって、じーっと眺めておられた。

今度はヌリシンハ(訳註2)の絵をごらんになり、次に、牧場の絵――聖クリシュナが同じ年頃の牛飼いたちと牛を遊ばせていらっしゃる。聖なるブリンダーヴァンの地とヤムナーの岸辺だ！

モニは思わず声をあげた――「すてきな絵ですね！」

七番目の絵を見てタクールはおっしゃった――「ドゥーマヴァティー(訳註3)だ」

八番目はショルシー(訳註4)。九番目はブヴァネーシュワリー(訳註5)。十番目がターラー(訳註6)。十一番目はカーリー。みんなごらんになってタクールはおっしゃる――「これはみんな、恐ろしいお姿だ！　こういう絵を家に置くものじゃないよ。こういう絵を家に置いたら、ちゃんとお祀りをしなけりゃいけないんだ。でも、あなたたちは運が強いから、こんなふうにして置いていなさるがね――」

(訳註1) ヴィシュヌ神の第五番目の化身で、矮人《こびと》の意。トレーター・ユガの時代、悪魔バリが地上、天界、地下の三界を支配していた時、ヴィシュヌ神は矮人《こびと》に化身し、バリに自分が三歩で歩けるだけのところをくれるように願い、それが聞き入れられると巨大な姿になって、一歩目で地上、二歩目で天界、三歩目で地下をとり戻した。

(訳註2) ヌリシンハ――人間の身体にライオンの顔を持った人獅子。悪魔ヒラニヤカシプを退治するために現れたヴィシュヌ神の化身。

(訳註3) ドゥーマヴァティー――手にふるいを持った白い髪の毛の恐ろしいお婆さんの姿をした女神。

(訳註4) ショルシー――シヴァ神のへそから生まれ、蓮座に座り四本の手には蓮華の花を持った優しい女神。

(訳註5) ブヴァネーシュワリー――「世界の女神」の意で、四本の腕を持ち、二本は印契《ムドラー》を結び、あとの二本は縄と刺し棒を持って人々を祝福している。

(訳註6) ターラー――死体が転《ころ》がりジャッカルがうろついている火葬場にいる女神。

食物の与え手として現れた大聖アンナプルナの絵をごらんになると、タクールは興奮して「ワァー！ワァ！」と嘆声をあげられた。

次は、女王としてのラーダーの絵である。

ニクンジャの森で女たちに取り巻かれて玉座に坐っている。聖クリシュナが番人の姿をして、森の入口に坐っている。

次はドール・プールニマの絵（ホーリー祭で色粉をかけ合うクリシュナの絵）、次は学問と音楽の女神サラスワティー。それはガラスのケースに入っていて、ヴィーナを弾きながらうっとりとした表情をしていた。

絵の観賞は終わった。タクールは再び、主人のいるところに戻られた。立ったまま主人にこうおっしゃった――「今日はほんとに嬉しかった。ウーン、すばらしい！　あんたは、根っからのヒンドゥーだね！　イギリスの絵なんか置かずに、こういう絵ばっかり持っていなさる。ほんとに驚いた！」

ナンダ・ボース氏は坐っている。彼はタクールに向かってしきりに勧《すす》める――「どうぞ、どうぞ、お坐り下さいまし――。なぜ立っていらっしゃるのですか？」

聖ラーマクリシュナ「（坐りながら）――ここの絵はたいしたものだ。あんたは実にいいヒンドゥー教徒だ」

ナンダ・ボース「イギリスの絵もございます」

聖ラーマクリシュナ「ハッハッハ。でも、これほどの絵じゃないだろう。イギリスの絵は、あんたはこれほど大事にしていないだろう」

部屋の壁には、亡きケーシャブ・センの新摂理協会《ナババビダーン》の絵がかけてあった。スレシュ・ミトラ氏（タクールが愛しておられた在家の弟子、スレンドラと呼んでおられた）がこの絵を描《か》かせたのである！　彼はタクールに愛されている信者の一人だ。この絵のなかで、大覚者様がケーシャブに、様々な道を通ってすべての人は神の方に進みつつあるのだ、ということをお示しになっている。行きつく処は一つ、ただ道がちがうだけ。

聖ラーマクリシュナ「あれはスレンドラの絵だね！」

プラサンナの父「はっはっはっは。あなた様もあの絵のなかにいらっしゃいますよ」

聖ラーマクリシュナ「ハハハ……。まあ、そのようだね。あのなかには何でもござる！　――現代風の考え方だよ！」

こう話されているうちに、タクールは急に霊的恍惚状態になられた。そして、宇宙の大実母と話をはじめられた。

間もなく、酔っぱらいのような様子でおっしゃる――「わたしは……、気は確かだよ」家の建物をごらんになって――「立派な家だね！　これは何だ？　石と、木と、土だ！」

少し間をおいて、「神さま方の絵を見て、ほんとに嬉しかった」そして――「恐ろしいお姿――カーリーやターラーの絵をかけておくのはよくない。おくのなら、ちゃんとお祀りしなくてはいけない」とおっしゃった。

1885年7月28日(火)

パスパティー「それもこれも、すべてあの御方のご意志のままに進みましょう、ハハハ……」
聖ラーマクリシュナ「そりゃそうだよ。でも、神さまに心を向けておくのはいいことだし、あの御方を忘れているのはよくないことだよ」
ナンダ・ボース「どうすれば、あの御方に心が傾くようになるのでしょうか？」
聖ラーマクリシュナ「あの御方のお恵みがあれば、そうなるよ」
ナンダ・ボース「どうすれば、お恵みがいただけるのですか？　あの御方には、お恵みを下さる力がほんとうにあるのですか？」

〔神が行為者——仕事《カルマ》が神なのか？〕
聖ラーマクリシュナ「アハハ……。わかった、あんたは学者と同じ意見なんだね。——『仕事をしただけの結果を得られる』と。そんな考えは捨ててしまい！　神様への帰依があれば、仕事は減ってくる。わたしは大実母のもとに花を供えて、こうお願いした——『マー！　さあ、あなたの罪を持っていっておくれ。さあ、あなたの徳を持っていっておくれ』と。わたしはほかに何も欲しくない。あなたへの清い信仰だけをおくれ。さあ、あなたの善と、あなたも悪を持っていっておくれ。わたしは善も悪もほしくない、ただ清い信仰だけをおくれ。さあ、あなたの正義と不正義を持っていっておくれ。わたしは正も不正もいらない、ただ清い信仰だけをおくれ。さあ、あなたの智識と、あなたの無智を持っていっておくれ。わたしは智慧も無智も全然ほしくない、ただ清い信仰だけを持たせておくれ。さあ、あなたの清浄と不浄を持っていっておくれ。そしてわたしに、純粋な信仰だけをおくれ」
ナンダ・ボース「あの御方は、法則を壊すことがお出来になるのですか?」
聖ラーマクリシュナ「何言ってる! あの御方は神さまだよ! あの御方は何でもお出来になる。法則を作りなすったのはあの御方なんだから、むろん変えることだってお出来になるのさ」
〔霊の目覚めは苦楽の経験をしつくしてから──または神様のお恵みがあれば……〕
「でもまあ、あんたはそんな言い方をしてもいいさ。多分あんたは、この世の苦楽《けいけん》をもっと味わいたい気があるのでそんなふうに言うんだから──。こういう意見もあるさ──〝欲望がすべて満たされなければ内なる霊は目覚めない!〟と。だが、どんな欲望だ? 女と金の楽しみか──あんなものは、今あったかと思えばもうない、束の間《つかま》のものだよ! 女と金のなかにあるものは何だ? ──アムラみたいに固いタネと皮ばかり、食べると胃酸過多をおこす。それともサンデシュか? 喉元《のどもと》過ぎればそれっきり!」
〔神は不公平か? なぜ無智に? ──あの御方のお望みのまま〕
ナンダ・ボースは少しの間黙っていて、その後で言った。「たしかにそうは言えますね。でも、神は不公平なのかなあ? あの御方のお恵みですべてが成就するのだったら、神は不公平だということになるんじゃないのかなあ?」

1885年7月28日（火）

聖ラーマクリシュナ「あの御方自身がすべてのもの、神自身が人間や動物やこの世界すべてになっていなさるんだよ。完全智を得たならそれがわかる。あの御方が、心にも、知性にも、体にも——二十四の存在原理にも、すべてになっていなさるんだ。いまさら誰に向かって、不公平なことをなさるかね？」

ナンダ・ボース「なぜあの御方は、いろいろな形におなりになるのですか？　ところによって智識になったり、無智になったり？」

聖ラーマクリシュナ「それがあの御方のお望みなんだよ」

アトゥール「ケダル（・チャトジェー）さんがうまいことを言っておられました。ある人に、『神はなぜこの世界を創造なさったのでしょうか？』と聞かれて、こう答えましたよ。『あの御方が創造しようと決心なさったとき、あいにく私はそこに居合わせなかったので……』と」（一同大笑）

聖ラーマクリシュナ「それ（創ること）が、あの御方のお望みなのさ」

こうおっしゃって、タクールは歌をおうたいになった——

すべてはあなたの御意のまま
あなたはしたいようにする
あなたの仕事をあなたがするに
人は〝私〟がするという

象を泥沼につないでおいて
ちんばを峯にのぼらせる
完全智《さとり》を与える人もあり
俗世に溺らす人もある
私は道具であなたは使い手
わたしは家であなたが住み手
わたしが馬車ならあなたは馭者《ぎょしゃ》よ
あなたの行かせる方に行く

あの御方は喜びそのものなんだよ！　こうして——作ったり、そのままにしておいたり、壊したりして——遊んでいなさる。数も知れない魂のうち、一つか二つが自由になっていく。——それも又、あの御方の喜びだ。〝十万とある凧《たこ》のうち、一つ二つの糸が切れ、マーは手を拍《う》ち大笑い〟——この世に縛られている人もあり、解脱して自由になる人もあり。

この世の海に数知れず
心の舟の浮き沈み！」

1885年7月28日(火)

ナンダ・ボース「彼女の〝喜び〟ですか！　我々にとっては死の苦しみなのに！」

聖ラーマクリシュナ「お前たちは誰だ、どこにいる？　皆になっていなさるのは、あの御方なんだ。あの御方がわからぬ間は、〝私〟、〝私〟と言ってうろつき廻っているんだ。

誰でもあの御方を知ることが出来るんだよ――誰でも解脱して自由になれるんだ。ただ、朝、食べる人もあり、昼、または夕方、食べる人もある。でも、食べ損なう人はいない、ということさ。誰でも、すべての人が自分の本性を知ることが出来るんだよ」

パスパティー「おっしゃる通りでございます。あの御方こそが、あらゆるものになっていらっしゃるのだと思います」

聖ラーマクリシュナ「〝私〟とは何か、これをよく探してみることだ。〝私〟は、骨か、肉か、それとも血か、腸だろうか？　私をどんどん探していくと、〝あなた〟に行きつく。つまり、奥の奥には、あの神の力のほか、何もないんだ。〝私〟は無い！　――あの御方だけだ。ところで、あんたにはちっとも高慢なところがないね！　こんなに金持ちなのに――。〝私〟は、どうしたってキレイになくするというわけにはいかないもんだよ。だから、この仕様のないやつを神様の召使いにするんだ（一同笑う）。私は神の信者だ、神の子だ、神の召使いだ、と。こういう自慢はいいよ。女と金に執着するような〝私〟は未熟《ダメ》な私だから、その私は捨てなくちゃいけない」

自我《アハンカーラ》についてのこのような説明を聞いて、この家の主人も他の皆も大そう喜び、真理の理解を深めたようだった。

〔富への自惚《うぬぼ》れと傲慢《ごうまん》〕

聖ラーマクリシュナ「智慧には二つのしるしがある。第一は高ぶらないこと。第二は静かで和《なご》やかな性格。あんたにはこの二つともある。だから、あんたは神さまに愛されている。

富や権力をあまり持ちすぎると神さまのことを忘れてしまう。それが、富と権力の本来の性格なんだよ。

ジャドウ・マリックはあまり金持ちすぎるから、どうも最近は神の話をしなくなった。以前はよく、神の話をしていたものだが――。

女と金は一種の酒だ。酒を飲みすぎると、伯父、叔父の区別もつかなくなって、うっかりするとその人たちを目下呼ばわりする。酔っぱらいは目上と目下の区別がつかない」

ナンダ・ボース「おっしゃる通りでございます」

〔神智学《テオソフィー》――一瞬の間でも神と一つになれば救われる――純粋な信仰〕

パスパティー「先生！　スピリチュアリズムとか神智学《テオソフィー》といっているものは、あれは真理でしょうか？　太陽界とか月界とかは？　星の世界というものがほんとにあるのでしょうか？」

聖ラーマクリシュナ「知らないよ、バブ！　なぜそんなこと気にするんだい？　マンゴーをお食べ。マンゴーの木が何本あるか、枝が何十本あるか、葉っぱが何千枚あるか、そんな勘定をする必要がわたしにあるのかい？　わたしゃマンゴーの実を食べに来たんだから、それを食べるだけさ。

いちど霊性に目覚めたら、いちど神を知ったなら、誰でもそんなゴタゴタしたことを知ろうとは思わなくなるよ。熱病《チフス》にかかっていると、いろんなタワゴトを言うさ――「ご飯をどんぶり十杯食べたいよー！」とか「貯水池《いけ》の水をぜんぶ呑《の》みたいよー！」とか。医者は、「おおそうか、いいとも、いいとも！」なんて言いながらタバコをふかしている。熱が引くと医者は、病人のいうことを注意して聞くようになる」

パスパティー「私どもの熱病は、永久に治らぬものでしょうか？」

聖ラーマクリシュナ「そんなことあるものか。神さまに心を向けなさい。霊が目覚めるよ」

パスパティー「ハハハ……。私どもが神に心を集中するのは、ホンの一瞬なのです。タバコを一服吸う時間より短いのですから――」（一同笑う）

聖ラーマクリシュナ「それでもいいんだよ。一瞬の間でも神と一つになりさえすれば自由だ。アハリヤー(訳註7)が言った。『ラーマ！　豚の世界に生まれても、どこに生まれてもかまいませんから、心はいつもあなたの蓮の御足《みあし》に住んで、清い信仰を持つようにして下さい』と。

ナーラダはこう言った。『ラーマ！　あなたに他に何を望みましょう。ただ、私に純粋な信仰をお与え下さい。それから、あなたの世にも魅惑的な現象《マーヤー》に迷わされないように、何とぞ祝福してくださ い』と。心の底からあの御方に祈れば、あの御方のところに心が安住《いっ》くようになる――神に純粋な信仰が持てるようになるよ」

〔罪とあの世――死ぬとき神を想うこと――バーラタ王のこと〕

〝私たちの病気は治るだろうか！〟〝私たちはいったいどうなるんだろうか！〟〝私たちは罪びとだ〟――こんな考えはキレイに捨ててしまえ！（ナンダ・ボースに向かって）そして、こう思っていることだ――『ラーマの名をとなえているんだ。もう私は罪とは関係ない！』とね」

ナンダ・ボース「死後の世界はあるのですか？　罪はどんなふうに報われるのでしょうか？」

聖ラーマクリシュナ「あんた、マンゴーを食べなさいよ！　あんた方はどういうわけでそんなことを知りたがるのかねえ⁉　死後の世界があるとかないとか――そこでどうなるとか、そんなようなこと、いったい何の必要があるのかねえ！」

マンゴーを食べなさい。〝マンゴー〟が大事《だいじ》なんだよ。あの御方への信仰が――。

ナンダ・ボース「マンゴーの木はどこにあるのですか？　どこでマンゴーの実をとればいいのですか？」

聖ラーマクリシュナ「木だって！　あの御方は始めも終わりもない無限のブラフマンだよ！　あの

（訳註7）アハリヤー――ガウタマ仙の美しい妻。インドラ神と不貞を働いたために呪いをかけられたが、ラーマ王子に会えば呪いは解けるという条件に救われて呪いは解け、以後、ガウタマ仙の貞節な妻として暮らした。（『ラーマーヤナ　第一巻48～49章』より）

1885年7月28日(火)

御方はほんとに在《い》らっしゃるんだよ！　あの御方は永遠なんだよ！　それからもう一つ――あの御方はカルパタル（望みの叶う樹のこと、カーリーをたとえている）だ。

カーリー、カルパタルの根元に
行こうよ、わが心よ
行って生命《いのち》の四つの実を摘《つ》もうよ

カルパタルの樹のところに行ってお願いすれば、果実を手に入れることができる。果実は根元に落ちているから、拾って集めればいいんだ。四つの生命の実だよ――正義《ダルマ》、富《アルタ》、愛《カーマ》、解脱《モクシャ》。智者たちは解脱《モクシャ》という果実をほしがるが、信仰者たちは信仰をほしがる――無条件の信仰をね。彼らはダルマもアルタもカーマもほしがらない。

死後の世界の話だったね？　ギーターではこう言っているが――死ぬ時に思った通りになる、と。バーラタ王はかわいがっていた鹿のことが気にかかって、『鹿、鹿』と言いながら死んだ。それで、次は鹿に生まれ更《か》わった。それだから、称名や瞑想やお祈りを毎朝毎晩していなけりゃいけない、というんだよ。そうしていれば、死ぬとき自然に神さまのことが想い浮かぶからね――訓練の賜物《たまもの》さ。そんなふうにして神を想いながら死ねば、神さまのような性質になっていくよ。

ケーシャブ・センも死後の世界のことを質問した。わたしはケーシャブにも言ったよ。『そんなこと、なぜあんたが心配しなけりゃいけないんだね？』って。その後で、またこう言ってきかせた。『神をさとらぬ間は、繰り返し、繰り返し、この世に生まれてくる』と。陶工が粘土の壺を太陽《ひ》に当てて乾かす。牛や何かが来て踏んづけてこわしてしまう。すると、乾いて固くなったものは捨ててしまう。だけど、まだやわらかい壺のカケラは、集めて粘土に混ぜて、また別の壺を新しくつくる！」

聖ラーマクリシュナ、家住者の吉祥を願う――ラジャス性の特徴《しるし》

いままで主人は、タクールにおやつを差し上げようとする気配を示さなかった。タクールはご自分から主人にこうおっしゃった。

「何か食べなけりゃ――。だから先だって、ジャドウの母さんに言ったんだよ。『ほら、何か食べるものをおくれ！　さもないと、在家の人にとっては縁起の悪いことになるよ』ってね」

主人は何か甘いものを持ってきて差し上げた。タクールはそれを召し上がった。ナンダ・ボースと他の皆は、一様にタクールの方を凝視している。タクールがどんな動作をなさるか、いちいち拝見するつもりなのである。

さあ、聖ラーマクリシュナはお手を拭きたいと思われたが、甘いものをのせたお皿が布の上におかれたので、その布で手を拭くことがお出来にならないのである。手をお洗いになるために、一人の召使いが真鍮のボウルを手に持って控えていた。そういう道具はラジャス性の人が用いるものである。タクールはチラと見て、「いらない、いらない」とおっしゃる。主人は言った。「お手をお洗いなさい

ませ――」

タクールはぼんやりした様子で、「え、ナニ？　手を洗うって？」

とおっしゃった。タクールは立ち上がって南のベランダに行かれた。そしてモニに、「わたしの手に水をかけてくれ」

皆の坐っているところに戻っていかれた。紳士たちのためにお盆にキンマ（噛みタバコ）が用意されてあった。そのお盆がタクールのそばに引きよせられた。だが、タクールはそのお盆にあるキンマをお受けにならなかった。

とおっしゃった。モニは水差しから水を注いだ。タクールはご自分の下衣《カポル》で手をお拭きになってから、

1885年7月28日（火）

〔理想神へのお供え――智慧の道と信仰の道〕

ナンダ・ボース（タクールに向かって）「ちょっと、申し上げてよろしいでしょうか？」

聖ラーマクリシュナ「（にっこりして）何だい？」

ナンダ・ボース「どうして、キンマを召し上がらないのですか？　それまでは、すべて順調に行きましたのに――」

聖ラーマクリシュナ「何でも先ず、神さまに上げてから食べる。こういう考え方もあるんだよ」（訳註――誰も手をつけないうちに真っ先に自分の拝む神に供えて、それからでないと口にしないという習慣がヒンドゥー教にはある）

ナンダ・ボース「これもすべては、神のもとにとどく筈ではありませんか」

聖ラーマクリシュナ「智慧の道もある。それから信仰の道もある。智者たちの考え方では、あらゆるものをブラフマン智で見てしまう！　だから、どんなものでも食べられる。信仰者の道は、それと少しちがう見方をするんだよ」

ナンダ・ボース「それでもやはり、私には納得がいきません」

聖ラーマクリシュナ「ハハハ……。いや、わたしにはわたしの感じ方があるんだ。あんたの言うことも正しいよ。それもあるんだ」

タクールは主人に、おべっか使いに注意するようにとおっしゃった。

聖ラーマクリシュナ「それから、一つ注意しておくがね！　おべっか使いというやつは、自分たちの利益のためにお世辞を使って歩くんだよ。（プラサンナの父親に）――あんたはこの家に住んでいるのかい？」

プラサンナの父親「いえ、そうではございません。私はこの町内に住んでおりますので――。タバコをお呑みになりませんか？」

聖ラーマクリシュナ「（非常にていねいな調子で）――どうぞ、おかまいなく。あんたさんはお呑み下さい。わたしは今、ほしくないんですよ」

ナンダ・ボースの邸宅はとても広く立派だったので、タクールはこうおっしゃる――「ジャドゥ・マリックの家はこれほど立派じゃない。いつか、彼にもそう言ったがね」

ナンダ・ボース「はあ、あのかたは最近、ジョラサンコに新しい家をお建てになりましたよ」

1885年7月28日(火)

タクールはナンダ・ボースをさかんに励ましておられる。

聖ラーマクリシュナ「あんたは世間に住んでいて、しかも神様に心をよせているが、これは並大抵のことじゃないんだよ。世間を捨てた人なら神さまのことばかし考えてもいようさ。そうしたからって別に賞《ほ》めることもないだろう？　それが仕事なんだから——。世間にいて神に心をよせる、これこそめでたいことなんだ！　その人は重い重い石をとりのけて、目的の品を見つけたようなものだ。一つの決《き》まった態度であの御方を呼ばなければならない。ハヌマーンの場合は智慧の混じった信仰だったし、ナーラダの場合はただ純粋な信仰だけだった。

ラーマが、『ハヌマーン！　お前はわたしをどんなふうに思って拝んでいるのかね？』とお聞きになった時、ハヌマーンはこう答えた。『ある時は、あなたが全体、私はその一部分だと思っています。またある時は、あなたが主人、私はその召使いだと思っています。それからラーマ、大原理《タットヴァ》の智慧《ジュニャーナ》に目覚めているとき——そのときは、〝あなたこそ私、私こそあなた〟』

ラーマがナーラダにおっしゃった。『何か、願い事をしなさい。聞きとどけてあげよう』ナーラダは答えた。『ラーマ！　この望みを叶えて下さい。あなたの蓮華の御足《みあし》に、純粋な信仰が持てるように！そして、あなたの世にも魅惑的な現象《マーヤー》に迷わされないように！』」

やがて、タクールは立って帰ろうとなさる。

聖ラーマクリシュナ「（ナンダに）ギーターに書いてあるが——大勢の人に尊敬され誉められる人には、神の特別な力が宿っている。あんたには神様の力が宿っているよ」

ナンダ・ボース「力は、すべての人が平等にもっています」

聖ラーマクリシュナ「(ムッとして)――それは、あんた方がよく言うセリフだ。すべての人の力が、同じであるわけがないだろう？　あの御方は、あらゆるものに遍在してなさることは確かだが、しかし、処《ところ》によって力の現れ方がちがうよ！

ヴィディヤサーガルもそんなことを言った――『神はある人には多くの力を与え、別の人には少ししか与え給《たま》わぬのですか？』なんてね。そのときわたしは、こう返事をしたよ。『もし、力がそれぞれ違わないのなら、なぜ、わたしがお前さんのところにワザワザこうやって会いに来たんだい？　お前さんの頭に角《ツノ》が二本生えてでもいるのかい？』」

タクールはいとまを告げられた。信者たちもいっしょに席を立った。パスパティーは皆を門のところまで案内した。

1885年7月28日(火)

タクール、聖ラーマクリシュナ、カルカッタ市内の信者宅にて

悲しみに沈んだバラモン婦人の家で——

タクールは、バグバザール地区に住む悲しい境遇のバラモン婦人(ゴラープ・マー)の家においでになった。その家は古い煉瓦造りの家だった。家の建物に行く途中に牛小屋があった。家の屋根のところに坐る場所ができていて、そこに人びとが大勢集まり、立ったり坐ったりしている。皆、熱心に、タクールが見えられるのを今か今かと待っているところだった。

そのバラモン婦人は二人姉妹で、今は二人とも未亡人になっていた。家には彼女たちの兄弟とその家族がいっしょに生活している。この婦人にはたった一人、娘があったのだが、その娘が最近亡くなったので悲しみのどん底に沈んでいるのだった。今日はタクールがわざわざ家に来て下さるというので、朝から準備に忙しかった。タクールがナンダ・ボース氏の邸におられる間じゅう、彼女は家の外に出て待っていて、今か今かと気もそぞろだったのである。タクールは前もって、「ナンダ・ボースの家によって、それからあんたのところへ行くから——」と言っておられたが、時間が遅くなったので、もうタクールはいらっしゃらないのではないかと思い始めたのであった。

タクールは信者たちとこの家においでになり、屋根の上の坐る場所に座を組まれた。すぐそばに校長、ナラン、ヨーギン・セン、デベンドラ、ヨーギンたちが坐った。間もなく、若いナレンはじめ、

大勢の信者たちが来て集まった。婦人の妹が屋根に上がってきて、タクールにごあいさつして言った――「姉は今しがた、あなた様のおいでが何故こんなに遅いのか、様子を聞きにナンダ・ボースのところへまいりました。すぐに戻ってまいりますから――」

下で何やら物音がしたのを聞いて、妹はまた言った――「あ、姉が戻ったのでしょう」そして下へ見にいった。だが、婦人はまだ戻ってはいなかった。

タクールは、ニコニコ顔で信者たちにとりまかれて坐っていらっしゃる。

校長「（デベンドラに）見事な眺めですなあ。老いも若きも、男も女も、列をつくって屋根の上に並んでいますよ！　みんな、どんなにか熱心にこの御方に会いたがっていることか！　そして、どんなにかこの御方のお話をききたがっていることか！」

デベンドラ「（タクールに）――校長さんが、ここはナンダ・ボースのところよりずっといい場所だと言っておられます。ここにいらっしゃるのは、信仰の深い人たちばかりでございます！」

タクールは笑っていらっしゃる。

こんどは、婦人の妹が言った。「あれ、姉がまいります」

バラモン婦人が来てタクールにごあいさつしたが、さて、何と申し上げたらよいのか、何をどうすればよいのか皆目わからない様子。

婦人はソワソワして……「まあ、私は嬉しくて、嬉しくて、死んでしまいそうでございますよ！　どうしたら死なないですむのか、皆さん教えて下さいましな！　娘のチャンディーが来たとき――兵隊に護られて——兵隊たちは道に並んで警備していましたが——そのときだって、これほどの嬉しさではございませんでしたよ！　まあー、チャンディーが死んだ悲しみが、今はすっかり消えてしまいましたわ！　私、こう思っていたんですの——もし、あの御方がおいでにならなかったら、用意しておいたものはみんな、ガンガーに捨てて流してしまおうと。——もう二度とあのかたとは口をきくまい、あのかたのいらっしゃるところにはきっと行って、遠くの方から眺めていよう——そして、そのまま帰ってこよう、と。

さあ、みんなに、私がどんなに幸福だか見せてきましょう！　そうだわ、ヨーギンに言ってやりましょう。私の運の良さを見ておくれって——」

彼女はまた嬉しさにソワソワしてこんなことを言う——「まあ、ほんとに、一タカの宝くじを買って十万タカ当たった人がいて——その人は当たったことを聞いて十万タカ受け取りに行って、手に持ったとたんに嬉しさのあまり死んでしまったそうです。ホントに死んだんでございますよ！　まあ、私もそんなことになるんじゃないかしら！　皆さん、どうぞ私を祝福して下さいな。そうしていただかないと、ほんとに死んでしまいますわ」

校長はこのバラモン婦人の純真な喜びの様子を見て、すっかり魅せられてしまった。彼は婦人の足の塵を払いに行った。近づいて彼女は、「まあ、何をなさいます！」と言って校長に合掌した。

婦人は信者たちが来ているのを見て、喜んでこう言った——「皆さん、ようこそ！　若いナレンを連れてきましたから——あの子がいないと、ほかに誰も笑わせてくれる方がありませんものね！」婦人がこんなふうに話していると、さきほどの妹がやってきて姉をせきたてた。「お姉さん、来て下さい！　あなた、ここに立ってばかりいなすったらどうにもなりませんよ。下へ来て下さいな！　私一人じゃどうにもなりませんから――」

バラモン婦人は嬉しさのあまり夢中になっているのだ！　タクールと信者たちに目を釘付けにして、とてもここを離れられない様子だ。こうしたやりとりの後で、婦人は信愛《バクティ》の思いをこめてタクールを別室にご案内し、甘い食べ物を差し上げた。信者たちはそのまま屋根の上でもてなしにあずかった。

夜もおよそ八時になって、タクールは別れを告げられた。階下の部屋につづいたベランダを通って西の戸口に来られた。そして、牛小屋を右にみて表門に向かわれた。

タクールはベランダから信者たちと共に表門の方に歩いて行かれたとき、バラモン婦人は大きな声をあげて弟の嫁を呼んだ。「さあ、早くきて御足の塵をいただきなさい！」嫁が来てあいさつをした。婦人の兄弟の一人もきてあいさつをした。

バラモン婦人はタクールに、「弟でございます。無知でございまして――」と紹介した。

聖ラーマクリシュナ「いやいや、みんな善い方々だよ」

一人の男が灯《あか》りを持って従《つ》いてきたが、ところどころ明《あ》かりがとどかない。

若いナレンが大声で――「ほら、灯《あか》りをしっかり持って！　足元をちゃんと照らして！　まだ仕事は終わっていないんだぞ！」（皆笑う）

やっとのことで牛小屋の前に来た。婦人がタクールに、「これは私の牛小屋でございます」と言った。タクールはそこで立ち止まられた。信者たちが囲《まわ》りをとりかこむ。モニは額《ぬか》ずいてタクールを拝し、お足の塵をいただいた。

これからタクールは、ガヌの母さんの家にいらっしゃるのである。

ガヌの母さんの家における聖ラーマクリシュナ

ガヌの母さん(訳註)の家の応接間にタクールは坐っていらっしゃる。その部屋は一階で道路に面している。部屋のなかは演奏会ができるようになっていて、青年たちが時々楽器を持ちよってはコンサートをしてタクールに楽しんでいただいていた。

夜の八時半ころだった。今日はアシャル月の黒分一日《ついたち》なので、空も、家も、道も、豊かな月光を浴びて明るい。タクールに従《つ》いて、信者たちもその部屋に入って坐った。

先ほどのバラモン婦人もいっしょに来ていた。彼女は奥の間の方に行ったり、そこから出てきて応接間の入口のところに立っていたりしている。近所の青年たちが部屋の窓からのぞきこんでタクールを見ている。町内の老いも若きもみな、タクールがこの家を訪問されていることをきいて、聖者に一目お会いしたいものと寄り集まってきているのだ。窓によじ登っている若者たちを見て若いナレンは言う——「こら、なぜそこにいるんだ? 行けよ、家に帰れよ」するとタクールはやさしくおっしゃる——「いいよ、いいよ。そのままにしておおきよ」

タクールは時々、「ハリ、オーム！　ハリ、オーム！」ととなえていらっしゃる。

マットレスの上に座が設けてあって、そこにタクールはお坐りになった。演奏会の青年たちが歌をうたうことになった。彼らの坐るところが用意されてなかったので、タクールは、ご自分の席の近くの敷物の上に坐るようにとおっしゃった。

タクール——「ここの上にお坐りよ。ちょっとずらすから——」とおっしゃって席を少しずらして下さった。青年たちは歌った——

ケーシャヴァよ、森の木の間を歩きたわむれ
こよなく美しき　竹笛を吹くお方よ
あわれなる　この僕《しも》べに
ねがわくは　恵みを垂《た》れ給《たま》え
　ハリの名となえよ　ハリの名となえよ
　ハリの名となえよ！　わが心よ

ケーシャヴァ——『長い髪の毛を持つ者』の意でクリシュナのこと

（訳註）ガヌの母さん——ヨーギンドラ・モヒニ・ビスワス（1851～1924）、娘の名前がガヌだったのでガヌの母さんと呼ばれた。ヨーギン・マーの愛称でも呼ばれる。バララム・ボースの親戚で、一八八二年にバララム・ボースの邸で初めて聖ラーマクリシュナにお会いした。ホーリーマザーの信頼が篤く、ホーリーマザーが亡くなるまでお仕えした。

1885年7月28日(火)

弓のような目　孔雀の羽根かざりで
ラーダーの胸を愛に染め
雄々《おお》しく体を野花でいろどり
シャーマよ、楽しき輪踊りの花形《あるじ》よ
　ハリボロ　ハリボロ（ハリの名となえよ）
　ハリボロ　アマル・モン

次の歌

　おお　母よ　来ておくれ　ウマー　わたしの命
　　　　　　　　　　　　　　　　　　ウマー——シヴァ神の妃

聖ラーマクリシュナ「アー、いい歌だねえ！　何ていいベハラだろう！　何ていい演奏だろう！」（訳註、ベハラ——ヴァイオリンに似た弦楽器）

そして、フルートを吹いている青年と、その向こうにいるもう一人の青年とを指して、「お前とお前は、実にいい組み合わせだよ」

こんどは楽器の演奏だけがつづいた。その後、タクールはとてもお喜びになっておっしゃる——

「ワー！　すばらしいねえ！」
一人の青年に向かって、「お前、何でも弾けるんだねえ」
校長に向かって――「みんな、いい人たちだ」
青年たちは歌や演奏をし終えると、信者たちに向かって言った――「みなさん方も何か歌って下さい」バラモン婦人は入口のところに立っていたが、そこからこう答えた。「みなさん、歌をご存じないのですよ。マヒン氏《バーブ》はきっと歌えると思いますが、でも、このかた（タクール）の前ではお歌いにならないでしょう」
一人の青年「どうしてですか？　僕はババの前で歌えますよ」
若いナレン「アッハッハ……。あの人はそこまで行っていないんだよ！」
皆は愉快そうに笑った。間もなく、バラモン婦人が部屋のなかに入ってきて、タクールに申し上げる――「あなた様、どうぞ奥の方にいらして下さいませ――」
聖ラーマクリシュナ「どうしてさ！」
バラモン婦人「飲み物が用意してございますから――。どうぞ、どうぞ」
聖ラーマクリシュナ「ここに持ってきておくれよ」
バラモン婦人「ガヌのお母さんがこう申します――『お御足《みあし》をお運びいただいて部屋を祝福していただけば、そこはもうベナレスと同じことになって――そこで死んだとしても、もう何の心配も要《い》りません』と」

タクール、聖ラーマクリシュナは、バラモン婦人とこの家の息子たちとに案内されて奥の間に行かれた。信者たちは外に出て、月光降り注ぐなかをそぞろ歩いた。校長はビィノドといっしょに、この家の南側にある道をおしゃべりしながら散歩した。

1885年7月28日(火)

秘密の話——三人が一つ

バララムの家に戻られたタクールは、応接間の西側にある小部屋で横になってお眠りになろうとしておられる。ガヌの母さんの家から戻られたのは、ずいぶん夜が更《ふ》けてからであった。もう十時四十五分になっている。

タクールは、「ヨーギン、ちょっと足をさすっておくれ」とおっしゃった。そばにモニが坐っている。ヨーギンがお足に手をやるかやらぬうちにタクールが、「お腹が空いたから、スージー(お粥《かゆ》)でも食べよう」とおっしゃる。

例のバラモン婦人はここまでついてきている。彼女の弟は小太鼓《タブラー》を打つのがとても上手なので、タクールは婦人の方を向いてこうおっしゃった。「こんどナレンドラが来たり、または他に誰か歌う人がきたときには、あなたの弟さんを連れてきてほしいね」

タクールは少しスージー(お粥《かゆ》)を召し上がった。ヨーギンほか信者たちは次々と部屋から下がっていった。モニはタクールのお足をさすっていて、タクールと何か話をしている。

聖ラーマクリシュナ「アー、あれたち(バラモン婦人)の喜びようったら!」

モニ「すばらしいことです。イエス・キリストの時代にも、ちょうどこれと同じようなことが起こりました！　そのときも、二人の未亡人の姉妹――マルタとマリアと言う……」
聖ラーマクリシュナ「(熱心に) さあ、その話をきかせておくれ」
モニ「イエス・キリストが信者たちといっしょに――ちょうどタクールがなさったと同じように、その姉妹の家に行きました。一人の方は嬉しさのあまり夢中になってしまいました。ガウルの歌にありますように――

沈んだ両目は戻ってこない
心よ　お前もこの目のように
ガウルの美しい海に沈んで
神さまの泳ぎを忘れて底までお行き

もう一人の女は、接待のために一人で食べ物や何かの支度で忙しく立ち働いておりました。彼女はせかせかとイエスのところに来てこぼしました。『主よ、よくごらん下さいませ。――姉は何て人でございましょう！　この人はここでボンヤリ坐っているだけで、私一人で何もかもやっているのですよ』

するとイエスはこう言われました。『お前の姉さんこそ徳高き人だ。なぜなら、人間の一生にとっ

て最も大切なもの（神への愛）を育てているのだから――』と」（訳註――ルカによる福音書 10・38～42）

聖ラーマクリシュナ「で、お前はこれらを見て、どう感じているんだね？」

モニ「私はこう感じました。三人は一つであると――。つまり、イエス・キリストと、チャイタニヤと、それから、あなた――。この三人はひとりの御方であると！」

聖ラーマクリシュナ「一つだよ、一つだとも！　一つでなくてどうするものか！　あの御方（神）が――ほら、わかるだろう！　ここに、こうして宿っているんだよ！」

こうおっしゃって、タクールはご自分の体を指でお示しになった。――神ご自身が、この体を借りて化身しておられるのだ、とおっしゃるかのように。

モニ「いつかあなた様は、この神の化身《アヴァターラ》の現象について、実にはっきりと説明して下さいました」

聖ラーマクリシュナ「何て言ったか、ここで言ってみてごらん」

モニ「地平線の彼方にかけて無限の広野がひろがっている。ところが、目の前に壁があるので私たちにはそれが見えない。その壁にはたった一つ円《まる》い穴があいている！　――その穴から無限の広野の、ほんの一部が見渡せるのです！」

聖ラーマクリシュナ「その穴は何だか言ってごらん」

モニ「その穴が、あなた様なのです。あなた様を通して見えるのです――その無限の広野が、見えるのでございます！」

聖ラーマクリシュナは非常に喜ばれて、モニの体をたたきながら、そして、「お前、それがわかったか、えらい、えらい」とおっしゃった。
モニ「それを理解するのは、大へんな力がいると思います。完全円満なるブラフマンが、人間の小さな体に如何《いか》にして宿るかということをすっかり把握するのは、不可能なことのように思います」
聖ラーマクリシュナ「（歌の文句の一節を）――
　あの人が誰か　誰も知らない！
　気狂いのようななりをして
　家から家へとさまよって……」
モニ「それに、あなた様はイエスのことについてもお話しになりました」
聖ラーマクリシュナ「何て？　何て言った？」
モニ「ジャドウ・マリックの別荘で、イエスの絵をごらんになって前三昧《バーヴァ・サマーディ》になられました。あなた様は、イエスが絵のなかから出てきて、あなた様のなかに入ったのを見られたのです」
タクールはしばらく黙っておられたが、やがて又、モニにおっしゃる――「喉《のど》にこれが出来たのは、きっと意味《わけ》があるんだね。これはもう、軽々しく行動しないように――。そうでなかったら、あっちこっちで歌ったり踊ったりしただろうからね」
タクールはドゥイジャの話をなさった。「ドゥイジャは来ないのかい？」
モニ「来るように言ったのですが……。今日、来ると言っておりましたのですが――なぜ来ないのでしょうか？　わかりません」

聖ラーマクリシュナ「あの子は熱心だよ。そうだ、あの子はこちらの仲間の一人じゃないかな？（即ちタクールのもとに集まる運命的仲間の一人）」

モニ「お言葉の通りだと思います。でなければ、あんなに熱心な筈はございません」

モニは蚊帳《かや》の中に入ってタクールを扇《あお》いだ。タクールは寝返りをうってモニの方に向かれ、彼に向かって話される――人間のなかにあの御方が化身して、リーラーをなさることについてお話しになった。

聖ラーマクリシュナ「お前だって同じところに属しているよ。わたしも最初のころは、神のいろいろな相《すがた》を見やしなかったよ。そんな状態が過ぎて、今でもそう度々《たびたび》は見ない」

モニ「神の活動《リーラー》のなかで、人間として活動なさる場合が、私は一番好きでございます」

聖ラーマクリシュナ「それでいいんだよ――それに、わたしを見ているんだし――」

タクール、聖ラーマクリシュナは、ご自分のなかで神が人間の姿に化身してリーラーしているのだ、ということを言われたのだろうか？

第一八章　ラカール、校長、マヒマーチャランたちと共に

一八八五年八月九日（日）

南神寺《ドッキネーショル》において、ラカール、校長、マヒマーチャランたちと共に

ドゥイジャ、ドゥイジャの父親とタクール、聖ラーマクリシュナ

――母への借り、父への借り

聖ラーマクリシュナは南神寺《ドッキネーショル》のあの馴染みの部屋でラカールや校長たちと坐っておられる。時間は午後三時から四時の間。

タクールの喉《のど》の病気がはじまっていた。それにもかかわらずタクールは一日中、信者たちがどうすれば良くなるかと、そのことばかりを思っていらっしゃる。彼等が世間に縛られないように――。智慧と信仰が得られるように――。神をさとることができるように、と――。

十日ほど前――七月二十八日の火曜日に、タクールはカルカッタのナンダ・ボース氏の邸に神々の絵を見に行かれて、その際、バララムはじめ他の信者たちの家々を訪問された。

ラカールさんはブリンダーヴァンから戻ってから数日間自宅にいたが、ちかごろは、ラトゥ、ハリシュ、およびラムラルたちといっしょにタクールのところで暮らしている。

大聖母《シュリー・シュリー・マー》（ホーリー・マザー）はタクールのお世話のために数ヶ月前に田舎から出てこれれて音楽塔《ナハバト》に住んでいらっしゃる。例の〝悲嘆にくれたバラモン婦人（ゴラープ・マー）〟が来て、大聖母のところに数日間滞在している。今日は

タクールのそばにはドゥイジャとドゥイジャの父親と兄弟たち、および校長が坐っている。

一八八五年八月九日。

ドゥイジャは十六歳くらいのはずだ。彼の母が他界した後、父親は再婚した。ドゥイジャはしばしば校長に伴われてタクールの許《もと》に来ていたが、そのことを父親は不愉快に思っていたのである。この父親は前々から、タクールを訪問したいと言っていたので、今日やって来たのである。彼はカルカッタにある貿易商社の支配人で、ヒンドゥー大学のD・L・リチャードソンのもとで学び、法律試験をパスしている。

聖ラーマクリシュナ「（ドゥイジャの父に向かって）――あんたさんの息子がここに来るからって、何のご心配もいりませんよ。

わたしはこう言うんですよ。霊性に目覚めてから世間に出て暮らすようにと――。苦労して黄金を手に入れたら、それを土の中に埋めてしまっておくもよし、箱の中にしまっても、水の中にしまっておいてもいい。黄金は減りも腐りもしない。

それから、〝無執着になって世間で暮らせ〟と言っているんだよ。〝手に油を塗ってからカンタル（ジャックフルーツ）の実を割れ〟と。そうすれば手がベトつかないからね。

未熟な心を世間に放り出せば、心は泥まみれになってしまうからね。智識を身につけてから世間での生活をしなけりゃね。

水に牛乳を入れると、牛乳は水に混ざってしまう。だが、バターにしておけば、水に入れてもまじってしまわずに、そのまま浮いている」

ドゥイジャの父「はあ、おっしゃる通りですね」

聖ラーマクリシュナ「ハハハ……。あんたさんが息子たちを叱りなさる気持ちは、よーくわかっていますよ。あんたさんは脅かしていなさるんだ。学僧《ブラフマチャーリー》がヘビに言ったように、『お前は何てバカなんだろう！　人を咬《か》むことは禁じたが、唸《うな》り声を出すのは禁じなかったぞ！　唸《うな》り声をたてて脅《おど》しさえすれば、敵はお前を殴りはしなかったろうに——』とね。あんたさんが息子たちを叱《しか》りなさるのは、ただ唸《うな》り声をたてていなさるだけだ」

ドゥイジャの父親は笑っている。

聖ラーマクリシュナ「いい息子ができるのは、父親に徳のあるしるしです。池を掘って、そこにいい水がたんと溜まったとしたら、それは池の持ち主に徳のあるしるしですよ。

息子のことをアートマジュ（自分の生まれ更《かわ》り）と言います。あんたとあんたの息子とは別のものじゃないんだ。あんたの一つの形として息子が生まれたんですよ。一つの形として、あんたは俗世間に浸りきって商社の仕事をし、いろいろ楽しんだり苦しんだりしている。もう一つ別な形として、あんたが神の信者になっているんだよ——あんたの息子の形でね。聞くところによると、あんたは大へん俗っぽいそうだが、そりゃ大ちがいだ！　ハハハ……。あんたさんは何もかもご存じだ。でもきっと、あんたさんは用心深いんだね。それで、わたしの言うことにフーン（Ｙｅｓ）と返事していなさるんだ」

ドゥイジャの父親は微笑した。

聖ラーマクリシュナ「（息子たちが）ここに来れば、自分のお父さんのほんとうの姿がよくわかるようになるだろう。父親とは何て偉大なものだろう！　お父さんやお母さんをだまして宗教に何か求めたとしたら、ロクなものはつかめんよ！」

〔以前の話――ブリンダーヴァンでタクールが母親のことを思ったこと〕

「人間はいろんな借りをもって生まれてきている。父親に対する借り、祭神に対する借り、悟《リ》った人《シ》に対する借り。それから母親に対する借りもある。妻にも借りがあって――養ってやらにゃならん。貞節な妻であれば、自分の死んだ後にも困らないように準備しておかなくちゃならない。

わたしはね、母親のためにブリンダーヴァンに住めなかった。母親が南神村《ドッキネーショル》のカーリー寺にいなさることを思い出したら、ブリンダーヴァンにいても気が落ち着かなくなった。

わたしは、この息子たちにいつも言うんですよ。世間のこともして、至聖《かみ》さまのことも忘れるな、とね。〝世間を捨てろ〟なんて言わないよ。――〝これもしろ、あれもしろ〟と言っているんだ」

父親「私は申すのです――勉強が大事だと。あなた様のところに来るのを禁止しているわけではないのです。ただ、仲間同志でくだらぬおしゃべりをして時間をムダにするな、と言っておるのです」

聖ラーマクリシュナ「この子（ドゥイジャ）はきっと、前世から何か特別なものを持ってきているよ。そうでなけりゃ、こっちの二人の兄弟たちとどうしてこう違うんだ？　どうしてこの子だけ、こんなふうなんだ？

あんたさんは、無理矢理この子がここに来るのを止めなさるおつもりかい？　前生からの因縁でこうなってきているんだよ」

父親「はい。おっしゃる通りかも知れません」

タクールは床におりて、ドゥイジャの父親のそばに来てゴザの上にお坐りになった。話をしながら、父親の体にときどき触っておられる。

夕暮れ近くなった。タクールは校長に、「ドゥイジャのお父さんと兄弟を、神殿参詣に連れていっておあげ――。わたしも、体の具合がよければいっしょに行くんだが……」

そして、「兄弟たちにサンデシュを少しあげなさい」とおっしゃった。ドゥイジャの父上に向かって、「少し食べるように言って下さい。ここでは、甘いものを口にしていただかなければならないんですよとおっしゃる。（訳註――ベンガル地方では、初めて来た人や、喜ばしいことがあった人、しばらく会えない人には、甘いお菓子を口にしてもらう〝甘い口〟の習慣がある）

ドゥイジャのお父さんは神殿を一通り参詣してから庭園を散歩している。タクール、聖ラーマクリシュナは自室の南東にあるベランダで、ブーペン、ドゥイジャ、校長たちと楽しそうに会話をしておられる。わざとふざけたようにブーペンと校長の背中を叩いたりなさった。ドゥイジャに向かっては、笑いながらこうおっしゃる——「どうだい、お前のお父さんとうまく話をしたろう」

日がとっぷり暮れてから、ドゥイジャの父親は再びタクールの部屋に来た。そして、すぐ帰ろうとした。彼が大そう暑がっているようなので、タクールはご自分で彼を扇いでいらっしゃる。

やがて、父親は帰っていった。——タクールは立ち上がって見送られた。

タクールの率直な話——聖ラーマクリシュナは完成した魂か、それとも神の化身《アヴァターラ》か

夜の八時になった。タクールはマヒマーチャランと話をしていらっしゃる。部屋にはラカール、校長、マヒマーチャラン、および彼の友人が、一人、二人いる。マヒマーチャランは今夜、寺に泊まっていくつもりだ。

聖ラーマクリシュナ「さて、ケダルの境地をどう見るね？　牛乳を見たか、それとも飲んだか、どっちだろう？」

マヒマーチャラン「はあ、いろいろと楽しそうにやっておられます」

聖ラーマクリシュナ「ニティヤゴパールは？」

マヒマーチャラン「たいしたものですよ！　——いい境地です」

聖ラーマクリシュナ「そうかい。ギリシュ・ゴーシュはどうだろうね？」

マヒマーチャラン「いい境地になりました。でも、彼は我々とは別の世界の人です」

1885年8月9日(日)

聖ラーマクリシュナ「ナレンドラは?」
マヒマーチャラン「私は十五年ばかり前、あれと同じような境地でございました」
聖ラーマクリシュナ「若いナレンは? とても素直《まっすぐ》な子だろう」
マヒマーチャラン「ほんとに、実に素直《まっすぐ》な青年です」
聖ラーマクリシュナ「お前の言う通りだ。──(何か考えながら)それから誰だったか……。ここに来る青年たちは二つのことさえ理解《わか》ればそれでいい。そうすれば、もうさほど修行をせんでもいい。第一に、このわたしは誰か。──それから、自分たちは何者か。この二つだ。あの青年たちは、ほとんどがごく内輪の兄弟だ。

ここの内輪の兄弟は、(今生では)解脱はしないだろうよ。わたしももう一度、北西の方角に肉体をとるだろう。

あの青年たちに会って、わたしの魂は安まった。子供をこさえていたり、訴訟ごとをして歩いたり、女と金にばかりかかずらっている連中に会ったって喜べるわけがないだろう? 清浄な魂に会わないで、わたしがどうしてこの世に住んでいられるものか!」

マヒマーチャランは経典の章句を引用してきかせた。また、ブーチャリー、ケーチャリー、シャーンバヴィーなどのタントラの様々な行法《ムドラー》について説明した。

〔タクールの五種の三昧──六チャクラの通過──ヨーガの原理《タットヴァ》──クンダリニー〕

聖ラーマクリシュナ「そうそう、わたしの魂《アートマン》は三昧に入って、大空《マハーカーシャ》（純粋意識）を鳥のように翔《かけ》っている、と誰かが言ったね。

いつか、リシケシのサードゥがここに来た。その人が、『三昧には五種類あるが、あんたはその全部を経験している』と言ったよ。蟻のような動き（霊気の上がる状態）、魚のような動き、猿のような動き、鳥のような動き、蛇のような動き――この五つだ。

霊気《マハーヴァーユ》が上がるとき、蟻がジリジリと這《は》い上がるような感じのときもあるし、ある三昧状態のときは、法悦の海の中で真我の魚がスイスイと気持ちよく泳ぎ戯《たわむ》れている感じだ！

時には横に寝ているとき、霊気《マハーヴァーユ》が猿のようにわたしを押したりして楽しく遊びまわっている。そんなとき、わたしは黙っているんだ。するとその霊気は、猿みたいにヒョイとサハスラーラに跳び上がるんだよ！　わたしが〝ギクッ〟として跳び上がることがあるのは、そんなときなんだ。

それから鳥のように――こちらの枝からあちらの枝へ、あちらの枝からこちらの枝へと――霊気が飛び移るんだよ！　それが止まったところは火が燃えるような感じになる。そして、ムーラダーラからスワディスターナ、スワディスターナから心臓へというようにして、だんだんと頭まで上がってくる。

あるときは、その霊気は蛇のような感じで上がっていく――くねりながらね！　蛇みたいに這《は》って、しまいに頭までいくと三昧《サマーディ》に入る」

〔以前の話――22、23才の頃はじめて神狂状態になったこと(一八五八年)――六チャクラの通過〕

「クンダリニーが起きないと霊性は表れない。

ムーラダーラにクンダリニーは眠っている。霊性が目覚めると、その御方はスシュムナーの管を通って、スワディスターナ、マニプーラと上り、さいごに頭の頂上にとどく。これを霊気の通過《うごき》と言って、さいごに三昧に入るんだよ。

ただ本を読んだだけじゃ霊性は目覚めないよ。あの御方を呼ばなけりゃだめ――。一生懸命に心の底から求めればクンダリニーは起きて下さる。話を聞いたり本を読んだりしただけの智識なんて！――そんなことで悟れるものかい！

わたしがいまのような境涯になる直前に、クンダリニーが目覚めて次々と蓮の花をひらかせて終いに三昧に入る様子を、あの御方から啓示《みせ》ていただいた。これはほんとに秘密の話だよ。どんなことを見たかというとね――わたしとそっくりな十二、三の少年《こども》がスシュムナーの管のなかに入って、舌をつかって性器の形をした蓮と交接しているんだよ！　最初に肛門とリンガとへそ――。四弁、六弁、十弁の蓮が、みんなうつむいていたのが上を向いたよ！

心臓に来て――今でもハッキリ思い出せるが――舌で交接《さわ》ったら、うつむいていた十二弁の蓮が上を向いて――パッと開いた！　それから、喉の十六弁の蓮、額の二弁の蓮。さいごに頂の千弁の蓮がひらいた！　それを境として、わたしは今の境涯になったんだよ」

以前の話――タクールの素直な話
――聖ラーマクリシュナは完成した人間か、それとも神の化身《アヴァターラ》か

〈神との対話――マーヤーを見たこと――来る前から信者たちを見ていたこと――ケーシャブ・センの法悦（前三昧）状態を見たこと――完全円満のサッチダーナンダを見たこととナレンドラ、そしてケダル――最初の恍惚状態の時に身体が光り輝いていた――お父さんの夢――ナングタと三日間の三昧に達したこと――十四年にもわたるマトゥールの奉仕（一八五六～七一）――クティの屋上で信者を求めて祈ったこと――絶え間ない三昧――いろいろな霊的修行〉

タクールは話しながら下におりてこられて、マヒマーチャランの近くの床の上にお坐りになった。そばには校長ほか、二、三の信者がいる。ラカールも部屋のなかにいる。

聖ラーマクリシュナ「（マヒマーに）あんたには前から話したいと思っていたんだが、できなかった。――今日、話したいね。

わたしのような境地に、あんたは修行しさえすれば誰でもなれると言ったが、それはちがうよ。ここには特別な何かがあるんだ」

校長、ラカールはじめ信者たちはびっくりして、タクールが何をおっしゃるのかと固唾《かたず》をのんで聞いていた。

聖ラーマクリシュナ「話をしたんだよ！　見ただけじゃなく、話をしたんだよ。バニヤン樹の下に

1885年8月9日(日)

立っていたら見たんだよ――あの御方がガンジス河の中から上がってきて……。それからどんなに笑ったことか！　ふざけて指をパチパチならしたりしてね。そして話を、話をしたんだよ！

三日のあいだ、わたしは泣きつづけていた。ヴェーダ、プラーナ、タントラと言ったお経や聖典に書いてある通りのことを、全部見せて下すった！

マハーマーヤーのマーヤーとはどういうものか、ある日、見せて下すった。部屋のなかのかすかな輝きがだんだんと広がっていって、とうとう全世界を包みこんでしまった。

それから、こんな光景が見えた。――大きな、大きな湖があって、一面、浮き草におおわれている！風が吹いて浮き草が少し動くと自然に水が見えてくる。だが見ているうちに四方から浮き草がよせてきてまた覆いつくす。その水がサッチダーナンダで、浮き草がマーヤーだとわかった。マーヤーのためにサッチダーナンダが見えない。が時折、一瞬の間見えることがある。そして又、すぐマーヤーに覆われてしまう。

どんな人（信者）がここへ来るか、来るに先だって見せて下さる。バニヤン樹の下からバクルの樹の下まで、チャイタニヤ様が先導するキールタンの一群が見えた。そのなかにバララムがいた。あれがいなかったら、誰が氷砂糖や何かいろんなものを貢いでくれる？　この人（校長）も見たよ」

〔聖ラーマクリシュナ、ケーシャブ・センとその会員にハリ（神）の名とマーの名を教えたこと〕

「ケーシャブ・センに会う前に、わたしはケーシャブ・センにちゃんと会ったんだよ！　三昧状態のときにケーシャブ・センと彼の会の人たちに会った。部屋いっぱいの人がわたしの前に坐っていた。ケーシャブは、尾っぽの羽を広げて坐っているクジャクのように見えたよ！　広げた羽が、つまり、彼の会の会員たちというわけだ。ケーシャブの頭には赤い宝玉が光っていた。あれはラジャス性のしるしだ。ケーシャブが弟子たちにこう言っている——『君たちみんな、このかたのおっしゃることをよく聞きなさい』わたしは大実母に言った——『マー、あの人たちはイギリス式の考え方をしている連中だ。——どうしてあの連中に話してやらなけりゃいけないんだろう』すると、マーは説明して下すった。『カリユガ（末世）には、こんなふうになるものよ』って。

ケーシャブとその一党《いっとう》は、ここ（タクール）からハリの名とマーの名を持っていった。だからマーは、あの会からヴィジャイを取り上げた。でも彼は、アーディ・ブラフマ協会には入らなかったよ。

（自分を指しながら）——この中に、何かがいるんだよ。ゴパール・センという少年がよくここへ来たが——ずーっと前のことだがね。この中にいなさるお方が、ゴパールの胸に足をのっけた。すると、その子は恍惚として話し出した。『あなたは、まだその時期ではないようです。私には、俗っぽい人たちといっしょに暮らすことはできません』と。そのあとで、『帰ります』と言って家に戻った。しばらくして、彼が死んだという知らせを受けた。あの子がきっと、ニティヤゴパールとなって生まれてきたんだよ。

不思議なものもずいぶん見たよ。完全円満のサッチダーナンダを見た。そのなかに、垣根を境にして二つのものが見えた。片方はケダル、チュニー、ほかに大勢の形ある神を信ずる信者たち。垣根の向こう側は血のような赤さの煉瓦粉の山のような感じで、光り輝いている。その真ん中にナレンドラが坐って三昧に入っている！　瞑想にふけっている彼を見て、『おー、ナレンドラ！』と言ったら、ちょっと目をあけてこっちを見た。彼が別の形で、シムラ地区のカーヤスタ（カーストの一種）の子として生まれていることがわかった。――そこで、大実母に言ったものだ。『マー、あれをマーヤーに縛っておくれ。さもないと、三昧になって体を捨ててしまうから――』と。ケダルは形ある神の信者だが、のぞいて見ていたが、身震いして逃げていった。

だから、思うんだよ。この（自分の）なかに大実母《マー》自身が住んでいて、信者たちとリーラーをされていなさるんだ、とね。はじめてこんなふうになったとき、光で体が燃えていたものだ。胸だって真っ赤になっていたよ！　それで、マーにお願いしたんだ。『マー、外に出ないでおくれ。内《なか》に入って、内《なか》に入って！』というわけで、今、わたしの体格はこんなに貧弱なのさ。

もしあのまま、わたしの体が光り輝いていようものなら、有象無象が大勢寄りたかってきて、さぞうるさいことだったろうよ。今は何も外に表れていない。おかげで、雑草（つまらぬ人間）が寄りつかぬ――純粋な信仰者だけがここに集まっている。どうしてこの病気になったかわかるかい？――これの意味もそれなんだ。――欲のある信仰《サカマ・バクティ》をもった連中は、この病気を見たら逃げていくからだよ。

望みがあってね――マーにお願いした。『マー、わたしは信仰者たちの王様になりたい！』

それから、こうも思った――『心の底から神を求める人は、きっとここに来る！　必ずここに来る！』と。ごらん、その通りになっている。そういう人たちだけが、みんなここに来ている！

わたしの中に誰がいなさるか、お父さんは知っていたんだよ！　お父さんはガヤーで夢を見なすってね――ラグヴィルが、『わたしは、お前の息子として生まれる』とおっしゃった。この中にはあの御方がいなさる。女と金を捨てたんだ！　これがわたしの義務《しごと》だ！　夢のなかでだって女と楽しんだことなぞないよ！

ナングタがヴェーダーンタを教えてくれた。三日間も三昧に入っていた。マドヴィーの樹の下で三昧に入っているわたしを見て、彼はびっくり仰天して叫んだよ――『こりゃ何としたことだ！』って。あとになって彼は、わたしの中に誰かいることを理解した。そして、『わたしは必要がないようだから、行かせてもらうよ』と言った。その言葉を聞くと、わたしは半三昧状態になってしまった。そうしてこう言った――『(わたしが) ヴェーダーンタの真理を覚《さと》るまでは、あなたは行くことなんか出来ませんよ』ってね。

その当時は、朝から晩まで彼といっしょにいた。そして、ヴェーダーンタのことばかり話していた。女性行者《ブラフマニー》（ヨーゲーシュワリー）がよくこう言ったものだよ。『ババ、ヴェーダーンタを聞いてはいけませんよ。信仰が薄れますよ』って。

わたしはマーにお願いした――『マー、この体を養ったり、サードゥや信者たちに囲まれて暮らすにはどうすればいいんだい？――一人、金持ちをよこしておくれ！』そしたら、シェジョさんが十四年間も世話してくれた！

わたしの中にいる御方が、前もって知らせて下すったよ――どんな種類の信者が来るかってことを。

ガウランガの姿が目の前に現れるとすぐわかる――ガウランガの信者たちがここに来るんだ、とね。もしシャクティの信者が来る場合はシャクティの姿――カーリーの姿が見える。

客堂《クティ》の屋根に上がって、献灯の時間にわたしは声をかぎりに呼ばったものさ。『オーイ、お前たちは誰だァ、何処《どこ》にいるゥー。早くここへ来ーい！』ごらん、今はみんな次々と集まってきている！

この体のなかにあの御方がいなすって――自分の意志で信者たちを相手に仕事をしていらっしゃる。

何人かの信者の境地は、ほんとに大したものだよ！　若いナレンはクムバカが自然にできるんだ！それから三昧も――時によると二時間半も！　もっと続くときもあるんだ！　何てすごいんだろう！

（訳註、クムバカ――ラージャ・ヨーガでいう呼吸法の一過程、呼吸抑止）

あらゆる種類の修行を、ここ（自分）はしてきた。――智慧のヨーガ、信仰のヨーガ、行為のヨーガ、ハタヨーガまでも――寿命を延ばすために！　とにかく、この中に誰か一人いるんだ。そうでなけりゃ、どうして三昧から下りてきて信仰と信者をもって暮らしていくことができただろう。コアール・シンがよく言っていたっけ――『私は今まで、三昧状態から戻ってきた人を見たことがない。――あなたは、ナーナクその人だ』」（訳註、ナーナク――（1469～1538）シーク教の開祖）

〔以前のこと――ケーシャブ、プラタプ、クックたちと共に汽船に乗る（一八八一年）〕

「どこもかしこも俗物ばかりだ。どこもかしこも女と金ばかりだ。――それなのにわたしは、こんな境地にいるんだよ！　――三昧と法悦のなかに浸っている。だから、プラタプ（ブラフマ協会のプラタプ・チャンドラ・マズンダール）とイギリス人のクックが来て、汽船の上でわたしの様子（三昧状態）を見たとき、『ババ！　幽霊にとりつかれているようです！』なんて言われたんだよ」

ラカールも校長も驚嘆の思いで、タクール、聖ラーマクリシュナが自ら語られるこの驚くべき言葉を、一言もらさず聞いていた。

マヒマーチャランにはタクールの暗示されたことがわかったのだろうか？　このお話をすべて聞いた後でも、こんなことを言うのだった。――「そうでございますか。あなた様の前生の行いがご立派だったために、今生でそのような経験をなすったのでしょう」彼にとっては、タクールは単なる一人のサードゥか信仰者なのだ。タクールは彼の言葉に相槌を打ってこうおっしゃった。「そう、過去の行いの結果だ！　旦那さま（神）にはたくさんお屋敷があって――ここもその応接間の一つなんだよ。信仰者はあの御方の応接間だ」

マヒマーチャランのブラフマチャクラ――以前の話――トータプリの教え

〔夢で姿を見ることはくだらないことか？――ナレンドラの見た神の姿〕

夜は九時になった。タクールは小寝台に坐っておられる。マヒマーチャランは希望していた――ちょうど部屋にタクールがいらっしゃるからブラフマチャクラを行おうと。彼は、ラカール、校長、キショリーほか、二、三の信者たちをさそって床の上に輪になった。そして、皆に瞑想するようにと頼んだ。

一同は瞑想をはじめた。ラカールが前三昧状態になった。タクールは寝台から下りてこられて、ラカールの胸に手を当ててマーの名をとなえはじめられた。それでラカールは、意識をとりもどした。（訳註、ブラフマチャクラ――数人が輪になって行うタントラで定められた秘密の行法）

夜が更《ふ》けて、もう午前一時近いだろう。今日は黒分十四日目である。あたりは真っ暗闇だ。信者の一人、二人が、ガンガーの堤防をそぞろ歩いている。タクール、聖ラーマクリシュナはお起きになって外に出られ、そこにいた信者におっしゃった。――「ナングタがよく言ったものさ、こういう時刻――こんな真夜中に、アナハタの音が聞こえてくる、と」（訳註、アナハタの音――宇宙原初の音、振動）

夜も明け方近く、マヒマーチャランと校長はタクールの部屋の床でねむっている。ラカールはキャンプ・コット（折りたたみ式の簡易ベッド）の上でねむっている。

タクールは五つかそこらの子供のように真っ裸になって、時々部屋のなかを歩き回っていらっしゃる。

第18章　ラカール、校長、マヒマーチャランたちと共に

一八八五年八月十日（月）

夜が明けた。タクールはマーの名をとなえて西のベランダに出て、ガンガーの流れを眺めていらっしゃる。部屋に飾ってある神々の絵の前に行かれて、ごあいさつ《ノモシカル》をされた。信者たちは寝床から起きてタクールにごあいさつをしてから、洗面のため外に出ていった。（訳註、ノモシカル――頭を下げてのあいさつ、ヒンディー語でナマスカール）

タクールは五聖樹《パンチャバティ》の杜で、一人の信者と話をしておられる。その信者は、夢でチャイタニヤ様《デーヴァ》に会ったという。

聖ラーマクリシュナ「（恍惚とした様子で）アハー！　アハー！」

信者「それが、夢でございました」

聖ラーマクリシュナ「夢がつまらんものだと思っているのかい？」

タクールの目からは涙があふれ、声もしどろもどろだ！

ある信者は目覚めた状態のときに神々しい霊姿を見た、という話をお聞きになってこう言われた。

「驚くこともないさ！　最近はナレンドラも神の姿を見ているよ！」

マヒマーチャランは洗面を終えてから境内の西手にあるシヴァ堂の一つに行って、ひとりでヴェーダのマントラをとなえている。

八時になった。モニはガンジス河で沐浴してからタクールのそばに行った。例の〝悲嘆にくれたバラモン婦人（ゴラープ・マー）〟がタクールにお目にかかりに来ていた。

聖ラーマクリシュナ「（その婦人に向かって）この人（モニ）に何か食べ物を出してやって下さらんかね、ルチか何か、棚の上にあるものを――」

婦人「あなた様が先ず、お上がり下さいまし――。そうしたら、このかたも召し上がりますでしょう」

聖ラーマクリシュナ「じゃ先ず、ジャガンナータのお下がり《プラサード》を少しいただこう」

プラサードをいただいてからモニはシヴァ堂へ行ってシヴァ大神を拝み、再びタクールのもとへ来てご挨拶《プラナーム》（訳註）をしてからおいとまを申し上げた。

聖ラーマクリシュナ「（やさしく）帰るのかい？　仕事があるんだろう」

（訳註）プラナーム――目上の人に対する尊敬をこめた挨拶で、両手をあわせて合掌し、かがんで相手の足の塵を右手でぬぐい、その手を自分の額に当ててまた合掌するとても丁寧な挨拶で、聖者や師に対しては礼拝の意味も含む。

第一九章　病気の聖ラーマクリシュナ

一八八五年八月十一日（火）

聖ラーマクリシュナの沈黙とマーヤーを見ること

タクール、聖ラーマクリシュナは、南神寺《ドッキネーショル》のなかで朝の八時から午後三時ころまで無言でおられた。今日は一八八五年八月十一日、火曜日。スラボン月二十七日。昨日の月曜日が新月《アマヴァーシャ》だった。

聖ラーマクリシュナの病気は、もう隠しようもなかった。タクールは、間もなくこの世を去られるということにお気付きになったのだろうか——宇宙の大実母《マー》のお膝《ひざ》に抱《いだ》かれることを？ それで、今日は一言もお口をきかれず、ジーッとしておられたのだろうか？ 何もお話しにならないのを見て、大聖母《シュリーシュリーマー》は泣いておられる。ラカールとラトゥも泣いている。バグバザールからバラモン婦人（ゴラープ・マー）もやってきたが、やはり泣いている。信者たちが時おりお聞きした——「あなた様は、もうずーっと黙っていらっしゃるおつもりですか？」

聖ラーマクリシュナは手真似で返事をなさった。——「いや《ナ》」

三時ころナラヤンが来た。タクールは彼に、「マーがお前をいいようにしてくれる」とおっしゃった。ナラヤンは喜んで信者たちに報告した。——「タクールが今、口をきいて下すった」ラカールはじめ信者たち一同は、胸にのっていた重い石が除《と》れたような気持ちだった。彼等はそろってタクールのそばにやってきて周《まわ》りに坐った。
聖ラーマクリシュナ「(ラカールや他の信者たちに)大実母《マー》が見せて下さったよ。みんな、みんな、マーヤー！　あの御方だけが真《ほんと》の実在で、あとはみんな、何もかもあの御方の壮麗なマーヤーだ。それから、もう一つわかったよ。いろんな信者たちが、どの程度まで霊的進歩をしたかということが――」
ある信者「どうぞ、ぜひ聞かせて下さいませ！」
聖ラーマクリシュナ「みんな、わかったよ――ニティヤゴパール、ラカール、ナラン、プールナ、マヒマー・チャクラバルティなんかのことも」

一八八五年八月十六日（日）

聖ラーマクリシュナ、ギリシュ、シャシャダルたちと共に

タクールの病気のことがカルカッタの信者たちに知れわたった。しかし、喉《のど》の具合がお悪いそうだ、という程度であった。

一八八五年八月十六日の日曜日。バッドロ月一日。大勢の信者たちがタクールにお目にかかりに来た。——ギリシュ、ラム、ニティヤゴパール、マヒマー・チャクラバルティ、キショリー（・グプタ）、学者《パンディット》シャシャダル・タルカチューダーマニ等々。

タクールは、以前のように喜びに満ちて信者たちと話しておられる。

聖ラーマクリシュナ「病気のことを、マーに言えないんだよ。何だか恥ずかしくてさ」

ギリシュ「私のナーラーヤナ大神がよくして下さいますよ」

ラム「よくなりますとも——」

聖ラーマクリシュナ「ハッハッハッハ、そうかい。じゃ、祝福しておくれ」（一同大笑）

ギリシュは最近ここに来るようになったのだが、タクールは彼にこうおっしゃる。——「お前はたくさん仕事があって、いつもゴタゴタのなかで暮らしているね。あと三回、ここにおいで——」

そして、シャシャダルと話をなさった。

〔学者《パンディット》シャシャダルへの教え――ブラフマンとアディヤシャクティは不異《おなじ》〕

聖ラーマクリシュナ「（シャシャダルに）――あんた、アディヤシャクティの話を何かしておくれよ」

シャシャダル「私は何も存じません」

聖ラーマクリシュナ「ハハハ……。Aなる人がBなる人を大そう尊敬していた。あるときBがAに、タバコの火をもってきてくれ、と頼んだ。するとAは、『私に、あなたのタバコの火を持ってくる資格《ねうち》があるでしょうか！』と言って、とうとう持ってきてくれなかった」（一同笑う）

シャシャダル「では……。あの御方が（宇宙の）動力因であり質量因であります。あの御方が生物や世界を創造なさるのであり、又、あの御方自身がその生物、世界になっておられるのであります。たとえて申すなら、クモがアミを張る（動力因）。しかも、そのアミは自分の体の中から吐き出すように（質量因）――。

聖ラーマクリシュナ「それから、もっとあるよ。精神《プルシャ》である御方が物質《プラクリティ》であり、ブラフマンである御方がシャクティなんだ。静止していて、創造、維持、破壊の活動をしないとき、あの御方をブラフマンといい、プルシャという。活動するとき、あの御方をシャクティといい、プラクリティという。けれども、ブラフマンであるところの御方がシャクティであり、プルシャである御方がプラクリティになっていなさるんだ。水は静かなときも水だし、動いて波立っていても水だ。蛇はうねって歩いていても蛇、ジッとしてトグロをまいていても蛇だ」

〔聖ラーマクリシュナ、ブラフマンの説明の最中に三昧に入る——苦楽とカルマ〕

「ブラフマンのことは口で説明なんかできっこない。無言になってしまう。〝私のニタイはマタハティ(気狂い象のように踊る)!〟〝私のニタイはマタハティ!〟と歌いながら、しまいに口がきけないようになって、ただ、ハティ! ハティ! その次は〝ハティ〟とも言えなくなって、ハ! ハ! 最後にそれさえ言えなくなる! 外部《そと》の意識がなくなるんだよ」

こうおっしゃるうちに、タクールは三昧に入られた! 立ったままの入三昧だ。

三昧が解けてから少したって、こうおっしゃった——「クシャラ(相対)とアクシャラ(絶対)の向こうに何があるか、口では言えない」

皆、黙然としていた。するとタクールが、又おっしゃった。——「苦楽の経験が残っている間は——カルマの残りがあるうちは、三昧には入れない。(原典註)

(シャシャダルに向かって)——いま神さまは、あんたに仕事をさせていなさる——講演や何かをね。だからあんたは、今はそういうことを一生懸命しなけりゃいけない。

するべき事をし終えたら、もうないよ。主婦が家の仕事を全部しおわって水浴びに行くときは、後ろからいくら呼んでも振り向かない」

（原典註）ボーガイシュヴァリヤ・プラサクターナーン　タヤーパフリタ・チェータサーム
ヴャヴァサーヤートミカー　ブッディヒ　サマーダウ　ナヴィディーヤテー
『富の蓄積と感覚の快楽《よろこび》に執着し　その追求に右往左往する人々の心には
真理《かみ》を愛し　それに仕えようという　決断がおこることはないのだ』
――ギーター2・44――

第二〇章　学者《パンディット》シャーマパダ他、信者たちと共に

一八八五年八月二十七日（木）

聖ラーマクリシュナ、南神寺《ドッキネーショル》において
――ラカール、校長、学者《パンディット》シャーマパダ他、信者たちと共に

三昧境で――学者シャーマパダに対する恩寵《おんちょう》

聖ラーマクリシュナは、二、三の信者たちと部屋で坐っておられる。午後の五時ころ。一八八五年八月二十七日、木曜日。バッドロ月十二日、スラボン黒分二日目。

タクールの病気は既に始まっていた。それにもかかわらず、誰か信者が来るとそれを気付かせないようにしていらっしゃる。日によっては終日、彼等と語り合ったり歌ったりしておられる。

マドゥ医師が時々カルカッタから小舟に乗ってやってくる――タクールの治療のためである。信者たちはタクールの病気について非常に心配しており、医師に毎日来てもらいたいと願っている。校長はタクールに、折を見ては申し上げるのだった――「あの方（マドゥ医師）は、経験豊かなお医者様でございますよ。毎日診《み》ていただいた方がよろしゅうございます」

学者《パンディット》のシャーマパダ・バッタチャリヤが来て、タクールにお目にかかった。この人の出身地はアン

トプール村である。夕暮れが近づいたので彼は、「夕拝をしてまいります」と言ってガンジス堤防のチャドニー沐浴場《ガート》へと下りていった。夕拝の最中に、彼は霊妙不思議なものを見た。終わってからタクールの部屋に戻って床に坐った。タクールは大実母《マー》の瞑想と称名をすまされて、いつものご自分の坐り場所に座を組んでいらっしゃる。ドアマットの上に校長が坐っている。ラカールとラトゥは部屋の中を行ったり来たりしている。

聖ラーマクリシュナ「（校長に向かってシャーマパダを指しながら）――このひとはいい人だよ。（シャーマパダに）――〝これでもない〟〝これでもない〟と否定し尽くして心が平安になったところ、そこにあの御方がいる」

〔神を見たしるしと学者《パンディット》シャーマパダ――〝三昧境〟〕

「七つの門を通った奥に王様はいなすった。第一の門に行ってみると、威風堂々とした人物が大勢の人を従えて坐っていなすった。大へんな物々しさだ！　王様に会いに来た人は、案内してくれた友だちに聞いた。『この人が王様かい？』友だちはニッコリ笑って答えた――『ちがうよ』

二番目の門でも、またその次々の門でも、彼は友だちに同じ質問をした。次々と進むにしたがって、門の辺りはいよいよ立派になり美しくなっていく。やがて七番目の門をすぎてそこに在《あ》るものを見たとき、彼はもう友だちに質問しなかったよ！　ほかのものとは較《くら》べようのない完全無欠な王様の様子を見て、彼は感激のため口もきけずに立ちつくした――これが王様だと直感した。――もう何の疑いもなかった」

1885年8月27日(木)

〔神、マーヤー、生物世界――アディヤートマ・ラーマーヤナ――ヤマラールジュナからの讃詞《スタヴ》〕

学者《パンディット》「マーヤーの領域から脱け出すと、あの御方に会えるのです」

聖ラーマクリシュナ「あの御方に対面してから、もう一度よく見ると、何と、そのマーヤー、生物世界にも、ほかならぬあの御方がなっていなさるんだよ！　先ず、この世は錯覚《マジック》で現れたところ――夢まぼろしだと思って、〝これではない、これではない〟ときめつけていく。でも、あの御方に会った後は、〝この世は愉快な運動場！〟

ただお経や聖典を勉強するだけで何になる？　学者たちはただ、ああだ、こうだ、と議論するだけだ」

学者《パンディット》「私は、学者と呼ばれると嫌気《いやけ》が差します」

聖ラーマクリシュナ「そりゃあ、神さまのお恵みだね！　学者どもはただ考えて議論するだけだ。だがそれは、牛乳の話をきくか、せいぜい牛乳を見るだけのこと――。あの御方に会った後は、すべてがナーラーヤナに見える――ナーラーヤナご自身が、あらゆるものになっていなさるんだよ」

学者《パンディット》がナーラーヤナへの讃歌をおきかせした。タクールは喜びにあふれていらっしゃった。

学者《パンディット》「サルヴァ・ブータ・スタム　アートマーナン　サルヴァ・ブーターニ　チャートマン
イークシャテー　ヨーガ・ユクタートマー　サルヴァットラ　サマ・ダルシャナハ（サンスクリット）
『真《まこと》のヨーギーは万物のなかに自己《アートマ》を見　また自己のなかに万物を見る

まことに真理を覚った人は　あらゆるところを同等に見る』（――ギーター6-29――）」
聖ラーマクリシュナ「あんた、アディヤートマ・ラーマーヤナを読んだかい？」
学者《パンディット》「はあ、少々読みました」
聖ラーマクリシュナ「あれは、智慧や信仰の話でいっぱいだ。シャヴァリーの一生、アハリヤーの讃詞《スタヴ》など、どこも信仰の話でいっぱいだよ。
でもね、大事なことが一つ――。あの御方は世間並みの常識からは、はるか遠くにいなさる」
学者《パンディット》「世間知のあるところからは、あの御方は〝遠きもの〟――そして、世間知のないところからは〝遠からず〟、でございます。ウッタルパラの地主であるムクジャヤという人に会いましたが、もういい年令《とし》だというのに、くだらぬ小説の話しかしませんでした」
聖ラーマクリシュナ「アディヤートマではこうも言っている――〝あの御方こそ生物であり、世界だと！」
は嬉しくてたまらぬ風情で、シュリーマッド・バーガヴァタの第十章に入っているヤマラールジュナ(訳註)（アルジュナ双樹）から。

クリシュナ！　クリシュナ！　偉大なるヨーギー
根元の　至高の精神《プルシャ》よ！
形に現れても　現れなくても　この宇宙はあなたの姿

1885年8月27日(木)

あなたこそ　あらゆる体に器官に魂に宿る主
あなたこそ　時《カーラ》、ヴィシュヌ、すべてに遍満する主
あなたこそ　サットヴァ　ラジャス　タマスからなる大いなるプラクリティ
あなたこそ　一つなる精神《プルシャ》　すべてのものの主《あるじ》
『シュリーマッド・バーガヴァタ（バーガヴァタ・プラーナ）第十巻第十章29〜31』

〔聖ラーマクリシュナの三昧――本気で瞑想や称名をしている人たちは必ずここへ来る〕

タクールは讃詞《スタヴ》をききながら三昧に入られた！　立ったままの姿である。学者は坐っている。学者の胸とひざに足をお置きになって笑っていらっしゃる。

学者《パンディット》はお足をしっかり抱きしめて、「グル、チェイトニャン・デビ（師よ、霊意識を授けたまえ）」と言った。タクールは小寝台のそばで東向きに立っておられた。

やがて、学者《パンディット》が部屋から出ていったとき、タクールは校長におっしゃった。「私が言った通りになっているだろう？　心の底から本気で瞑想や称名をしている人たちは、必ずここに来るんだよ」

夜も十時になった。タクールは、シュジのパヤスを少し召し上がってお休みになった。校長に、「足を手でさすっておくれよ」とおっしゃる。（訳註、シュジ――ふるいに残る小麦の粗粉。パヤス――穀物に牛乳と砂糖を入れて粥《かゆ》にしたもの）

まもなく、背中と胸のあたりをさするようにとおっしゃった。

少しウトウトされた後、校長にこうおっしゃった。「お前も寝なさいよ。ひとりなら少しは眠れるか試してみるよ」そして、ラムラルに――「この部屋で、この人（校長）とラカールが寝るからね」とおっしゃった。

（訳註）ヤマラールジュナ――ヤマル（双子《ふたご》）とアルジュナ（樹の名前）よりなる〝アルジュナ双樹〟という意味で、シュリーマッド・バーガヴァタ第十巻第十章の話をこう呼んでいる。その話のあらすじは、富の神クヴェーラの二人の息子、ナラクヴェーラとマニグリーヴァはルドラ神の従者になると次第に傲慢になり、酒を飲み富を誇ったのでナーラダ仙に無礼を働いた。ナーラダ仙は彼らを改心させる為に呪いをかけ、並んで立つ二本のアルジュナの樹に変えてしまう。ただし、神々の時間で百年経つとそこにハリ（クリシュナ）が現れるので、それで救われて呪いは解け再び天国に住むことを許されると予言した。身動きの取れなくなった二人は大いに反省し自分たちの非を悔いた。さて百年が経ち幼児クリシュナは悪戯《いたずら》を止めるために養母ヤショーダーに紐《ひも》で木の臼《うす》を縛り付けられてしまう。幼児クリシュナは臼を引きずったまま這《は》って進み二本のアルジュナの樹の間を通られたが、臼が引っかかったまま勢いよく引いたので、二本のアルジュナの樹は根こそぎに倒れてしまう。その瞬間、ナラクヴェーラとマニグリーヴァは元の姿に戻ることができ、二人は喜びのあまりクリシュナを合掌してクリシュナを讃《たた》える歌をうたう。
それが学者《パンディット》が引用して朗詠した歌である。

一八八五年八月二十八日（金）

タクール、聖ラーマクリシュナとイエス・キリスト(Jesus Christ)

夜が明けた。タクールは起床されて大実母《マー》を瞑想しておられる。喉《のど》のご病気なので、信者たちはタクールのお口からもれるあの甘い称名の声をきくことができない。タクールは洗面その他をすまされて、いつもの場所にお坐りになった。校長におっしゃる――「やれやれ、どうして病気になったんだろう?」

モニ「あらゆる点《こと》において人間のようでなければ、衆生は親しみ近づくことができないのです。彼等ははっきり知ることでございましょう――あなた様がこんなご病気になってもなお、神以外のことは何も知ろうとなさらないことを」

聖ラーマクリシュナ「アハハ……。バララムも言ったよ。『あなた様でさえこういう状態になられるのでしたら、我々がならないわけがないでしょう?』と。

シーターのことを悲しんで、ラーマは弓をとりあげることができなかった。それを見た弟のラクシュマナは驚いてしまった。だがね、〝五元素のワナにとらえられ、ブラマーさえも悶え泣く〟だよ」（訳註、五元素――五つの粗大元素《ブータ》＝虚空、風、火、水、地）

モニ「信者の悲しみを見て、イエス・キリストも普通の人間のように泣きました」

聖ラーマクリシュナ「どういうことだい？」

モニ「マルタとマリアの姉妹、それから弟のラザラス、この三人はイエス・キリストの信者でありました。ラザラスが死んだのです。イエス・キリストは彼等の家に行くところでした。マリアは路上にころがり出てきて、イエスの足許に倒れ、泣き泣きこう申しました。『主よ、もしあなたがうちに来ていて下すったら弟は死ななかったでしょうに――』イエスは彼女の嘆きをみて、いっしょに泣きました」

〔聖ラーマクリシュナと奇跡（Miracles）〕

「それからイエスは、死体のそばに行って彼の名を呼びましたところ、たちまちラザラスの命がよみがえって立ち上がりました（訳註1）」

聖ラーマクリシュナ「でも、わたしゃ、そういうことはできないよ」

モニ「それは、あなた様はなさいません。――ご方針ですから。ああいうことは皆、神通力に属するものでございますから、あなた様はなさいませんのです。ああいうことをすると、人びとはとかく、形に現れたモノや肉体のことばかりに心を寄せるようになります。純粋な信仰の方へは心が向かない

（訳註1）ヨハネ福音書11・32～44

のです。ですから、あなた様はなさいません。

しかし、あなた様とイエス・キリストはよく似ていらっしゃるところが沢山ございますよ！」

聖ラーマクリシュナ「ほかにどんなところが似ているね？ ハッハッハッ……」

モニ「あなた様は信者たちに、断食、その他のむずかしい修行をするようにとはおっしゃいません。食べることに関しても、何もむずかしいことはおっしゃいません。イエス・キリストの弟子たちも安息日を無視してものを食べたので、聖典にくわしい人たちは彼等を批難攻撃したのです。(訳注2)それについて、イエスはこう言われました。『けっこうだとも、十分に食べなさい。花婿《むこ》といっしょにいる間、花婿の付き添い人たちはせいぜい楽しくすることだ(訳注3)』と」

聖ラーマクリシュナ「どういう意味だい？」

モニ「つまり、アヴァターラといっしょにいる間は、そこのグループに属する人たちは楽しく喜んで暮らすことだ――喜びで満たされない理由がどこにある？ その方が違う世界へ行かれたとき、そのときこそ、彼等に悲しみに打ちのめされる日が来るのだ、という意味です」

聖ラーマクリシュナ「ハハハ。ほかにどこが似ている？」

モニ「はあ、あなた様はこんなふうにおっしゃいました。『若者たちには〝女と金〟の垢《あか》がついていないから、わたしの教えをよくつかむことができるだろう。牛乳は新しい鍋に入れておかなくてはダメだ。よごれた鍋に入れておくと、すぐ悪くなってしまう』と。イエスもそれと同じことを言われました」

聖ラーマクリシュナ「どう言いなすったんだい？」
モニ「新しいブドウ酒を古い壺に入れておくと、壺は割れてしまう。古い衣に新しい布でツギをあてると、古い衣は破れてしまう（訳註4）、と。
あなた様が、『大実母《マー》とわたしは一体である』とおっしゃいましたように、イエスもこう言われました。『I and my Father are one!（父とわたしは一体である！）（訳註5）』」
聖ラーマクリシュナ「ハッハッハ。それから？」
モニ「あなた様が、『懸命に祈れば、あの御方は必ずきいて下さる』とおっしゃいましたように、イエスも、『Knock and it shall be opened unto you.（叩けよ、さらば開かれん）（訳註6）』と言われました」
聖ラーマクリシュナ「そうかい。神がもしアヴァターラとして化身した場合、それは全体か？ 一部分か？ それとも断片か？ ある人たちは、それは全体だと言っている」
モニ「はい。それが全体か、一部分か、断片か、よくわかりません。しかし、教えていただきましたあのたとえで、よく理解できました。壁にあいた穴のお話で——」

（訳註2）マタイ福音書12・1～8／マルコ福音書2・23～28／ルカ福音書6・1～5
（訳註3）マタイ福音書9・14～15／マルコ福音書2・18～20／ルカ福音書5・33～35
（訳註4）マタイ福音書9・16～17／マルコ福音書2・21～22／ルカ福音書5・36～38
（訳註5）ヨハネ福音書10・30
（訳註6）マタイ福音書7・7／ルカ福音書11・9

聖ラーマクリシュナ「どういう話だったか、言ってみてごらん」
モニ「高い壁塀に円い穴が一つあいている——その穴を通して、壁の向こうにひろがっている草原のある範囲が見渡せる、というお話です。そのように、あなた様の中に無限の神様を垣間見ることが出来るのでございます」
聖ラーマクリシュナ「そうだ、二、三クロシュ（8~10㎞）ばかりは見渡せるよ！」
モニはチャドニー沐浴場へ行って聖なるガンガーの水で沐浴をして、再びタクールの部屋に行った。時間は午前八時ころである。
モニはラトゥのところに行って、米をいただきたいと頼んだ——大聖ジャガンナータに供えた米を。
聖ラーマクリシュナはモニのそばに来られて、こうおっしゃった。「お前、いつもそうしなさい——神の信者になった人は、お供えをいただいた後でなけりゃ何も食べないものだよ」
モニ「はい、昨日もバララムさんの家からジャガンナータ(訳註7)に供えた米をいただいてきまして——毎日、一粒か二粒ずつ食べております」
モニは額《ぬか》ずいてタクールを拝し、おいとまを告げた。タクールはやさしく、「じゃ、あす朝早くおいで。——バッドロ月（雨期）の日中《ひなか》は、体がまいってしまうからねえ」

（訳註7）ジャガンナータ——「世界の主」の意でヴィシュヌ神＝クリシュナのこと。バララムの家ではジャガンナータを家の祭神としてお祀りしており、毎日欠かせずジャガンナータの像にお供えをして礼拝している。

第二一章　ジャンマシュタミーの日に南神寺《ドッキネーショル》において

一八八五年八月三十一日(月)

ジャンマシュタミーの日に南神寺《ドッキネーショル》において――信者たちと共に

スボドゥの訪問――プールナ、校長、ガンガーダル、クシーロド、ニタイ

聖ラーマクリシュナはいつものあの馴染《なじみ》深い部屋で休んでおられる。夜八時ころ。月曜日。バッド口月十六日、スラボン黒分六日目。一八八五年八月三十一日。

タクールは喉《のど》がお悪い。しかし一日中、信者たちが少しでも良くなるようにと思っておられる。ときどき子供のように病気のことを気になさる。――かと思うと、すぐきれいに忘れて神の愛にお酔いになるのだ。そして信者たちに愛情を示されて、やさしい母親のように子供たちのことが気が気でないご様子である。

二日前の土曜日、プールナから手紙が届いた――「私はうれしくてたまりません。うれしさのあまり、夜も時々ねむれなくなるほどです!」

タクールは手紙の内容をきかれて、こうおっしゃった――「わたしは肌毛が逆立ってきたよ! ずーっと後まで、彼はこの悦びを持ちつづけるだろう。どれ、その手紙を見せてごらん」

手紙を受けとって、掌《てのひら》でなでまわしながらおっしゃる――「普通の手紙なら触れないんだが……。これは特別いい手紙だからね」

この夜、少し眠られた。突然、体に大汗をかいて、寝床から起き上がっておっしゃった。――「この病気は、治らないと思うよ」

この言葉をきいた信者たちは、胸もふさがる思いだった。

大聖母《シュリーシュリーマー》（ホーリーマザー）がタクールのお世話をするために南神寺《ドッキネーショル》に来られて、ひっそりと音楽塔《ナハバト》の一室に住んでいらっしゃる。そこに彼女が住んでいることを、大方の信者たちは気付いていない。一人の婦人信者（ゴラープ・マー）も、音楽塔《ナハバト》に数日泊まっている。そしてタクールのお部屋に始終来ては、タクールにお会いしている。

タクールはその婦人信者に、昨日の日曜日、こうおっしゃった――「あんた、ずいぶん何日もここにいるが、人は何て思うだろうね？　十日ほど家へ帰っていなさいよ」校長は、このやりとりを一部始終聞いていた。

今日は月曜日。タクールは病床についておられた。夜はまもなく八時になるところである。タクールは小寝台に横向きになり、頭を南に向けて眠っていらっしゃる。ガンガーダル（後のスワミ・アカンダーナンダ）が夕方、校長といっしょにカルカッタから来ていた。彼はタクールの足許に坐っている。タクールは校長と話をはじめられた。

聖ラーマクリシュナ「若いのが二人来たよ。シャンカル・ゴーシュ(訳註)のひい孫（スボドゥ）と、もう

1885年8月31日(月)

一人は同じ町内に住んでいる少年（クシーロド）だ。二人ともいい子だ。わたしは病気だから、お前のところに行っていろいろ教えてもらうように二人に言っておいた。お前、ちょっと面倒みてやってくれ」

校長「かしこまりました。私どもと同じ町内の少年たちでございます」

〔タクールの病気の始まり――バガヴァン医師――ニタイ医師のこと〕

聖ラーマクリシュナ「いつかまた、体に大汗をかいて目がさめた。この病気はどうなることやら！」

校長「いちど、バガヴァン・ルドラに診察してもらうように、私どもでとり決めました。M・Dをパスした人で、大そう優秀な医者でございます」

聖ラーマクリシュナ「ずい分かかるんだろう？」

校長「普通は二十か二十五タカだそうでございます」

聖ラーマクリシュナ「じゃ、やめとけ」

校長「はあ、でも、私どもはせいぜい四、五タカ払うつもりでおりますから――」

聖ラーマクリシュナ「おやおや、〝どうぞ、特別のおはからいであの方を診察していただきたい〟なんて言うつもりかね。こちら（タクール）のことは、何も聞いてないのかい？」

校長「多分、聞いている筈でございます。だいたい、診察料をとらないことで承知したのでございます。私どもは、少しは払うつもりでおります。そうすれば、又来てくれるでしょうから――」

聖ラーマクリシュナ「ニタイ（医師）に来てもらえば？　彼はいい医者だよ。でも、医者たちが来て、何をするつもりだろう？　喉をいじくりまわして、よけい悪くするだけだ」

夜九時、タクールは麦粉《スージー》のパヤス（乳粥）を召し上がるため、お坐りになった。

それを召し上がっても、喉に何の苦痛もないようだった。タクールは嬉しそうに校長におっしゃった。「少し食べられたよ。すごく嬉しいよ」

（訳註）シャンカル・ゴーシュ――一八〇三年にカルカッタ、ターンタニヤにシッデーシュワリー（カーリー女神）を祀った寺院（カーリーバリ）を建立《こんりゅう》した人物。彼の曾孫《ひまご》がスボドゥ・チャンドラ・ゴーシュで後のスワミ・スボダーナンダ。この寺院には聖ラーマクリシュナやヴィヴェーカーナンダも何度か訪れている。マヘンドラ・グプタ（校長）の家はこの寺院から1㎞ほど北に位置している。

一八八五年九月一日（火）

ジャンマシュタミーの日、ナレンドラ、ラム、ギリシュなどの信者たちと――

〔バラム、校長、ゴパール・マー、ラカール、ラトゥ、若いナレン、パンジャブ人のサードゥ、ナヴァゴパール、カトアのヴィシュヌ派の信者、ラカール医師〕

今日はジャンマシュタミー(訳註)、火曜日。バッドロ月十七日。一八八五年九月一日。タクールは沐浴なさるところ――。一人の信者が油を塗ってさしあげている。タクールは南のベランダに坐っておられる。校長はガンジス河で沐浴してから来て、タクールにごあいさつした。

沐浴をおえられたタクールは、タオルで体をつつんだままベランダから南を向いて寺院の神々に合掌しておられる。ご病気のため、カーリー堂やヴィシュヌ堂に行くことがお出来にならないのだ。

今日は聖クリシュナの誕生日。ラムたち信者はタクールのために新しい下衣《カポル》などを持ってきて、タクールはそれをお召しになった。――ブリンダーヴァン産の下衣《カポル》と赤い絹《シルク》の肩衣《チャドル》。純粋で罪のない彼の身体に、新しい下衣《カポル》がよくお似合いになっている。その新しい下衣《カポル》を身に付け、タクールは神々にご挨拶をなさった。

ゴパール・マーは、ジャンマシュタミーの日に、彼女のゴパール（タクールのこと）のために食べ物を用意してカマルハティからやってきた。彼女は悲しそうな顔をして言った――「あんたさんは、食べては下さらないのでしょう……」

聖ラーマクリシュナ「だってほら、わたしは病気だもの――」

ゴパール・マー「私は運が悪い！　――まあ、ほんの少しでも手にとってみて下さいましよ」

聖ラーマクリシュナ「あんた、祝福しておくれ」

ゴパール・マーは、タクールこそゴパールだと言って、何かとお仕えしているのである。

信者たちが氷砂糖を持参してきていた。ゴパール・マーが、「その氷砂糖を音楽塔に持って行きましょう」と言うとタクールは、「ここで皆にやらなけりゃ――。百度も足を運ぶことはない。ここに置いとけ」とおっしゃった。

十一時、カルカッタから次々と信者たちがくる。バララム、ナレンドラ、若いナレン、ナヴァゴパール、カトアからヴィシュヌ派の人が一人――次々と集まってきた。ラカールとラトゥはここに泊まっている。パンジャブ人のサードゥが一人、数日来、五聖樹《パンチャバティ》の杜に来ている。

若いナレンは、おでこにオデキができている。タクールは五聖樹《パンチャバティ》の杜を散歩しながらおっしゃった。「お前、そのオデキ、切ってしまえ。喉じゃないんだから、どうということはないさ。世間では睾丸

（訳註）ジャンマシュタミー――クリシュナの聖誕祭。〝ジャンム（生まれる）〟と〝アシュタミー（八日目）〟からなる言葉で、クリシュナが陰暦のスラボン月黒分八日目に生まれたことに由来する。

炎でも手術する、ハハハハハ」

パンジャブ人のサードゥが庭の小路を歩いていた。タクールはおっしゃる。「わたしはあの人を引きつけないようにしているよ。あれは智者《ジュニャーニー》の気質だ。枯れ木みたいに味気ないね！」

部屋にタクールは戻られた。シャーマパダ・バッタチャリヤの話が出た。

バララム「シャーマパダが言っておりました。『ナレンドラの胸に足をお置きになったときナレンドラがなったような（恍惚）状態を、自分は経験をしなかった』と」

聖ラーマクリシュナ「わかるかい？　女と金に心がいっている間は、散らばった心を集めるのは容易じゃない。あの学者は人々の争いの仲裁人になるように頼まれたりしている。それに自分の子供たちのことでもいろいろと心配事がある。ナレンドラたちの心は、彼のように散らばっていないからね――まだ女と金のアカがついていないからね。でもあれは、立派な人だよ！」

カトアから来たヴィシュヌ派の人がタクールに質問する。この人はややスガ目（斜視）である。

〔生まれかわりについて――信仰をつかむことこそ生まれた目的〕

ヴィシュヌ派の人「先生、人間は生まれかわるものでしょうか？」

聖ラーマクリシュナ「ギーターにはね、死ぬとき考えていたその考え通りに次の世に生まれる、とあるよ。バーラタ王は鹿のことを考えながら死んだので、次の世では鹿になった、と」

ヴィシュヌ派の人「そういうことは、誰かがはっきり目で見たと言うなら私は信じますが――」

聖ラーマクリシュナ「そんなことわからないよ、バプ。わたしは自分の病気さえ治せないんだから――。まして、死んだらどうなるかなんて！（訳註、バプ――父、子、ダーリン等、やさしく親しみをこめた呼びかけ）

あんたの言っているようなことはくだらない話だ。神様に対する信仰を、少しでも多く養うように努力すればいいんだよ。人として生まれたのは、信仰をつかむためなんだ。果樹園にマンゴーを食べに来たんだから、枝が何千本あるとか、葉っぱが何万枚あるとか、そんなこと気にして何になる？　死んだ先の話なんて！」

〈ギリシュ・ゴーシュとアヴァターラについて――清浄なのは誰？　――それは神への強い信念と信仰の持ち主〉

ギリシュ・ゴーシュが一、二の友人を伴って、馬車に乗ってやってきた。すこし飲んでいるらしい！オイオイ泣きながら部屋に入ってきて、タクールのお足に額をつけて泣きつづける。

聖ラーマクリシュナはやさしく彼の背中を叩いておやりになった！　信者の一人に、「これ、この人にタバコを出しておくれ」とおっしゃる。

ギリシュは頭をあげて、合掌してこう言った。――「あなたこそ、全きブラフマンです！　もしそうでないというなら、すべてのものは全部まちがいです！

ほんとうに、ほんとうに、口惜しいなあ！　あなたのお世話ができなかったとはねえ！（この言い方を聞いて、二、三の信者は思わず泣き出した！）

至聖《かみ》よ、お恵みを垂《た》れ給《たま》え。一年間あなたにお仕えしていいですか？　サトリなんてクソくらえ。小便ひっかけてやる。さあ一年間、あなたにお仕えしていいですか？」

聖ラーマクリシュナ「わたしの周《まわ》りの人たちがよくなくてねえ――何とかかんとか文句いう人がいるんだよ！」

ギリシュ「そんなこと、かまうもんですか。さあ、返事して下さい」

聖ラーマクリシュナ「そうさねえ、お前の家に行ったときには……」

ギリシュ「いやいや、そういうことじゃないですったら！　ここにいてお世話するというのです」

聖ラーマクリシュナ「(彼のガンコさを見とって)――そうか、そりゃ神様の思《おぼ》し召《め》し次第だ」

タクールの喉の病気について、ギリシュはまた言いつづける――「治ると言って下さい！　なおると！　そうだ、私が叩き出してやろう。カーリー！　カーリー！」

聖ラーマクリシュナ「わたしは、痛いよ」

ギリシュ「よくなれ！　フーッ。もしよくならなかったら――いや、もし私があなたの足に何ほどかの信仰をもっていたら、きっと、きっとよくなる！　さあ、言って下さい！　よくなったと――」

聖ラーマクリシュナ「(ムッとして) ほっといてくれ、バブ。わたしはそんなこと言えない。病気をよくしてくれなんて言葉はマーに向かって言えない。そうさ、神さまの思し召しでこうなったんだもの――」

ギリシュ「ごまかさないで下さい！　神の思し召しじゃない、あなたの意志なんだ！」

聖ラーマクリシュナ「チッ、そんなこと言ってはだめだ。〝バクトボォト、ナ、チャ、クリシュナボォト（サンスクリット）『私は（クリシュナの）信者であって、クリシュナ自身ではない』〟お前は好きなように思っているがいい。自分のグルは至聖《かみ》だ。――でも、いまお前が言ったような言い方をすると、あやまちを犯すことになるぞ――そんなふうに言ってはいけない」

ギリシュ「言って下さい――よくなると」

聖ラーマクリシュナ「よしよし、なるようになるよ」

ギリシュにはまだ酔いが残っていた。こんなことをつぶやいている――「ところで、あなたがこのたび、神々しい美しさでお生まれにならなかったのは何故《なぜ》だろう」少したって、又言った――「そうだ、この度《たび》はベンガルの救い主としてなんですね！」

信者のうち何人かは内心で思っていた――ベンガルの救い主であり、全世界の救い主だ！

ギリシュが又言う。「このかたがここにいらっしゃるのは何故《なぜ》か、君たち、わかるか？　衆生の苦悩を憐《あわ》れんで、ここにおいでになったんだよ。衆生を救うために！」

御者が呼んだ。ギリシュは立ち上がって御者の方に行った。聖ラーマクリシュナは校長に向かっておっしゃる――「気をつけてくれ、何処《どこ》へ行くんだか――。あの御者をぶたなけりゃいいが――」それで、校長もギリシュのあとについて行った。

ギリシュが戻ってきて、タクールに祈りの言葉を奉《たてまつ》った――「至聖《かみ》よ、清浄さを我に与え給え。これから先、罪の思いがカケラなりともわが心に浮びませんように――」

聖ラーマクリシュナ「お前はもう清浄だよ。お前の信念の強さ、信仰の強さ！　お前はもう歓喜の境地にいるだろう?」

ギリシュ「いーえ、心が落ち込んでいるのです。平安が得られないのです。――だから大酒を呑むのです」

また少したってこんなことを言う。――「至聖《かみ》よ、驚くべきことであります。全きブラフマンである至聖に仕え奉ることができるとは！　どれほどの苦行もしないこの私が、かかる特権を与えられるとは！」

タクールは昼食を召し上がった。喉のご病気なので、ホンの少し召し上がるだけである。

タクールはいつも半三昧の恍惚境で――無理な努力をして心を体につなぎとめていらっしゃるのだ。しかし、ご自分の体を保護することについては、子供のように無能力であられる。子供のように無邪気に信者たちにおっしゃる。

「今、すこし食べたよ。ちょっと寝るよ。お前たち、ちょっと外へ出ておくれよ」

タクールは少しお休みになった。信者たちは又、お部屋に入って坐った。

〔ギリシュ・ゴーシュ――師《グル》こそ理想神《イシュタ》――二種類の信者〕

ギリシュ「えーと、その、師《グル》と理想神《イシュタ》か――。私はグルの姿が一番好きだな。恐ろしくはないんです、何で恐れることがあろう。でも、恍惚状態の人を見ると十ハト（5ｍ）も離れてしまうんです――怖《こわ》くなるんです」

聖ラーマクリシュナ「理想神《イシュタ》が、師《グル》の姿になって現れるんだよ。シャヴァ・サーダナの修行（死骸を瞑想する修行）をして、さて理想神《イシュタ》に会う段になると、師《グル》がさっと弟子の前に現れてこう言うんだ――『コレがソレ（汝の理想神《イシュタ》）だ！』こう言いながら、師《グル》は理想神《イシュタ》の姿の中に消え去る。弟子はもう師《グル》を見ることはできない。完全智に達した時には、誰が師《グル》で誰が弟子か。〝それはほんとに難しいところ。師《グル》も弟子も見ないところ〟」

一人の信者「師《グル》の頭と弟子の足！」

ギリシュ「（うれしそうに）そうだ！　そうだ！」

ナヴァゴパール「意味《わけ》はこうですよ！　弟子の頭はグルのもの、師《グル》の足は弟子のもの――。わかりますか？」

ギリシュ「いや、そんな意味じゃない。父親の頭に子供は上がっていくでしょう？　だから、弟子の足」

ナヴァゴパール「しかし、そうなると、弟子は幼児のようにならなくちゃ――」

〔以前の話――シーク教徒――二種の信者――猫の仔と猿の仔〕

聖ラーマクリシュナ「二種類の信仰者があるんだよ。一つは猫の仔のような性質だ。すべて任せきっている——母親がしてくれるようにね。仔猫はただミャーミャーなくだけだ。どこへ行くのか、何をするのか——なんにも知らない。母猫は台所に置いたり、時には主人のベッドの上に置いたりする。こういう信者は神さまに代理権を委任している。すべて任せきって、何の心配もなしだ。

シーク教徒が言っていたっけ——〝神は慈悲深い〟と。わたしは言ったよ——『あの御方は、わたしらのお父さんとお母さんなんだ。今さら慈悲深いとは何ごとだ？　子供を生んで、父さん母さんが面倒見てくれなかったら、どうする？　隣の町の人でも来て育ててくれるのかい？　猫の仔のような信者は、信じきっているんだよ——あの御方は、自分の生みの母であり、生みの父だ』と。

もう一種類の信仰者は、猿の仔のような性質だ。猿の仔は自分で必死になって母さんにしがみついている。こういう信仰者は、何かしら自分がやっているんだという力《りき》みがある。巡礼に行かなくちゃならぬ。称名を毎日何遍しなけりゃならぬ。十六の道具をそろえて礼拝勤行しなけりゃならぬ。そうすればやがて神をさとることが出来るだろう——そういう気持ちだ。

両方とも神の信者だ。心境が進めば進むほど、あの御方こそが全部《すべて》になっていなさる、ということがわかってくる。あの御方が師《グル》、あの御方が理想神《イシュタ》だ。あの御方がわたしたちに智識や信仰を与えて下さるんだよ」

〔以前の話——ケーシャブ・センに教えたこと——前進せよ〕

「前《さき》に進んでいくほどに——白檀の木があり、その向こうに——銀の山、金の山——ダイヤの山まであるんだよ！　だから、前進することだ。
でも、〝前へ進め〟とばかりも言えない場合があるのさ！　世間の人たちがあんまり前に進んでしまったら、世の中がカラッポになっちまう！　ケーシャブ・センが礼拝式をして、『おお、神よ、あなたの信仰の河に、常に沈んでいられますように――』と、祈詞をあげていた。式がみんなすんでから、わたしは彼に言ったよ――『ねえ、あんたが信仰の河に沈みっきりになってしまったら困るだろう？そんなことになったら、カーテンの向こうに坐っていなさるご婦人方の身の上はどうなる？　だから、ときどき沈んで、ときどき陸《おか》へ上がって甲羅を干せばいい』と」（一同笑う）
〔ヴィシュヌ派の人のブツブツ――考えよ！――真実を語ることが修行〕
カトアから来たヴィシュヌ派の人がさかんに議論している。タクールは彼におっしゃる。――「あんた、ブツブツ言うのはやめなさいよ。バターにまだ水気がまじっていると、鍋の上でブツブツ言う。いちどあの御方の喜びを味わうと分別心が逃げて行く。蜜蜂は花の蜜を吸う歓びを味わっているとブンブン言わない。
本を読んでいくらか議論ができたところで、どうなるかね？　学者たちは聖典のどこかから文句を引用したり詩を暗誦して、それでおしまいだ。
シッディ（大麻）、シッディと口で言ったところでどうにもなるまい？　シッディを溶かした水でウガイしたってどうともならない。シッディが胃の腑に入らなけりゃだめなんだよ！　そうすれば、

ない。

1885年9月1日(火)

はじめて酔える。静かなところで独りになって一生懸命祈らなければ、真理の言葉は心《しん》から理解できない。

ラカール医師がタクールを診察に来た。タクールは熱心に医者におすすめになる。――「サアサア、どうかこちらにきてお坐り下さい」そして、ヴィシュヌ派の人と話をつづけられた。

聖ラーマクリシュナ「人間には、ただの人間と目覚めた人間がいる。霊意識《マノー》に目ざめて《フーシュ》こそ、本当の人間《マンフシュ》と言えるんだ。霊に目覚めなければ、人間に生まれても無駄なことだ！〔訳註、マノー――心。フーシュ――理解し得る、目覚めた、知識、などの意味。マンフシュ――目覚めた人〕

〔以前の話――カマールプクルで正しい考えの誠実な人にもめごとを解決してもらう〕

わたしらの郷里は、太い腹をして口ヒゲをはやした人がたくさんいるよ。でも村の人たちは、十クロシュ（30㎞）もの遠くから、立派な人を――正しい考えの誠実な人を駕籠《パランキー》に乗せて連れてくるんだ――もめごとを解決してもらうためにね。ただ学者というだけじゃ村の人は頼みに行かない。

真実を語り誠実であるということが末世《カリユガ》での修行だ。

誠実、神への従順、他の婦人を母とみなすこと――。

タクールは子供のような口調で医者におっしゃる。「バーブ、わたしのここをよくしてちょうだいよ」

医者「私に、〝治せ〟とおっしゃるのですか？」

聖ラーマクリシュナ「（ニッコリして）――お医者はナーラーヤナ、わたしは皆、尊敬しているよ」

〈自由意志と神の意志との折り合い(Reconciliation of Free Will and God's Will)——自由と必然《ネセスティ》(of Liberty and Necessity)——神が象使いのナーラーヤナ〉

「もし、あらゆるものがナーラーヤナなら、(すべての事物に関して) 黙っていなければならないだろう、と言うかもしれん。それについては、わたしは〝象使い神〟も信用するのでね。(『不滅の言《コタムリ》葉《ト》』一八八二年三月五日参照)

純粋な心と純粋な真我《アートマン》とは一つなんだよ！　純粋な、清浄な心に思い浮ぶのは、それは他ならぬ神の言葉なんだ。その御方が象使い神なんだよ。

なぜ、あの御方の言葉をきいてはいけないだね？　あの御方こそご主人であり、命令者だ。〝私〟が自分のうちに残っている間は、あの御方の言いつけをきいて仕事をするんだよ」

医者はタクールの喉の病気を診察にかかる。タクールは、「マヘンドラ・サルカル医師は舌をおさえてみたよ——ちょうど牛の舌を調べるみたいに」

タクールはまた子供のように、医者の上衣を手でひっぱりながらおっしゃった——「バーブ！　バーブ！　これを治しておくれよ！」

咽頭鏡を見て、タクールは面白そうに笑いながらおっしゃる——「わかった。これに映してみるんだね」

ナレンドラが歌をうたいはじめた。タクールがご病気なので、あまり歌は出なかった。

一八八五年九月二日（水）

バガヴァン・ルドラ医師とタクール、聖ラーマクリシュナ

タクール、聖ラーマクリシュナは昼食をすまされてから、いつもの場所に坐っておられる。バガヴァン・ルドラ医師と校長を相手に話をしていらっしゃる。部屋にはラカール、ラトゥはじめ、信者たちがいる。

今日は水曜日、ナンドットシャヴ（ナンダの祝祭《ナンダ・フェスティバル》）の日、バッドロ月十八日、スラボン月八日から九日にかけて。一八八五年九月二日。タクールの病気について、あらゆることを医者は聞き調べている。タクールは床におりて、医者のそばに坐っていらっしゃる。（訳註、ナンドットシャヴ——クリシュナが養父ナンダの息子となったことを祝ってクリシュナの誕生日の翌日に行われるお祭り）

聖ラーマクリシュナ「そーらみろ、薬は効《き》かないんだよ！　体の出来具合がちがうんだから——」

〔お金にさわる、結び目をつくる、貯える——これらすべて、タクールには出来ない〕

「ところで、このことをどう思う？　わたしはね、お金にさわると手がかじかんでしまうんだよ。そして息が止まりそうになる！　それから、帯ひもを結んだりすると（インド人の習慣として、着物の

すみに金貨など大事なものをひもでくくりつけておく）、それを解くまで息ができないんだよ！」

こうおっしゃって、貨幣《タカ》を一つ持ってくるようにとおっしゃる。医者は見ていてびっくり仰天した。タクールの掌《てのひら》の上にお金をおくと、手がかじかんだようにねじれてしまい、息が止まってしまった。お金をとりのぞくと、ゆっくりと深い息を三つほどして手がやっと元通りになった。

医者は校長に言った——「神経の作用ですね」

〔以前の話——シャンブー・マリックの別荘でアヘンを結んだこと——郷里《くに》カマールプクルでマンゴーをとったこと——貯《た》めることは出来ない〕

タクールはつづけて医者にお話しになる——「それから、もう一つあるんだよ。わたしは何でも、貯《た》めるということができないんだ！　以前《まえ》に、シャンブー・マリックの別荘に行ったときのこと——そのころ、ひどく腹の具合が悪かった。シャンブーが、『アヘンを少しずつ飲むと楽になるよ』と言って、わたしの下衣《カポル》のすみにアヘンをちょっぴり結びつけてくれた。それから寺へ戻って門のところまでくると、何かしらん、グルグルその辺を廻りはじめた。まるで道に迷ったみたいに——。ふと気がついて、腰に結びつけてあったアヘンを〝ポイ〟と捨てた。そしたら普通の状態にもどって境内に帰ってこれた。

郷里《くに》に行ったときも、マンゴーの実をとって持ってかえろうとしたら足が前に進まない。マンゴーを凹地においたら足が動いた！　え？　いったいこりゃどういうワケだろうね？」

1885年9月2日（水）

医者「背後に、何か或る力が働いているのですね。〝心の力〟というようなものが――」

モニ「このかたはそれを〝神の力（God force）〟とおっしゃるのですが、あなたは〝心の力（Will force）〟とおっしゃるわけです」

聖ラーマクリシュナ「（医者に）――それから、こういうこともあるんだよ。もし誰かが、『よくなっています』と言うと、とたんにとてもよくなるんだよ。いつかバラモン婦人が、『八アナ（50％）だけよくなりました』と言った。――わたしはすぐに踊り出したよ！」

タクールは医者の人となりを見て、大そう満足されたようである。医者に向かって、「あんたは、とてもいい性格の人だ。智慧ある人の二つの特徴《しるし》を持っている。――おだやかで、高ぶらない」

モニ「このかたは、奥様を亡くされましてね……」

聖ラーマクリシュナ「（医者に）わたしはいつも言っているんだよ――『三つの引力を合わせたら、至聖《かみ》をつかむことができる』ッて。母親が息子に感じる引力、貞女が夫に感じる引力、世俗の人が自分の財産に感じる引力。この三つを合わせてあの御方を求めればね。

とにかく、わたしのバーブ、この病気をよくしておくれ」

医者は病気の場所を診《み》にかかった。円ベランダに出した椅子に腰掛けられた。タクールは先ず、サルカル医師のことをおっしゃる。「ほんとに仕様がない。牛の舌でも調べるように引っぱって、抑えてさ……」

バガヴァン医師「悪気があってそうしたわけではありませんよ」

聖ラーマクリシュナ「わかってるよ。よく調べようと思って舌を引っぱってくれたのさ」

第二三章　病気の聖ラーマクリシュナ

一八八五年九月二十日（日）

病気の聖ラーマクリシュナとラカール医師――信者たちと踊る

聖ラーマクリシュナは南神寺《ドッキネーショル》の自室で信者たちにとりまかれて坐っておられる。一八八五年九月二十日、日曜日。アッシン月五日、白分十一日目。ナヴァゴパール、ヒンドゥー・スクールの教師ハラル、ラカール、ラトゥたち、キールタンを歌うゴスワミーなど、大勢が来ている。ボウバザールのラカール医師といっしょに校長はやってきた。医者にタクールの病気を診《み》てもらうためである。

医者はタクールの病状の変化を診《み》ている。この人は中肉中背で、手指だけは太くまるまるしている。

聖ラーマクリシュナ「（医者に向かって）――あんたの指は相撲取りの指のようだね、アハハハ……。マヘンドラ・サルカルが診てくれたが、あんまり舌をつよく押したもんで、あとでひどく痛かった。まるで牛の舌でも調べるように引っぱったり押したり――」

ラカール医師「そうでしたか。私はあなた様に痛い思いはさせませんよ」

〔聖ラーマクリシュナは何故病気になったか？〕

医者が処方箋を書いたあと、聖ラーマクリシュナは再び皆とお話しになった。
聖ラーマクリシュナ「(信者たちに)――アッチャ、人がね、こう言うんだ。あなたはこれほどのサードゥなのに、それでも病気にかかるとはどういうわけか、とね」
タ-ラク「バガヴァン・ダース・ババジも病気で長い間ふせっておられましたよ」
聖ラーマクリシュナ「マドゥ医師はね、六十才にもなるのに、妾《めかけ》の家に食事を運んでいるんだよ。なのに病気ひとつしない」
ゴスワミー「あなた様が病気におなりになるのは、他の人々のためございます。ここに来る人たちが、それぞれ罪科《つみとが》を背負ってくるものですから、それをすっかりご自分で引きうけて病気になられたのですよ!」
一人の信者「大実母《マー》に、〝この病気を治しておくれ〟ってお願いなされば、たちどころに治ってしまいでしょうに――」
〔神と召使いの気持ちが減ったこと――〝私〟をさがしてもないこと〕
聖ラーマクリシュナ「〝病気を治しておくれ〟なんてマーに言えないよ。それにこのごろは、〝神が主人で自分は召使い〟という気持ちがだんだん薄れてきた。以前には、『マー、この刀鞘《さや》をちょっと修繕して下さい』とお願いしたものだが、こういう祈りはほとんどしなくなった。今日このごろは、〝ワタシ〟というものをいくら探しても見当たらない。この鞘《さや》のなかにいなさるのは、ほかならぬあの御方だとハッキリわかるんだよ」

キールタンをするためにゴスワミーは呼ばれたのである。一人の信者が、「キールタンをするのですか?」と聞いた。聖ラーマクリシュナが病気なので、キールタンをすると興奮なさるのがよくないのではないか、と信者一同は気づかっている。

聖ラーマクリシュナはおっしゃる――「ちょっとならいいよ。わたしが恍惚状態になるから心配なんだろう? あの状態は喉《のど》の病気の場所にさわるから――」

キールタンを聞いていらっしゃるうちに、タクールは恍惚境に入るのを防ぐことができなくなられた。立ち上がって信者たちと踊りはじめられた。

ラカール医師はその一部始終を眺めていた。彼の乗ってきた賃馬車が待っている。医者と校長はカルカッタに戻るため立ち上がった。二人は聖ラーマクリシュナにごあいさつした。

聖ラーマクリシュナ「(やさしく校長に向かって)――お前、何か食べたかい?」

一八八五年九月二十四日（木）

〔校長に対して真我の智識《アートマ・ジュニャーナ》について教えること――〝肉体はただの鞘《さや》にすぎない〟〕

一八八五年九月二十四日、木曜日。満月の日の夜、聖ラーマクリシュナは自室の小さいほうのベッドの上に坐っておられる。喉《のど》の病気のため苦しんでおられた。校長はじめ信者たちは床に坐っている。

聖ラーマクリシュナ「（校長に）時々、思うんだよ。――〝この肉体は鞘《ケース》にすぎないんだ〟と。あの完全円満なもののほかは何一つ存在しないんだ。

恍惚境になると、喉の病気は横っちょに取り外したようになっている。今もその境地に少しずつ入っているから、また笑うことができるよ。

ドゥイジャの姉妹と大叔母（祖母の妹）にあたる婦人がタクールの病気のことを聞いてお見舞いにきていた。あいさつをした後、部屋の片すみに坐っている。ドゥイジャの大叔母を見て、タクールはおっしゃる――「あの人は誰だい？　ドゥイジャを育ててくれた人かい？　なぜドゥイジャは、こんなもの（エクタラー――一絃琴）を買ったのかね？」

校長「アッチャ、あれには絃《いと》が二本ついております」

聖ラーマクリシュナ「父親は、この子のすることに反対している。ほかの人はみんな、何て言うだろうかね？　この子は、家の人に気づかれないようにしてお祈りする方がいい」

聖ラーマクリシュナの部屋の壁には、もう一枚、ガウルとニタイの絵がかかっている。ガウルとニタイが仲間たちとナバドウィープでキールタンを歌っている絵である。

ラムラル「（タクールに）――じゃあ、この絵はこのかた（校長）にさしあげましょう」（訳註――この絵は今でもマヘンドラ・グプタの家に飾られており、曾孫《ひまご》のディパック・グプタ氏が管理している）

聖ラーマクリシュナ「うん、それがいい」

〔聖ラーマクリシュナとハリシュのお世話〕

タクールはここ数日、プラタプの薬を飲んでいらっしゃる。深夜に起き上がって死ぬほど苦しまれる。ハリシュは看病のため、その部屋に留まっていた。ラカールもいる。ラムラルさんは外のベランダで寝ている。タクールは後でおっしゃった――「死にそうに痛くて、ハリシュにしがみつきそうになった。マダナ・ナーラーヤナ・オイルでマッサージをしてもらったら気分がよくなって、また踊り出したよ」

解説

1）サーンキャ哲学では、世界を物質的原理と精神的原理による二元論の立場で説明する。

2）物質的原理であるプラクリティ（根本物質）は、サットヴァ（純質／調和）・ラジャス（激質／積極）・タマス（暗質／消極）のトリグナ（三性質）よりなり、三者の均衡状態をプラクリティ（根本物質）と呼ぶ。

3）三者（サットヴァ・ラジャス・タマス）の均衡状態は、プルシャ（純粋精神）の観照によって破られ、現象世界（万物）の展開が始まる。

4）展開の最初に、思惟機能であり確認・認識の作用をなすブッディ（統覚）が生ずる。

5）このブッディ（統覚）からアハンカーラ（自我意識）が生じ、「わたしは存在する」「わたしのものである」などの執着をなす。

6）アハンカーラ（自我意識）から十一の器官が生じる。十一の器官とは思考器官であるマナス（意・心）と、五つの知覚器官（眼、耳、鼻、舌、皮膚）と五つの行動器官（発声器官、手、足、肛門、生殖器）である。

7）アハンカーラ（自我意識）からは、さらに五つの微細元素（音声、感触、色形、味、香り）が生じる。

8）五つの微細元素からは、さらに五つの粗大元素（虚空、風、火、水、地）が生じる。

9）以上の物質的原理を総称して二十四の存在原理という。

10）精神的原理としての純粋精神はプルシャ（真我）といい、二十四の存在原理と併せて二十五原理という。

※プラクリティ、アハンカーラなどの訳は、田中嫺玉氏の翻訳ではプラクリティ＝物質自然・女性原理、アハンカーラ＝自己意識・我執・個我などに翻訳されていますが、二十四の存在原理の解説にあたっては、一般的なインド哲学用語を用いました。また、解説にあたり、『仏教・インド思想辞典／春秋社』その他を参考にしました。（註：編集者）

二十四の存在原理

物質的原理

1　プラクリティ（根本物質）
↓
2　ブッディ（統覚・覚・覚知）
またはマハット（大）ともいう
↓
3　アハンカーラ（自我意識）
↓

十一の器官

- 思考器官
  - 4　マナス（意・心）
- 五つの知覚器官《ブッディインドリヤ》
  - 5　眼
  - 6　耳
  - 7　鼻
  - 8　舌
  - 9　皮膚
- 五つの生理器官《カルメーンドリヤ》
  - 10　発声器官
  - 11　手
  - 12　足
  - 13　肛門
  - 14　生殖器

（五唯）五つの微細元素《タンマートラ》

- 15　音声（声）
- 16　感触（触）
- 17　色形（色）
- 18　味（味）
- 19　香り（香）

↓

（五大）五つの粗大元素《ブータ》

- 20　虚空
- 21　風
- 22　火
- 23　水
- 24　地

精神的原理（純粋精神）

25　プルシャ（真我）

ベンガル暦について

マヘンドラ・グプタは『不滅の言葉《コタムリト》』を記述するにあたって、三種類の暦を用いている。

1）太陽暦を用いたベンガル暦

2）太陰暦を用いたベンガル暦（白分《はくぶん》、黒分《こくぶん》）

3）西暦（キリスト暦）

ベンガル暦の歴史

ベンガル暦は、北インドを支配したムガール帝国のアクバル皇帝が始めた。それまで用いていたイスラムのヒジュラ暦は太陰暦であるため、一年間で太陽暦と年間約１１日の差を生じ、農耕により税を納める農民は収穫時期と違った時期に税を徴収され苦境に喘いでいた。そこでアクバル皇帝は太陽暦に基づく暦を導入し、ヒジュラ暦９６３年(西暦１５５６年）をベンガル暦９６３年と定めた。

太陽暦を用いたベンガル暦

太陽暦を用いたベンガル暦は、「スールヤ・シッダーンタ」という古い天文書に基づいて制定されており、天空上に３０度ずつの間隔で十二の星宮を定め、一つの星宮を通過する期間を一ヶ月とし、次の星宮に入ると月が変わるとした。ただし、十二の星宮間は厳密に３０度ではなく、また楕円軌道によって公転する地球の進度も一定ではないことから、一ヶ月の長さは月によって２９日１０時間から３１日１１時間になる。そこで、ベンガル暦では一日に余る時間を丸めて、一ヶ月を２９日～３２日として調整している。また、ベンガル暦の新年の始まりはボイシャク月一日（4月中旬）であるが、これも年によって若干の誤差が出るため、いくらかずれることになる。「不滅の言葉《コタムリト》」を読むと、１８８５年の新年は4月１２日であるが、１８８６年の新年は4月１３日となっている。

太陰暦を用いたベンガル暦

太陰暦を用いたベンガル暦は、月の満ち欠けを白分・黒分で表現し、新月の次の日から月が満ちて満月になるまでを「白分《はくぶん》」、満月の次の日から月が欠けて新月になるまでを「黒分《こくぶん》」という。新月の次の日を白分一日《ついたち》、満月を白分十五日、満月の翌日を黒分一日《ついたち》、新月を黒分十五日と言う。また、太陰暦に使われる月の名称は、白分一日の時点での太陽暦の月の名称が用いられる。そのため日によっては、太陽暦の月名と太陰暦の月名が異なることになる。例えば１８８３年2月１８日の記述を見ると、「ファルグン月7日。キリスト暦１８８３年2月１８日。マーグ白分１２日目。」とある。

ベンガル暦の月の名称

1 ボイシャク	（4月中旬～5月中旬）	7 カルティク	（10月中旬～11月中旬）
2 ジョイスト	（5月中旬～6月中旬）	8 オグロハヨン	（11月中旬～12月中旬）
3 アシャル	（6月中旬～7月中旬）	9 ポウシュ	（12月中旬～1月中旬）
4 スラボン	（7月中旬～8月中旬）	10 マーグ	（1月中旬～2月中旬）
5 バッドロ	（8月中旬～9月中旬）	11 ファルグン	（2月中旬～3月中旬）
6 アッシン	（9月中旬～10月中旬）	12 チョイトロ	（3月中旬～4月中旬）

大聖ラーマクリシュナ　不滅の言葉《コタムリト》　第四巻

原典出典一覧

No	日付	巻	章	節
1	1884年11月9日	3	10	1
2	1884年11月10日	3	10	5
3	1884年12月6日	5	付録II	1
4	1884年12月14日	3	11	1
5	1884年12月27日	2	22	1
6	1885年2月22日	5	16	1
7	1885年2月25日	5	17	1
8	1885年3月1日	2	23	1
9	1885年3月7日	3	12	1
10	1885年3月11日	1	14	1
11	1885年4月6日	3	13	1
12	1885年4月12日	3	14	1
13	1885年4月24日	2	24	1
14	1885年5月9日	3	15	1
15	1885年5月23日	3	16	1
16	1885年6月13日	3	17	1
17	1885年7月13日	4	23	1
18	1885年7月14日	4	23	3
19	1885年7月15日	4	23	7
20	1885年7月28日	3	18	1
	〃	3	19	1
21	1885年8月9日	4	24	1
22	1885年8月10日	4	24	4
23	1885年8月11日	5	18	1
24	1885年8月16日	5	18	2
25	1885年8月27日	4	25	1
26	1885年8月28日	4	25	2
27	1885年8月31日	4	26	1
28	1885年9月1日	4	26	2
29	1885年9月2日	4	26	3
30	1885年9月20日	5	18	3
31	1885年9月24日	5	18	3

『不滅の言葉《コタムリト》』ベンガル語原典第一巻～第五巻は日付順に収められていないが、田中嫺玉氏は日付順に翻訳している。本書でも刊行にあたり原典の並びではなく日付順に構成した。

ラーマクリシュナの家系図

（網掛け）＝女性

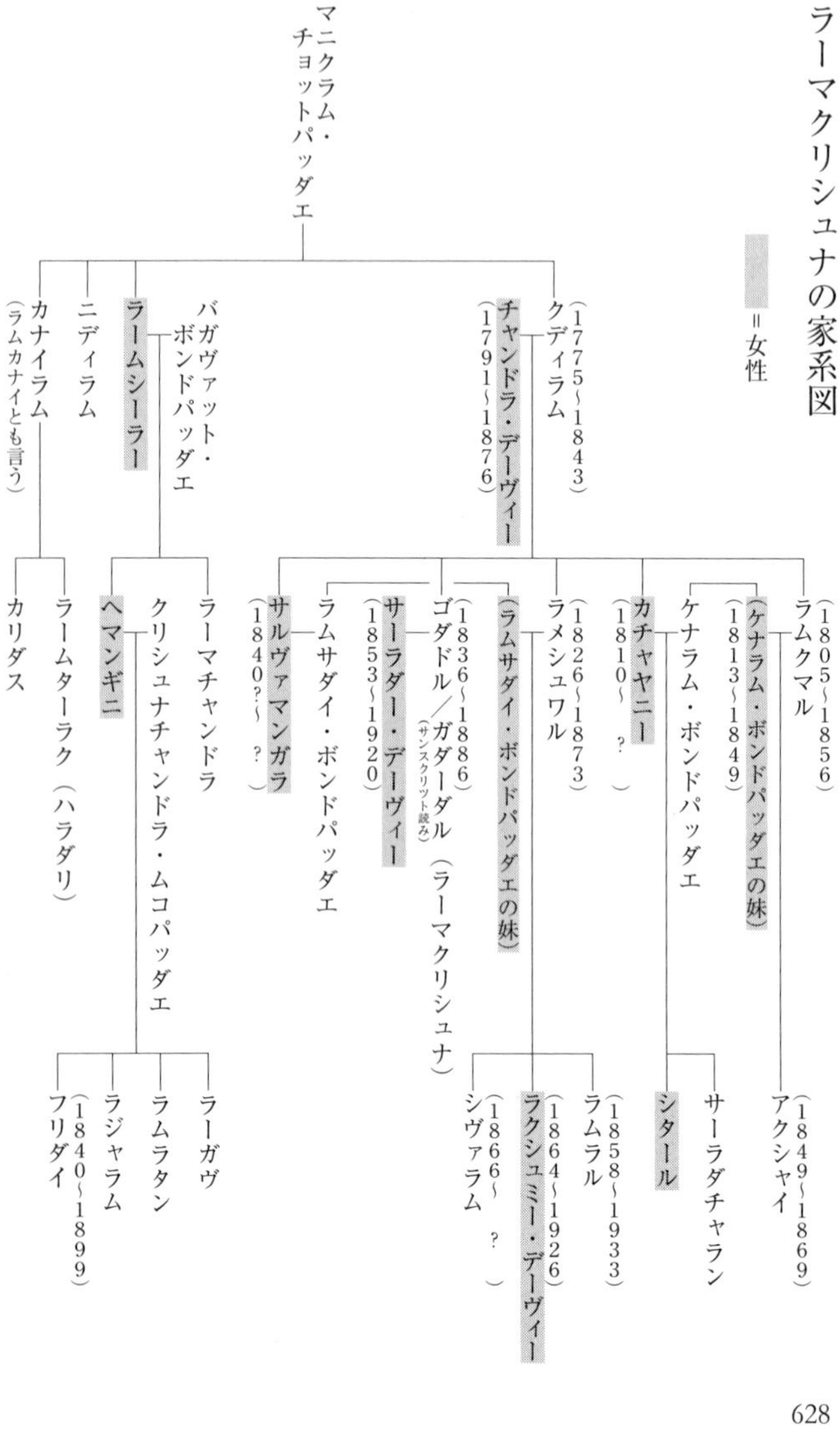

ラーニ・ラースマニの家系図

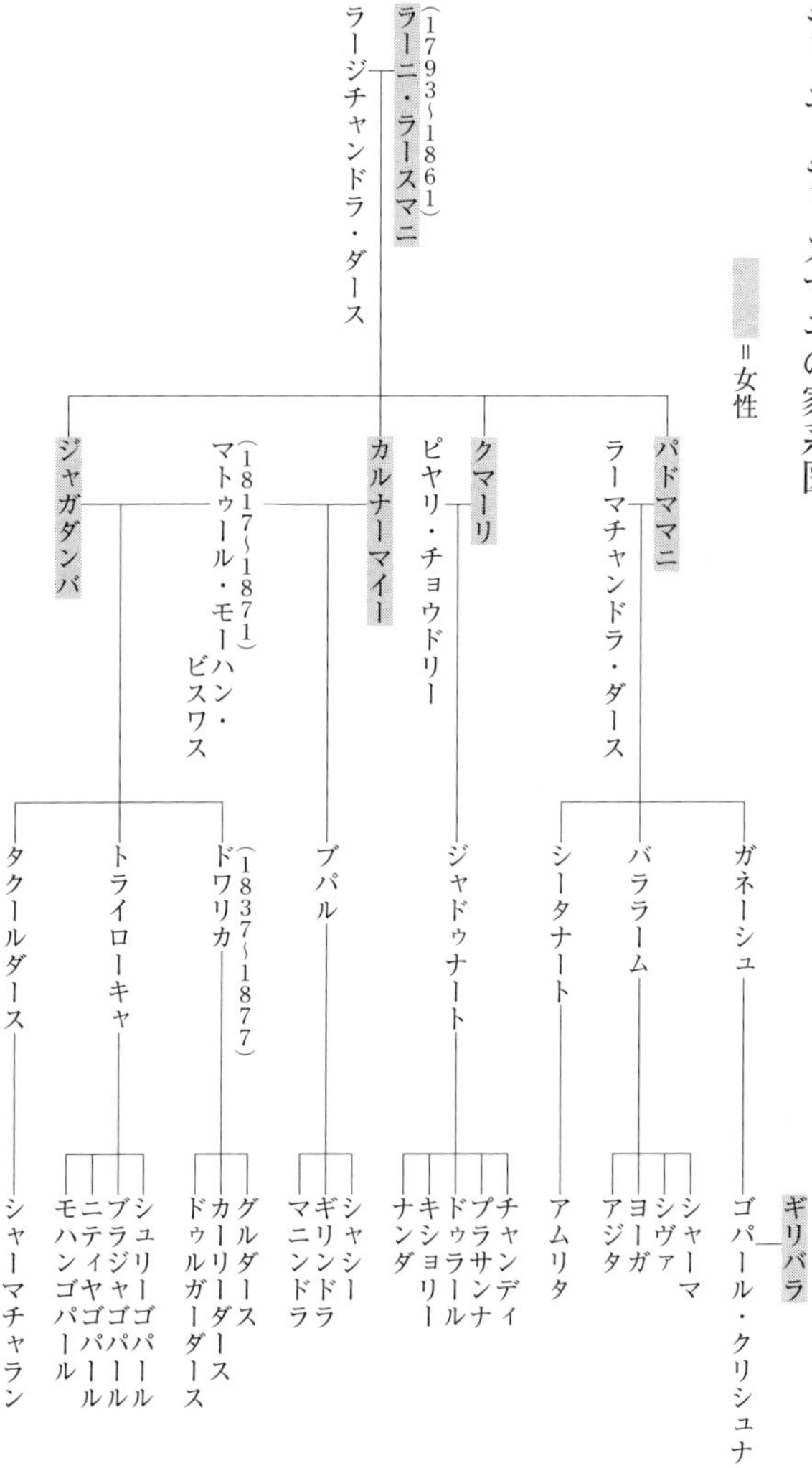

＊ラーニ・ラースマニの三女、カルナーマイーはマトゥール・モーハン・ビスワスと結婚したが、カルナーマイーが亡くなったので、マトゥールを気に入ったラースマニは四女のジャガダンバと結婚させた

参考文献

インドの光　聖ラーマクリシュナの生涯　田中嫺玉　ブイツーソリューション

大聖ラーマクリシュナ「不滅の言葉《コタムリト》」　マヘンドラ・グプタ　田中嫺玉訳　三学出版

神の詩《うた》　バガヴァッド・ギーター　田中嫺玉訳　TAO LAB BOOKS

マハーバーラタ（上）（中）（下）　C．ラージャーゴーパーラーチャリ　奈良毅／田中嫺玉訳　第三文明社・レグルス文庫

人類の知的遺産53　ラーマクリシュナ　奈良康明　講談社

ラーマクリシュナの福音　マヘンドラ・グプタ　日本ヴェーダーンタ協会

ラーマクリシュナの生涯　上巻　スワーミー・サラダーナンダ　日本ヴェーダーンタ協会

ラーマクリシュナの生涯　下巻　スワーミー・サラダーナンダ　日本ヴェーダーンタ協会

ホーリー・マザーの生涯　現代インドの聖女サーラダー・デーヴィーの生涯　スワーミー・ニキラーナンダ　日本ヴェーダーンタ協会

スワーミー・ヴィヴェーカーナンダの生涯　スワーミー・ニキラーナンダ　日本ヴェーダーンタ協会

永遠の伴侶　スワミ・ブラマーナンダの生涯と教え　日本ヴェーダーンタ協会

秘められたインド　ポール・ブラントン　日本ヴェーダーンタ協会

ラーマクリシュナの福音Ⅰ　マヘンドラ・グプタ　奥田博之訳　東方出版

ラーマクリシュナの福音Ⅱ　マヘンドラ・グプタ　奥田博之訳　東方出版

ラーマクリシュナの福音Ⅲ　マヘンドラ・グプタ　奥田博之訳　東方出版

ロマン・ロラン全集15　ラーマクリシュナの生涯　宮本正清訳　みすず書房

あるヨギの自叙伝　パラマハンサ・ヨガナンダ　森北出版

聖なる科学　スワミ・スリ・ユクテスワ　森北出版

マヌ法典　渡瀬信之　中公文庫
インド神話伝説辞典　菅沼晃　東京堂出版
インド神話　上村勝彦　東京書籍
世界の宗教6　神秘と現実／ヒンドゥー教　山崎利男　淡交社
ヒンドゥー教の事典　橋本泰元・宮本久義・山下博司　東京堂出版
ヒンドゥー教　ヴィシュヌとシヴァの宗教　ラーマクリシュナ・G・バンダルカル　島岩／池田健太郎　せりか書房
ヒンドゥー教の本　学研
解説 ヨーガ・スートラ　佐保田鶴治　平河出版社
ヨーガ根本教典　佐保田鶴治　平河出版社
ウパニシャッド　佐保田鶴治　平河出版社
ウパニシャッド―翻訳および解説―　湯田豊　大東出版社
ヒンドゥー教の聖典二篇　ギータ・ゴーヴィンダ　デーヴィー・マーハートミヤ　小倉泰／横地優子 訳注　平凡社
仏教・インド思想辞典　編集代表・高崎直道　監修・早島鏡正　春秋社
木村泰賢全集　第二巻　印度六派哲学　木村泰賢全集刊行委員会編　大法輪閣
ヨーガ事典　成瀬貴良　BABジャパン
いまに生きるインドの叡智―ヨーガの源流から現代の聖者まで―　成瀬貴良　善本社
全訳 バーガヴァタ・プラーナ（上）（中）（下）クリシュナ神の物語　美莉亜　ブイツーソリューション
マハーバーラタ　第一巻～第九巻　山際素男編訳　三一出版
原典訳　マハーバーラタ 1～8　上村勝彦訳　ちくま学芸文庫
ギーター・サール　インド思想入門　A・ヴィディヤーランカール　長谷川澄夫訳　東方出版
世界文学全集 Ⅲ-2　ラーマーヤナ　ヴァールミーキ　阿部知二訳　河出書房

新訳　ラーマーヤナ　1〜7　ヴァールミーキ　中村了昭訳　平凡社・東洋文庫
南アジアを知る事典　平凡社
ネパール・インドの聖なる植物　T．C．マジュプリア　西岡直樹訳　八坂書房
定本　インド花綴り　西岡直樹　木犀社
ナーダの贈り物―インド音楽のこころ―　田中仁 写真／中村仁 文　音楽之友社
アジアの暦　岡田芳朗　大修館書店
入門インド占星術　ヤッギャのけむりにのせて（いんど・いんどシリーズ5）鳥部紀久子著　出帆新社
占星術師たちのインド　暦と占いの文化　矢野道雄著　中公新書
カーストから現代インドを知るための30章　金 基淑 編著　明石書店
基礎からはじめるベンガル語学習　ムンシK．アザド／ムンシR．スルタナ　国際語学社
地球の歩き方 インド　'86―'87　ダイヤモンド社
新約聖書　新共同訳　日本聖書協会

洋　書

The Gospel of Sri Ramakrishna / Mahendra Gupta / SWAMI NIKHILANANDA / SRI RAMAKRISHNA MATH MYLAPORE
Sri Sri Ramakrishna Kathamrita Ⅰ / Mahendra Gupta / Dharm Pal Gupta / SRI MA TRUST (India)
Sri Sri Ramakrishna Kathamrita Ⅱ / Mahendra Gupta / Dharm Pal Gupta / SRI MA TRUST (India)
Sri Sri Ramakrishna Kathamrita Ⅲ / Mahendra Gupta / Dharm Pal Gupta / SRI MA TRUST (India)
Sri Sri Ramakrishna Kathamrita Ⅳ / Mahendra Gupta / Dharm Pal Gupta / SRI MA TRUST (India)
Sri Sri Ramakrishna Kathamrita Ⅴ / Mahendra Gupta / Dharm Pal Gupta / SRI MA TRUST (India)
CONVERSATIONS with SRI RAMAKRISHNA Volume Ⅰ / Mahendra Gupta / Sachindra Kumar Majumdar / InnerQuest Publishing

CONVERSATIONS with SRI RAMAKRISHNA Volume Ⅱ / Mahendra Gupta / Sachindra Kumar Majumdar / InnerQuest Publishing

CONVERSATIONS with SRI RAMAKRISHNA Volume Ⅲ / Mahendra Gupta / Sachindra Kumar Majumdar / InnerQuest Publishing

CONVERSATIONS with SRI RAMAKRISHNA Volume Ⅳ / Mahendra Gupta / Sachindra Kumar Majumdar / InnerQuest Publishing

CONVERSATIONS with SRI RAMAKRISHNA Volume Ⅴ / Mahendra Gupta / Sachindra Kumar Majumdar / InnerQuest Publishing

LIFE OF SRI RAMAKRISHNA / ADVAITA ASHRAMA

Sri Ramakrishna and His Divine Play / Swami Saradananda / Swami Chetanananda / Vedanta Society of St. Louis

「大聖ラーマクリシュナ　不滅の言葉《コタムリト》」正誤表

巻・頁・行	誤	正
各巻共通	サマージャイ（人名）	サマーデャイー
〃	愛人ラーダー	シュリー・マティー（ラーダー）
一・二巻共通	イスト（理想神）	イシュタ
一・三巻共通	ゆうゆう　ゆうゆう　河《ナディア》の上（歌の歌詞）	ゆらゆら　ゆらゆら　河《ナディア》の上（註1）
一巻51頁2行	ドヴィジャ	ドゥイジャ
一巻129頁3行	ビシャラクシ河	ヴィシャラクシ河
一巻658頁8行	ジョドゥ	ジャドウ
二巻5頁	スワミ　ヨーガナンダ	スワミ　ヨーガーナンダ
三巻10頁	シャシャダル・ターカチュンダマニ	シャシャダル・タルカチューダーマニ
三巻145頁7行	バラティー	バーラティ
三巻268頁6行	フリダイが外に連れ出してくれたら	フリダイが外に出たら（註2）
三巻382頁11行	ケーシャブ・バラティ	ケーシャブ・バーラティ

巻・頁・行	誤	正
三巻475頁6行	憑かれたような様子で	恍惚となって
三巻529頁4行	好ましき心像を祈り描きて～（歌の歌詞）	一巻169頁7行の歌と内容違う（註3）

註1　この歌は数カ所記載されているが、田中先生の直筆の翻訳ノートの〝ら〟を〝う〟と読み違えました。

註2　外に出て小便をしようとしたのはフリダイ。

註3　同じ歌の翻訳ですが、田中先生の翻訳ノートのまま記載しています。

※第四巻では紙面の都合上、第三巻までに掲載した正誤表の記載は割愛させていただきました。
既刊の『不滅の言葉《コタムリト》』の正誤表をご参照下さい。

編集後記

田中嫺玉先生が翻訳して遺《のこ》してくれた『不滅の言葉《コタムリト》』、最終巻まで出版できるのか不安でしたが、何とか第四巻まで漕ぎつけられたことをたいへん嬉しく思っています。『不滅の言葉《コタムリト》』の編集に携《たずさ》わり、ある程度の時間が経ちましたが、最近、つくづく思うことは、自分にとって必要な聖典は、『不滅の言葉《コタムリト》』と『神の詩《バガヴァッド・ギーター》』だけだなあ、ということです。田中先生の『不滅の言葉《コタムリト》』に出会うまでは、どこかに真理へと導いてくれる聖者がいるのでは？ 隠された秘密の行法があるのでは？ と探し求めていたように思います。今感じていることは〝真理は身近にあり、とても単純《シンプル》だ〟と言うこと——。でも、そのことに気付くまでは、人はいろんな所を探し廻るんではないでしょうか。聖者と言われる人の所へ行って話を聞く。難しい聖典を苦労して理解しようとする。でも深い理解は得られず挫折し、また次を求めて探し廻る。その繰り返し……。もうそんなことは無用になった。アルジュナに真理《かみ》の言葉を語った御方が、ハヌマーンに神への道を示した御方が、現代《いま》、我々に易《やさ》しい言葉で、それも日本語で語ってくれる。タクールはプールナに会いたくて焦《じ》れ焦《じ》れしながら、「あの子のところが終点だよ」と語り、第四巻で内輪の信者たちが揃ったことがわかりますが、これは田中先生の『不滅の言葉《コタムリト》』にも当てはまることだと思います。第一巻、二巻だけで終わることなく、次の巻が読みたくて焦《じ》れ焦《じ》れしながら首を長くして待っている人、この第四巻を手にとっている人は、タクールの言葉で言う〝内輪の信者〟の方であろうと思います。この第四巻には、苦しい病のなか、信者たちの霊的成長のために真理の言葉を語ってくださる、タクール、聖ラーマクリシュナがいらっしゃいます。その貴重な真理《かみ》の言葉を一言も聞き漏らさず自分のものとし、霊的向上の糧《かて》にしてくだされば幸いです。

第四巻の出版にあたっては、アドヴァイタ・アシュラマ、セントルイス・ヴェーダーンタ協会、ラーマクリシュナ・サーラダー・ミッション、シンガポールのTulasi Booksなど様々な方面より多くの写真を提供していただきました。また、口絵の巻頭ページを飾った絵は熱心な信者の方が描いたものを掲載させていただきました。タクールのことを思っているうちに筆が進み、現れてくださったそうです。この場をお借りしまして厚く御礼申し上げます。

この本は田中嫺玉先生の『不滅の言葉《コタムリト》』を愛する有志により自主制作で作られていますが、世間の渦に巻かれながらも『不滅の言葉《コタムリト》』に真理の光を見いだした方々の精一杯のご尽力をいただきました。出版に際してご協力してくださった多くの皆さまに心から御礼申し上げます。

この本が本気で真理《かみ》を求めている人の元に届きますよう、心より希《ねが》っております。

ラーマクリシュナ研究会

翻訳者略歴

田中嫺玉（たなか かんぎょく）

大正14年	北海道旭川市に生まれる。
	北海道庁立旭川高女を経て、日本女子大学家政科に学ぶ。
昭和20年	終戦と共に中退して帰郷。結婚して二男子を養育。
昭和29年	東京都新宿区に移住。
昭和34年	目白ロゴス英語学校を卒業。
昭和44年	故・渡辺照宏博士、奈良毅教授（東京外国語大学）についてベンガル語の
	『不滅の言葉《コタムリト》』の翻訳をはじめる。
昭和49年３月	『不滅の言葉《コタムリト》』の抄訳本を奈良毅氏と共訳で自費出版。
	12月に日本翻訳文化賞を受賞。
昭和51年	ラーマクリシュナの伝記をまとめはじめる。
昭和53年１月	『不滅の言葉《コタムリト》』を水書房の月刊「なーむ」に連載を開始。昭和54年12月
	まで掲載。
昭和55年１月	『大聖ラーマクリシュナ　不滅の言葉《コタムリト》』を三学出版より刊行。
昭和55年６月	『インドの光──聖ラーマクリシュナの生涯』を三学出版より刊行。
昭和58年１月	『人類の知的遺産53 ラーマクリシュナ』奈良康明著／講談社に『不滅《コタ》
	の言葉《ムリト》』の抄訳が掲載される。
昭和58年７月	『マハーバーラタ (上)』を奈良毅氏と共訳で第三文明社より刊行。
昭和58年８月	『マハーバーラタ (中)』を奈良毅氏と共訳で第三文明社より刊行。
昭和58年９月	『マハーバーラタ (下)』を奈良毅氏と共訳で第三文明社より刊行。
昭和63年６月	『神の詩《うた》　バガヴァッド・ギーター』を三学出版より刊行。
	同年の翻訳特別功労賞を受賞。
平成３年８月	『インドの光──聖ラーマクリシュナの生涯』を中公文庫より刊行。
平成４年５月	『大聖ラーマクリシュナ　不滅の言葉《コタムリト》』を中公文庫より刊行。
平成12年３月	『アヴァデュータ・ギーター』を日本ヴェーダーンタ協会の機関誌
	「不滅の言葉」に連載を開始。平成15年３月完結。
平成20年９月	『神の詩《うた》　バガヴァッド・ギーター』をTAO LAB BOOKSより刊行。
平成21年11月	『インドの光──聖ラーマクリシュナの生涯』をブイツーソリューション
	より刊行。
平成23年２月	『大聖ラーマクリシュナ　不滅の言葉《コタムリト》　第一巻』をブイツーソリュー
	ションより刊行。
平成23年７月	逝去
平成24年12月	『大聖ラーマクリシュナ　不滅の言葉《コタムリト》　第二巻』をブイツーソリュー
	ションより刊行。
平成26年11月	『大聖ラーマクリシュナ　不滅の言葉《コタムリト》　第三巻』をブイツーソリュー
	ションより刊行。

大聖ラーマクリシュナ 不滅の言葉《コタムリト》 第四巻

平成27年12月22日　初版発行
筆　録　マヘンドラ・グプタ
翻　訳　田中嫺玉

編　集　ラーマクリシュナ研究会
発行所　ブイツーソリューション
〒466-0848　愛知県名古屋市昭和区長戸町4-40
電話 052-799-7391　FAX 052-799-7984
発売元　星雲社
〒112-0012　東京都文京区大塚3-21-10
電話 03-3947-1021　FAX 03-3947-1617
印刷所　株式会社　平河工業社

落丁・乱丁本はブイツーソリューションあてにお送り下さい。
送料小社負担でお取り替えいたします。

ISBN978-4-434-21222-2